新编21世纪法学系列教材
总主编　曾宪义　王利明

房地产法

第七版

李延荣　周　珂　于鲁平　著

Real Estate Law

中国人民大学出版社
·北京·

内容简介

本书从房地产法的相关概念入手，较为深入地分析和阐述了房地产、房地产业、房地产法、房地产法体系和不动产登记等基本理论与相关基础知识；较为全面、详细地阐述了目前我国的土地使用制度、房地产开发管理制度、房地产交易制度、房地产税收制度、物业管理制度和房地产征收制度的基本内容与重要的法律规则；根据房地产纠纷的特殊性，阐述了房地产纠纷的行政处理、仲裁和诉讼。本书以房地产业的内容及其管理法律制度为主线，简明扼要地展现了我国房地产法的完整内容。

作者简介

李延荣　中国人民大学法学院教授、硕士研究生导师，长期从事土地法、房地产法及国土资源法的教学和研究工作。主要著作有《土地租赁法律制度研究》《房地产管理法》《房地产法原理与案例教程》《房地产法研究》《土地法教程》等，并在《法学家》《法学杂志》《中国土地科学》等专业刊物上发表学术论文数十篇。

周　珂　中国人民大学法学院教授、博士研究生导师，北京市法学会环境资源法学研究会创会会长。主要从事环境资源法、民法、房地产法的教学与研究工作。主要著作有《住宅立法研究》《房地产法专论》《身边的法律顾问:物业管理与业主权益》《我国民法典制定中的环境法律问题》《生态环境法论》《应对气候变化的环境法律思考》等，发表学术论文二百余篇。

于鲁平　北京市中伦律师事务所律师、合伙人，法学博士。

总序

曾宪义

在人类文明与文化的发展中，中华民族曾作出过伟大的贡献，不仅最早开启了世界东方文明的大门，而且对人类法治、法学及法学教育的生成与发展进行了积极的探索与光辉的实践。

在我们祖先生存繁衍的土地上，自从摆脱动物生活、开始用双手去进行创造性的劳动、用人类特有的灵性去思考以后，我们人类在不断改造客观世界、创造辉煌的物质文明的同时，也在不断地探索人类的主观世界，逐渐形成了哲学思想、伦理道德、宗教信仰、风俗习惯等一系列维系道德人心、维持一定社会秩序的精神规范，更创造了博大精深、义理精微的法律制度。应该说，在人类所创造的诸种精神文化成果中，法律制度是一种极为奇特的社会现象。因为作为一项人类的精神成果，法律制度往往集中而突出地反映了人类在认识自身、调节社会、谋求发展的各个重要进程中的思想和行动。法律是现实社会的调节器，是人民权利的保障书，是通过国家的强制力来确认人的不同社会地位的有力杠杆，它来源于现实生活，而且真实地反映现实的要求。因而透过一个国家、一个民族、一个时代的法律制度，我们可以清楚地观察到当时人们关于人、社会、人与人的关系、社会组织以及哲学、宗教等诸多方面的思想与观点。同时，法律是一种具有国家强制力、约束力的社会规范，它以一种最明确的方式，对当时社会成员的言论或行动作出规范与要求，因而也清楚地反映了人类在各个历史发展阶段中对于不同的人所作出的种种具体要求和限制。因此，从法律制度的发展变迁中，同样可以看到人类自身不断发展、不断完善的历史轨迹。人类社会几千年的国家文明发展历史已经无可争辩地证明，法律制度乃是维系社会、调整各种社会关系、保持社会稳定的重要工具。同时，法律制度的不断完善，也是人类社会文明进步的显著体现。

由于发展路径的不同、文化背景的差异，东方社会与西方世界对于法律的意义、底蕴的理解、阐释存有很大的差异，但是，在各自的发展过程中，都曾比较注重法律的制定与完善。中国古代虽然被看成是“礼治”的社会、“人治”的世界，被认为是“只有刑，没有法”的时代，但从《法经》到《唐律疏议》《大清律例》等数十部优秀成文法典的存在，充分说明了成文制定法在中国古代社会中的突出地位，唯这些成文法制所体现出的精神旨趣与现代法律文明有较大不同而已。时至20世纪初叶，随着西风东渐、东西文化交流加快，中国社会开始由古代的、传统的社会体制向近现代文明过渡，建立健全的、符合现代理性精神的法律文明体系方成为现代社会的共识。正因为如此，近代以来的数百年间，在西方、东方各主要国家里，伴随着社会变革的潮起潮落，法律改革运动也一直呈方兴未艾之势。

从历史上看，法律的文明、进步，取决于诸多的社会因素。东西方法律发展的历史均充分证明，推动法律文明进步的动力，是现实的社会生活，是政治、经济和社会文化的变迁；同时，法律内容、法律技术的发展，往往依赖于一大批法律专家以及更多的受过法律教育的社会成员的研究和推动。从这个角度看，法学教育、法学研究的发展，对于法律文明的发展进步，也有着异常重要的意义。正因为如此，法学教育和法学研究在现代国家的国民教育体系和科学研究体系中，开始占有越来越重要的位置。

中国近代意义上的法学教育和法学研究，肇始于19世纪末的晚清时代。清光绪二十一年(公元1895年)开办的天津中西学堂，首次开设法科并招收学生，虽然规模较小，但仍可以视为中国最早的近代法学教育机构(天津中西学堂后改名为北洋大学，又发展为天津大学)。三年后，中国近代著名的思想家、有“维新骄子”之称的梁启超先生即在湖南《湘报》上发表题为《论中国宜讲求法律之学》的文章，用他惯有的富有感染力的激情文字，呼唤国人重视法学，发明法学，讲求法学。梁先生是清代末年一位开风气之先的思想巨子，在他辉煌的学术生涯中，法学并非其专攻，但他仍以敏锐的眼光，预见到了新世纪中国法学研究和法学教育的发展。数年以后，清廷在内外压力之下，被迫宣布实施“新政”，推动变法修律。以修订法律大臣沈家本为代表的一批有识之士，在近十年的变法修律过程中，在大量翻译西方法学著作，引进西方法律观念，有限度地改造中国传统的法律体制的同时，也开始推动中国早期的法学教育和法学研究。20世纪初，中国最早设立的三所大学——北洋大学、京师大学堂、山西大学堂均设有法科或法律学科目，以期“端正方向，培养通才”。1906年，应修订法律大臣沈家本、伍廷芳等人的奏请，清政府在京师正式设立中国第一所专门的法政教育机构——京师法律学堂。次年，另一所法政学堂——直属清政府学部的京师法政学堂也正式招生。这些大学法科及法律、法政学堂的设立，应该是中国历史上近代意义上的正规专门法学教育的滥觞。

自清末以来，中国的法学教育作为法律事业的一个重要组成部分，随着中国社会的曲折发展，经历了极不平坦的发展历程。在20世纪的大部分时间里，中国社会一直充斥着各种矛盾和斗争。在外敌入侵、民族危亡的沉重压力之下，中国人民为寻找适合中国国情的发展道路而花费了无穷的心力，付出过沉重的代价。从客观上看，长期的社会骚动和频繁的政治变迁曾给中国的法治与法学带来过极大的消极影响。直至20世纪70年代末期，以“文化大革命”宣告结束为标志，中国社会开始用理性的目光重新审视中国的过去，规划国家和社会的未来，中国由此进入长期稳定、和平发展的大好时期，以这种大的社会环境为背景，中国的法学教育也获得了前所未有的发展机遇。

从宏观上看，实行改革开放以来，经过二十多年的努力，中国的法学教育事业所取得的成就是辉煌的。首先，经过“解放思想，实事求是”思想解放运动的洗礼，在中国法学界迅速清除了极左思潮及苏联法学模式的一些消极影响，根据本国国情建设社会主义法治国家已经成为国家民族的共识，这为中国法学教育和法学研究的发展奠定了稳固的思想基础。其次，随着法学禁区的不断被打破、法学研究的逐步深入，一个较为完善的法学学科体系已经建立起来。理论法学、部门法学各学科基本形成了比较系统和成熟的理论体系和学术框架，一些随着法学研究逐渐深入而出现的法学子学科、法学边缘学科也渐次成型。1997 年，国家教育主管部门和教育部高校法学学科教学指导委员会对原有专业目录进行了又一次大幅度调整，决定自 1999 年起法学类本科只设一个单一的法学专业，按照一个专业招生，从而使法学学科的布局更加科学和合理。同时，在充分论证的基础上，确定了法学专业本科教学的 14 门核心课程，加上其他必修、选修课程的配合，由此形成了一个传统与更新并重、能够适应国家和社会发展需要的教学体系。法学硕士和博士研究生及法律硕士专业学位研究生的专业设置、课程教学和培养体系也日臻完善。再次，法学教育的规模迅速扩大，层次日趋齐全，结构日臻合理。目前中国有六百余所普通高等院校设置了法律院系或法律本科专业，在校本科学生和研究生已达二十余万人。除本科生外，在一些全国知名的法律院校，法学硕士研究生、法律硕士专业学位研究生、法学博士研究生已经逐步成为培养的重点。

众所周知，法律的进步、法治的完善，是一项综合性的社会工程。一方面，现实社会关系的发展，国家政治、经济和社会生活的变化，为法律的进步、变迁提供动力，提供社会的土壤。另一方面，法学教育、法学研究的发展，直接推动法律进步的进程。同时，全民法律意识、法律素质的提高，则是实现法治国理想的关键的、决定性的因素。在社会发展、法学教育、法学研究等几个攸关法律进步的重要环节中，法学教育无疑处于核心的、基础的地位。中国法学教育过去二十多年所走过的历程令人激动，所取得的成就也足资我们自豪。随着国家的发展、社会的进步，在 21 世纪，我们面临着更严峻的挑战和更灿烂的前景。“建设世界一流法学教育”，任重道远。

首先，法律是建立在经济基础之上的上层建筑，以法治为研究对象的法学也就成为一门实践性很强的学科。社会生活的发展变化，势必要对法学教育、法学研究不断提出新的要求。经过二十多年的奋斗，中国改革开放的前期目标已顺利实现。但随着改革开放的逐步深入，国家和社会的一些深层次问题，比如说社会主义市场经济秩序的真正建立、国有企业制度的改革、政治体制的完善、全民道德价值的重建、环境保护和自然资源的合理利用等，也已经开始浮现出来。这些复杂问题的解决，无疑最终都会归结到法律制度的完善上来。建立一套完善、合理的法律制度，构建理想的和谐社会，乃一项持久而庞大的社会工程，需要全民族的智慧和努力。其中的基础性工作，如理论的论证、框架的设计、具体规范的拟订、法律实施中的纠偏等等，则有赖于法学研究的不断深入，以及高素质人才特别是法律人才的养成，而培养法律人才的任务，则是法学教育的直接责任。

其次，21 世纪是一个多元化的世纪。20 世纪中叶发生的信息技术革命，正在极大地改变着我们的世界。现代科学技术，特别是计算机网络信息技术的发展，使传统的生活方式、思想观念发生了根本的改变，并由此引发许多人类从未面对过的问题。就法学教育而言，在21世纪所要面临的，不仅是教学内容、研究对象的多元化问题，而且还有培养对象、培养目标的多元化、教学方式的多元化等一系列问题，这些问题都需要法学界去思考、去探索。

中国人民大学法学院建立于1950年，是新中国诞生后创办的第一所正规高等法学教育机构。在半个多世纪的岁月中，中国人民大学法学院以其雄厚的学术力量、严谨求实的学风、高水平的教学质量以及丰硕的学术研究成果，在全国法学教育领域处于领先地位，并开始跻身于世界著名法学院之林。据初步统计，中国人民大学法学院已经为国家培养法学专业本科生、硕士生、博士生一万余人，培养各类成人法科学生三十余万人。经过多年的努力，中国人民大学法学院形成了较为明显的学术优势，在现职教师中，既有一批资深望重、在国内外享有盛誉的法学前辈，更有一大批在改革开放后成长起来的优秀中青年法学家。这些老中青法学专家多年来在勤奋研究法学理论的同时，也积极投身于国家的立法、司法实践，对国家法制建设贡献良多。

有鉴于此，中国人民大学法学院与中国人民大学出版社经过研究协商，决定结合中国人民大学法学院的学术优势和中国人民大学出版社的出版力量，出版一套“21世纪法学系列教材”。自1998年开始编写出版本科教材，包括按照教育部所确定的法学专业核心课程和其所颁布印发的《全国高等学校法学专业核心课程基本要求》而编写的14门核心课程教材，也包括法学各领域、各新兴学科教材及教学参考书和案例分析在内，到2000年12月3日在人民大会堂大礼堂召开举世瞩目的“21世纪世界百所著名大学法学院院长论坛暨中国人民大学法学院成立五十周年庆祝大会”之时，业已出版了50本作为50周年院庆献礼，到现在总共出版了80本。为了进一步适应高等法学教育发展的形势和教学改革的需要，最近中国人民大学法学院与中国人民大学出版社决定将这套教材扩大为四个系列，即“本科生用书”、“法学研究生用书”、“法律硕士研究生用书”以及“司法考试用书”，总数将达二百多本。我们设想，本套教材的编写，将更加注意“高水准”与“适用性”的合理结合。首先，本套教材将由中国人民大学法学院具有全国影响的各学科的学术带头人领衔，约请全国高校优秀学者参加，形成学术实力强大的编写阵容。同时，在编写教材时，将注意吸收中国法学研究的最新的学术成果，注意国际学术发展的最新动向，力求使教材内容能够站在21世纪的学术前沿，反映各学科成熟的理论，体现中国法学的水平。其次，本套教材在编写时，将针对新时期学生特点，将思想性、学术性、新颖性、可读性有机结合起来，注意运用典型生动的案例、简明流畅的语言去阐释法律理论与法律制度。

我们期望并且相信，经过组织者、编写者、出版者的共同努力，这套法学教材将以其质量效应、规模效应，力求成为奉献给新世纪的精品教材，我们诚挚地祈望得到方家和广大读者的教正。

2006年7月1日

序言

法学教育是高等教育的重要组成部分，是建设社会主义法治国家、构建社会主义和谐社会的重要基础，并居于先导性的战略地位。在我国社会转型的新世纪、新阶段，法学教育不仅要为建设高素质的法律职业共同体服务，而且要面向全社会培养大批治理国家、管理社会、发展经济的高层次法律人才。近年来，法学教育取得了长足的进步，法科数量增长很快，教育质量稳步提高，培养层次日渐完善，目前已经形成了涵盖本科生、第二学士学位生、法学硕士研究生、法律硕士研究生、法学博士研究生的完整的法学人才培养体系，接受法科教育已经成为莘莘学子的优先选择之一。随着中国法治事业的迅速发展，我们有理由相信，中国法学教育的事业大有可为，中国法学教育的前途充满光明。

教育的基本功能在于育人，在于塑造德才兼备的高素质人才。法学教育的宗旨并非培养只会机械适用法律的“工匠”，而承载着培养追求正义、知法懂法、忠于法律、廉洁自律的法律人的任务。要完成法学教育的使命，首先必须认真抓好教材建设。我始终认为，教材是实现教育功能的重要工具和媒介，法学教材不仅仅是法学知识传承的载体，而且是规范教学内容、提高教学质量的关键，对法学教育的发展有着不可估量的作用。

第一，法学教材是传授法学基本知识的工具。初学法律，既要有好的老师，又要有好的教材。正如冯友兰先生所言：“学哲学的目的，是使人作为人能够成为人，而不是成为某种人。其他的学习（不是学哲学）是使人能够成为某种人，即有一定职业的人。”一套好的教材，能够高屋建瓴地展示法律的体系，能够准确简明地阐释法律的逻辑，能够深入浅出地叙述法律的精要，能够生动贴切地表达深奥的法理。所以，法学教材是学生学习法律的向导，是学生步入法律殿堂的阶梯。如果在入门之初教材就有偏颇之处，就可能误人子弟，学生日后还要花费大量时间与精力来修正已经形成的错误观念。

第二，法学教材是传播法律价值理念的载体。好的法学教材不仅要传授法学知识，更要传播法律的精神和法治的理念，例如对公平、正义的追求，尊重权利的观念。本科、研究生阶段的青年学子，正处在人生观、价值观形成的阶段，一套优秀的法学教材，对于他们价值观的塑造和健全人格的培养具有重要意义。

第三，法学教材是形成职业共同体的主要条件。建设社会主义法治国家，有赖于法律职业共同体的生成。一套好的法学教材，向法律研习者传授共同的知识，这对于培养一个接受共同的价值理念、共同的法律思维、共同的话语体系的法律共同体，具有重要的作用。

第四，法学教材是所有法律研习者的良师益友。没有好的教材，一个好的教师或可弥补教材的欠缺和不足，但对那些没有老师指导的自学者而言，教材就是老师，其重要作用是显而易见的。

长期以来，在我们的评价体系中，教材并没有获得应有的注重，对学术成果的形式优先考虑的往往是专著而非教材。在不少人的观念中，教材与创新、与学术精品甚至与学术无缘。其实，要真正写出一部好的教材，其难度之大、工作之艰辛、影响之深远，绝不低于一部优秀的专著，它甚至可以成为在几百年甚至更长的时间内发挥作用的传世之作。以查士丁尼的《法学阶梯》为例，所谓法学阶梯，即法学入门之义，就是一部教材。但它概括了罗马法的精髓，千百年来，一直是人们研习罗马法最基本的著述。日本著名学者我妻荣说过，大学教授有两大任务：一是写出自己熟悉的专业及学术领域的讲义乃至教科书；二是选择自己最有兴趣、最看重的题目，集中精力进行终生的研究。实际上，这两者是相辅相成的。写出一部好教材，必须要对相关领域形成一个完整的知识体系，还要能以深入浅出的语言将问题讲清楚、讲明白。没有编写教材的基本功，实际上也很难写出优秀的专著。当然，也只有对每一个专题都有一定研究，才能形成对这个学术领域的完整把握。

虽然近几年我国法学教育发展迅速，成绩显著，但是法学教育也面临许多挑战。各个学校的师资队伍和教学质量参差不齐，这就更需要推出更多的结构严谨、内容全面、角度各有侧重、能够适应不同需求的法学教材，为提高法学教学和人才培养质量、保障法学教育健康发展提供前提条件。

长期以来，中国人民大学法学院始终高度重视教材建设。作为新中国成立后建立的第一所正规的法学教育机构，中国人民大学法律系最早开设了社会主义法学教学课堂，编写了第一套社会主义法学讲义，培养了新中国第一批法学本科生和各学科的硕士生、博士生，产生了新中国最早的一批法学家和法律工作者。中国人民大学法律系因此被誉为“新中国法学教育的工作母机”。半个多世纪以来，中国人民大学法学院为社会主义法制建设培养了大批优秀的法律人才，并为法学事业的振兴和繁荣作出了卓越贡献，也因此成为引领中国法学教育的重镇、凝聚国内法律人才的平台和沟通中外法学交流的窗口，并在世界知名法学院行列中崭露头角。为了对中国法学教育事业作出更大的贡献，我们有义务也有责任出版一套体现我们最新研究成果的法学教材。

承蒙中国人民大学出版社的大力支持，我们组织编写了本套教材，其中包括本科生用书、法律硕士研究生用书、法学研究生用书和司法考试用书四大系列，分别面向不同层次法科教育需求。编写人员以中国人民大学法学院教师为主，反映了中国人民大学法学院整体的研究实力和学术视野。相信本套教材的出版，一定能够为新时期法学教育的繁荣发展发挥应有的作用。

是为序。

2006 年 7 月 10 日

第七版修订说明

本书自2000年出版以来，已经过2005年、2008年、2012年、2016年、2021年五次修订。多年来，本书以知识性、规范性和实用性等突出特点受到广大读者欢迎，已成为高等院校法律院系采用量较大的教材。

本次修订在保持第六版的体系、结构和内容的基础上，结合我国房地产法新的立法成果和执法实践，进行了必要的修改、更新和完善。（1）本次修订全面反映了党的二十大报告中有关房地产的定位、发展方向和以人民为中心，保护人民财产权，不断增强人民群众获得感、幸福感、安全感，用法治保障人民安居乐业的目标。（2）本次修订比较全面地体现了党的十八大以来，国家引导房地产业发展、调控房地产市场的指导思想和政策变化，以及坚持“房住不炒”之定位的具体政策和相关规定。（3）根据国家法治建设和社会实践的发展变化更新了大部分案例，强化了案例的时代性和普遍性。（4）根据房地产业及房地产市场的发展变化，在多个章、节补充了新的内容。同时，补充了新的“延伸阅读”资料。修订后的本书更好地体现了近期我国在房地产方面的立法成果和市场调控政策的最新变化。我们希望修订后的第七版教材能更好地满足广大读者学习房地产法的需求。

本书第一章、第二章、第九章由周珂撰稿，由周珂、陈颖捷和李修棋修订；第三章、第四章、第五章、第六章、第七章、第八章由李延荣撰稿，由李延荣修订。

著者

2025年2月

编写说明

房地产业是在我国改革开放之后，随着社会主义经济建设的发展和经济体制改革的深入而发展起来的一个新兴的行业。它对于国民经济中相关产业的发展、城市建设的进程、人民居住条件和环境的改善以及社会主义市场体系的建立，都具有十分重要的作用。

有关房地产业管理的法律、法规，已成为我国法律制度的重要组成部分。为了适应社会主义市场经济体制对法学教学的要求，我们编写了这本教材。在写作过程中，我们根据应用学科的特点，以管理活动为主线，立足于我国房地产业发展和管理的实际情况，阐述了我国房地产管理的基本法律制度和重要的房地产交易规则，力求正确地阐述和介绍本学科的基本原理、基础知识和基本情况，注意把握内容科学性与系统性的统一、知识性与实用性的统一。

房地产法学是一门新兴的学科，有关方面的研究尚处于起步阶段，有关法律制度也不够健全和完善，不少管理制度仍处在尝试和探索之中，尚未取得成功的经验。由于作者的水平所限，本教材在结构设计和内容的安排上都存在一定的局限性，不足之处在所难免，谨望读者批评指正。

本书第一章、第二章、第九章、第十章由周珂撰稿，第三章、第四章、第五章、第六章、第七章、第八章由李延荣撰稿，英文目录由王军翻译。

著者

2000 年 1 月

目录

第一章　房地产法概述

第一节　房地产与房地产业 …… 001
第二节　房地产法的概念和调整对象 …… 014
第三节　房地产法律关系 …… 016
第四节　房地产法的渊源 …… 022
第五节　房地产法的体系 …… 026

第二章　房地产权属制度

第一节　房地产权属概述 …… 029
第二节　土地权属制度 …… 031
第三节　房屋权属制度 …… 042
第四节　房地产相邻关系和建筑物区分所有权 …… 047
第五节　房地产登记制度 …… 050

第三章　土地使用权法律制度

第一节　土地使用权概述 …… 058
第二节　划拨土地使用权 …… 064
第三节　出让土地使用权 …… 069
第四节　集体土地建设用地使用权 …… 079

第四章　房地产开发法律制度

第一节　房地产开发概述 …… 085
第二节　房地产开发企业 …… 090
第三节　房地产开发建设管理制度 …… 094
第四节　房地产开发建设用地管理制度 …… 100
第五节　房地产开发项目建设中的施工管理制度 …… 102

第五章　房地产交易法律制度

第一节　房地产交易概述 …… 117

第二节 房地产转让 …… 122
第三节 商品房预售 …… 132
第四节 房屋租赁 …… 139
第五节 房地产抵押 …… 156

第六章 房地产税、费法律制度

第一节 房地产税概述 …… 163
第二节 土地税法律制度 …… 166
第三节 房产税法律制度 …… 173
第四节 房地产费 …… 183

第七章 物业管理法律制度

第一节 物业管理概述 …… 190
第二节 物业管理法律关系主体及其权利和义务 …… 196
第三节 物业管理的主要内容 …… 204
第四节 物业管理服务费 …… 208

第八章 房地产征收法律制度

第一节 财产征收法律制度概述 …… 214
第二节 我国土地征收法律制度 …… 222
第三节 城市房屋征收补偿法律制度 …… 231

第九章 房地产纠纷的处理

第一节 房地产纠纷概述 …… 244
第二节 房地产纠纷的行政处理 …… 248
第三节 房地产纠纷的仲裁 …… 252
第四节 房地产纠纷的诉讼 …… 255

第一章
房地产法概述

常考知识点

- 房地产法的调整对象
- 房地产法的渊源
- 房地产法的体系

第一节 房地产与房地产业

一、房地产的概念

房地产即房产和地产的通称。[①] 物质形态的房屋、土地被赋予法律上的财产意义，即被称为“房产”和“地产”。房地产一词目前在国内外均无确定的法律定义，在什么是房产、什么是地产以及二者是什么关系的问题上，同样没有严格的法律定论。对房地产概念的分析，是正确理解房地产法的调整对象和范围的前提。

（一）房地产概念的产生

在我国内地，房地产往往被理解为与不动产是同一语义的另一种表述；在我国香港地区的经济生活中，房地产一词虽被广泛使用，但在正式的立法条文中这一概念并不多见，而往往代之以地产、物业的概念；在我国澳门地区，葡文中的 imobiliaria（等于英文的 immovable 或拉丁文的 res inmobles）既可被译为不动产，也可被译为房地产，它在严格意义上与大陆法的不动产的概念基本一致，房地产不过是中文的引申。

不动产与房地产概念的产生有两个显著区别。

一是概念产生的时间不同。不动产概念自罗马法以来已有上千年的历史。我国房地产一词源于何时何地难以准确地考证，但可以肯定，这个概念是我国现代城市社会的产

---

① 参见潘静成等：《中国经济法教程》，508 页，北京，中国人民大学出版社，1995。

物。我国古代对房地产相关概念的称谓主要有“田产”“宅业”，二者合称为“田宅产业”[①]。从中文的语法规则来看，重要的概念在前，次要者居后。在我国古代农业经济为主的法律中，田地比房屋重要得多，仅从这种意义上来说，我国古代社会也不会有“房地产”的提法，而最相近似的当属“田宅产业”的概念。

二是产生的法律要求不同，或利益的重心不同。传统不动产利益对个人私有财产予以最强有力的法律保护，保护的重心是土地利益，性质是私有。而房地产以房屋为重心。只有在城市中，不动产才以房屋为主要表现形式，只有城市的土地才不再被称为“田”而被称为“地”。房地产概念本身体现了城市不动产特别法律规范的属性，它追求的是一种特殊的利益格局，即城市商业利益优势的格局，它的产生必然对传统不动产制度造成冲击。

基于以上分析，应着重从现代不动产意义上把握我国房地产的含义。

（二）房产的概念

改革开放以前，我国房地产管理体制上曾长期使用房产的概念。一般认为，所谓房产，是指在法律上有明确所有权权属关系的房屋财产。“具体包括：住宅、厂房、仓库，以及商业、服务、文化、教育、办公、医疗、体育等多方面的用房。”[②]

无论是大陆法系还是英美法系，都不存在房产的概念。虽然大陆法系国家在处理土地与建筑物关系上采取分别主义，使建筑物得以作为独立的不动产，但不动产制度并未分裂为房产与地产，亦不存在独立于物权法之外的房产制度。普通法中更不存在与地产并列的所谓房产概念。因此，房产是我国房地产制度中的一个特有的概念，它的产生和存在主要有三个原因。

第一，中国历史上的民法受日本民法的影响较大，在土地与建筑物关系问题上采纳了分别主义原则，且我国香港地区房地产制度实行的一物多权原则，亦对内地房地产法有较大的影响，故房屋财产权利与土地财产权利分离具有法律传统。

第二，新中国房地产制度特殊的历史背景。新中国成立初期，我国政府颁布的一些政策和法规中经常使用房产一词，其含义较宽泛，大多数情况下都是特指城市房屋，有时也泛指城市和农村的一切房屋。20 世纪五六十年代全国普遍成立房产管理局后，我国的房产基本特指城市房屋。自 20 世纪 80 年代以来，在国家颁布的房地产政策法规中，房产均特定在城市范围，而不再包括农村的房屋。特别是在计划经济体制下，土地以及一切地产权利不作为商品，不能买卖或出租。而同时，国家又承认房屋具有一定的商品属性，因而把房屋和土地分离开来，相应地将房产与房地产分离开来，在相当长一段时期以房产概念代替房地产概念。目前，我国的政策法规中已很少见到孤立的房产的提法。

第三，由于我国实行的是土地公有制，房屋的所有权和土地的所有权往往是不一致的，房地产权利人只对房屋财产享有所有权，而对土地财产只享有使用权。按照传统的大陆法财产权的性质，所有权受法律保护的严格程度更高，房地产消费者更关心的是房

---

① 晓耕等主编：《中国古代土地法制述略》，175 页，北京，中国和平出版社，1996。

② 刁龙生等：《中国房地产法实务全书》，34 页，北京，今日中国出版社，1994。

屋所有权，即房产的权利，所以，房产作为相对独立的一种财产权利在房地产市场中得以存在至今。

基于以上分析，房产主要是一个历史的概念，与世界上通行的概念不一致。其积极的或合理的意义在于：第一，在我国，土地公有制使土地的所有权主体与房屋所有权主体往往是不同一的，房产的概念在一定程度上具有独立于土地所有权的意义，将私益与公益区分开；第二，现代不动产主要针对土地权益，而房产则更多地保留了传统不动产的意义。

（三）地产的概念

地产是普通法上的一个概念。英国法上的地产（estate），最初是指一个人或一些人的地位和等级状况，后转指人在与土地关系中所处的地位，表明某人享有的特定地产所具有的权利属性，并且通俗的用法还指一块土地。英国现行地产制度基本形成于 13 世纪，全国的土地归国王所有，由国王将地产权分封给贵族，贵族再分给其下属。地产权往往经过多层转手后，才到实际种地的租户手中，而各层转手者都同时对该土地享有一定的地产权利和利益。国王是土地的所有者，租户是使用者，而中间这些经营者是地产权的主要享有者和地产利益的主要受益者。在封建社会，地产的概念是与封建等级和身份相联系的。在资本主义制度下，与大陆法传统的一物一权、一物一主理论形成对照的是，英美法地产权制度的一物多权多主的形式反而更有利于土地财产权利的流转。至于在大陆法系国家，由于有系统的物权法和不动产制度（许多国家还另有土地法），所以一般不单独使用地产的概念。

英美法中地产的概念并不强调所有权，而是强调利用或使用权。而在大陆法上，与地产最为相关的概念往往被理解为不动产意义上的土地①，即法律上确认了所有权的土地，强调的是以土地所有权为核心，而土地与其定着物在所有权上往往密不可分。

与房产概念在我国长期广泛使用形成对照的是，地产的概念对我们来说却相对较为陌生。自中华人民共和国成立以来，房地产政策法规大多使用房产或房地产的提法，而很少单独使用地产一词，直到改革开放以后，特别是实行土地使用权有偿转让制度以后，才开始出现地产的提法。造成这种情况的原因是，在计划经济条件下，土地的商品属性不被承认。长期以来，人们并不把土地和土地权利作为商品，便以房产代替房地产，而土地财产权事实上处于缺位或者虚无主义的状态。

与英国地产制度最大限度地保护作为地产权所有者的贵族和商人利益的立法目的不同，与传统大陆法不动产地产制度最大限度地保护作为土地私有权所有者的利益的立法目的也不同，社会主义基本经济规律要求发展经济的根本目的应当是最大限度地满足人民群众日益增长的物质和文化生活需要。我国的土地制度最大限度地保护广大人民群众最基本的经济利益，即人的生存利益，其中最基本的莫过于吃饭和居住问题。国家把保护耕地作为基本国策，把经济的可持续发展作为经济发展的战略问题，因而不能离开居民住宅建设而只投资高利润的高档房地产建设项目。

---

① 如《日本民法典》规定，不动产是指土地与其定着物。

基于上述分析，对我国的地产概念应作较广义的理解，即不受传统大陆法土地不动产概念的束缚。这意味着我们可以利用地产制度在不改变土地所有权关系的前提下，根据我国改革的实际需要，赋予地产制度以新的内容，使地产权最大限度利用土地的功能与不动产所有权最大限度保护土地资源的功能相结合，形成我国特有的地产权法律制度。

（四）房产与地产的关系

在房产与地产的关系问题上，我国长期以来否认土地权利的商品性，但保留部分房产作为商品进入市场的权利，故采取房产和土地分别立法、分别调整的方式。只是在改革开放以后，人们才逐步强调房产与地产的不可分割性，但在房产与地产的关系上出现了所谓“房随地走”与“地随房走”之争。“房随地走”的主张认为，应当以地产为主权利、房屋权为从属权利，二者是“皮和毛的关系”，没有土地也就没有房屋，房屋只能依附于土地存在。土地是公有的，即为国家和集体所有，因而更应强调“房随地走”。房地产应指进入市场流通的土地及地上房屋和其他附属物，房地产市场实质是土地市场，土地管好了，房屋管理就有了前提和基础。“地随房走”的主张则认为，我国土地所有权和使用权可以相分离，而房屋与房屋地基不可分离，土地使用权可以随房屋所有权进入市场流通。在这种情况下，土地所有权的法律意义退到第二位，房屋所有权或房产则成为房地产的核心。

所谓谁随谁走的问题，从法律的角度来看无非两个问题：一是主权利与从权利的关系问题，二是法律可能对不同的所有权实行不同程度的保护。无论是在我国还是在实行土地使用权制度的其他国家和地区，土地使用权已经作为一项独立的财产权存在，而不是仅作为传统大陆法中的所有权权能之一的从权利存在。在房地产法律制度中，土地所有权、土地使用权和房屋所有权是相互并列的，并无从属关系。自实行社会主义市场经济以来，我国已经摒弃了以往旧体制下公有财产和私有财产在所有权上有高低贵贱之分并实行不同程度的法律保护的旧观念。主体的平等性当然意味着法律保护的平等性，在这种情况下，房产与地产谁随谁走的提法已无实质意义。

我国《民法典》第356条和第357条已明确规定，建设用地使用权转让、互换、出资或者赠与的，附着于该土地上的建筑物、构筑物及其附属设施一并处分。建筑物、构筑物及其附属设施转让、互换、出资或者赠与的，该建筑物、构筑物及其附属设施占用范围内的建设用地使用权一并处分。

（五）房地产的概念

在我国，房地产的概念有广义与狭义之分。

广义上的房地产包括一切作为财产或不动产的土地、房屋及固着于土地、房屋上不可分离的部分。这种意义上的房地产在不同的历史发展阶段、不同的国家和地区乃至不同的经济产业结构状态下，其概念的外延有巨大的差异（例如，新加坡的房地产概念基本上可以等同于城市房地产，而我国的房地产包括或者直接涉及数量巨大的乡村房地产）。此种意义上的房地产包括大部分作为资源和商品的土地和房屋，适用的主要法律规范包括民法及其相关法律，土地法，城市规划法，国土整治法，村镇建设管理法，社会房屋法，军队及铁路、宗教等特殊用途房地产法等，也包括狭义上规范房地产的相关法律。

狭义上的房地产特指以商品经营服务性质为主的地产和房产，尤其特指城市中具有商品房意义的房地产，而不包括乡村房地产和城市中诸如我国港澳地区的“社会房屋”“公屋”“居屋”及内地的房改中“部分产权”的房地产、“安居工程”中的房地产等以非商品经营性质为主的房地产。我国现行的房地产制度和理论以狭义上的房地产为主要的规范和研究对象。规范狭义房地产的主要相关法律为《城市房地产管理法》及其相关法律法规。在我国内地和港澳地区，狭义上的房地产制度是既有别于传统大陆法不动产制度，又有别于英美财产法制度的一项特有的制度。我国的房地产制度作为一项相对独立的法律制度产生于我国香港地区，从其产生之日起就是在狭义上使用的。只有在适用大陆法立法体系同时又受我国香港地区房地产制度影响的我国澳门地区和内地，才存在房地产概念的广义与狭义的关系问题。在我国物权法长期不完善的情况下，房地产概念事实上更多地倾向于狭义上的，但这种倾向与我国的情况并不完全适应。

广义上的房地产事实上与不动产具有同一性。从我国城乡一体化发展的趋势以及集体土地进入房地产市场的改革来看，房地产采广义概念也是大势所趋。我国房地产的概念已经从以开发经营为基本内涵，发展为包括房地产消费和住宅社会保障制度在内的，涵盖房地产一、二、三级市场的广阔领域。我国房地产的概念是以狭义房地产即房地产业为核心的经济产业概念，这一概念必须兼顾广义房地产的经济和社会问题。

二、房地产业

（一）房地产业的概念和性质

房地产业是指从事房地产开发、经营、管理和服务的产业。房地产业在国外又称不动产业、不动产交易、不动产市场等。1987 年城乡建设环境保护部《关于发展城市房地产业的报告》对房地产业范围的定义为：土地的开发，房屋的建设、维修、管理，土地使用权的出让、转让，房屋所有权的买卖、租赁，房地产的抵押，以及由此而形成的房地产市场。

房地产业基本上局限于狭义房地产领域。房地产业不同于房地产，它是一种经营行为，经营的客体是房地产，经营服务的对象是房地产消费者；而房地产是一种财产权，此种财产权对于农村房地产和城市房地产消费者并不具有经营性，而基本囿于民事消费范围；房地产业经营者直接追求的并不是这种财产权，而是这种财产权的商业利益。房地产业主要是指与狭义房地产有关的第三产业。

房地产业的特征即房地产产业意义上的特征，主要有以下三个。

1. 经营性与投机性

这是房地产业商品经济意义上的特征。与其他产业相比，房地产业的经营性更强、商品化程度更高。此种性质来源如下：

（1）源于不动产的资产特点。查尔斯 · H. 温茨巴奇在其著作《现代不动产》中将其概括为两方面。第一方面是物理特征，包括不可移动性、异质性和不灭性；第二方面是经济特征，包括稀缺性、经济寿命长、成本与效益的差异巨大等。

（2）源于商品经济的要求。新兴的房地产业比传统的其他产业对商品化经营有着更高的要求，这种强烈的经营性使房地产经济关系中的经营者成为主角，也使房地产业利益结构自然地向经营者倾斜。

（3）源于房地产业投机的特点。房地产业投资具有周期长、规模大的特点，投资者之所以愿意对这种周期长、规模大的领域投入巨资，无非是因为房地产投资的效益巨大。房地产投机既具有积极功能，也具有消极功能。前者是指对于投资巨大、投资周期较长、投资风险又较大的这一产业，如果没有较强的投机魅力，很难吸引投资，也很难活跃房地产市场；于后者而言，即从其消极功能来看，它是泡沫经济的重要根源，是加剧贫富差距的重要因素。房地产投机追求的不仅是商业利润，而且最主要的是土地的增值利益，即蕴藏在土地资源中的级差地租。

2. 城市第三产业性与综合产业性

这是房地产业与其他产业关系相比所具有的特征。根据联合国制定的《国际标准行业分类》，经济行业分为 10 类，其中建筑业列为第五类，不动产（房地产）经营服务业列为第八类。我国于 1985 年 1 月 1 日起实施的《国民经济行业分类和代码》将我国经济分为 10 个门类，其中，建筑业被列为第四类，属第二产业，房地产业被列为第七类，属第三产业。国务院《关于国民经济和社会发展“九五”计划和 2010 年远景目标纲要的报告》亦明确将房地产业归入第三产业。

房地产业的第三产业性质或服务业性质决定了它的基本功能应当是：以最广大群众最迫切需要的住房利益的实现为首要宗旨，保证房地产商品全面地、优质地、公正地在社会生活中实现其价值和使用价值。但由于房地产业的投机性，房地产商对一般服务业的平均利润无兴趣，而对以地价为核心的投机利益过分追求。投机还会导致社会资源向房地产业高利润的投资项目集聚，致使广大群众迫切需要的一般住宅建设投资得不到保证，而投资结构的不合理又必然导致最终消费难以实现。这意味着社会资源的巨大浪费，最终将妨碍国民经济的增长。

正是因为房地产业具有上述性质，所以要求我们对房地产业的性质有清醒的认识，在充分发挥房地产业活跃房地产市场、促进经济繁荣的积极功能的同时，对房地产业因自身性质可能造成的消极作用要有清醒的认识，这对于保证房地产业沿着正确的方向健康发展是至关重要的。

房地产业又同时具有综合产业的属性，这实际上是与广义房地产概念相关的属性。房地产业是诸多经济行业和部门共同进行的经济活动，房地产建设用地与作为第一产业的农业密切相关并相互制约，它的发展与建材、建筑、冶金、工程技术、能源、交通等第二产业部门以及金融、信贷、商业、服务业、信息业等第三产业部门直接联系并相互影响。房地产业是以这些第一、二、三产业部门的相关行业为基础组成和发展起来的综合性第三产业。房地产业的发展是扩大内需、促进投资、拉动经济增长的有效手段。

房地产业与第三产业中其他的一般服务业的不同表现在，它既具有第一产业取自自然生产物的性质（地价来自作为自然资源的土地），又具有第二产业加工取自自然的生产物的性质（土地经过开发建设才能实现增值）。也就是说，房地产业的利润不仅来自服务劳动，而且直接来自第一、二产业。

3. 综合导向性与泡沫性

综合导向性表现在以下两个方面。

第一，房地产业对经济总体运行具有较强的导向性。房地产商品在生产、流通和消费过程中需要大量的资金，关系着一系列相关的企业。特别是在人类社会进入工业化发展阶段后，在社会经济活动向城市化和集约化发展过程中，房地产已不再只具有作为人们生产、居住等活动场所的意义，而是逐步成为现代社会经济系统的有机组成部分，其直接影响社会消费、社会就业以及金融、信贷和多种相关产业的发展的社会经济活动。

第二，房地产业在工业化、城市化进程中兴起和发展，形成了相对独立的产业，它又反过来促进工业化、城市化的发展。房地产业所创造的财富能够通过与其他部门的联系得到扩大，因而房地产业的兴旺对国民经济总体运行具有明显的促进和导向作用。据一些工业发达国家统计，房地产业的增加值与相关产业的增加值的比例为 1∶1.5 或 1∶2。1988 年，美国每 100 万美元的新工程能够创造 49 个就业机会。根据北京市测算，每增加 1 万平方米的建筑生产，可直接增加就业岗位 1 000 人；每投入 100 元的住房资金，可以创造 170～2 020 元的需求。2023 年我国房地产行业完成投资 11.21 万亿元，从业人数约 200 万人。[①] 我国无论是经济发展最快的地区，还是发展最快的时期，都存在房地产业高速发展的现象；无论是经济发展“过热”，还是经济增长的回落，都是以房地产业的起伏为标志的。它也是国家实行宏观经济调控的主要领域之一。

关于泡沫性的原因，查尔斯认为，主要由不动产市场的特点决定，对此可以概括为五个方面：(1) 单价。此即房地产含有大量价值，投入大、金融影响强。(2) 政府干预。政府对税收、投资刺激和不动产使用及转让的管制比其他市场的更多，而这种干预往往产生挤泡沫的效应。(3) 感觉。购房者置业的判断，如保值、金融安全、社会地位等，以及典型的广告——“贵族的感觉”。(4) 愿望。这是指 Bigger Fool 理论，即击鼓传花游戏。(5) 心理效用。此即“所有权的骄傲”，如“购买一英寸帝国大厦、一英寸美国土地”；按揭也是利用此种效用。

房地产业泡沫性的危害表现在：当房地产业吸纳过多的社会资源时，就出现了所谓的“房地产热”和“开发区热”，形成土地供应量大于实际投资开发量的“地产热”，以及房地产滞留在发展商或“炒家”手中而没有形成最终消费的“房产热”。其结果是过量的批地表面上使政府的财政收入大增，房地产业的产值大增，建筑商开工率和效益大增，以及建材等相关产业的企业经营效益大增，但这一切往往都是一种虚假的繁荣，隐藏在其背后的是社会资源的巨大浪费，随之而来的是深层危机。

房地产业的泡沫性在一个国家或地区的经济进入高速增长时期，特别是在新旧体制交替、市场机制又不够完善的情况下尤为明显。因此，我国长期坚持“房住不炒”政策。2022 年，习近平总书记在党的二十大上所作的报告中也强调“坚持房子是用来住的、不

---

① 参见国家统计局《中国统计年鉴 2024》。

是用来炒的定位”。

（二）房地产业的作用

1. 房地产业对人民生活的重要作用

房地产作为物质产品或物质财富，有一个如何通过市场实现其价值的问题；其作为一种社会资源，有一个如何在全社会分配这种资源的问题。在市场经济条件下，房地产业是解决上述问题的基本途径。房地产业使土地、建筑材料等劳动对象通过市场分配，最大限度地实现其经济效益进而实现其商品价值，促进社会生产力的发展，同时创造大量的就业机会，这一切最终都表现为国民经济的发展和人民生活水平的提高。

房地产业的这个特征隐含着一个不可回避的社会矛盾：一方面是满足人民住房的基本需求，另一方面是房地产商品的巨大商业利润。为此，对现代房地产关系已从一般的以民法或财产法规范调整为主，发展为逐步形成的由包括房地产交易法、住宅法等专门法规的综合法律调整，而且其越来越多地融入公法规范。此外，政府的经济政策对房地产业发展的影响不断加强。正是由于房地产业对民生问题的重大影响，联合国于 2016 年在《新城市议程》中提出：“我们承诺推动国家、国家以下和地方各级的住房政策，这些政策应能为逐步实现人人享有适当生活水准权所含的适当住房权提供支持”；“我们承诺在适当政府层面，包括在国家以下一级和地方政府一级，推动增进所有人的保有权保障，确认保有权类型的多样性，并承诺通过有效的行政系统等途径，在土地和财产权连续体的范围内，制定切合目的并符合年龄、性别和环境需要的解决办法”。正确的房地产发展战略应强调产业的可持续性和普惠性。首先，应当摆正商业利益、部门利益与人民群众利益的关系，把解决民生问题放在发展房地产业的首要地位，这也是把握社会主义房地产业发展方向的基本要求。其次，如果只追求发展速度，不考虑人民群众实际需求的社会效益，必然导致房地产业更深地陷入泡沫经济的泥潭，1998 年亚洲一些国家和地区的房地产业在金融危机中首当其冲受到冲击的教训以及 2007 年美国的次贷危机也证明了这个道理。

2. 房地产业对完善市场体系的作用

市场经济要求各种生产要素的有机结合，要求各种资源通过市场得到合理的配置。房地产作为各种经济活动必不可少的依托，具有生产要素的属性。房地产业将土地、资金、劳动力和各种社会资源及物质材料通过市场机制聚集起来，对于整个市场体系的完善具有不可替代的重要作用。

房地产业的活力是整个市场活力的重要方面，它可以促进建筑业的繁荣，促进建材工业、建筑设备工业、建筑机械和冶金、化工、机械、仪表等产业的发展。这种情况被称为房地产业对其他产业的第一次带动；第二次带动，是指房屋投入使用后带动房屋装饰、家具、家用电器等相关产业的发展。房地产业对金融业的发展亦具有重要作用。房地产业对资金的需求量大、投资回收率高，因而比其他投资领域更具吸引力。此外，房地产业对整个消费市场具有引导和促进作用。房地产业的发展极大地改变了人们的消费结构，在发达国家和地区，人们用于房地产的消费占总消费的比例逐步上升。

房地产业是我国利用外资的重要市场。我国涉外房地产业吸引外资的形式主要有四种：一是通过房地产折资入股，以与外商进行联营、合资、合作等形式吸引外资；二是通过出租和出售房地产，为外商提供现成的标准厂房、写字楼、住宅等，吸引外商投资工业项目；三是通过土地有偿、有期限出租或出让，直接吸引外资开发土地，适当经营房地产；四是通过金融机构为外商提供贷款或为外商向境外银行申请房地产抵押贷款提供担保业务。涉外房地产业将我国房地产业这一生产基本要素带入更为广阔的国际流通领域。不动产权利这种最基本财产权利的国际化，对一个国家市场体系对外开放程度的影响是极为深刻的。

房地产业对完善市场体系的作用主要是通过价值规律实现的，而价值规律所体现的利益最直接的是商业利益。在既定的房地产价值总量前提下，商业利益的增加即意味着消费者利益的减少，商业利益的主导即意味着国家和社会公共利益的弱化。在实行宏观经济调控之前的“房地产热”阶段，我国一些地方的房地产政策亦更多地向房地产业的商业利益倾斜，其最终结果不仅损害了房地产消费者的利益，而且不能保证房地产业健康地发展，并使整个市场体系发生扭曲。我们在充分发挥房地产业完善市场体系的积极作用的同时，也必须注意防止其商业利益膨胀而对市场体系造成的破坏。

3. 房地产业对发展国民经济、增加国家财富的作用

房地产是构成国家财富的重要组成部分。随着现代城市经济的发展，房地产在国家物质财富中所占的比重日益提高。在美国，1986 年仅房地产管理协会会员管理的资产已超过 9 000 亿美元；美国房地产价值占其整个国家的财产值，一说占 3/4，查尔斯称占 38.9％，并称占世界总水平的 50％。21 世纪之初，我国城市土地面积为 25 000 平方千米，若以每平方米价值 150 元计算，总价值高达 37 500 亿元；2023 年，我国新建商品房销售面积约 11.18 亿平方米，平均售价约 1.04 万元/平方米，总价值约 11.63 万亿元。[①] 这笔巨大的物质财富为国民经济的稳定和发展奠定了坚实的物质基础。

房地产是国家财政的重要来源。我国房地产作为国家财政来源的实现途径主要有三条：土地出让金（或称为地租）、税收和费用，其中地租是土地所有权在经济上实现的形式，房地产税是国家财政收入的重要形式，房地产费则是政府机构在管理房地产经营活动中提供的劳务的收入，构成国家对房地产收益进行再分配的租税费体系。我国在房地产地租和税的征收中主要存在的问题是征管不严，造成房产收益流失严重；在房地产费征管中主要存在的问题则是乱收费，加重开发商和消费者的负担。我国房地产业租税费带有更鲜明的土地财产权售卖的色彩，而销售者及受益者的利益往往与真正的土地财产权所有者的利益并不完全一致。国家财富在我国现行体制下往往被分解为地方利益和部门利益，土地公有制主体的权利亦由各级政府主管部门代表行使。在我国香港地区和澳门地区，批地权力集中在单一的主管部门，是名副其实的“一支笔”；而在内地，有批地权力的县级以上主管部门成千上万，每“一支笔”都代表相对独立的利益，任何对权力的滥用都必然会造成国家利益的流失或对经营者和消费者权益的损害。对批地权予以严格的限制已成为完善房地产各项法律制度的当务之急。

---

① 参见国家统计局《中国统计年鉴 2024》。

（三）我国房地产业

两千多年来，在我们这个长期以农业为主的泱泱大国里，土地问题一直是一个被上至历代统治者，下至黎民百姓最为关注的问题之一。因为，它不仅关系到世世代代中华儿女的生存繁衍，也决定了华夏文明的演变和传播。从远古，到今天，以至未来，人类的活动离不开土地，人类一向尊崇土地，由此也必然对土地问题进行不间断的研究和探索。①

1. 1949 年前中国的房地产业

在以城市经济为基础的现代房地产经济形成之前，房产完全附属于地产。我国奴隶社会和封建社会中基本不存在商品经济性质的城市房地产业。这一时期虽然也有一定的城市经济，但城市房地产的商品经济性质相当微弱。这首先是因为在自然经济条件下，生产力水平较低下，人们的住房主要是自建自住的，房地产的商品经营不可能形成规模；其次是因为城市建筑的绝大部分是通过国家征徭役等行政行为建造的，相当于无偿的摊派，谈不到商品化经营。

我国现代城市房地产业是随着城市经济的发展而逐步形成的，1949 年前中国房地产业有以下三个特点：一是半殖民地半封建性，二是强烈的投机性，三是利益结构畸形。在半殖民地半封建制度下的中国，房地产市场呈畸形发展状态，外国资本家和官僚垄断资本控制着房地产的主要部分，操纵着房地产市场，使地价飙升，房租飞涨，房地产商大发横财，而城市劳动人民则日益贫困，苦不堪言。彼时，国民政府在城市房地产业中完全是为帝国主义和官僚资本服务的，对城市居民住宅的民生问题根本不顾，劳动人民居住状况日益恶化。中华人民共和国成立前的上海作为亚洲主要城市之一，其房地产业的畸形发展造成的城市一般居民住房条件的恶劣程度也是举世闻名的。

2. 新中国的房地产业

（1）计划经济下的房地产业。

我国计划经济下的房地产业主要经历了以下发展历程。

第一步，城乡分离。中华人民共和国成立后，国家于 1950 年颁布了《土地改革法》，以法令形式确认了在全国范围内实现土地改革的方针，建立了中国历史上从未有过的国家土地所有制与农民土地所有制相结合的新型的二元制地产格局。这种新型地产格局如果单从产权结构上分析，最大的特点就是禁止农业劳动者以外的主体拥有农业地产，割断了农业地产与城市商业资本的联系。中华人民共和国成立初期，国家在保护农民土地所有权的同时，通过各项政策引导农民走合作化道路，并通过立法对农民出卖或出典土地予以严格的限制。

第二步，产权重置。在城市房地产方面，中华人民共和国成立初期，主要是以政策规定方式对不同的房地产权区别处理。国家宣布实行城市土地国有化政策，接收旧政府房地产档案，没收官僚资本、敌伪逆产和罪大恶极的反革命分子的房产；承认一般私人

① 晓耕等主编：《中国古代土地法制述略》，“序”。

房产的所有权，保护产权所有人对其城市房屋正当合法经营；保护城市居民的居住权，规定不得私自占用民房，非经特殊许可不得私自租借民房；同时开展房地产清查登记，建立起新的房地产管理秩序。

第三步，私房国营。1956 年，我国对包括城市私有房屋在内的城市资本主义工商业进行社会主义改造，对于城市房地产商出租经营的私房，除少数大城市对私营房地产公司和某些大房地产业主实行公私合营外，绝大多数采取国家经租的形式，即由国家统一租赁、统一分配使用和统一修缮维护。对于工商业资本家的私营企业房地产，我国则将房地产与企业其他财产一同经过清产核资，由国家每年支付一定的利息，即通过赎买的方式限制资本家对房地产及企业其他资产享有的所有权。到 1966 年，国家停止对房产主付租金和对资本家付利息，这部分房地产最终完全成为国有资产，这是我国实现城市土地国有化的一条途径。另一条途径是对出租的私有房屋进行社会主义改造，通过给付房屋租金或赎金的方式，将这部分城市房产逐步变为以公有制为主体的房产，或是直接通过城市建设征用土地的方式，将城市中原私人所有的房地产和郊区农民个人所有后来是集体所有的土地转变为城市国有土地，国家对被征用土地者给予一定补偿。

计划经济下的城市土地全部国有，由国家行政划拨给使用者无偿、无限期使用，大部分城市房屋和全部新建房屋为国有或公有，城市住宅采取低租金制和福利分配的方式，房地产开发建设全部由国家投资并受指令性计划管理。计划经济下的房地产体制适应了当时的经济建设和解决城市居民住房的需要，但随着经济和社会的发展，这种体制的弊端也日渐明显。这种体制导致土地资源的严重浪费和国家地产利益的大量流失；国家对住宅建设的投资无法收回，房地产开发因缺乏再生产和扩大再生产所必需的资金循环而无法维持，房地产业因此而不能持续发展，反而日渐萎缩。到 1956 年私有房产社会主义改造完成，中国房地产业作为一个行业已不复存在，只有严重亏损的房管业和建筑业，并无房地产市场。

（2）改革开放以来的房地产业。

改革开放以来，我国房地产业大体可分为四个发展阶段。

第一个阶段从 1978 年至 1991 年，此为房地产业的起步发展时期。党的十一届三中全会确定了我国实行改革开放的方针，城市私房政策逐步得到落实，私房产权重新得到确认，城镇住宅建设发展迅速。1987 年，深圳率先试行国有土地使用权出让制度，使公有制的土地使用权与所有权分离并作为商品进入了市场，这是我国房地产从计划经济向市场经济转变的重要标志。

第二个阶段从 1992 年年初至 1993 年年中，此为房地产业高速发展时期。1992 年邓小平同志南方谈话以后，我国确立了建设社会主义市场经济体制的方针，这为我国房地产业注入了空前的活力，使之迅速成为经济高速发展中的龙头产业，房地产业在各产业部门中率先启动，成为国民经济中发展最快的一个行业。但这种发展很快地出现“过热”现象。内资和外资大量投向房地产业，过量批地，造成房地产业发展过热，市场秩序陷于混乱，对国民经济的整体健康发展造成冲击。

第三个阶段从 1993 年下半年到 1998 年，此为房地产业的调整时期。从 1993 年下半年开始，国家对国民经济的发展进行了宏观调控，其中一个重要的清理整顿领域就是房地产业，主要解决房地产业“过热”出现的批地过多过滥、投资规模失控、投机成分过大、开发企业资质差、市场秩序混乱、房地产业区位格局和内部结构不合理等问题。

第四个阶段从1998年至今，此为房地产的规范发展时期，主要表现为法制较完善，结构较合理，投资较适度，价格较公平，市场较规范，但各地发展依然不平衡。在这一阶段，我国加强房地产市场调控。2010年，国家为遏制房价过快上涨先后出台“国十一条”、“国十条”和“9·29新政”。受此影响，全国及重点城市房地产市场出现了积极变化，房价涨幅明显缩小。为了巩固调控成果，2011年1月26日，国务院办公厅发布《关于进一步做好房地产市场调控工作有关问题的通知》（国办发〔2011〕1号，简称“国八条”），实行“明确房价控制目标、更大范围更加严厉的限购政策”等一系列政策。2021年7月13日发布的《住房和城乡建设部等8部门关于持续整治规范房地产市场秩序的通知》（建房〔2021〕55号）则注重强化制度建设、维护市场秩序，促进房地产行业健康平稳发展。2022年10月16日，习近平总书记在党的二十大报告中提出，“加快建立多主体供给、多渠道保障、租购并举的住房制度”。未来我国也将继续加大房地产业改革力度，力图建设完善、公平的房地产规范体系。

我国房地产业改革主要体现在以下几方面的重大转变：

第一，在管理体制上，由过去政企不分的行政管理型向政企分开、逐步实行企业自主经营方向转变；由单一的房产管理向房产管理与地产管理并行，且逐步结合管理的体制转变。

第二，在住房制度上，由国家和企业统包福利制向调动一切积极因素解决住房问题进而逐步推行住宅商品化的方向转变。

第三，在经济体制上，由完全依靠国家投资进行房地产开发和建设向多渠道投资、以企业和个人积累为主的投资体制转变；由以行政命令为主的房地产计划经济体制向以市场供求为主的房地产市场经济体制转变。

第四，在经营内容上，城市房地产业由以往的以房屋租赁业为主，向包括土地使用权出让、转让和出租，房屋销售、预售、租赁等完整的房地产三级市场广阔的经营领域转变。

第五，在产权结构上，城市房地产业的产权结构由城市土地单一的全民土地所有权、房屋绝大部分为国家所有，向城市土地使用权和房屋所有权主体多元化方向转变。

第六，在规范方法上，城市房地产业由以行政管理规范为主，向宏观经济调控政策、行政管理和法律调整相结合，且逐渐以法律调整为主的方向转变。

（四）可持续发展战略与我国房地产法律制度的完善

习近平总书记在党的二十大报告中指出：中国式现代化是人与自然和谐共生的现代化。人与自然是生命共同体，无止境地向自然索取甚至破坏自然必然会遭到大自然的报复。我们坚持可持续发展，坚持节约优先、保护优先、自然恢复为主的方针，像保护眼睛一样保护自然和生态环境，坚定不移走生产发展、生活富裕、生态良好的文明发展道路，实现中华民族永续发展。

合理利用土地资源、坚持可持续发展战略，是我国房地产法制建设必须遵循的原则。

由于可持续发展强调的代际公平对未来人利益保护的观念与法理学上法律仅限于对当代人即现实社会中既存的权利予以保护的原理相抵触，因而在国际法意义上，可持续发展作为一种行为规范，往往被解释为“软法”。在国内立法上，它也主要作为一种指导思想或法律原则体现出来。在我国房地产法律制度的完善过程中，可持续发展在以下方面具有特别重要的意义。

1. 加强对土地资源的物权法保护

《中国 21 世纪议程》关于改革自然资源管理体系的主要目标规定，“明确政府、企业和个人在自然资源的所有权和开发经营权方面的权利与义务”；“根据强化市场经济的原则，完善有关自然资源管理和保护的现行法律和管理制度”。关于实现上述目标的行动方案规定，“建立和完善自然资源产权制度，实行资源所有权与使用权分离，以及资源的有偿使用和转让”。

总的来说，土地使用权出让制度在对土地资源的利用特别是商品化开发方面较为积极，保护功能则较为次要；而传统物权法特别是土地所有权制度则在土地商品化问题上较为保守，对土地资源保护的功能较强。我国香港地区土地使用权出让制度具有局限性的一个重要原因是基于历史原因形成的土地所有权制度事实上的缺位；内地土地资源保护规范，长期以来是以行政法规范为主，而民法，特别是物权法的保护不够完善，与兴旺红火的土地使用权出让制度相比，物权制度显得比较单薄，二者关系有失衡之嫌。此外，明确政府、企业和个人在自然资源的所有权和开发经营权方面的基本权利与义务，也必须以物权法为本，借此对土地使用权出让制度的行政主导因素予以必要的制约。

《中国 21 世纪议程》规定，“为更有效地管理自然资源，组织力量实施市场经济刺激手段，同时考虑社会的公平分配”；“建立一种政府与社会相结合的连续监督体系，鼓励公众参与自然资源的持续管理活动”；“建立自然资源的地区和部门开发利用规划分配机制，尤其是中长期资源分配机制”。

完善我国土地使用权出让制度的一个重要方面是强化可持续发展战略的“限制”和“需要”原则，为此应对现行法律中的有关制度进行必要的修改，引入可持续发展机制；同时要学习和借鉴我国香港地区土地使用权出让制度及《消费者权益保护法》中公众参与、政府与社会相结合的监督机制，将土地使用权出让制度对可持续发展可能造成的不利降至最低限度。

2. 可持续发展战略与我国三级房地产市场法

联合国《21 世纪议程》要求各国“必须发展和执行综合的、有制裁力的和有效的法律和条例”。《中国 21 世纪议程》指出：“与可持续发展有关的立法是可持续发展战略和政策定型化、法制化的途径，与可持续发展有关的立法的实施是把可持续发展战略付诸实现的重要保障。”“为适应中国社会主义市场经济体制的建立，对已有的与可持续发展有关的立法进行调整完善，引入符合市场经济规律和市场机制要求的法律调整手段。”我国房地产法作为与可持续发展有关的立法，同样面临着一个如何调整与完善的问题。

我国房地产市场的一个重要特征是房地产市场被人为地分为三级：一级市场为土地使用权出让市场，二级市场为与土地使用权第一次转让相联系的房地产销售市场，三级市场为房地产的再转让及抵押、租赁市场。其他国家和地区不存在土地使用权出让，因而无所谓三级市场的划分。这种划分本身就必然存在着脱节的可能，相应地使可持续发展面临更大的障碍，因此，可持续发展原理对于这种房地产市场模式的意义更为重要。我国房地产业发展的非持续性在三级房地产市场分别表现为：一级市场批地过多过滥导致土地资源浪费严重，二级市场投机过度导致销售不畅，三级市场规范欠缺从而在很大程度上以“隐形市场”的形式存在。可持续发展的原理是解决三级市场之间的脱节问题的必然选择，要把可持续发展所强调的资源保护、社会稳定、发展质量及利益统一的目标作为房地产立法的宗旨，才能从根本上保证房地产整体市场协调健康地发展。

3. 更广泛地学习和借鉴世界各国（地区）的先进经验

可持续发展作为一项国际性的经济发展战略，包含了许多国家（地区）保护自然资源的经验。我国房地产制度目前仍主要囿于我国香港地区的模式，可持续发展较受限，因而我们关于如何发展房地产业的观念应有所更新。

在所有权和利用权问题上，虽然目前国际上的总趋势是重利用权而对传统所有权的绝对性、排他性予以必要的修正，但传统所有权理论的价值并未丧失，特别是其对自然资源保护的基础性作用是其他法律制度所难以取代的。一些国家也意识到了这一点。例如，美国虽然属于普通法系国家，但其唯独在土地所有权问题上与其他普通法系国家不同，不仅引入了大陆法系土地所有权的概念，而且在此基础上进一步实施土地发展权制度，通过国家对土地使用方向的控制，有效地保护土地资源；此外，美国政府取得大量地产收益并非以增量开发土地资源的出让为途径，而是以税收为主要形式的存量土地资源利用为途径。在这两个方面，美国模式显然更有利于土地资源的可持续利用。

我国是一个经济快速增长的发展中大国，资源的可持续利用不仅对我国，而且对国际经济和社会发展的影响越来越大，仅从这种意义出发，我们也应当开阔认识的视野，突破以往的模式，广泛地学习和借鉴世界各国（地区）的成功和先进的经验，走具有中国特色的房地产经济可持续发展道路。

第二节　房地产法的概念和调整对象

一、房地产法的概念

房地产法是调整房地产经济关系的法律规范的总称。广义上的房地产法包括确认和调整房地产产权、开发、经营、使用、交易、服务、管理及其他与房地产相关的各种社会关系的法律规范；狭义上的房地产法是指以《城市房地产管理法》为核心的，及与之相配套的专门调整房地产关系的法律规范；此外，还有最狭义的房地产法，特指《城市房地产管理法》。

对于房地产经济关系的理解主要有广义上的与狭义上的两种：广义上的房地产经济关系包括房地产产权、开发、经营、使用、交易、服务、管理及其他与房地产相关的各种社会关系[①]；以狭义上的房地产经济关系作为调整对象的，可以理解为房地产业法，是指在中华人民共和国城市规划区国有土地范围内取得房地产开发用地的土地使用权，从事房地产开发、房地产交易、实施房地产管理过程中所发生的经济关系。[②]

从我国经济生活的实际情况来看，房地产法所调整的社会经济关系是十分广泛的，既有财产关系，也有非财产关系；既有房地产业的开发经营关系，也有公民之间、职工与其单位之间、公民与政府之间的基于房地产使用或产权而发生的非房地产业关系。

二、房地产法的调整对象

房地产法的调整对象，是指房地产法所调整的特定领域的房地产社会经济关系。所谓特定领域有广义与狭义之分，本书采广义的理解。按照房地产经济活动的范畴，房地产法的调整对象可分为房地产产权、开发、经营、使用、交易、服务、管理及其他与房地产相关的社会关系。

按照此法律关系涉及的不同，法律部门可分为以下三类。

(1) 房地产民事关系。具体内容包括：房地产权属法律关系（包括物权关系、房屋继承关系、房屋赠与关系等）、房地产转让关系、房屋租赁关系、房地产相邻关系、房屋拆迁关系等。房地产民事关系中的某些部分以民法一般调整为主、以专门法规调整为辅，如物权关系、房屋继承关系、房屋赠与关系、房屋租赁关系、房屋拆迁关系、房地产相邻关系等；另一些部分则为以商法性质为主的一些房地产专门立法所调整，如房地产交易关系、房屋维修关系、房地产中介服务关系、物业管理关系等。

(2) 房地产经济行政关系。这类关系中有一部分是纯粹的行政关系，如房地产行政管理关系，房地产规划管理关系（包括土地规划管理关系和城市建设规划关系），土地保护关系，房地产质量、价格管理关系，房地产产权和产籍管理关系，房地产行业管理关系，房地产市场的监督管理关系等；另一部分也是大部分属于与经济法律关系相交叉而又以行政性为主的关系，如土地交易管理法律关系（包括国有土地使用权出让关系、集体土地使用关系、土地征用关系、土地使用权转让关系等）、房地产税费收缴关系、房地产金融关系、房地产国有资产经营管理关系、涉外房地产关系等。这类关系的主要特征是不具备财产内容或不以财产内容为主，主体之间以命令与服从、管理与被管理的关系为主。

(3) 房地产社会保障关系。具体内容包括：住宅社会保障关系，公有房屋的使用、转让和管理关系，单位与其职工的房屋产权和使用关系，房地产消费者保护关系等。所谓社会保障，是指“政府和社会为了保持经济的发展和社会的稳定，对劳动者或社会成员因年老、伤残、疾病、失业而丧失劳动能力或丧失就业机会，或因自然灾害和意外事故等原因面临生活困难时，通过国民收入分配和再分配提供物质帮助和社会服务，以确

① 参见赵红梅：《房地产法》，30 页，北京，中国政法大学出版社，1995。

② 参见潘静成等：《中国经济法教程》，508 页。

保其基本的生活需要”[①]。社会保障关系在国外多由作为独立部门法的社会保障法所调整。这类房地产关系虽然具有较强的公法性，但与房地产行政关系有本质上的区别；虽然具有一定的财产内容，但与民商事关系亦有本质上的区别；它与经济法律关系更为接近，但经营管理的因素很有限。在公有制国家，这类房地产关系曾长期依附于劳动关系。目前在我国，这类社会关系介于经济法律关系与劳动法律关系之间，而基本上可以纳入经济法律关系。在市场经济条件下，房地产社会保障关系是房地产法的重要调整对象。

房地产法调整对象的主要特征决定了房地产法的综合法律规范特征。在所有房地产法律规范中，房地产的专门立法大都带有综合性，其中有一些民法属性较强，如房地产转让、抵押、租赁等方面的专门条例；有一些行政法的属性较强，如房地产建设项目审批制度等；有一些较多地体现了社会保障法的功能，如我国港澳地区的公屋、居屋法规以及我国内地经济适用房、廉租房出售、使用管理的一些专门规定等。更多的房地产法律规范直接体现了经济法律规范的综合性，如我国《土地管理法》《城市房地产管理法》《城乡规划法》等。在具体的房地产法律规范中，常常是以上述三类关系之一为主，并综合其他各类法律关系，例如，在商品房的买卖关系中，以房地产民事物权关系为主，也包括房地产行政的产权产籍管理关系，还包括房地产经济法律关系的房地产土地管理、开发经营企业管理、质量价格管理、税费收缴等各种关系；在公房使用和出售关系中，则以房地产劳动和社会保障法律关系为主，包括民事、经济和行政法律关系的相关制度。这一特征决定了对房地产关系的法律调整不能片面强调某一个部门法的功能而忽视其他部门法的功能。例如，过分强调房地产法的经营性，即其商法属性，忽视其社会保障法的功能，或排斥其行政法和经济法的功能，势必助长房地产开发热，就不能保证房地产业健康和持续地发展。这是我国前一个时期房地产制度存在的主要问题。房地产法的这种法律规范综合性特征集中体现了经济法的综合调整功能，因此，从本质上来说，狭义的房地产法应当主要属于经济法的范畴。

第三节 房地产法律关系

一、房地产法律关系的概念和特征

（一）房地产法律关系的概念

房地产社会关系受到多种社会规范的调整，如政策规范、法律规范、道德与习惯规范、组织纪律与内部规章规范等，其中法律规范调整的房地产社会关系形成了受法律强制力保护的权利义务关系，这种房地产社会关系即上升为房地产法律关系。

房地产法律关系包括三个要素：主体要素、内容要素和客体要素。主体要素是指房地产法律关系的参加者，内容要素是指房地产法律关系主体所享有的权利和承担的义务，

① 覃有土等：《社会保障法》，7页，北京，法律出版社，1997。

客体要素是指房地产法律关系主体的权利义务所指向的对象。三者对于房地产法律关系的构成缺一不可，且任何一个要素的变更和消灭都会导致房地产法律关系的变更和消灭。

房地产法律关系在房地产社会关系中的地位是一个社会房地产经济发展程度的重要标志，同时也对一个社会房地产经济的发展方向和利益格局起着重要的决定作用。例如，在中国封建社会的自然经济状态下，大量房地产属于自给自足的个体（包括家族）的财产，极少进入市场，调整这类房地产社会关系的社会规范即以习惯和宗族规约为主，辅之以行政政策，而法律关系则居于较次要的位置；在计划经济条件下，房地产被作为社会或企事业单位的福利而主要通过行政分配，且所有权主要为国家或集体所有，相应地，这种房地产社会关系主要通过行政命令和政策以及内部规章调整；只有在市场经济条件下，才对房地产社会关系以法律调整为主提出要求。房地产业是以现代城市经济为重要标志的市场经济发展到较高程度的产物，而现代市场经济本身即法治经济，房地产社会关系上升为法律关系是市场经济发展的客观要求；与此同时，房地产法律关系的正确调整也是房地产业健康发展的基本保障。

（二）房地产法律关系的特征

1. 房地产法律关系是一种重要的法律关系

（1）房地产法律关系是现代城市经济和现代房地产业的产物，随着近年房地产经济的飞速发展，房地产法律关系也发展到了一定阶段并成为重要的法律分支的调整对象。从各个国家和地区调整房地产经济关系的法律规范体系来看，虽然大部分国家和地区在立法体系上并无独立的房地产法，但房地产业的形成和发展使调整这一综合产业的法律规范的系统化趋势日渐明显，特别是在我国港澳地区和房地产业迅猛发展为支柱产业的一些国家和地区，房地产法律关系作为一种新型的法律关系的地位已得到确认。

（2）房地产法律关系体现了现代社会新型法律关系的各种原则和价值。在产权制度方面，房地产法体现了现代物权法和财产法重土地利用权的原则；在价值取向方面，房地产法强调房地产的社会价值和公民的居住权、基本生存权利的价值；在调整方法上，房地产法提倡法律对各种不同利益的协调、兼顾和综合调整；在法理方面，房地产法贯穿了现代法理的许多新理念，突破了大陆法和普通法的界限、公法与私法的界限，我国房地产法在对土地资源的合理利用方面强调的房地产业可持续发展原理、代内公平与代际公平原理、发展与限制的原理，是对传统法理的重大发展。上述新型法律关系的原则在一些具有调整房地产社会关系功能的相关法律中个别地体现，而在房地产法对房地产法律关系的综合调整体系中得以全面地体现。

2. 房地产法律关系是一种综合的法律关系

（1）主体的综合性。房地产法律关系的主体既包括民事法律关系的主体，也包括行政法律关系的主体和经济法律关系的主体；在一定的情况下，一个主体甚至可能同时具有两种主体资格，如在国有土地使用权出让法律关系中，国家作为土地所有者既是合同关系中的民事主体，同时又是土地资源的管理者和房地产业的行政管理主体。这种情况在其他法律关系中是不多见或不明显的。

（2）内容的综合性。房地产法律关系是民事法律关系、行政法律关系、有时还包括社会保障法律关系的综合，片面强调其中的任何一种法律关系都不利于对房地产社会关系的合理调整。这种综合性特征使房地产法律关系具有了经济法律关系的特征。

（3）客体的综合性。房地产法律关系的客体与一般财产法的客体范围不同：后者仅为有形的财产，而前者不仅包括有形财产的物，也包括行为，甚至从房地产业以第三产业为中心的意义上来说，房地产法律关系的客体应当主要是服务性的经营行为。此外，房地产业的客体也包括无形财产，例如，我国香港地区房地产抵押的重要形式之一是按揭，其中又以公义式按揭为主，这种权利的客体为普通法上的一种期待权，相当于大陆法中的无形财产权，但不是现实存在的事物，而是一种将来的利益。房地产概念中土地和房屋的不可分性在一定意义上也是房地产法律关系客体综合性的表现。

3. 房地产法律关系是一种有限的法律关系

如前所述，房地产业与房地产不同，房地产法律关系主要是法律对房地产业社会关系的调整，广义房地产社会关系中的房地产业以外的社会关系则由其他法律调整，如房地产继承关系、农村房地产关系等属于一般的民事法律关系，这种有限性在不同国家和地区有所区别。在西方国家，所谓房地产法律关系基本上仅局限于不动产交易法律关系。在我国港澳地区则主要限于房地产开发和交易关系。我国内地房地产法律关系的范围在理论上尚无定论，主要争论之一在于住宅商品化制度，特别是带有社会福利性质的住宅开发和交易应否属于房地产法律关系。实践证明，这类房地产关系有必要进入房地产市场，并且应逐步将其纳入房地产法律关系。同时，即使是城市房地产社会关系，也有相当一部分不由法律调整，而由其他社会规范调整，如一些具有涉外因素而政策性较强的房地产的确权问题主要由政策调整而不能适用一般的法律规定。目前，我国住房制度改革过程中形成的某些房地产社会关系主要适用政策规范调整，只有在条件成熟时，例如，一些城市公房销售成功而可以进入二级市场时，才能使这类房地产关系具有法律关系的性质。

二、房地产法律关系的主体

对于房地产法律关系的主体即房地产法律关系的参加者，我们可以从不同的角度进行分类。

1. 从一般民事法律关系的角度可分为：国家、法人和公民

这是许多房地产法论著的分类方法。国家在民事法律关系中仅作为一般的民事主体，与法人和公民在法律地位上是平等的，而不具有管理者的地位。这种主体分类方法仅仅具有局部意义，不能涵盖一切房地产法律关系的主体范围。

房地产诉讼主要是平等主体之间因权利义务关系产生的房地产纠纷，下列房地产纠纷法院不予受理：（1）属于历史遗留的落实政策性质的房地产纠纷案件；（2）用行政指令而调整划拨、机构撤并分合等引起的房地产纠纷案件；（3）因单位内部建房、分房等而引起的占房、腾房等房地产纠纷案件；（4）因军队离休干部安置、腾迁、对换住房等而发生的纠纷案件；（5）关于违章建筑的认定与处理的纠纷案件；（6）因所有权或使用权权属不明而发生的纠纷案件。

上述案件中，有的按行政案件（非房地产案件）处理，有的由有关部门处理，有的由单位内部处理。

2. 依各类主体在房地产法律活动中所起的作用不同划分

（1）国家或政府，包括土地管理部门、房屋管理部门、规划管理部门、建设管理部门、公证机构等。这类主体在房地产法律关系中具有三重性质或地位：一是作为一般的民事法律关系主体，如国家机关为其工作人员向开发商购买商品房而形成的房地产买卖关系中作为买方的主体资格，这是一种纯粹的民事法律关系主体。二是作为房地产法律活动中的管理者所具有的主体资格，如国家对房地产建设用地的法律限制、对房地产价格的限制、对房地产交易的管理、对房地产产权和产籍的管理等，这是一种纯粹的行政或经济行政法律关系主体。上述两种主体资格是一切国家或政府所普遍具有的双重资格。三是作为国有土地资源所有者和管理者的特殊主体资格，这是我国内地和港澳地区的特有现象，国家或政府在土地使用权出让关系中既是合同一方，同时也是房地产建设用地的管理者，这种法律关系既有财产内容也有管理内容，这种特殊主体具有经济法律关系主体资格的性质。

（2）房地产开发商，又称房地产发展商，是指专门从事房地产开发的企业。在以房地产业为标志的现代房地产社会关系中，这种主体居于核心地位，它是房地产市场经济的首要主体，是房地产开发活动的组织者。我国的房地产开发企业分为三种：第一种是房地产开发专营企业，即以房地产开发经营为主业的企业；第二种是房地产开发兼营企业，即经批准从事房地产开发经营业务的其他企业；第三种是房地产开发项目公司，即以开发项目为对象从事单项房地产开发经营的企业，该项目完成后，项目公司即告终止。我国对房地产开发企业实行分等定级，将房地产开发企业分为一、二两个资质等级。一级资质的房地产开发企业承担房地产项目的建筑规模不受限制，二级资质的房地产开发企业可以承担建筑面积 25 万平方米以下的开发建设项目。

（3）建筑商，又称工程承包商，是指承接开发商提供的房地产开发项目，进行建筑施工的企业。建筑商主要受《建筑法》《民法典》和相关管理法规的规范，基于此形成的法律关系是房地产相关法律关系。建筑商不仅要对开发商负合同责任，还要对房地产消费者负建筑质量责任；建筑质量纠纷是近年来房地产消费者保护案件的主要类型。我国对建筑施工企业的管理主要包括：企业资质管理、施工管理和建设工程监理。我国建筑企业按企业的资历、技术管理人员等级和数量、固定资产和专业设备的数量以及生产能力等条件分为若干等级，并依此划分可承接的不同规模和类别的建筑项目。

（4）房地产卖方。主要指房屋的出售者和土地使用权转让者，但不包括土地使用权的出让方。因此，房地产卖方可分为土地使用权二、三级市场的卖方和商品房一、二、三级市场的卖方。

房地产卖方亦可分为销售商、投机商和非经营性销售者。销售商是指通过房地产销售获取合理商业利润即平均利润的房地产卖方。投机商则是以获取投机利益为目的，通过“炒地皮”“倒项目”或囤积房地产、操纵房地产市场以获取投机暴利的房地产卖方。

事实上，房地产投机商往往既是投机销售者，也是投机购买者；同时，投机性销售往往与一些开发商的经营行为联系在一起，但通过按揭制度“炒楼花”而获利的个体投机者也大有人在。上述两种卖方均属于经营性销售者。非经营性销售者主要指非房地产经营者且非以营利为目的销售房地产者。例如，一些公民通过房地产二、三级市场以房屋的实际价值销售现有住房，这种销售者与经营性销售者具有本质上的不同，基本上属于一般的民事法律主体。广义上的非经营性销售者也包括公房出售的卖方，由于这种售卖并非通过房地产市场，主要适用的规范是部门或单位的内部规范而不是法律规范，故不是典型的买卖行为，且“买卖”的标的中往往含有相当成分的福利因素，这种因素的实物化本质上并不属于买卖的范围。但公房出售后上市的关系即应属于买卖关系。

（5）房地产买方。其与房地产卖方的分类原理相同。但重要的是，一般住宅的购买属于消费性购买，是基于公民居住权及基本生存权的消费。这种买方即具有消费者的资格，应当受到《消费者权益保护法》的严格保护。

（6）房地产辅助商，指从事除直接进行房地产开发和交易以外的房地产服务性经营者。其具体包括：1）房地产经纪人，指在房地产交易活动中充当中介人的机构或个人；2）房地产交易中心，指专门为房地产交易提供场所的机构；3）房地产金融和保险机构，指银行、投资公司、保险公司等为房地产投资置业提供贷款、融资、保险等服务业务的机构；4）房地产估价机构，指专门从事房地产价值评估的机构及其人员；5）房地产咨询顾问人，指专门向委托人提供有关房地产方面的专门知识和信息的机构及其人员；6）物业管理公司，指专门从事现有房地产维修、保养及其他配套服务的公司；7）房地产律师，指为各类房地产活动提供法律服务和诉讼代理的司法业务机构和人员。

（7）房地产他项权利人和义务人。其包括房地产抵押权人及其相对人、房地产出租人和承租人等。

3. 依房地产利益结构关系，可以划分为国家和政府、房地产经营者和房地产消费者

国家和政府在房地产利益结构中的利益，主要与其第三种主体资格即同时作为国有土地所有者和管理者的资格相关，即国有土地使用权出让收益；房地产经营者的利益是指各类房地产经营主体的经营性利益；房地产消费者的利益则主要指居民以有偿方式购买、使用房地产而取得、应受到法律保护的各种消费者权益。

在房地产三元利益结构中，政府处于强有力的地位，而且权力与利益直接结合，稍有不慎即可能引发经济和社会的动荡。之后是商人或企业的地位和利益，房地产商人或企业具有较强的经济实力，特别是在发达国家和地区，大房地产商利用雄厚的经济实力在相当大的程度上控制和操纵整个房地产市场，甚至具有左右政府政策的能力。处于最弱势地位的是作为房地产消费者的公民个人，他们既没有权力，又缺少金钱，难以与房地产商人抗衡。在资本主义制度下，这种三元利益结构往往是失衡的。主要表现在房地产商人利益的主导和支配地位以及政府曾经对土地出让金的过度追求。我国实行的社会主义公有制决定了国家、集体、个人三者的利益在根本上是一致的，国家的房地产收益取之于民、用之于民，房地产政策以保护土地资源和实施安居工程为重点，向公民个人的利益倾斜，但上述三者利益关系的失衡问题也是偶尔发生的，因市场经济条件下存在多元的所有制主体，国家、地方、部门、企业、个人的利益有彼此对立的一面。我国前一时期一些地方的房地产立法和政策取向过分强调市场和价值规律的作用，事实上是以商业利益为主导。当然，如果没有商人或商业利益就不会有房地产市场，至少没有充满生机与活力的房地产市场，从而房地产业对于提高人民生活水平和增加国家财富的作用都会受到不利的影响，但不可否认的是，商业利益的增加即意味着消费者利益的减少，商业利益的主导即意味着国家利益和社会利益的弱化。综上所述，我国房地产主体利益结构决定了我国房地产法律调整的总方针应当是：严格规范批地制度，保证国家地产资源利益不流失；限制对商业利益的过度追逐，杜绝“炒地皮”“倒项目”的恶性投机；拓展房地产消费市场，保护人民群众的住宅消费利益。

三、房地产法律关系的客体

法律关系的客体是指主体的权利和义务所共同指向的对象，这种对象往往被理解为物、行为和智力成果等。著名民法学者佟柔教授曾指出：“把物和行为这两个不同的事物分别作为民事法律关系的客体是不妥的。物在民事法律关系中只能作为权利的标的，不能作为客体。单纯的物和行为一样都不能作为民事法律关系的要素。只有把它们结合起来，即结合成一定物质利益的行为，才能成为民事法律关系的客体。”[①] 房地产法律关系客体最充分地体现了这一结合属性。众所周知，房地产业是以第三产业为核心的综合性产业，这种产业所形成的法律关系中权利所指向的标的是物，即房地产物质财富，但其核心内容是对土地的利用行为，以及房地产开发、交易和转让等行为，也包括一定的经济管理行为。当事人权利义务共同指向的并不完全是物，也不是单纯的行为，而是二者相结合而成的房地产物质利益。事实上，用大陆法物和行为的概念是不能涵盖具有深远的普通法渊源的房地产法律关系的客体的。例如，在源于普通法的房地产按揭法律关系中，当事人共同权利义务所指向的对象是一种期待的利益，即尚未客观存在的所谓公义式产权，它既不属于物，也不属于行为，亦非知识产权，却公认地属于物质利益。从宏观上来看，房地产法也正是对这种物质利益进行协调的法律体系。

四、房地产法律关系的内容

房地产法律关系的内容即主体享有的权利和承担的义务。房地产社会关系和房地产业的综合性决定了房地产法律关系内容的综合性，性质上可分为以下三类。

（一）房地产民事权利、义务

这是基于房地产民事法律关系所产生的权利、义务。其特征是权利、义务主体一律平等，以财产权为核心。主要可以从以下不同角度进行分类。

1. 房地产物权

房地产物权指权利主体对特定的房地产所享有的直接支配并排除他人干涉的权利，

---

① 佟柔主编：《中国民法》，35 页，北京，法律出版社，1990。

包括土地所有权、土地使用权、房屋所有权、建筑物区分所有权、房地产经营管理权、相邻权、抵押权、典权以及具有一定物权意义的房屋租赁权等。

2. 房地产债权

房地产债权指当事人依合同的约定或法律的规定，以房地产物质利益为客体的相互权利义务关系，如房地产买卖、房屋保险、房屋拆迁、房地产中介服务、房地产价格评估、房地产物业管理服务、房地产金融服务、房地产代管与托管等活动中形成的权利义务关系。

3. 房地产继承权

房地产继承权指依照法律规定或遗嘱指定取得被继承人房地产遗产的权利。

此外，房地产民事权利还可区分为绝对权和相对权、请求权和形成权、主权利和从权利等。

（二）房地产行政权利、义务

这是指基于房地产行政法律规范调整所形成的权利、义务。其特征是主体地位是不平等的，权利、义务不涉及或不直接涉及等价交换的物质利益，体现的是一种领导与被领导、管理与被管理、命令与服从的关系。在房地产行政管理过程中，管理者作为法律关系的主体所享有的行政权力不同于民事权利，是主体行使国家赋予的行政职权，是一种不可转让或放弃的公权力。我国房地产行政权利、义务主要产生于以下房地产法律关系当中：地政管理关系、房屋管理关系、规划管理关系、建筑工程管理关系、销售和价格管理关系、产权和产籍登记管理关系、房地产经营企业管理关系、房地产公证关系等。此外，部门和单位内部的房地产关系在性质上也主要属于房地产行政权利义务关系。

（三）房地产经济权利、义务

这是指基于经济法律规范调整所形成的房地产权利义务关系。其特征是：它同时具有房地产财产内容和管理内容，二者缺一不可；它以国家意志和社会利益为本位；其调整方法是法律、行政和经济手段的综合。我国房地产经济权利、义务主要产生于以下房地产法律关系当中：国有土地使用权出让关系、房地产税收关系、房地产社会福利和社会保障法律关系、涉外房地产关系、房地产消费者保护法律关系等。

第四节　房地产法的渊源

房地产法的渊源指房地产法律规范的表现形式。我国房地产法的渊源可分为两大类：专门性规范和相关性规范。

一、专门性规范

专门性规范是指专门规范房地产关系的各种法律、法规、政策和法律解释。我国狭义房地产法律关系主要通过这类规范中的专门法律、法规调整；而房地产社会保障关系目前则主要通过这类规范中的政策性规范调整；此外，政策性规范还对房地产关系中政策性强、原则性强的问题予以专门规范。

1. 法律法规

调整房地产关系的法律、法规主要有《城市房地产管理法》（1994 年 7 月 5 日通过，2007 年 8 月 30 日、2009 年 8 月 27 日、2019 年 8 月 26 日修正）、《城市房地产开发经营管理条例》（1998 年 7 月 20 日发布，2011 年 1 月 8 日、2018 年 3 月 19 日、2019 年 3 月 24 日、2020 年 3 月 27 日、2020 年 11 月 29 日修订）、《不动产登记暂行条例》（2014 年 11 月 24 日发布、2019 年 3 月 24 日、2024 年 3 月 10 日修订）、《商品房屋租赁管理办法》（2010 年 12 月 1 日发布）、《国有土地上房屋征收与补偿条例》（2011 年 1 月 21 日发布）、《物业管理条例》（2003 年 6 月 8 日发布，2007 年 8 月 26 日、2016 年 2 月 6 日、2018 年 3 月 19 日修订）等。

2. 我国现行房地产重要政策规范

主要包括以下几个方面的规范：

（1）保护土地特别是耕地的政策，如 2005 年国务院办公厅关于印发《省级政府耕地保护责任目标考核办法》（2018 年 1 月 3 日修订）的通知。

（2）房地产社会经济关系中政治性较强领域的政策，如中共中央办公厅、国务院办公厅于 1991 年 8 月 23 日发出的《关于处理原去台人员房产问题的通知》，中共中央办公厅、国务院办公厅于 1984 年 12 月 24 日发出的《转发关于加快落实华侨私房政策座谈会纪要的意见》，以及历史遗留房地产问题的政策性规定等。

（3）房地产社会经济关系中的一些边缘性问题的政策，如党和国家关于军队房地产、宗教房地产的政策性规定等。

（4）党和政府关于房地产发展方向的一些基本原则性的政策规定。这些政策规范往往是宏观的和全局性的，如党和政府提出的保证房地产业健康发展的方针、国民经济可持续发展战略、安居工程的政策、房改政策等；也有一些是专门性的规定，如建设部于 2008 年 8 月 5 日发出的《关于加强汶川地震灾后恢复重建房屋建筑工程质量安全管理的通知》（现已失效）等。

（5）改革过程中一些过渡性规范。这种规范适用的时间较短，不宜采用或来不及采用立法的形式，因而往往以政策规范表现出来，最典型的如我国的房改政策、安居工程政策等。这些政策性规范是对房地产立法的重要补充，在我国房地产立法不完备、房地产业改革经常面临一些新难问题的情况下，这些政策规范的作用显得尤为重要。

3. 法律解释

法律解释是由特定的机关、组织或个人，根据国家的立法意识、法律原则和政策观点对现行法律或法律条文的内容、含义及所使用的概念、术语、定义所作的必要说明，其目的是正确阐明法律的含义，保证法律的准确适用。在我国，法律解释中的有效解释或正式解释是法律渊源的必要组成部分。对房地产法所作出的解释根据解释机关的不同可分为立法解释、司法解释和行政解释三类，都是对具体问题所作出的解释，因而属于专门性规范。

（1）立法解释是由制定该法律的国家机关对该法律所作的解释，它属于立法的补充，具有普遍约束力。其具体方式有四种：第一种是将解释的内容作为法律本文的一部分列入该法律文件，如《城市房地产管理法》第 2 条对该法的相关概念所作出的定义即属于这种解释；第二种是以发布解释文件或作出说明报告的形式，对所颁布的法律规范进行解释，如全国人大常委会对修改《土地管理法》所作的报告；第三种是由原制定法律规范的机关发布新的法律规范或对原法律规范中的某些规定作出解释，如国家土地局对《土地管理法实施条例》几个问题的答复；第四种是全国人大常委会根据全国人民代表大会的授权对法律作出的解释。

（2）司法解释是由国家司法机关在适用法律过程中对具体应用法律问题所作出的解释，包括人民法院所作出的审判解释和人民检察院所作出的检察解释。最高人民法院和最高人民检察院所作出的司法解释在司法机关具体适用法律时具有普遍约束力。中华人民共和国成立以来，我国房地产专门立法曾长期空白，而对房地产案件的审理则主要依靠人民法院的司法解释。改革开放以来，房地产法的司法解释显得尤为重要，其既是对立法不完备的补充，又是对法律规范冲突的协调；既是对立法缺陷的纠正，又往往是新立法的引导。

（3）行政解释是指依法有权解释法律的行政机关在其权限范围内，对具体应用法律问题所作的解释。它既包括对本机关依立法授权制定的行政法规所作的解释，也包括对其他立法在本部门适用所作的解释。在前一种情况下，它与立法解释性质基本相同，区别在于立法解释往往是在法律正式实施前对法条所作的静态解释，很少在法律正式实施后进行解释，而行政解释则往往是在法律实施的过程中对实践中遇到的问题所作的动态解释。

二、相关性规范

相关性规范是指我国各部门法律中直接与房地产有关的规定。房地产业是一个综合性产业，对房地产业进行规制的法律规范大量地散见于几乎各个法律部门。事实上，世界上大部分国家和地区并无房地产法的概念，亦无所谓房地产的专门立法，调整房地产社会经济关系的规范几乎遍布各个部门法。广义的房地产法涉及许多相关性规范。我国房地产法的相关部门法主要包括以下内容。

（1）宪法。宪法作为国家的根本大法，具有最高的法律效力，也是房地产立法和司法必须遵循的基本依据。我国《宪法》中有一些条款是直接规范房地产关系的，如：1）第 10 条关于土地所有权和使用权的规定："城市的土地属于国家所有。""农村和城市郊区的土地，除由法律规定属于国家所有的以外，属于集体所有；宅基地和自留地、自留山，也属于集体所有。""任何组织或者个人不得侵占、买卖或者以其他形式非法转让土地。土地的使用权可以依照法律的规定转让。"2）第 10 条关于土地征用的规定："国家为了公共利益的需要，可以依照法律规定对土地实行征收或者征用并给予补偿。"3）第 13 条第 2 款关于保护公民房屋所有权的规定："国家依照法律规定保护公民的私有财产权和继承权。”4）第39条关于公民居住权的规定：“中华人民共和国公民的住宅不受侵犯。”房地产法中宪法规范的价值主要体现在严格保护土地公有制，保护作为公民基本权利重要组成部分的房屋所有权。

（2）民法。我国民法是调整平等主体的公民之间、法人之间、公民与法人之间的财产关系和人身关系的基本法律。在大陆法系中，所谓的房地产法实际上直接源于民法中的不动产制度，因而民法是房地产法的最重要的渊源。我国《民法典》是我国房地产法的基础性规范，特别是物权编有关物权的设立、变更、转让和消灭、所有权、用益物权、担保物权、占有等的规定，都是房地产法的专门性规定，其他各章节也大多与房地产法有紧密关联。而合同编也是房地产交易行为的基本行为规范之一，民法典的其他内容诸如民事主体、婚姻继承、侵权责任等也与房地产法密切相关。此外，《消费者权益保护法》等也都是房地产法的重要法律渊源。房地产法中民法规范的价值主要体现在它强调房地产权利的财产权性质，并使之具体化。而在全部房地产财产权中，民法应当强调对公民财产权特别是生存利益财产权的优先保护。

（3）经济法。“我国经济法是调整经济管理关系、维护公平竞争关系、组织管理性的流转和协作关系的法。”[①] 房地产法与经济法的联系最为紧密：首先，经济法律规范是房地产法的最大量、最主要的渊源，在全部房地产法的规范中，绝大部分都可归入经济法的范畴。其次，房地产法律规范的综合性特征、公法与私法的结合且以公法规范为主的特征，都与经济法的纵横统一特征完全一致，特别是房地产法的专门性规范在性质上也基本属于经济法律规范。最后，对房地产的法律调整不可能由其他任何一个部门法（如民法或行政法）单独完成，而必须以经济法的综合法律调整为主，结合其他部门法的相关规范。事实上，房地产法律规范的适用也往往是首先适用经济法律规范（主要是具有经济法性质的房地产专门法律规范），然后才适用民法等一般性法律规范。

房地产法中经济法的价值具有不确定性，这是因为经济法在不同的国家、不同的经济制度或经济体制下，其价值取向明显地有所区别。强调经济法的行政法性质必然导致其对房地产的规范功能倾向于对国家或政府利益的保护；强调经济法的现代商法性质必然使经济法规范更有利于维护房地产经营者的利益；强调经济法的社会法性质则意味着利益的天平向普通公民倾斜。而向任何一方的倾斜都会或多或少地减弱其他各方的利益。我国现代经济法的价值要求其涉及房地产的规范应当充分发挥其维护实质公平、协调各方利益、实现综合调整、保证房地产业健康地可持续发展的特殊功能。

经济法中与房地产法直接相关的主要规范包括以下内容。

（1）土地管理法，即全国人民代表大会常务委员会于1986年通过，于1988年12月29日、1998年8月29日、2004年8月28日和2019年8月26日修改的《土地管理法》。土地管理法重在对土地资源特别是耕地的保护，并注意与城乡规划法、城市房地产管理法、森林法、草原法、渔业法等有关法律相衔接，因而它是房地产法的相关法律而不是专门法律，但在该法之下制定的一些法规如《城镇国有土地使用权出让和转让暂行条例》（2020年修订）等，则属于房地产法专门规范。

---

① 史际春等：《经济法总论》，30页，北京，法律出版社，1998。

（2）城乡规划法，即全国人民代表大会常务委员会于2007年10月28日通过，于2015年、2019年修正的《城乡规划法》。该法是城市建设和城市管理的基本依据，是实现城市经济和社会发展目标的重要手段，也是房地产开发的基本依据性相关法律。

（3）公司法，即全国人民代表大会常务委员会于1993年12月29日通过的《公司法》（1999年12月25日、2004年8月28日、2005年10月27日、2013年12月28日、2018年10月26日、2023年12月29日修改）。该法是建立现代企业制度、规范公司的组织和行为的基本法律，也是规范以公司形式为主的房地产企业的重要法律，是房地产法律关系主体的基本法律规范，因而也是房地产法的重要相关法律。该法之下制定了一些房地产企业专门性法规，如《房地产开发企业资质管理规定》等。

（4）社会保障法，是调整社会保障关系的法律规范的总称。[①] 社会保障制度包括社会福利制度，其中住房福利是现代社会福利制度的重要内容。我国住房福利由来已久，目前的住房福利改革是建立新的住房福利制度的必要途径。我国的房地产社会保障法应当包括以下内容：解决低薪阶层住房（安居工程、廉租住宅）的立法、住房补贴（包括需求方面的补贴、供给方面的补贴、住房金融方面的补贴）的立法和公务员住房立法等。[②]

（5）其他相关法律，主要包括环境保护法、建筑法、消费者权益保护法等。

第五节　房地产法的体系

一、房地产立法体系的模式

房地产法的体系是全部房地产法律规范共同组成的有机联系的整体。一个国家或地区房地产经济的发展水平、房地产业及其利益结构的性质、立法者的意志取向决定了其房地产法律体系结构的差异。

一般认为，当今世界上，以所有制划分的房地产经济模式及相应的立法体系主要有三种：第一种是以土地私有制为基础的市场经济模式，主要存在于美国、日本、法国等国家的房地产经济运行中，其标志是以物权法或不动产所有权为房地产立法体系的基础，因而理论上私人自由处置权最大；第二种是以土地公有制为主的国家控制市场的模式，主要存在于英国、英联邦国家和地区，理论上私人自由处置权适中，可以较有效地抑制房地产投机；第三种是建立在土地公有制基础上的非市场经济模式，以苏联和传统体制下的中国最为典型，理论上私人自由处置权最小，房地产投机可以杜绝。[③] 事实上，上述三种模式又可以进一步分解为六种：第一种模式是建立在不动产所有权基础上，基本上属于不动产所有权分别主义模式，我国台湾地区和澳门地区的房地产制度基本上属于此种模式；而在大陆法中极具影响的德国房地产制度却不属于此种模式，其不动产所有权

① 参见覃有土等：《社会保障法》，69页。

② 参见上书，360～362页。

③ 参见张跃庆：《中国房地产市场研究》，357～359页，北京，经济日报出版社，1996。

的结合主义模式在土地所有权问题上更多地保持了罗马法的传统。就第二种模式而言，事实上，其法律并无不动产所有权之说，至少土地所有权问题是虚化的，然而在房地产经济模式上至少英国法与我国香港地区法律有巨大差异：在英国，根据官方公布的数字，60%以上的土地事实上为私人所有，而且土地资源的分配不存在国家垄断问题；而在我国香港地区，无论是在法律上还是在事实上，私人所有的土地极少，且政府完全垄断了土地资源的分配权。至于第三种模式的变化则更是不言自明。

二、我国房地产法律体系问题

关于我国房地产的立法体系，理论界主要有以下几种主张。

（1）城市房地产法和住宅法为主干的两分法体系。其中城市房地产法应主要包括有关规范城市房地产综合开发、城镇地产经营管理、城市房屋征收与补偿、外国人私有房屋管理、城市公有房屋管理、城市私有房屋管理、涉外房地产开发经营管理、城市房地产纠纷仲裁等法律规范；住宅法应主要包括有关城市住宅建设管理、城镇个人投资建房管理、住宅基金管理以及公房出售和出租的管理等法律规范。①

（2）城市房地产管理法、住宅法、相关法律法规为主干的三分法体系。其中第一部分包括《宪法》《民法典》《城乡规划法》《土地管理法》《环境保护法》等；第二部分应包括现有的城市房屋管理法规及待制定的城市房地产综合开发管理、城市国有土地经营管理、房地产交易市场管理以及涉外房地产开发经营管理等法律法规；第三部分应包括现有的国有土地上房屋征收与补偿条例、城镇个人建造住宅管理以及待制定的涉及城镇住宅建设管理、住房基金管理、公房出售和出租管理、公民住宅储蓄及社会保险储蓄等法律法规。②

（3）以《民法典》物权编、土地管理法和房地产管理法为主干的三分法体系结构。③

（4）三层次和三个子体系结构。认为我国房地产法律体系由以下三个层次构成：首先应当根据国家宪法制定土地法、房地产法和住宅法；然后再根据这三个基本法制定相应的法规和规章，以及相应的条例等，由此组成宪法、基本法律、法规这三个层次。房地产市场法律体系又可分为三个子体系，即土地法律体系、住宅法律体系和房地产法律体系综合性法规和部门规章体系。其中土地法律体系应包括土地市场资源配置和宏观调控的立法、规范土地市场行为的法律、规范房地产市场中介服务行为的法律、加强房地产市场监督管理的法律和促进对外开放的立法；住宅法律体系是调整住宅方面经济社会关系的基本法律及房地产法律体系综合性法规和部门规章体系等。④

（5）将房地产法分为基本法律和配套法律，其中基本法律包括城市房地产管理法、土地管理法和城乡规划法三个主干法律；配套法律包括开发法、交易法、管理法等。

房地产法律体系的不同构想之间存在一个较明显的区别：是否应当将住宅法纳入房

---

① 参见张景伊：《房地产法律与应用》，38页，北京市城市发展研究所，1992。
② 参见符启林：《房地产法》，4版，28页，北京，法律出版社，2010。
③ 参见赵红梅：《房地产法》，45页。
④ 参见张跃庆：《中国房地产市场研究》，348页。

地产法体系？我国房地产法论著基本上都不将住宅法纳入房地产法体系。实践证明，将住宅法作为房地产法的组成部分是至关重要的：第一，住宅法集中体现的是公民的不动产生存利益，是我国《宪法》中有关居民休息权和居住权、个人自有住房财产不受侵犯、国家发展住宅建设、不断提高居民的居住水平等基本权利规定的具体化。第二，房地产业是房地产商品化的产物，房地产法本身是适应房地产业的发展而产生的，房地产业是以商业利益为核心，而不是以房地产消费者利益为核心，房地产商业利益的本能是排斥房地产消费者利益的，房地产法应当对这种倾向予以矫正，住宅法集中体现了这种功能。第三，房地产业商品化以房地产生产市场为主流，其发展必然导致生产市场与消费市场的脱节，其结果是对房地产业自身的健康发展造成损害，住宅建设是将这两个市场连接起来的重要纽带，住宅法则是实现这种连接的基本法律保障。

综合国内外房地产法律体系的理论和实践，根据我国房地产业健康和可持续发展的基本要求，我国房地产法律体系应强调三个组成部分的有机联系：房地产物权法、房地产产业法、房地产社会保障法。房地产管理法则分别寓于这三个组成部分之中。

延伸阅读

1. 佟柔主编. 中国民法. 北京：法律出版社，1990.
2. 吕萍等. 房地产开发与经营. 北京：中国人民大学出版社，2011.
3. 谭柏平主编. 房地产法入门管理. 北京：法律出版社，2019.

问题与思考

1. 试述房地产法的概念和调整对象。
2. 简述房地产法律关系的概念和特征。
3. 简述我国房地产法律关系主体的分类。
4. 如何科学构建我国房地产法的体系？
5. 丁某原有房屋 20 间，1956 年有关部门确认 5 间为丁某私人所有，15 间归丁某公私合营企业所有。2000 年该企业撤并，15 间房屋拆迁。丁某起诉房管部门请求重新确认产权，要求将拆迁费的 70%判归其名下。结合本章内容思考：（1）法院应否受理该诉讼请求？（2）丁某的请求是否合理？

第二章

房地产权属制度

常考知识点

- 我国房地产权属制度的结构和内容
- 我国土地所有权和土地用益物权的特征
- 房地产相邻关系
- 建筑物区分所有权
- 房地产权属登记的类型

第一节　房地产权属概述

一、房地产权属的概念

房地产权属，即房地产权利的归属，是指房地产权利在主体上的归属状态。

房地产权利，是指以房地产为标的的民事财产权利。房地产权利与房地产权属既互相联系，又有所区别。

首先是主体方面的区别。作为民事财产权利的房地产权利本身与权利主体并无必然联系，也就是说，平等的民事主体都可以成为这些权利的享有者，房地产权利只是强调权利本身。而房地产权属则是与权利主体相关联的一种法律制度。法律将一定的房地产权利赋予一定的主体，例如，划拨土地使用权一般只能给予非营利的主体；集体土地所有权和使用权只能给予从事农业生产经营活动的主体；反之，一些民事主体不具有特定的房地产权属主体资格。

其次是范围上的区别。房地产权利，特别是大陆法上的房地产权利，主要是指不动产物权，基本上与其他民事权利无关。而房地产权属的范畴则要广阔得多，它不仅涉及相当于大陆法上的不动产物权，而且也涉及合同法上的权利、信托法上的权利以及一些特别财产权利。

最后是权利的表现形式不同。房地产权利在大陆法上主要是物权法所规定的各项物权，这些权利之间是相互独立的，而在房地产权属制度中，特别是在普通法的房地产权属制度中，与特定主体相关的房地产权利往往表现为“权利束”。即使在一些大陆法国家和地区，房地产权属也已经是在物权法不动产财产权利的基础上经过新的分化组合而具有普通法“权利束”的某些特征，例如，我国澳门地区民法典中关于土地权利的规定与罗马法的规定大体一致，包括土地所有权、地役权、永佃权、地上权和抵押权等，但上述土地物权在土地法中并不出现，而是根据土地使用者的主体资格、土地用途等情况，将土地财产权分化并重新组合，形成一系列土地权利的取得方式，包括土地出售、长期租借、土地租赁、无偿批给、临时占用、地段交换等。其中长期租借（aforamento），指政府将市区和具有市区利益的无主土地地段，通过有偿转让使用权的方式，永久性地批给个人或团体使用，由使用者向政府交纳使用权费（地价或溢价金）和地租。

二、房地产物权

（一）物权

物权是大陆法系民法的概念，普通法系并无这一用语。物权是指权利人依法对特定的物享有直接支配和排他的权利，包括所有权、用益物权和担保物权。它调整因物的归属和利用而产生的民事关系。我国《民法典》第 240 条对物权的定义为：所有权人对自己的不动产或者动产，依法享有占有、使用、收益和处分的权利。

物权具有以下特征。

（1）物权权利主体是特定的人，而义务主体则是权利主体以外的不特定的任何人。因此，物权也被称为对世权或绝对权。

（2）物权的客体是物，而不包括行为和精神财富，但人力不能支配的物不能成为物权的标的。

（3）物权的内容是对物的直接支配和管领。只要符合法律的规定，不需要他人积极行为的协助，就可以直接实现支配和管领的目的，且权利义务内容的主旨在于排除他人的干涉。

（4）物权的效力具有排他性、优先性和追及性。排他性是指在同一客体上不能同时设立两个内容相互冲突的物权，且物权的行使是排他的，除权利主体以外的任何人都不得侵犯或妨碍权利人行使权利；优先性是指在同一物上有数种权利同时存在时，物权具有较其他权利优先行使的效力，物权的效力优于债权的，某一债务人在破产宣告前，对属于债务人所有的财产有抵押权和留置权等担保物权的，可就其财产先于破产债权人受偿，即所谓别除权；追及性是指物权的标的物不论转移到何人手中，物权的权利人均可向实际占有人主张权利，而无论实际占有人的取得是合法还是非法。房地产物权实际上就是不动产物权，其核心内容是房地产所有人对房地产管领并排除他人干涉的权利。

（二）房地产物权的分类和归属

房地产物权制度源于罗马法土地权利的设置。罗马法的物权分为自物权和他物权两大类。前者指物质本身是属于权利人所有，即所有权；后者指物质本身为他人所有，权利人享有不完整的权利，即对他人之物所享有的权利，主要包括地役权、永佃权、地上权、典当权和抵押权。上述权利共同构成传统大陆法的土地权属制度。

传统大陆法上的土地物权制度规定的土地权利有两个特点：一是基本上不对主体资格作出限定，二是它们是基础性的权利和单个的权利。而房地产法中的土地权属则把主体具有何种特定的资格作为权利归属的前提，而且这种权属往往是物权权利的重新组合，是一种“权利束”。从这种意义上来说，房地产权属更具有普通法的特征，至少它是大陆法与普通法相关制度的结合。许多现代大陆法国家和地区的物权法中与土地相关的财产权利的归属状态，主要是通过土地法规定的土地权利取得方式予以明确的。房地产权利与房地产权属的这种关系是传统的土地所有权关系适应现代社会对土地资源更充分利用的客观要求。

依据我国《民法典》的规定，我国的房地产物权分别规定于所有权、用益物权和担保物权之中。用益物权又包括土地承包经营权、建设用地使用权、宅基地使用权、居住权和地役权。担保物权包括房地产抵押权。

三、房地产产权

人们对产权的概念和理论有不同的理解和认识。在我国，一般认为产权是指民事权利主体所享有的具有经济利益的权利，包括以所有权为主的物权、债权、继承权和知识产权等，是一定社会的物质资料占用、支配、流通和分配关系的法律表现。“产权是从所有权中分离出来、发展起来、独立出来的束权利……产权是包括所有权在内的多项权利的一种集合体或一种综合体。”① 产权（property right）的概念源于英美法的财产权。与大陆法的物权相比，首先，产权概念的外延要广泛得多；其次，产权特别是土地产权，常被表述为“权利束”，即由一组土地权利组成，每项权利都具独立性；最后，产权理论的核心意义并不在于所有权的最终归属，而是强调对资源的优化配置和对权利的充分保护。

第二节 土地权属制度

一、大陆法系土地物权中的土地权属制度

罗马法上的土地物权制度大致分为四个层次：第一个层次包括所有权（自物权）、他物权和占有；第二个层次为他物权所包括的地上权、永佃权、役权、质权和抵押权；第三个层次为由役权派生出来的地役权和人役权；第四个层次是由地役权派生出来的乡村地役权和城市地役权，以及由担保役权派生出来的用益权、使用权和居住权。② 现对上述权利分述如下。

---

① 张跃庆：《中国房地产市场研究》，82 页。

② 参见王卫国：《中国土地权利研究》，22 页，北京，中国政法大学出版社，1997。

（一）土地所有权

此为大陆法国家以及美国法律所普遍设置的一项土地权利，尽管法律规定的表述有所不同，但其基本内容均包括两个方面：一是所有人对其所有的土地，在法律规定限制内，有自主使用、收益及处分的权利；二是排斥他人干涉的权利，即禁止他人对所有物为任何行为的权利。许多国家在宪法和民法中对土地所有权作出规定，其中大部分国家还在土地法中作出进一步的详细规定。

土地所有权制度本来的宗旨在于严格保护私人对土地所拥有的财产权，强调这种权利的绝对性、排他性和永续性，但社会的发展日益要求法律对所有权的上述性质逐步加以限制，主要表现在：第一，对土地范围的限制，如德国民法规定："土地所有人对于他人在其毫无利益的高处及深处所为的干涉，不得加以禁止。"一些国家对非国有土地实行国有化作出较灵活的规定，政府对私人土地的征收或征用有较大的行政处置权，这使传统的土地所有权制度面临新的挑战。第二，为保护相邻权作出的限制。土地所有权人在行使土地所有权时，不得侵犯他人的权利。第三，为保护社会的公共利益作出的限制，如对地役权的限制、对不动产所有人消极行为的限制、对采矿权的限制、对私人土地的限制等规定。

（二）地上权

地上权又称借地权，系用益物权的一种，是指在他人土地上建筑房屋或以其他工作物为目的而使用他人土地的权利。设立地上权的目的是调整土地所有人与在其土地上不动产的使用人之间的财产关系。地上权人的权利与义务，大体上与永佃人的权利、义务相同，地上权人对其建筑物可以有占有、使用、收益和部分处分的权能，可以出租、典当、设立地役权；土地所有者除要求地上权人按期缴纳租金以外，已丧失所有权的大部分权能。我国《民法典》并未规定地上权，土地物权中的土地承包经营权、建设用地使用权等均具有地上权的特点，而又不完全等同于大陆法上的地上权。此外，土地租赁在形式上也具有一些地上权的色彩。

（三）地役权

役权包括对他人所有之物享有的种种权利。其中地役权是指为特定土地（需役地）而设立的利用他人土地的权利；人役权是为特定人而设立的利用他人土地的权利。二者均构成他人所有权的负担。

地役权可分为乡村地役权（田野地役权）和城市地役权。前者包括通行役权和用水役权；后者包括通水役权、立墙役权、采光役权等。设立地役权的目的，是调整权利人之间因实现自己土地的利益而必须使用他人土地所发生的财产关系。此外，地役权亦可分为积极的地役权和消极的地役权：前者主要指提供进行建筑便利的权利、利用阳光的权利、承受上下水的权利、出烟和通风的权利等；后者主要指限制建筑物的役权、禁止妨碍采光和视线的役权等。地役权不仅是房地产物权的法定权利，也是现代社会环境保护法理论创设的环境权的依据之一。

人役权包括用益权、使用权和居住权等。其中，用益权和使用权经常用于特定用途的土地，也可用于土地之外的物品；而居住权则只适用于房屋。与地役权相比，人役权的转让受到更为严格的限制。

（四）质权

质权又被称为质押，指债务人或者第三人将其财产移交给债权人占有，作为债的担保，当债务人不履行债务时，债权人有权依法将该财产折价或者以拍卖、变卖该财产的价款优先受偿。质押的担保财产通常为动产，纯粹的不动产质押并不多见，而往往是转化为不动产信托制度或典当权制度。

（五）抵押权

抵押权为担保物权的一种，指债权人对于债务人或者第三人不移转占有而提供担保的财产，在债务人不履行债务时，依法享有的就担保的财产变价优先受偿的权利。抵押权虽然不是一项土地特有的权利，但它大多适用于不动产的担保，而动产的担保常适用质权，因而抵押权被许多国家和地区设定为一项土地权利。质权和抵押权在私法中属于债的担保范畴，但具有物权法上的效力。二者的区别在于：质权存在担保物的占有向债权人转移的情形，而抵押权则不存在占有的转移。在担保法中，土地和房屋是最重要的担保物，而土地作为担保物在法律上受到更为严格的限制。罗马法中还有一种 fiducia 制度，在我国通常被称作典当权，它源于罗马法中物权的担保制度，又称信托质权，指支付典价、占有他人财产而为使用、收益的限制物权。在罗马法中，它本来不是土地权利，近现代各国亦未将其设定为土地权利。

（六）占有

占有（possessio）在罗马法中是指“一种使人可以充分处分物的、同物的事实关系，它同时要求具备作为主人处分物的实际意图”[①]。罗马法中的占有分为两种类型：一种是自然占有即实际占有，它只需已经握有某物即可，并不要求占有人具有将物据为己有的意图，在法律上它不能因时效而获得所有权；另一种是市民法上的占有，它能使对物的实际控制因时间的经过并履行一定的仪式而获得所有权，即能够导致时效的产生。但占有不得对抗其他法定的合法占有，因而法律规定了不能将物据为己有的若干情况，如质押权人的占有、临时受让人的占有、保管人的占有等。

在现代社会各国的土地权属制度中，占有制度有很大区别，主要有权利说与事实说两种观点。前者主张占有是一种权利而非一种事实状态，在如何认识这种权利的问题上又有不同的理解；后者主张占有只是一种事实状态而非一种权利，是事实上行使某种请求。此外，也有学者认为占有是一种法律关系，如美国学者 A. E. S. Tey 认为：“占有是某人和物之间针对另一个人所形成的关系”[②]。占有作为与所有权和他物权并列的一种物

---

① 刘得宽：《民法诸问题与新展望》，337 页，台北，三民书局，1979。

② 转引自王利明：《物权法论》，810 页，北京，中国政法大学出版社，2018。

权制度，对于其他两种物权的界定和行使都具有重要意义。

二、普通法中的土地权属制度

普通法中的土地权属制度大致由以下三个部分组成。

（一）地产权制度

普通法上的土地产权制度由两个层次组成：一是土地所有权，它属于国王或政府，它所体现的主要是一种统治权而非真正的财产权；二是土地权益，指对土地占有、使用和收益的一系列权利，此种权益才是财产法上的土地权益。

土地权益由保有权（tenure）和地产权（estate）两部分组成。前者的主要内容是被授予土地的人对国王以及对上级领主应尽的封建义务，如今已被逐步取消；后者在早期被用来说明土地保有权的持续期间，并由此形成了占有地产权（estate in possession）和期待地产权（estate in expectancy）两种不同的地产权形态。

占有地产权是指一个人能够立即占有土地的情形，又分为自由保有地产权（free hold estate）和租借地产权（least hold estate）。自由保有地产权在我国香港地区称作永业权，为一种无期限的（或无法确定期限的）地产权，且允许继承；租借地产权在我国香港地区称作租业权，为一种有期限的（或可以确定期限的）地产权，通常以业主通知为终止条件，且不得继承。自由保有地产权又分三种：一为不限嗣继承地产权（free simple），指以土地使用者及其继承人之寿命作定限的地产权，如果土地使用者之继承人衍生不断，则可无限期占有土地之产权；二为限嗣继承地产权（free tail），是以土地使用者的直系后裔的寿命作为计算享有土地产权期限的依据；三为终身地产权（life estate），仅以土地使用者本人之寿命作为计算享有土地产权期限的依据。租借地产权可分为指定期限租赁（fixed term lease）和周期性租赁（period tenancy）：前者指以指定的期限享有租借地产权，后者指租约期限是以通知书形式来确定的租借地产权。

期待地产权又分为遗留地产权（remainder）和归复地产权（reversion），二者的区别在于前者将世世代代地传下去，而后者将来最终要归还土地授予人。

（二）信托制度

普通法上的信托（trust）指受托人为受益人的利益，履行对其控制下的财产进行管理和处分义务的一种财产关系。所有的财产，无论是动产还是不动产，都可以成为信托财产，最经常成为信托财产的是土地、债券和股票。

信托制度起源于中世纪英国的“他益使用”（use），即为他人利益拥有和使用财产的制度，其发展与地产密切相关，实际上就是一种地产制度，其功能和原理都与大陆法的用益物权制度相近，即赋予土地的使用者一定程度的可以对抗所有者的权利，以保证土地资源的有效利用。

（三）特殊财产权制度

普通法上的特殊财产权主要指与大陆法用益物权制度中的地役权和地上权相近似的

土地财产权。

普通法中的特殊财产权最典型的是地役权，其含义与大陆法的地役权接近，常见的地役权包括采光权、通行权、引排水权和建筑支撑权等。特殊财产权中的地上权主要指与地役权相联系的地上收益权，即进入他人土地以取得地表出产物或地表之组成部分的权利，包括伐木权、采砂权、渔猎权等，此外也包括由地上权原理派生而独立存在的采矿权。此外，普通法中的土地抵押制度亦为土地财产权的组成部分，不过它已逐步脱离财产法而靠近债务法，美国的土地抵押制度一般放在不动产交易法和债务法中，英国则仍将其保留在土地法体系中。

三、土地权属制度的发展

传统大陆法土地权利制度越来越不能适应现代社会经济的发展，客观上要求通过土地权属制度对物权法中的土地权利予以重新设置。土地权属制度的发展主要表现在以下几个方面。

（一）传统土地权利在立体空间上的分离

长期以来，尽管人们对土地的利用是以地表平面为主，但传统大陆法规定土地所有权的行使在空间上却及于地表、地上和地下。另外，美国法律规定的土地所有权也曾经是下至地心，上至无限的空间。随着经济和社会的发展以及科学技术水平的提高，人们开发利用土地的广度和深度不断扩展，各种地上物和地下设施迅速增多，航空航天事业日显重要，传统的土地权利制度必须予以限制和重新设置。各国的立法开始限制土地所有权的范围，逐步将土地立体空间各部分的所有权分离开来，土地的所有权仅与地表直接联系，而地上物、上空、地下物、下空等部分的权利则不同程度地从土地所有权中分离出来。

（二）国家对土地私有权的限制

由于土地私有权对现代城市经济的发展越来越构成障碍，并导致社会利益的严重失衡，近年来，各国（地区）均对土地私有权加以限制，而这种限制主要是通过民法之外的其他法律来实现的，主要包括以下内容。

（1）对拥有土地的限制。各国（地区）法律一般都规定哪些人不可拥有土地，规定禁止某些土地为私有，规定私人拥有土地的最高限额等。

（2）对土地使用的限制。许多国家（地区）对农业土地的使用作出限制性规定，以确保耕地不减少；对城市土地的使用作出限制性规定，以确保对城市土地按规划合理地利用；并规定禁止或限制空闲土地，以防止土地资源的浪费。

（3）对土地交易的限制。通过立法规定限制土地交易的基本原则，主要是限制土地交易中的投机行为，并规定相应的具体措施，如实行土地买卖的申请和许可证制度，以及国家土地先买制度等。

（4）土地征收或者征用。这是指国家（地区）为了公共利益的需要，可以依照法律规定，强制地将土地的所有权收归国（地区）有，或将国（地区）有土地的使用权收回并给予补偿的法律制度。法国、德国等大陆法国家和地区称之为“土地征收”，英国称之为“强制收买土地”，美国称之为“最高土地权的行使”，我国香港地区则称之为“官地收回”，内容一般为国家或政府为了公共目的而强制将私有土地征收为国（地区）有并给予补偿的法律制度。土地征收征用制度源于政府拥有的土地征收、征用权，即政府在不需要私人或集体土地所有者同意的情况下，将其土地用于公共目的的权力。各国（地区）对公共目的的界定总的趋势是逐步拓宽，不仅包括政府部门和公益机构等代表公共利益的主体使用土地的目的，往往还包括一些具有社会和公共利益用途的使用土地的目的，如为低收入者建造租赁住宅和低价商品房等。

四、我国的土地权属制度

（一）土地所有权

土地所有权是指土地所有者对其所有的土地依法享有的占有、使用、收益和处分的权利。我国的土地所有权则是指国家或集体经济组织对其所有的国有土地或集体土地依法享有的占有、使用、收益和处分的权利。《民法典》第249条规定：城市的土地，属于国家所有。法律规定属于国家所有的农村和城市郊区的土地，属于国家所有。

《民法典》第260条规定：集体所有的不动产和动产包括：（1）法律规定属于集体所有的土地和森林、山岭、草原、荒地、滩涂；（2）集体所有的建筑物、生产设施、农田水利设施；（3）集体所有的教育、科学、文化、卫生、体育等设施；（4）集体所有的其他不动产和动产。

1. 我国土地所有权的特征

（1）主体的特定性。

我国实行土地公有制，土地所有权的主体只限于国家和农民集体，私人以及其他主体不得成为土地所有人。

我国的国家土地所有者也与其他一些国家和地区的法律规定不同，表现为国家主体的唯一性和统一性，县级以上各级政府并不是国有土地所有权独立的主体，这与美国等联邦制国家各州均为独立的土地所有权主体的“多元制国有土地所有权”不同。

（2）客体的差异性。

我国土地所有权客体的差异性首先表现为地域上的差异，其划分基本上是以城市和农村的地域为标准的。我国城市国有土地的范围包括：1）城市市区的土地；2）农村和城市郊区中依法属于国家所有的土地，如其中的国有工矿区土地，依法被征收而收归国有的土地；3）国家未确立为集体所有的林地、草地、山岭、荒地、滩涂、河滩地以及其他土地。集体所有的土地是农村集体经济组织及其成员生产经营和生活用地，在地域上仅限于其较长期固定的生产经营和生活的占用地，包括农村经济组织的农业用地及拨给村民的自留地、自留山、宅基地，以及国家确权给集体经济组织的森林、山岭、草原、荒地、滩涂。

我国土地所有权客体的差异性在法律上表现为：首先，主体不得同时拥有两种土地的所有权，即拥有国有土地者不拥有集体土地，反之亦然。这与土地私有制下主体可以同时拥有城市和农村土地的情形不同。其次，两种土地所有权的确权形式也不同：集体土地所有权的范围经履行法定程序后个别确定，以土地所有权证书为形式；而国有土地所有权的范围是法律确定的，即凡未确权给集体的土地都属于国家所有，不必履行任何程序，也不必以土地所有权证书为形式。但国有土地使用权，特别是以出让方式取得的国有土地使用权则应以土地使用权证书为标志。

（3）内容的限制性。

我国的两种土地所有权的权利义务内容均受到法律较严格的限制，主要表现在土地所有权不能以任何形式交易，无论是两种所有制的不同主体之间，还是集体所有制不同主体之间，均不得以买卖、赠与、互易等任何形式进行土地所有权的交易，其主体的变更仅限于国家对集体土地征收，或经政府有关部门审批在不同集体经济组织间进行极有限的土地边界调整。这是我国维护土地所有权稳定的法律保证措施。

我国国有土地所有权内容的限制表现在：首先，我国的国有土地所有权比较虚化，其财产权利的内容主要通过国有土地使用权体现而不是通过所有权直接体现；其次，国有土地所有权的权能高度分离，国家为保证土地资源的有效利用，将土地使用权从土地所有权中分离出来，成为一项独立的物权，这使我国国有土地所有权的内容与传统大陆法的土地所有权有了很大的差异，局限于较狭小的范围。

我国集体土地所有权内容的限制表现在：首先，集体土地所有权受到较多的限制，国有土地所有权是绝对的和无条件的，而集体土地所有权是相对的和受限制的，国家可以依法将集体所有的土地征收为国有；其次，集体土地所有权还受到集体经济组织内部成员对集体土地的各种使用权的限制，我国法律规定的农民个人对集体土地的承包经营权以及自留地、自留山、宅基地等的使用权，都使集体土地所有权的内容进一步虚化。

2. 国家土地所有权

（1）概念。

国家土地所有权是指国家作为民事主体所享有的土地所有权。

国家土地所有权不同于国家领土主权：后者是国际法上的权利，是公法上的权利，它所对抗的是其他国家对主权的侵犯；而前者是国内法上的权利，是私法上的权利，是相对于其他民事主体的权利。

（2）取得。

我国国家土地所有权的取得经历了四个历史过程：一是没收和接管，指中华人民共和国成立初期国家对帝国主义、官僚资本主义、国民党反动政府和反革命分子等占有的城市土地，通过没收与接管的形式，将其变为国有土地，这是我国城市国有土地的主要取得方式；二是赎买，指 20 世纪 50 年代中后期对城市资本主义工商业、私营房地产公司和私有房地产业主所拥有的城市地产进行社会主义改造，用赎买的办法将其转变为国有土地；三是征收，包括对城市原非国有土地的征收和对城市郊区非国有土地的征收，对被征收者予以适当补偿并将这部分土地变为国有土地；四是收归国有，指 1982 年《宪法》规定全部城市土地属于国有，据此，当时城市中少数尚未属于国有的土地全部被收归国家所有。

（3）范围。

我国《宪法》第9条第1款规定："矿藏、水流、森林、山岭、草原、荒地、滩涂等自然资源，都属于国家所有，即全民所有；由法律规定属于集体所有的森林和山岭、草原、荒地、滩涂除外。"第10条第1款规定："城市的土地属于国家所有。"第10条第2款规定，农村和城市郊区的土地，除由法律规定属于国家所有的以外，属于集体所有；宅基地和自留地、自留山，也属于集体所有。国有土地分为城市土地和城市以外的国有土地。城市土地，一般应理解为已进行城市配套建设、具备城市功能、基本连片的区域。所谓城市土地，在我国房地产法规中有时被称为城镇土地，包括县级以上城市和建制镇的土地。城市土地是国有土地中最重要的部分，是法定的房地产建设用地资源。城市以外的国有土地，包括农村、城市郊区和未被开发利用的地区，这类土地只有依法纳入城市建设规划，才可成为房地产业开发建设用地。

（4）内容。

按照大陆法物权法原理，所有权的内容包括占有、使用、收益和处分四项权能。我国国家土地所有权的四项权能具有以下特点。

1）占有：由单一的所有权人占有向混合的所有权人占有和非所有权人占有转化。所有权人占有指国家作为所有权人直接对国有土地实际控制；非所有权人的占有指国家以外的民事主体依法对国有土地进行实际控制的情形。大陆法上的土地占有主要是所有权人的占有，而普通法上的占有则主要是非所有权人的占有，后者更有利于土地资源按照市场要求的合理配置和充分利用，在房地产业方面尤为明显。我国的国有土地在计划经济体制下完全表现为国家作为所有权人直接对国有土地的占有，具体的占有主体包括国家机关和国有企事业单位，途径是无偿划拨。我国实行国有土地有偿使用制度，意味着国有土地可以由非所有权人通过市场占有和使用，而且即使是国有企事业单位，如果其占有国有土地的目的不是履行国家和社会职能（例如，从事房地产经营），那么其对国有土地的占有途径与非所有权人的占有是相同的，即都是通过有偿的方式从土地市场获得。

2）使用：由单一的无偿划拨使用向混合的无偿划拨使用和有偿出让使用转化。土地使用权能是土地所有权四项权能中一项最基本的权能，但这项权能的主要意义已发展为并不在于所有权人自己行使，而在于由非所有权人行使。土地物权中的许多权利都是土地使用权能由非所有权人行使发展的结果，例如，建设用地使用权、土地承包经营权、地役权等。国有土地使用权能更具有特殊重要的意义，国有土地的使用目的往往事关国家和社会职能的实现，事关土地资源价值能否充分实现。我国的国有土地使用权能在改革前属于土地所有权的一般权能，而且是由土地所有权人直接行使，方式为单一的无偿划拨使用；改革开放以来土地使用权能已经从所有权中分离出来，发展为一项独立的权利——国有土地使用权，包括无偿的划拨土地使用权和有偿的出让土地使用权两种形式，且后者的适用范围越来越广泛。

3）收益：由无收益到租税费混合收益。我国长期以来采行的计划经济的理论和体制否认土地的价值和收益，导致土地资源的巨大浪费。自实行土地使用权有偿使用制度以来，国家和各级地方政府通过有偿出让国有土地使用权获得了大量的土地出让金，这种收益在我国香港地区被称为地租，是实行土地使用权出让制度政府的主要地产收益形式。地租的好处是可以在短期内得到大量的收益，但这种源于殖民地掠夺式的地产收益形式也有其致命的弱点：首先，它鼓励政府在自己的任期内尽可能多地批地卖地，为此才有了中英土地联合小组（澳门也有中葡土地联合小组）的设置，主要职能之一是限制政府批地数量。其次，这种收益形式以增量土地为主要对象，不利于城市存量土地资源的充分利用，是一条以大量消耗资源为代价的非可持续发展的途径。此外，这种收益极不稳定。以我国香港地区为例：20 世纪 80 年代一些年份的政府批地收益约占全部财政收入的 40%，而近几年不足 10%。当今世界上大部分国家政府土地收益的主要形式是不动产税费。目前，我国土地管理法对批地予以更严格的控制。随着房地产市场的健全，我国国有土地收益的主要形式正向租税费相结合、以税为主的方向发展。

4）处分：由无序处分权到严格限制的处分权。计划经济体制下国有土地处分权的无序性表现在：一方面，土地所有者对土地处分的权利依据主要是传统大陆法所有权原理，理论上所有者的处分权是绝对的和无限的，使用者则无任何处分权，后者的权利在法律上缺乏保障，而体制的弊端又决定了所有者对土地的处分往往是不合理的；另一方面，由于体制和管理上的原因，行政权力往往有力所不及之处，土地使用者得以对土地进行事实上的处分，而其中许多处分是不当或不法的，例如，变相出租土地等。我国土地管理法等确立了国有土地使用权制度之后，所有者对土地的处分权受到了严格的限制，而土地使用者则依法取得了一定的处分权，其中以出让形式取得土地使用权的，使用者行使处分权与所有者行使处分权基本无异；以划拨形式取得土地使用权的，使用者在补交土地出让金后亦取得处分权。

3. 集体土地所有权

我国的集体土地所有权，指由农民集体所享有的土地所有权。其范围是：农村和城市郊区的土地，除由法律规定属于国家所有的以外，属于农民集体所有；宅基地和自留地、自留山，属于农民集体所有。

新中国成立初期，随着土地改革运动的基本完成，农村土地除依法属于国家所有的以外，均属农民所有。经过初级农业合作社、高级农业合作社和人民公社的农业合作化运动，农村的土地私有制逐步转变为集体所有制，建立了“三级所有，队为基础”的土地权属关系。改革开放初期，农村土地由原来的集体所有、集体共同使用转变为集体所有、农户承包经营的体制，集体土地使用权，尤其是土地承包经营权逐渐与所有权相分离。这种新型的土地权利由初期的合同权利性质为主逐步发展为与所有权相并列的一种物权，并在《民法典》中得到确认。

长期以来，我国集体土地所有权在法律上是一种受到严格限制的所有权，不能作为交易的标的物，其变更只有两种情况：一是国家征收（包括集体所有者的放弃），二是边界调整。第十三届全国人大常委会第十二次会议审议通过了关于修改《土地管理法》的决定，新修正的《土地管理法》自 2020 年 1 月 1 日起施行。此次修法亮点之一是集体经营性建设用地入市正式为法律所确认，破除了农村集体建设用地进入市场的法律障碍，明确了集体建设用地入市的条件和程序。这是我国土地管理法和房地产法的一项重大制度创新。

（二）土地用益物权

1. 概念和性质

土地用益物权，指法人或公民依法取得的对国有土地或集体土地依法享有的占有、使用、收益的权利。

我国的土地用益物权依土地所有权的不同可分为国有土地的使用权和集体土地的使用权：前者已为立法所确认，后者目前基本上与农村集体土地的承包经营权同义。

2. 国有土地使用权

《民法典》物权编第十二章规定了建设用地使用权，《民法典》第 344 条规定：建设用地使用权人依法对国家所有的土地享有占有、使用和收益的权利，有权利用该土地建造建筑物、构筑物及其附属设施。

国有土地使用权包括城市规划区内的国有土地使用权和其他国有土地上的使用权。二者在法律规定上有所不同。房地产业所涉及的土地使用权主要是城市规划区内的国有土地使用权，而基本与其他国有土地使用权无直接关系。

国有土地使用权的取得方式（原始取得方式，或房地产建设用地取得方式）主要有以下两种。

第一种取得方式为出让土地使用权，指国家将国有土地使用权在一定期限内出让给土地使用者，由土地使用者向国家支付土地使用权出让金的行为。特征有二：一是国家或政府垄断，二是不及于地下物。

第二种取得方式为划拨土地使用权，指政府以行政划拨的方式将国有土地使用权无偿、无限期地交给土地使用者使用的行为。它在本质上是一种行政行为，其内容只包括占有、使用和部分收益权。

此外，国有土地使用权还可以通过民法和其他法律规定的方式取得（继受取得方式，且标的一般不属于开发建设用地），如城市私房用地使用权，补地价取得的土地使用权，作价入股取得的土地使用权，租赁取得的土地使用权，依破产法取得的土地使用权，依担保法取得的土地使用权，通过诉讼取得的土地使用权等。

3. 集体土地使用权

我国《民法典》规定的土地承包经营权和宅基地使用权在性质上可合称为集体土地使用权（土地承包经营权中也包括农民集体使用国有土地，但使用者为集体，亦可归入集体土地使用权之列）。我国《土地管理法》中有“集体所有的土地，可以依法确定给单位或者个人使用”的提法，在现实经济生活中，集体土地使用权比集体土地所有权要重要得多，内容也丰富得多。

（1）分类：第一种为农地使用权（现行规定为土地承包经营权、自留地和自留山使用权）。农地包括耕地、其他农业用地、用于农业开发的荒地等。

第二种为农村建设用地使用权。农村建设用地包括宅基地、集体企业和公益用地等。

（2）内容：集体土地使用权的权能包括占有、使用、收益和在集体内部范围内处分的权能。使用权能要符合保护耕地和保障农业发展的要求；宅基地只限个人使用。

长期以来，集体土地使用权的处分权能仅限于经集体经济组织允许后使用权可在集体经济组织内部流转，这种情况在 2019 年修正的《土地管理法》和《城市房地产管理法》中被突破。法律规定，集体经营性建设用地可以入市，即农村集体建设用地在符合规划、依法登记，并经 2/3 以上集体经济组织成员同意的情况下，可以通过出让、出租等方式交由农村集体经济组织以外的单位或个人直接使用，同时，使用者在取得农村集体建设用地之后还可以通过转让、互换、抵押的方式进行再次转让。这一改革有利于城乡一体化发展，集体建设用地真正实现与国有建设用地同权同价。城乡一体化的建设用地市场由此得以建立。这对稳定和平抑房价也起到积极的作用。

4. 宅基地使用权

《民法典》物权编第十三章规定了宅基地使用权。《民法典》第 362 条规定：宅基地使用权人依法对集体所有的土地享有占有和使用的权利，有权依法利用该土地建造住宅及其附属设施。第 363 条规定：宅基地使用权的取得、行使和转让，适用土地管理的法律和国家有关规定。第 364 条规定：宅基地因自然灾害等原因灭失的，宅基地使用权消灭。对失去宅基地的村民，应当依法重新分配宅基地。第 365 条规定：已经登记的宅基地使用权转让或者消灭的，应当及时办理变更登记或者注销登记。

5. 地役权

《民法典》第 372 条第 1 款规定：地役权人有权按照合同约定，利用他人的不动产，以提高自己的不动产的效益。第 375 条规定：供役地权利人应当按照合同约定，允许地役权人利用其不动产，不得妨害地役权人行使权利。第 376 条规定：地役权人应当按照合同约定的利用目的和方法利用供役地，尽量减少对供役地权利人物权的限制。

【案例】

2014 年，湖南省益阳南县三仙湖镇政府以县国土资源局、县人民政府为行政诉讼被告，三仙湖镇渔场作为第三人，向法院提起行政诉讼，起因是镇政府对县国土资源局和县政府颁发给三仙湖镇渔场的土地使用权证存有异议，并要求法院撤销该土地使用权证。

2000 年，南县通过银行贷款，在三仙湖成立开发公司和渔场，将 5 000 余亩的湖面外包给开发公司进行养殖，剩下的 1 000 多亩分给当地农民。2005 年南县国土资源局向三仙湖镇渔场颁发了集体土地所有权证。证件上标明，土地所有权人是“南县三仙湖镇渔场村民集体”。随着渔场人口数量的增加，土地面积和水面不够，农民生活困难成为现实。而外来开发商却产生了一定的经济效益，于是，2013 年 5 月，三仙湖镇渔场以集体土地所有权证为依据，向镇政府提出收回湖面经营管理权的要求。

由于开发公司和渔场以及镇政府未达成一致意见，三方产生了矛盾和纠纷。但渔场有国土资源局颁发的集体土地所有权证，因此，三仙湖镇人民政府提出，南县国土资源局对三仙湖镇渔场错误颁发了土地所有权证书，应予以撤销。渔场的土地所有权应属于三仙湖镇政府所有。

（三）土地担保物权

《民法典》在物权编的第四分编担保物权之第十七章规定了抵押权。《民法典》第394条第1款规定：为担保债务的履行，债务人或者第三人不转移财产的占有，将该财产抵押给债权人的，债务人不履行到期债务或者发生当事人约定的实现抵押权的情形，债权人有权就该财产优先受偿。

《民法典》第399条规定，下列财产不得抵押：（1）土地所有权；（2）宅基地、自留地、自留山等集体所有土地的使用权，但是法律规定可以抵押的除外；（3）学校、幼儿园、医疗机构等为公益目的成立的非营利法人的教育设施、医疗卫生设施和其他公益设施；（4）所有权、使用权不明或者有争议的财产；（5）依法被查封、扣押、监管的财产；（6）法律、行政法规规定不得抵押的其他财产。

（四）占有

我国《民法典》第458条规定：基于合同关系等产生的占有，有关不动产或者动产的使用、收益、违约责任等，按照合同约定；合同没有约定或者约定不明确的，依照有关法律规定。

此外，《民法典》物权编第五分编还规定：占有人因使用占有的不动产或者动产，致使该不动产或者动产受到损害的，恶意占有人应当承担赔偿责任。不动产或者动产被占有人占有的，权利人可以请求返还原物及其孳息，但是，应当支付善意占有人因维护该不动产或者动产支出的必要费用。占有的不动产或者动产毁损、灭失，该不动产或者动产的权利人请求赔偿的，占有人应当将因毁损、灭失取得的保险金、赔偿金或者补偿金等返还给权利人；权利人的损害未得到足够弥补的，恶意占有人还应当赔偿损失。占有的不动产或者动产被侵占的，占有人有权依法请求返还原物；对妨害占有的行为，占有人有权请求排除妨害或者消除危险；因侵占或者妨害造成损害的，占有人有权依法请求损害赔偿。占有人返还原物的请求权，自侵占发生之日起一年内未行使的，该请求权消灭。

第三节　房屋权属制度

一、我国城镇房屋权属制度的沿革

在房屋所有权方面，新中国成立初期，国家将地主、官僚资产阶级的房产予以没收，归国家所有。同时，对属于民族资产阶级所有的和广大城市居民个人所有的住房房产予以保护。1956年，国家开始对城市私房进行社会主义改造。党的十一届三中全会以后，全国各城市落实私房政策，同时一些城市进行住房补贴出售，允许个人建造和购买住宅。自此，城市住房的所有权结构发生变化，个人拥有住房的比重逐步增大，并出现了住房的集体所有、联合所有等新形式，国家所有的或由国家房管部门直管的住房比重逐年下降。

在房屋使用权方面，新中国成立初期实行“以租养房”的方针，城镇公有住宅实行国家统一分配使用、按月收取租金的制度，租金水平大体能够保证住房正常维修。1955年，国家机关干部由供给制转为薪金制，在住房使用制度上，作为供给制转向薪金制的一种过渡办法，采取低租制，导致大量住宅因租金过低无法得到正常维修，各城市普遍存在大量的危房，长期得不到改造，多数居民的住房条件日渐恶化。

旧的住房制度由于没有将住房作为商品经营，造成住房投资单一，国家统包资金使投资无法收回，加重了财政负担。在这种体制下，无论是房地产市场还是房地产业基本上是一片空白，房地产经营仅限于数量极有限且在房屋管理部门严格管制下的私房出租。这种体制下的房屋权属制度有三个特点：一是权属虚拟化。由于权属的流通受到严格限制，基本上是所有者自己占有和使用，收益和处分权能极其微弱。这种虚拟化的产权价值几乎丧失殆尽。二是不平等。公房和私房在政治上和法律上的地位是公开的不平等，私房被作为限制改造的对象，目标是尽快予以取消，其权益得不到法律的有效保障。三是权属关系简陋，缺少法律依据，主要靠行政手段调整。

改革开放以来，国家对城镇住房制度进行了一系列探索，确定了按照社会主义市场经济的要求实现住房商品化的改革目标。由改革公房低租金制度入手，将以往的实物分配逐步改变为货币分配，进而向居民和职工出售公有房屋。住房商品化客观上要求建立和完善房地产权属制度。目前，我国已逐步形成了多元化的房屋所有权体系和新型的房屋使用权制度。近年来，国家对住房制度改革的力度进一步加大，促进住房的商品化和市场化。

二、房屋所有权

《民法典》第266条规定：私人对其合法的收入、房屋、生活用品、生产工具、原材料等不动产和动产享有所有权。房屋所有权，是指房屋所有人对房屋所享有的占有、使用、收益和处分的权利。在我国，长期以来，土地的财产权属性得不到承认，因此对于不动产，人们最关心、最重视的是房屋所有权，而且在土地所有权与房屋所有权分离的情况下，作为房屋所有权人也必然更关心属于自己所有的房屋所有权。在我国，房屋所有权根据房屋所位于的土地性质的不同，可分为城镇房屋所有权和农村房屋所有权，后者主要适用民法的一般规定，而前者则主要适用城市房地产法的专门规定。

房屋所有权是一种典型的物权，它具有所有权的完整权能。自古以来，房屋所有权最大限度地体现了物权的绝对性和排他性。在现代社会，虽然土地所有权的绝对性和排他性受到了很大限制，但房屋所有权因其与居住权、生存权相关联，受到了宪法的保护，其法律地位非但未受贬损，反而有所提升，在一定程度上已突破了财产权的意义。我国计划经济体制下公房所有权已与行政管理权混同，私房所有权受到压制，房屋所有权在整体意义上严重贬值，人们也失去了追求这种最重要的财产权利的可能。时至今日，我国房屋所有权在法律上仍不够完善，对一些本应实行完全商品化的房产实行“部分产权”。这种不完善的所有权对居民难以构成投资魅力。

房屋所有权是一种要式物权。一般动产物权的取得、转移和存续虽然要以法律允许的方式进行，但其具体形式是多种多样的和可以选择的。而房屋作为典型的不动产，其所有权取得、转移和存续，均须严格遵守法定的方式，以特定形式确定和证明其存在。与大多数国家一样，我国城市房地产管理法明确规定国家实行土地所有权和房屋所有权登记发证制度。根据现行法律规定，除继承之外，新建的房屋所有权的取得须依房产管理部门核发的房屋所有权证书确认，其他房屋所有权的取得、转移、抵押及房屋的出租，均以政府有关部门的登记为成立要件，以领取或变更房屋所有权证书为表现形式。除非有人民法院认定的相反证据，否则，政府房产管理部门核发的房屋所有权证就是房屋所有权的唯一合法证明。

我国的房屋所有权可以进行如下分类。

1. 以所有权主体划分

（1）国有房屋所有权，即全民所有制房屋的所有权。这种所有权主体是代表全民的国家。其权能目前主要是根据统一领导、分级管理的原则，按国家有关规定授权房产行政管理部门或国家机关、人民团体、企事业单位和部队分别在授权范围内行使并承担相应的义务。但是在任何情况下，处分国有房屋所有权都必须经国家主管机关特别批准并征得当地房产管理部门的同意。这类房屋所有权根据管理者的不同又可分为直管公房所有权和自管公房所有权：前者是指由各级房产管理部门直接代表国家行使的国有房屋所有权，房屋所有权的主体是国家，但由政府房产管理部门代表国家实施经营管理，房产管理部门因而具有双重身份，既是房产行政管理部门，又是国家房产的代表；后者是指由机关、团体、企事业单位实行经营管理的房屋所有权，在进行产权登记时，一般将管理经营者登记为产权人。

（2）集体房屋所有权，即集体企事业单位对归其自有的房产享有的所有权。这种所有权是由集体企事业单位作为权利人，而其成员个人则不是所有权主体，亦不构成集体成员的共有。这种房产在登记的分类上纳入自管公房所有权，但与国有的自管公房所有权有本质的区别。

（3）私人房产所有权，指房屋是由私人个人、家庭、数人共有或私营企业拥有的房产所有权。私人房产大部分为住宅，亦包括私营企业生产经营用房。私人房产所有权依取得方式的不同可分为：一般城镇私房所有权，落实私房政策主要针对的是这类房产；商品私房所有权，指通过房地产市场购入的商品房而取得的房产所有权；公房出售后转变为私房的所有权；自建公助房屋的所有权等。其中前两类私人房产的所有权比较纯粹，而后两类私房的所有权往往受到一些限制。

（4）外商投资企业和外产房屋所有权。外商投资企业在我国境内投资兴建或购买的房产的所有权受我国法律保护。外产房屋是指外国政府、社会团体、国际机构和外国侨民在我国境内建造或购买的房屋。目前我国将这类具有涉外因素的房屋所有权作为专门房产所有权登记注册。

（5）农村房屋所有权。农村房屋指位于农村集体所有土地上的房屋，一般为农村集体经济组织和农民个人或家庭所有。这类房屋所有权的主体和流转依现行法律的规定受到严格的限制，一般不允许城市的单位和个人到农村购地建房或直接购房，但并未禁止农村集体经济组织与其他经济组织通过联营、合资经营等形式对农村房屋共有。

（6）由其他主体享有的房产所有权，如宗教团体房产所有权等，也包括上述各类主体对一项房产因各种形式的共有而形成的所有权。

2. 按房屋所有权主体的构成划分

（1）单独所有房屋所有权，即由单个独立承担民事责任的民事主体独有的房屋所有权。

（2）共同所有房屋所有权，即数人对一项房产共同享有所有权。共有情形包括共同共有和按份共有。前者要求共有人在共有期间不能按确定份额分割或单独处分共有的房产，共有人平等地行使权利和承担义务；后者的特点是共同所有权人对共有一项房产的权利、义务可分割为若干的份额，共有人按其所占的份额享有权利和承担义务。

（3）有限产权或住房部分产权，是指在住房制度改革过程中，城镇居民按标准价（优惠价）购买公房，取得部分产权，即占有权、使用权、有限的收益权和处分权，并可继承，而居民所在单位保有另一部分产权而有权对居民的处置权予以限制的产权关系。其性质不是一项法定物权，可类推为共有权。

三、房屋使用权

房屋使用权指房屋使用权人对房屋依法占有和利用的权利。当房屋由房屋所有权人自己使用时，房屋使用权作为所有权的四项权能之一存在；当房屋由非所有权人使用时，房屋使用权因租赁、拨用、借用等原因而与所有权分离，成为一项独立的权利。

【案例】

汪某租赁某地房屋经营中心管理的直管公房一套，2017 年 3 月 2 日汪某与案外人孟某签署“公房使用权转让协议”，约定汪某自愿将涉案公房的使用权转让给孟某。随后汪某向涉案公房的管理部门提出“房屋转让申请书”，孟某向涉案公房的管理部门提交“承租房屋申请书”。同年 3 月 7 日，公房管理部门经审核同意将涉案公房的承租人由汪某变更为孟某。2020 年 4 月 13 日，孟某与房屋经营管理中心签署“公有住宅租赁合同”，约定由孟某承租涉案公房。后汪某就其与孟某的公房使用权转让协议起诉至法院，要求法院判决解除汪某与孟某于 2017 年 3 月 2 日签订的“公房使用权转让协议”；要求孟某协议将涉案公房的承租人变更为汪某。当地法院于 2023 年 2 月 13 日作出民事判决，判决解除汪某与孟某于 2017 年 3 月 2 日签订的“公房使用权转让协议”，并驳回汪某的其他诉讼请求。

2023 年 6 月 13 日，汪某向房屋经营中心提交申请书，申请房屋经营中心将涉案公房恢复变更，重新登记在汪某名下。2023 年 6 月 25 日，房屋经营中心作出答复意见书，认为汪某不具备现行承租人变更申请资格，属于当地严禁办理直管公房使用权交易的情形，因此拒绝将公房承租人变更为汪某。后汪某不服答复意见书，就此向法院起诉房屋管理中心。

一审法院认为房屋管理中心不具备行政诉讼被告的主体资格，应由当地政府作为被告。汪某以其与孟某的“公房使用权转让协议”已经被人民法院判决解除为由，向房屋经营中心提出将涉案公房的承租人由孟某变更回汪某本人。本案中汪某与孟某系公房使用权转让关系中的转让方与受让方，本案在案证据证明汪某提出的本案承租人变更申请不符合直管公房承租人变更的条件，房屋经营中心认为汪某不具备现行承租人变更申请资格具有事实依据。经审查，房屋经营中心作出被诉答复意见书的法定程序亦无不当，应予维持。故判决汪某提出的全部诉讼请求不能成立。

汪某不服判决，提起上诉。二审法院认为汪某所称恢复变更至其名下，源于之前其经过行政程序将涉案公房使用权转让给了案外人孟某，但前述公房使用权转让行为未依法定程序被撤销或确认违法，案外人孟某仍然是涉案房屋目前合法的承租人，汪某现要求更名不符合当地有关公房租赁转让的规定，其要求变更缺乏事实根据。汪某与案外人孟某的民事合同虽然被人民法院判决解除，但民事法律关系的变更并不直接带来行政机关的作为义务，汪某据此要求当地政府予以变更，缺乏事实和法律依据。故驳回上诉，维持原判。①

四、房屋所有权与土地使用权的关系

在我国，土地属于国家所有或集体所有，土地不可买卖，土地所有权不能通过交易转让，因此，地产的核心在于土地使用权，而房屋所有权的客体范围仅及于地上建筑。土地使用权与房屋所有权结合共同构成我国房地产权的概念。根据现行法律规定，就房地产市场而言，我国土地使用权与房屋所有权的关系主要具有以下特征：

1. 土地使用权和房屋所有权构成的房地产权是一个完整的有机整体，具有不可分性

（1）内容的不可分性。这两种权利是互为依存的，土地使用权是房屋所有权的前提，没有依法取得土地使用权，就不得进行地上建筑，更谈不上取得房屋所有权。某一期限的土地使用权届满，原权利人的土地使用权和房屋所有权将同时丧失，因此，房屋所有权及其各项权能是不可能离开土地使用权单独存在的。另外，房屋所有权不仅是直接利用土地的结果，更是合法地行使土地使用权以及土地使用权本身的合法存续的体现。此即房地产市场中的土地使用权必须借助房屋所有权来体现。没有房屋所有权的土地使用权是不可能长期存在的。虽然法律允许土地使用权在一定期限内处于闲置状态，但这并非确定土地使用权的目的，而只能视为法律允许的为通过开发建设最终产生房屋所有权的准备期限。

（2）主体的不可分性。土地使用权的主体和房屋所有权的主体是不可分的。两种权利的主体必须保持一致性，土地使用权依法转让，其地上建筑物和附着物随之转移，反之亦然。我国和大多数国家的法律规定，土地使用权和房屋所有权必须同时转让，不得

① 参见汪某与北京市丰台区人民政府纠纷案［（2023）京行终 9667 号行政判决书］，裁判日期：2023－12－25，见 https://wenshu.court.gov.cn/website/wenshu/181107ANFZ0BXSK4/index.html? docId = VYffBF5m + piJRR/XQjuJ＋m2CGSU0lKVOPIFDkIbrCrjtiZ/IKy6x1pO3qNaLMqsJiHT59xMlpus3eG0GTxAj0FN3EfQUKiGgP7O5lV6ctiRrb56MMK/zIASL7/68lzvv，最后访问时间：2024－07－13。

分别转让。

（3）客体的不可分性。在房地产关系中，房屋的所有权离不开土地使用权，这是显而易见的；在一个房地产项目中，可能有部分无建筑物的土地，如绿地、停车场等，但这部分土地完全是以房屋为主的房地产的组成部分，在房地产业中，离开房屋的单纯的土地使用权同样是不可能长久存在的。

2. 房地产的重心是房产

土地使用权的价值在于土地的利用效能，利用的直接目的是建设房屋而满足人们的生产经营和生活居住需要。如果说房屋所有权不得离开土地使用权单独转让是源于房地产的自然属性的话，土地使用权不得离开房屋所有权单独转让则完全是人为的设置，而这种规定体现了房产的中心地位。我国房地产法律规定，禁止或严格限制土地使用权的单独转让。这不仅针对已建成房屋的土地使用权，还针对其上无建筑物的土地的使用权。法律对“炒地皮”的禁止或限制亦体现了房产是房地产重心的意义。

第四节　房地产相邻关系和建筑物区分所有权

一、房地产相邻关系

房地产相邻关系，是指不动产的相邻各方因行使房地产所有权或使用权而发生的权利义务关系。这种相邻权利义务关系从权利的角度来看又称为相邻权。《民法典》第288条规定：不动产的相邻权利人应当按照有利生产、方便生活、团结互助、公平合理的原则，正确处理相邻关系。

房地产相邻关系从本质上讲是一方房地产所有人或使用人的财产权利的延伸，同时又是对他方房地产所有人或使用人的房地产权利的限制。在处理相邻关系时，应遵循兼顾各方的利益、互谅互让、团结互助的原则，有利生产、方便生活的原则，以及公平合理的原则。

《民法典》第289条规定：法律、法规对处理相邻关系有规定的，依照其规定；法律、法规没有规定的，可以按照当地习惯。

房地产相邻关系主要包括以下内容：

（1）相邻土地通行关系。相邻一方的建筑物或土地处于邻人土地包围之中，非经过邻人的土地不能到达公用通道，或者有其他通道但需要较高的费用或十分不便时，可以通过邻人的土地以达公用通道。

（2）相邻流水、用水、截水、排水关系。相邻人应当保持水的自然流向，在修造房屋时，应注意地势及排污水的通道，不应使污水流入他人的房屋、庭院，还应为他人房屋留有一定距离，避免使污水或雨水直接流入他人房屋。

（3）相邻管线安设关系。相邻人因埋设管道，如水管、煤气管，架设输电线路、通信线路等，需要经过他人的土地时，他人应当允许。

（4）相邻光照、通风、音响震动关系。相邻人在建造建筑物时，应当与邻人的建筑物留有一定的距离，以免影响邻人建筑物的光照、通风。此外，相邻各方应当注意环境清洁，不得以高音、噪音、喧哗、震动等妨碍邻人的工作、生活和休息。

（5）相邻疆界关系。相邻房屋及其他附属物设施的占有、使用应当明确界线，如果界限不清、责任不明的，应当归相邻各方共同共有或共管，以免发生纠纷。

（6）相邻环境与安全关系。相邻一方在开挖土地、建筑施工时不得使邻人的地基发生动摇，建筑物受到危害或相邻一方的建筑物有倾倒危险，威胁邻人的生命、财产安全时，相邻一方应当采取预防措施，如加固、拆除。《民法典》第 294 条规定：不动产权利人不得违反国家规定弃置固体废物，排放大气污染物、水污染物、土壤污染物、噪声、光辐射、电磁辐射等有害物质。相邻他方对超标排放有权要求相邻人排除妨害和治理，并对造成的损害有权要求赔偿。

【案例】

原告宋某家宅院与被告于某家宅院南北为邻，宋某家宅院居南。原告于某 2 家宅院在宋某宅院、被告于某宅院以东。在被告于某宅院南侧、两原告宅院之间有一走道，走道北端通往被告宅院，南端通往村内东西向主道。

2015 年，被告于某在该走道南端、两原告南墙之间建造大门、门垛及卡子墙，大门建成后，被告于某控制门锁，拒绝开门配合两原告进入北院，当事各方发生争议。两原告认为，被告在官道上修建大门的行为，严重侵害了两原告的合法权益。被告认为，涉诉大门门柱并未对原告造成妨碍。涉诉大门门柱是否是违章建筑，应该由有关机关进行管理，这不是法院受理民事诉讼的范围。

一审法院认为：相邻关系中，应当按照有利生产、方便生活、团结互助、公平合理的原则正确处理排水、通行等方面的相邻关系。当事人对自己提出的诉讼请求所依据的事实或者反驳对方诉讼请求所依据的事实，应当提供证据加以证明。本案中，就现有证据及现场勘验情况来看，涉诉建造物修建在公共走道上，客观上对两原告尤其是宋某宅院后排翻建造成妨害，被告在此继续使用涉诉建造物锁闭涉诉走道，已然构成妨害。故原告方要求排除妨害的请求符合法律规定，法院对此予以支持。遂依据《民法典》第 288 条、第 289 条、第 296 条，判决被告于某于本判决生效之日起 7 日内将涉诉铁门及其两侧门垛，以及东门垛与原告宅院西墙之间的卡子墙予以拆除。①

二、业主的建筑物区分所有权

《民法典》物权编的第六章规定了业主的建筑物区分所有权。《民法典》第 271 条规定：业主对建筑物内的住宅、经营性用房等专有部分享有所有权，对专有部分以外的共有部分享有共有和共同管理的权利。建筑物区分所有权是当代民法发展起来的一种特殊

① 参见于某 2 等与于某排除妨害纠纷案［（2021）京 0113 民初 4233 号民事判决书］，裁判日期：2021－04－27，见 http://law.wkinfo.com.cn/judgment-documents/detail/MjAzNDQ0NDc5ODY%3D? searchld=b0c09c31a7524432bbd021908aa71ddd&index=3&q=module=，最后访问时间：2021－07－20。

的共有形式。现代社会，伴随着经济的不断发展和城市人口的增长，土地的稀缺性日益显现，加之现代建筑技术的提高，建筑不断向高空发展。一栋建筑物的可居住面积空前扩大，通常不能仅仅为一人所有。这种共同所有的现象和状态，被当代民法称为建筑物区分所有权。[①] 它是现代民法形成的一项重要的不动产所有权形式。

建筑物区分所有权有一元说、二元说和三元说之分。德国《住宅所有权法》采用三元说，即包括专有所有权、共用部分持分权及成员权三位一体的复合性物权，而专有所有权处于主导地位。我国《民法典》也采此体例。

（1）专有所有权。《民法典》第 272 条规定：业主对其建筑物专有部分享有占有、使用、收益和处分的权利。业主行使权利不得危及建筑物的安全，不得损害其他业主的合法权益。建筑物的专有部分指建筑物中具有构造上和使用上的独立性的部分，由一定平面的长度与一定立体的厚度构成，与其他专有部分或共用部分以墙壁、天花板、地板相间隔。区分所有权人对其专有部分有自由使用、收益及处分的权利，其性质系单独所有权。

（2）共有部分持分权。建筑物的共有部分指供区分所有人共用、属于区分所有人共有的部分。由法律直接规定属于共有的部分为法定共有；由区分所有人约定使某专有部分成为共有的部分称为约定共有。建筑物的共有部分一般包括共有、共用的门厅、阳台、屋面、楼面、厨房、厕所以及院落、上下设施等。共有所有权指建筑物区分所有权人依照法律或管理规约之规定，对区分所有建筑物之共用部分所享有的占有、使用及收益的权利。我国有关的管理法规规定，建筑物区分所有的共有部分，在使用上坚持共同共有的原则，不分份额，在面积分担上则采用按份共有的形式；并规定所有人和使用人对建筑物的共有部分应共同合理使用并承担相应的义务。

《民法典》第 273 条规定：业主对建筑物专有部分以外的共有部分，享有权利，承担义务；不得以放弃权利为由不履行义务。业主转让建筑物内的住宅、经营性用房，其对共有部分享有的共有和共同管理的权利一并转让。

第 274 条规定：建筑区划内的道路，属于业主共有，但是属于城镇公共道路的除外。建筑区划内的绿地，属于业主共有，但是属于城镇公共绿地或者明示属于个人的除外。建筑区划内的其他公共场所、公用设施和物业服务用房，属于业主共有。

第 275 条规定：建筑区划内，规划用于停放汽车的车位、车库的归属，由当事人通过出售、附赠或者出租等方式约定。占用业主共有的道路或者其他场地用于停放汽车的车位，属于业主共有。

第 276 条规定：建筑区划内，规划用于停放汽车的车位、车库应当首先满足业主的需要。

（3）成员权。此权利又称社员权，系指建筑物区分所有权人基于在一栋建筑物之构造、权利归属及使用上的不可分离的共同关系而产生的，作为建筑物的一个团体组织的成员而享有的权利与承担的义务。[②] 成员权的内容是对全体区分所有权人的共同事务所享

---

① 参见王利明：《物权法论》，348 页。

② 参见陈华彬：《现代建筑物区分所有权制度研究》，196 页，北京，法律出版社，1995。

有的权利和承担的义务，它是财产关系与管理关系的结合，具有“人法性”的因素。成员权从权利的角度主要包括：表决权、参与订定规约权、选举和解任管理者的权利，以及对公共管理事项和公共利益的应得份额所享有的请求权等。此权利是业主自治制度的主要依据。我国《民法典》第 277 条规定：业主可以设立业主大会，选举业主委员会。业主大会、业主委员会成立的具体条件和程序，依照法律、法规的规定。地方人民政府有关部门、居民委员会应当对设立业主大会和选举业主委员会给予指导和协助。

共同管理权的性质和特点表现在以下方面。

第一，共同管理权是专属于业主的权利。管理权是由专有部分的所有权产生的，管理权在性质上是由业主享有的专有部分所有权决定的，任何人取得了专有部分的所有权，自然取得了管理权。需要指出的是，共同管理权虽然是专属于业主的权利，但它是法律规定由全体业主享有的权利，而不是由某一个或某几个业主享有的权利。

第二，共同管理权是一种私法上的权利。虽然有相当一部分学者认为共同管理权兼具公法与私法的性质，但本书同意王利明教授关于共同管理权的性质属于私权的观点，理由如下：其一，由《民法典》规定的管理权由专有部分所有权决定，由专有部分所有权派生而来，是所有权的延伸，是确保专用部分所有权和共有权实现的手段。其二，管理权的内容主要是针对业主的共有财产和共同事务而进行管理，这些事务本质上是私人事务。其三，正是因为管理权体现的是业主私人的利益，所以，管理权的行使要尊重私人的意愿。其四，在《民法典》中规定管理权，就意味着该权利受到侵害或者有受到侵害的危险时，可以获得民法的救济。

第三，共同管理权是管理共同财产和共同事务的权利。

第四，共同管理权既是一种权利，又是一种义务。①

业主行使共同管理权的方式主要有：参与业主大会，行使表决权；参与业主委员会，行使管理权；共同制定规约的权利；请求就重要事项召开会议讨论的权利；管理物业和小区其他事务的权利等。

业主在行使基于区分所有权产生的管理权利时，同样必须履行相应的义务，包括缴纳物业管理服务费的义务，遵守业主公约、管理规章、业主大会决议的规定等。在区分所有权状态下，个别业主不履行义务，不仅会损害物业管理服务企业的权利，而且会损害大多数已履行义务的业主的利益，其义务更具有公共义务的性质。

第五节　房地产登记制度

一、房地产登记的概念、性质和功能

（一）房地产登记的概念

房地产登记，是不动产登记中的重要组成部分，指房地产管理部门依其职权对房地

① 参见王利明：《物权法研究》，2 版，609～613 页，北京，中国人民大学出版社，2007。

产权利人合法的土地使用权和房屋所有权，以及由上述权利产生的抵押、设典、租赁等房地产其他权利的登记。房地产登记制度是现代物权法的一项重要制度。

我国《民法典》物权编第二章第一节规定了不动产登记。第 209 条规定：不动产物权的设立、变更、转让和消灭，经依法登记，发生效力；未经登记，不发生效力，但是法律另有规定的除外。《城市房地产管理法》第 60 条规定，“国家实行土地使用权和房屋所有权登记发证制度”。房地产登记，是指经申请人申请，由房地产登记机构将申请人的房地产权利和其他应当记载的事项在房地产登记簿予以记载的行为，是将房地产权利现状、权利变动情况以及其他相关事项记载在房地产登记簿上予以公示的行为，是一种不动产物权的公示方式。

国务院颁发了《不动产登记暂行条例》，自 2015 年 3 月 1 日起施行，2019 年、2024 年修订。自然资源部于 2024 年发布第二次修正后的《不动产登记暂行条例实施细则》。该细则对登记主体、程序、类型等逐一细化。

《不动产登记暂行条例》第 5 条规定，下列不动产权利，依照本条例的规定办理登记：（1）集体土地所有权；（2）房屋等建筑物、构筑物所有权；（3）森林、林木所有权；（4）耕地、林地、草地等土地承包经营权；（5）建设用地使用权；（6）宅基地使用权；（7）海域使用权；（8）地役权；（9）抵押权；（10）法律规定需要登记的其他不动产权利。其中属于房地产登记的包括第 1、2、5、6、8、9、10 项规定的不动产权利。

房地产登记中的房地产权利人，是指依法享有土地使用权、房屋所有权以及房地产其他权利的自然人、法人和其他社会组织；房地产管理部门是指我国各级人民政府的房地产管理部门，是房地产登记管理机关。

（二）房地产登记的性质

房地产登记是经申请人申请，由房地产登记机构将申请人的房地产权利和其他应当记载的事项在房地产登记簿予以记载的行为，是将房地产权利现状、权利变动情况以及其他相关事项记载在房地产登记簿上予以公示的行为，是一种不动产物权的公示方式。登记的效力，有以下三种规定。

第一种为意思主义，亦称对抗主义、登记公示主义、形式主义登记体制。意思主义指当事人一旦作出物权变动的意思表示，便可发生物权变动的法律效果，未经登记的物权也可以通过当事人的合意而成立，只是在没有依法进行登记前，物权的变动不能对抗善意的第三人。法国、日本等采用此种规定。登记的作用只在于公示，没有对当事人的实体权利的决定作用，《法国民法典》规定：“所有权得因继承、生前赠与、遗赠以及债的效果而取得转移。”意思主义比较宽松，有利于当事人，而对第三人保护不足。

第二种为登记要件主义，认为不动产物权的变动必须进行登记，如果当事人只是达成了物权变动的合意，而没有完成登记手续，则物权变动的意思表示不但不产生公信力，而且也不产生物权变动的效果。德国采用此规定。强调国家对交易活动的干预，用于应对信用没落、经济恐慌，确保交易安全。许多大陆法国家采用登记要件主义，我国亦属此类。此种规定有利于交易安全，但对当事人过于严格。

第三种为英美法上的托伦斯登记制度，特点是除登记以外还要求交付权利证书，产权一经登记，具有不可推翻的效力，国家给予保障，但法律不强制一切土地所有权、他项权利申请登记。一经登记，其后发生的房地产权利变更或消灭，必须进行登记，否则不生效力。

我国房地产登记的性质具有以下特点。

（1）房屋土地权利一并登记。《民法典》第 210 条规定：不动产登记，由不动产所在地的登记机构办理。国家对不动产实行统一登记制度。统一登记的范围、登记机构和登记办法，由法律、行政法规规定。

（2）房地产权属登记属于强制性登记。长期以来，我国房地产登记不是自愿登记，而属义务规范，对于不登记者，其权属不受法律保护。《民法典》第 214 条规定：不动产物权的设立、变更、转让和消灭，依照法律规定应当登记的，自记载于不动产登记簿时发生效力。第 215 条规定：当事人之间订立有关设立、变更、转让和消灭不动产物权的合同，除法律另有规定或者当事人另有约定外，自合同成立时生效；未办理物权登记的，不影响合同效力。第 216 条规定：不动产登记簿是物权归属和内容的根据。不动产登记簿由登记机构管理。

（3）登记部门对登记申请实行实质性审查，无异议时方予登记。《民法典》第 212 条中规定，登记机构应当履行下列职责：1）查验申请人提供的权属证明和其他必要材料；2）就有关登记事项询问申请人；3）如实、及时登记有关事项；4）法律、行政法规规定的其他职责。

（4）登记具有较强的公信力，除司法裁判可予以否定之外，是权利人产权的唯一合法证明。《民法典》第 216 条第 1 款规定：不动产登记簿是物权归属和内容的根据。第 217 条规定：不动产权属证书是权利人享有该不动产物权的证明。不动产权属证书记载的事项，应当与不动产登记簿一致；记载不一致的，除有证据证明不动产登记簿确有错误外，以不动产登记簿为准。

（三）房地产登记的功能

《不动产登记暂行条例》第 4 条规定，国家实行不动产统一登记制度。不动产登记遵循严格管理、稳定连续、方便群众的原则。不动产权利人已经依法享有的不动产权利，不因登记机构和登记程序的改变而受到影响。

房地产登记有三项功能，即权利确认功能、权利公示功能和权属管理功能。

（1）权利确认功能，是指房地产登记具有确认房地产权属状态、承认并保护房地产权利人之间的法律支配关系的功能。房地产登记是房地产权属管理的重要内容。对于房地产权利人来说，登记是其权利的取得、设定、变更及丧失的法定依据。

（2）权利公示功能，是指房地产登记具有将房地产权利的变动事实向社会公开，用以标示房地产流转的过程和结果、保障房地产交易安全的功能。

（3）权属管理功能，是指房地产登记具有实施国家管理意图的功能，它主要体现在两个方面：一是产籍管理功能，即通过房地产权属登记建立产籍资料，进而为房地产税收、规划提供依据；二是审查监督功能，即对房地产权利的设立、变更、终止的合法性进行审查，进而取缔或处罚违法行为，体现了房地产管理部门与登记申请人之间管理与被管理的关系。在登记法律关系中，房地产管理部门享有审查登记申请、作出登记决定、对不履行登记义务的房地产权利人进行处罚的职权，而房地产权利人负有及时向房地产管理部门申请房地产登记及服从管理的义务。

二、房地产登记的内容和种类

（一）房地产登记的内容

不动产的登记是指向公众公示不动产本身的状态（标示，包括面积、位置等）与不动产物权的变动情况（物权的设立、移转、变更和消灭等），以及不动产上所成立的负担情况，主要包括以下内容。

（1）不动产的状态。不动产的状态指用文字（图、表）反映一宗或数宗不动产的状态情况，包括不动产的位置、权属、界限、面积和用途等基本情况。

不动产登记对不动产的界定指的是在外观上可以清楚界定，并以某种方式加以利用或经营的土地及其地上建筑物。但物权法中的不动产概念除“土地，附着于土地的建筑物及其他定着物、建筑物的固定附属设备”外，更重要的是法律意义上的界定，即一种纯形式的界定。这种界定，以对不动产之官方记录（地籍册）为基础。同时此种界定自身又成为以不动产在不动产登记簿中进行登记的基础。

（2）物权的设立（取得）。这是指物权与特定主体相结合，即某一主体取得对某物的物权。不动产物权的设立或产生，从获得物权的主体而言，又称物权的取得。物权的取得包括原始取得与继受取得两种情况。不同的取得其具体方式和效果也有不同。除极少数法定物权以外，不动产物权取得都以公示为条件，公示方法一旦不存在，则不动产物权制度也就不存在。通过公示，公众可以了解物权的有无。

（3）物权的移转。这是指已经存在的物权在民事主体之间的流转，即某一物权从一个权利人转移至另一个权利人。而物权的移转也是通过公示体现出来的。如果某个物权虽然已经发生移转，但没有通过公示予以显示，则在法律上并没有真正完成物权的移转。从法律效果来看，只要不动产登记作为公示内容的物权现状没有变动，便可以视为物权移转未曾发生。反之，如果登记簿记载的某项物权已经发生移转，而事实上并没有移转，那么在法律上认为物权已经发生移转。通过公示，公众可以了解物权的动态。

（4）物权的变更。物权的变更广义上包含物权的主体、客体和内容等要素的一项或数项的变更。但主体的变更主要涉及物权的取得与丧失，故物权法上的物权变更通常指狭义的变更，即仅指物权的客体与内容的变更。客体的变更如建筑物的增减、用途的改变等，也需通过公示，使公众了解不动产物权客体的真实情况。

（5）物权的消灭。物权的消灭是指物权的终止或丧失（包括标的物的灭失），即物权与其主体分离。当某一项物权由于某种原因消灭时，应当将不动产物权在不动产登记簿上注销。此即通过公示，阻止此项物权再进入交易市场。

（6）物权的负担。物权的负担是指在一项不动产之上设立的其他物权（如设立抵押权、用益物权等），导致该不动产权利人的权利行使受到相应的限制，故也称物权的限制。登记提供给社会的法律信息为全面的信息，当然也可能包括对其不利的内容。在德国法中，登记中就有对权利人不利的内容，如“异议抗辩登记”“权利限制登记”等。这样做的目的，是为社会做不动产风险的警示，让社会尤其是不动产取得人了解不动产的全面情况，然后自己决定是否与登记的权利人进行有关的法律行为。这一点在不动产抵押制度中显得非常重要。因为依据民事主体意思自治的原则，法律对抵押权人对自己是否成为抵押权人以及成为第几顺位的抵押权人的事宜无权作出禁止性规定，所以在抵押物之上已经存在顺位优先的抵押权或者顺位优先的其他物权如用益物权时，抵押权人权利的取得要么困难，要么很不经济。但是如果不动产登记簿已经给抵押权取得人提供了足够的警示，使其了解了设立后序顺位抵押权的风险，这就为其判断形势并作出决定提供了充分而有力的帮助。公示的警示效力的作用就在于此——通过公示，可以向公众发出警示。

（7）物权的处分限制。物权的处分限制是指于一定范围内限制登记名义人任意处分其不动产之权利，以保全可能实现之不动产权利，如一般的处分禁止、查封、扣押、破产记载等。限制登记并不直接导致物权变动，只是限制了登记名义人处分其不动产的权利。广义上的限制登记包括异议登记、预告登记、查封登记、扣押登记、破产登记等。狭义上的限制登记主要指查封、扣押、破产等。在中国现行登记制度下，权利人最常接触的主要是民事诉讼中的财产保全，即由法院在执行中实行的查封。

（二）房地产登记的种类

我国不动产登记包括以下几种。

1. 设立与变动登记

不动产物权的设立登记是权利人申请物权登记机构将不动产物权的登记设立事项记载于不动产登记簿的事实。变动登记也就是权利人申请国家专职部门将有关申请人的不动产物权的变更、转让和消灭等事项记载于不动产登记簿的事实。

不动产物权依法律行为的设立、转移、变更和废止等事项经过登记而发生效力。经过设立登记，权利人获得不动产物权。经过变动登记，原权利人丧失不动产物权。其中的变更行为和转让行为使他人享有不动产物权，而消灭行为则使不动产物权归于消灭。

2. 更正登记

更正登记是指对不动产物权登记的错误进行更正。现实生活中，因登记机关或者申请人导致的错误是有可能发生的。为了社会的公平与正义，物权法上采取了更正登记这一程序来弥补登记发生的错误，所以要允许登记机关予以改正或者当事人申请更正。

更正登记的要件是：权利人、利害关系人认为不动产登记簿记载的事项有错。发生错误的原因可能是申请人的失误，也有可能是登记机关的过失。登记机关接受当事人的更正登记申请后，应当认真审查，发现登记事项有错误的，应当及时更正。

更正登记可以消除登记权利与真正权利不一致的状态，许可事实上的权利人或者利害关系人依据真正的权利状态对不动产登记簿记载的内容进行更正，从而避免第三人依据不动产登记簿取得不动产登记簿上记载的物权。更正登记实际上也是消灭了原权利，同时使新权利产生。这里是彻底消除登记权利与真正权利不一致的状态，所以通过更正登记，能够保护真正权利人的物权。

3. 异议登记

利害关系人可以申请异议登记的条件是：利害关系人申请更正登记后，不动产登记簿记载的权利人不同意更正。这里还要注意一个问题，因异议登记后会导致不动产物权处于不稳定状态，所以《民法典》为异议登记的效力设置了除斥期间。也就是说，申请人在异议登记之日起 15 日内不起诉的，异议登记丧失其效力。

异议登记是一种对事实上的权利人和利害关系人的利益进行保护的有效措施。进行异议登记，可以中止现时登记的权利人按照登记权利的内容行使权利，对现时登记权利人的处分权设置限制，使其在一定期限内不能按照登记的内容处分不动产物权，以维护事实上的权利人和真正的权利状态。所以，异议登记后，第三人不得以登记的公信力按照登记的内容取得登记的不动产物权。另外，异议登记不当造成权利人损害的，权利人可以向申请人请求损害赔偿。

4. 预告登记

预告登记也就是在当事人所期待的不动产物权变动所需要的条件缺乏或者尚未成就时，也即权利取得人只对未来取得的物权享有请求权时，法律为保护这一请求权而为其进行的登记。

预告登记的要件是：签订了买卖房屋或者其他不动产物权的协议，其申请预告登记的目的是保障将来实现物权。还要注意，预告登记后，申请预告登记人必须在法律规定的期间内进行终局登记（也就是直接使当事人所期待的不动产物权变动发生效力的登记）。该期间为自债权消灭或者自能够进行不动产登记之日起 3 个月内。

预告登记是为保全一项请求权而进行的不动产登记，该项请求权所要达到的目的，是在将来发生不动产物权变动。依据《民法典》第 221 条中的规定，预告登记后，未经预告登记的权利人同意，处分该不动产的，不发生物权效力。所以，预告登记将使被登记的请求权具有物权的效力。

三、我国的房地产登记管理体制

（一）房地产登记机关

登记机关在各个国家不尽一致，国外大致有两种模式：一种是设立专门的登记机关，如英国的政府土地登记局、美国的地政登记办公室等；另一种是由法院或其他司法机关充任，如德国的不动产登记机关为附属于地方法院系统的土地登记局。而我国现行模式可谓是第三种模式，即由房地产行政管理部门担任登记机关。

我国《民法典》第 210 条第 1 款规定：不动产登记，由不动产所在地的登记机构办理。《不动产登记暂行条例》规定：国务院自然资源主管部门负责指导、监督全国不动产登记工作。县级以上地方人民政府应当确定一个部门为本行政区域的不动产登记机构，负责不动产登记工作，并接受上级人民政府不动产登记主管部门的指导、监督。

（二）不动产登记簿

不动产权属证书记载的事项，应当与不动产登记簿一致；记载不一致的，除有证据证明不动产登记簿确有错误以外，以不动产登记簿为准。不动产登记簿为表征房地产物权的根据，保存于房地产登记机关，利害关系人可以申请查阅。

《不动产登记暂行条例》第 8 条规定，不动产以不动产单元为基本单位进行登记。不动产单元具有唯一编码。不动产登记机构应当按照国务院自然资源主管部门的规定设立统一的不动产登记簿。不动产登记簿应当记载以下事项：(1) 不动产的坐落、界址、空间界限、面积、用途等自然状况；(2) 不动产权利的主体、类型、内容、来源、期限、权利变化等权属状况；(3) 涉及不动产权利限制、提示的事项；(4) 其他相关事项。

登记机关在不动产登记簿上登记后，应当为权利人颁发房地产权属证书。权属证书与不动产登记簿内容不一致时，以不动产登记簿为准。房地产权属证书是权利人对外表明房地产物权的初步证据；权属证书并非有价证券，它的移转并不导致权利移转。登记机关登记并颁发证书之前须严格审查，但登记机关只作出登记或不登记决定。如果申请人提交的材料虚假或无效，就会出现登记簿上的权利人和事实上的权利人不一致的情形。在这种情况下，真实权利人可以申请更正登记或异议登记；但在登记涂销或修改前，登记簿上的记载事项仍被推定为正确，即登记簿上的权利人被推定为真正的权利人。这就是登记的公信力。登记簿及其权利证书具有产权推定公信力，即权利正确性推定效力。这种公信力的功能主要在于保护与之交易的第三人利益，如第三人善意信赖登记簿上登记的权利而与之交易，即可受到法律保护并取得该权利。

延伸阅读

1. 王利明. 物权法研究. 4 版. 北京：中国人民大学出版社，2016.

2. 崔建远. 物权：规范与学说——以中国物权法的解释论为中心. 北京：清华大学出版社，2011.

3. 杨立新. 物权法. 8 版. 北京：中国人民大学出版社，2021.

4. 崔建远. 物权法. 5 版. 北京：中国人民大学出版社，2021.

问题与思考

1. 试比较房地产物权和房地产产权。

2. 房地产权属制度的发展主要表现在哪些方面？

3. 简述房屋所有权的意义、分类及其与土地使用权的关系。

4. 简述房地产相邻关系的概念和内容。

5. 简述建筑物区分所有权的概念和内容。

6. 某村委会决定，以本村敬老院的土地扩建 6 层的住宅楼，对外销售。结合本章内容思考：(1) 该土地是否属于我国《民法典》规定的建设用地使用权涉及范围？(2) 该住宅楼能否作为商品房上市出售？

7.案例：甲公司从某银行贷款1 200万元，以自有房产设定抵押，并办理了抵押登记。经书面协议，乙公司以其价值200万元的现有的以及将有的生产设备、原材料、半成品、产品为甲公司的贷款设定抵押，没有办理抵押登记。后甲公司届期无力清偿贷款，某银行欲行使抵押权。法院拟拍卖甲公司的房产。甲公司为了留住房产，与丙公司达成备忘录，约定："由丙公司参与竞买，价款由甲公司支付，房产产权归甲公司。"丙公司依法参加竞买，以1 000万元竞买成功。甲公司将从子公司筹得的1 000万元交给丙公司，丙公司将这1 000万元交给了法院。法院依据竞拍结果制作了民事裁定书，甲公司据此将房产过户给丙公司。

法院裁定书下达次日，甲公司、丙公司与丁公司签约："甲公司把房产出卖给丁公司，丁公司向甲公司支付1 400万元。合同签订后10日内，丁公司应先付给甲公司400万元，尾款待房产过户到丁公司名下之后支付。甲公司如果在合同签订之日起半年之内不能将房产过户到丁公司名下，则丁公司有权解除合同，并请求甲公司支付违约金700万元，甲公司和丙公司对合同的履行承担连带责任。"

在甲公司、丙公司与丁公司签订房产买卖合同的次日，丙公司与戊公司签订了房产买卖合同。丙公司以1 500万元的价格将该房产卖给戊公司，尚未办理过户手续。丁公司见状，拒绝履行支付400万元首付款的义务，并请求甲公司先办理房产过户手续，将房产过户到丁公司名下。甲公司则要求丁公司按约定支付400万元房产购置首付款。鉴于各方僵持不下，半年后，丙公司索性把房产过户给戊公司，并拒绝向丁公司承担连带责任。经查，在甲公司、丙公司和丁公司签订合同后，当地房地产市场价格变化不大。

问题：(1) 乙公司以其现有的及将有的生产设备等动产为甲公司的贷款设立的抵押是否成立？为什么？

(2) 某银行是否必须先实现甲公司的房产的抵押权，后实现乙公司的现有的及将有的生产设备等动产的抵押权？为什么？

(3) 甲公司与丙公司达成的备忘录效力如何？为什么？

(4) 丙公司与戊公司签订的房产买卖合同效力如何？为什么？

(5) 丁公司是否有权拒绝履行支付400万元首付款的义务？为什么？

(6) 丁公司是否有权请求甲公司在自己未支付400万元首付款的情况下先办理房产过户手续？为什么？

(7) 丁公司能否解除房产买卖合同？为什么？

(8) 丙公司能否以自己不是合同的真正当事人为由拒绝向丁公司承担连带责任？为什么？

(9) 甲公司可否请求法院减少违约金数额？为什么？

第三章

土地使用权法律制度

常考知识点

- 划拨土地使用权与出让土地使用权的区别
- 集体土地建设用地使用权的特征
- 我国土地征收的审批
- 房屋征收与拆迁的关系
- 房屋征收补偿方式

第一节　土地使用权概述

土地使用权法律制度是我国社会主义土地使用制度发展和改革的产物。它与房地产法律制度有着天然的、密不可分的联系。土地是房屋等建筑物和附着物得以形成和存在的物质基础，房屋等建筑物和附着物是利用土地的结果，两者在物质形态上具有不可分割性。一切房地产开发和房屋建设都必须首先解决土地的使用问题，任何房地产的开发、经营活动都会涉及土地使用权的取得、变更和行使问题。离开土地，房地产开发、经营活动就无从谈起。就此而言，可以说土地使用权问题是房地产法的重要内容。

一、土地使用权的概念和特征

土地使用权是土地使用者依法取得的、在法律规定的范围内对特定的土地享有的占有、使用、收益和在特定条件下依法处分的权利。它是我国土地使用制度在法律上的表现，是我国地权制度的重要组成部分。

在我国社会主义土地公有制条件下，土地属于国家或农民集体所有。土地所有权的主体只有国家和农民集体。但土地的使用具有很强的社会性，各种生产、生活及一切社会活动均需要一定的土地作为生产条件、活动场所和生活空间，使用土地是一种大量而普遍的行为。这种土地拥有的垄断性、排他性与土地使用的普遍性、社会性之间的矛盾，使土地所有权与土地使用权的分离，成为一种必然的、普遍的社会现象。早在我国古代，随着土地所有权的产生和私有土地的不断增加，就出现了非所有人依约占有、使用他人土地的现象。在近代资本主义国家，农业资本家从地主那里租赁土地经营农业生产，根据约定对土地行使权利。中华人民共和国成立后，国家通过实施《土地改革法》和《城市郊区土地改革条例》将没收、征收来的土地收归国有后，分配给农民及其他土地使用者使用并确认其土地使用权。这是中华人民共和国成立后，土地使用权与土地所有权分离的主要形式。然而，土地使用权作为一种独立的权利类型，并作为我国土地法律制度的重要组成部分，成为我国地权制度的重要内容，还是在党的十一届三中全会以后。1986 年颁布的《民法通则》第 80 条明确规定，国家所有的土地，可以依法由全民所有制单位使用，也可以依法确定由集体所有制单位使用，国家保护其使用、收益的权利；使用单位有管理、保护和合理利用的义务。1986 年颁布并于 1988 年、1998 年、2004 年、2019 年修改的《土地管理法》第 10 条规定："国有土地和农民集体所有的土地，可以依法确定给单位或者个人使用。使用土地的单位和个人，有保护、管理和合理利用土地的义务。"自 2007 年 10 月 1 日起实施的《物权法》也明确规定，国家所有或者国家所有由集体使用以及法律规定属于集体所有的自然资源，单位、个人依法可以占有、使用和收益，并将建设用地使用权和宅基地使用权确定为用益物权，进一步明确了土地使用权的性质。自 2021 年 1 月 1 日起实施的《民法典》，再次确定了土地使用权的用益物权属性。其明确规定，用益物权包括土地承包经营权、建设用地使用权、宅基地使用权、居住权和地役权，并分别以专章予以规定。

与房地产开发、建设及交易密切相关的主要是建设用地使用权。受篇幅所限，本章所讲的土地使用权，主要是指建设用地使用权。建设用地使用权尤其是国有建设用地使用权属于用益物权，具有用益物权的一般特征。其主要体现在以下几个方面。

（一）土地使用权是权利范围受到限制的物权

土地使用权是从土地所有权中分离出来的一种权利。所谓"分离"，是指土地所有权人在不丧失土地所有权的情况下，将部分权能有期限地让渡给他人享有的约定。既然土地使用权是从土地所有权人那里取得的权利，它必然或多或少地要受到所有权人意志的制约。虽然土地使用权包括对土地的占有、使用、收益权甚至在某些情况下还可以包括对土地使用权行使处分权，例如，将出让土地使用权转让、出租或抵押，但这要以土地所有权人的同意为前提。土地使用权人对土地的使用和收益，也在一定程度上通过合同约定受到土地所有权人意志的制约。

（二）土地使用权具有独立性

虽然土地使用权是基于土地所有权而产生的，但其具有很强的独立性。土地使用权人对土地享有独立的支配权和排他性的占有、使用、收益权，除法律规定或合同约定的限制以外，土地使用权的行使不受他人干预，包括土地所有权人在内。依法取得并经过登记的土地使用权可以对抗第三人，当土地使用权受到他人侵犯时，权利人可以独立行使诉权，并请求以物权保护的方法得到法律保护。《民法典》已经确定了建设用地使用权的物权性质，并在物权编用益物权分编作了专门规定。

（三）土地使用权通常具有明确的期限

土地使用权从所有权中分离出来之后虽具有很强的独立性，但最终要回归到所有权中使土地所有权恢复圆满状态。因此，土地使用权通常具有明确的期限。如以出让方式取得的土地使用权，通过承包方式取得的土地承包经营权，以及通过合资、合作方式取得的土地使用权，均有明确的期限。在我国，土地使用权期限的长短通常也是依法在合同中明确约定的。当合同约定的土地使用期限届满时，土地使用权即行终止。

二、土地使用权的类型

土地使用权是我国地权制度的重要内容，但在目前地权制度下，土地使用权是一个高度概括的十分宽泛的概念，它包括了多种权利类型。按不同的标准来划分，可将其分为以下几类。

（一）国有土地使用权与集体土地使用权

在社会主义土地公有制条件下，土地所有权的主体只有国家和农民集体，土地所有权也只有两种，即国家土地所有权和集体土地所有权。根据土地使用权赖以产生的所有权的性质不同，可将土地使用权分为国有土地使用权和集体土地使用权。国有土地使用权是土地使用者依照法律规定或合同约定使用国有土地时，对土地所享有的占有、使用和收益的权利。集体土地使用权是土地使用者经人民政府依法批准使用集体土地时，依照政府批准文件或合同约定对土地所享有的权利。

（二）建设用地使用权和农业用地使用权

根据土地用途的不同，可以将土地使用权分为建设用地使用权和农业用地使用权（土地承包经营权）。建设用地使用权又分为国有土地建设用地使用权和集体土地建设用地使用权。

国有土地建设用地使用权是建设用地使用权人依法对国家所有的土地享有占有、使用和收益的权利，有权利用该土地建造建筑物、构筑物及其附属物。国有土地建设用地使用权属于典型的用益物权。其可以在土地的地表、地上或者地下分别设立。

集体土地建设用地使用权，一般是指农民集体和个人进行非农业建设，依法取得的使用集体土地的权利。其客体主要包括乡（镇）村企事业单位用地、公共设施用地、公益事业用地和农村村民宅基地。长期以来，集体土地建设用地使用权的主体，在法律上受到比较严格地限制，一般情况下，只有集体经济组织及其成员进行非农业建设，才可以申请使用该集体的土地，依法定程序取得集体土地使用权。2019 年我国《土地管理法》修正后，允许规划为工业、商业用途的经营性集体建设用地使用权以出让、出租等方式进入市场。这在很大程度上减少了对集体土地使用权主体的限制，为集体所有的建设用地使用权的流转拓展了空间。集体建设用地使用权的取得、行使和终止适用土地管理法的有关规定。

农业用地使用权实质上是指土地的承包经营权。土地承包经营权的客体，可以是集体的土地，也可以是国有的土地，如国有农场的土地和农民集体使用的国有土地。土地承包经营权的主体一般被限定在农业集体经济组织的内部成员。在现阶段，国家鼓励人们承包荒山、荒滩和荒地，发展农业生产，故农业集体经济组织以外的单位和个人在一定条件下也可以依法取得土地承包经营权。

（三）划拨土地使用权和出让土地使用权

根据土地使用权的取得方式不同，可将国有土地建设用地使用权分为出让土地使用权和划拨土地使用权。通过不同的方式取得的国有土地建设用地使用权，具有不同的性质和不同的权利内容。国家对两种权利的行使，有不同的限制和不同的要求（详见本章第二节）。

三、土地使用权的取得、变更和终止

（一）土地使用权的取得

土地使用权的取得也即土地使用权的设定。在我国现行土地制度下，土地使用权的取得方式因土地使用权的类型而异。

1. 国有土地建设用地使用权的取得方式

目前，我国国有土地建设用地使用权的取得主要有出让和划拨两种方式。划拨也称行政划拨，是中华人民共和国成立以来，国有建设用地使用权取得的主要方式，一直沿用至今。在计划经济体制下，行政划拨是国有土地资源分配的主要方式，无论是国家经济建设，还是地方经济建设，无论是公益性建设项目用地，还是非公益性建设项目用地，都可依法向有批准权的人民政府申请，通过划拨的方式取得建设用地使用权。实践证明，这种土地使用权取得方式，不利于土地资源的合理利用和土地的节约使用，也不利于使用土地的企业在同一起跑线上开展竞争，弊病很多，已不能适应市场经济条件下土地资源分配的要求。党的十一届三中全会以后，适应改革开放的需要，我国对土地使用制度进行了改革，实行了以有偿使用为宗旨的国有土地使用权出让、转让制度。20 世纪 80 年代末，这种新的土地资源分配方式已在我国部分地区实行。1990 年 5 月，国务院发布的《城镇国有土地使用权出让和转让暂行条例》（2020 年修订），正式确立了这种新的土地使用权取得方式，并为其提供了法律依据。随着我国土地使用制度改革的不断深入，土地使用权出让已成为国有土地使用权取得的主要方式，以划拨方式取得土地使用权的范围已被大大缩小，并受到严格限制。目前，划拨方式适用的范围仅限于：（1）国家机关用地和军事用地；（2）城市基础设施用地和公益事业用地；（3）国家重点扶持的能源、交通、水利等基础设施用地；（4）法律、行政法规规定的其他用地。除上述项目用地在确属必要的情况下，可以由有批准权的人民政府依法批准以划拨方式取得使用权外，其他建设用地使用权的取得，均应采取出让方式或法律允许的其他方式。

2. 集体土地建设用地使用权的取得方式

集体土地建设用地使用权取得的主要方式是政府审批。需要使用集体土地进行非农业建设的单位和个人，在符合法定条件的情况下，向人民政府申请，经有关主管部门审核，按照省、自治区、直辖市规定的批准权限，由地方人民政府批准，取得集体建设用地使用权。如兴办乡镇企业和村民建设住宅经依法批准使用本集体经济组织农民集体所有的土地的，或者乡（镇）村公共设施和公益事业建设经依法批准使用农民集体所有的土地。换言之，兴办乡镇企业、村民建设住宅、乡（镇）村公共设施和公益事业建设，才可以使用集体土地，依照此种方式取得土地使用权。此外，农村集体经济组织使用乡（镇）土地利用总体规划确定的建设用地兴办企业或者与其他单位、个人以土地使用权入股、联营等形式共同举办企业的，也可以此种方式取得集体土地使用权。2019 年修改的《土地管理法》删除了建设项目必须使用国有土地的规定，为集体土地使用权入市流转留下了空间。其明确规定，对集体所有的土地中符合规划的工业、商业经营性建设用地使用权，集体土地所有者可以通过出让、出租等方式进入市场，符合规划条件的用地者可以通过出让、出租等方式获得集体建设用地使用权。这是我国集体土地使用制度的重大改革，也是集体建设用地使用权取得方式的改变。

3. 土地承包经营权的取得方式

农村土地承包经营权，是农村土地承包人对其依法承包的土地享有占有、使用、收益和依法处分的权利。土地承包经营权的取得方式主要是签订承包合同。作为土地使用者的承包方与代表土地所有者的发包方，依法签订的土地承包合同生效后，土地承包人便依据承包合同取得了土地承包经营权。目前，土地承包经营权分为两种，即一般土地承包经营权和荒山荒地承包经营权。

以上是国有土地建设用地使用权取得和集体土地建设用地使用权取得的主要方式。其他取得方式，将放在后面的有关章节中介绍。这里值得注意的是，依据《民法典》的规定，设立建设用地使用权的，应当向登记机构申请建设用地使用权登记。建设用地使用权自登记时设立。建设用地使用权设立后，登记机构应当向建设用地使用权人发放权属证书，作为其享有建设用地使用权的法律凭证。

为了严格执行《农村土地承包法》有关土地承包经营权登记的规定，更好地保护土地权利人的合法权益，我国已于 2003 年制定了《农村土地承包经营权证管理办法》；2012 年制定了《农村土地承包经营权登记试点工作规程（试行）》，并于当年进行土地承包经营权登记试点和推进工作。党的十八大以来，党中央将适应农村生产力发展的新要求，稳定和完善适合国情的农村基本经营制度，保护农民的土地权益，作为完善农村土地承包制度的基本出发点，对稳定和完善农村基本经营制度、深化农村土地制度改革提出一系列方针政策。其主要包括：（1）在坚持农村土地集体所有的前提下，促使土地承包权和经营权分离，形成土地所有权、承包权、经营权“三权”分置的格局；（2）允许土地承包经营权入股和发展农业产业化经营，探索承包土地经营权融资担保，让农民获得更多的资金支持。（3）建立土地承包经营权确权登记制度，明确土地承包经营权的归属，保护农民的土地权益不受侵害，从法律上保障农民的土地承包权益。党的十九大报告进一步明确提出：“巩固和完善农村基本经营制度，深化农村土地制度改革，完善承包地‘三权’分置制度。保持土地承包关系稳定并长久不变，第二轮土地承包到期后再延长三十年。”这些政策和措施从根本上为保护农民的土地权益、稳定农村基本经营制度提供了制度保障。

（二）土地使用权的变更

土地使用权的变更是指土地使用权依法设定后，因某种法律事实的出现，而使土地使用权的主体或客体发生变化。

土地使用权变更主要有以下几种情况。

（1）土地使用权转让。依据《城镇国有土地使用权出让和转让暂行条例》，以出让方式取得的土地使用权可以依法转让，包括出售、交换和赠与。这些法律行为的实施，均会导致土地使用权主体的变更。

（2）地上建筑物转让。土地与地上建筑物在物质形态上具有不可分割性。因此，在转让地上物时，要坚持土地使用权和地上建筑物所有权主体一致的原则。《城镇国有土地使用权出让和转让暂行条例》第 24 条第 2 款明确规定：土地使用者转让地上建筑物、其他附着物所有权时，其使用范围内的土地使用权随之转让，但地上建筑物、其他附着物作为动产转让的除外。

地上建筑物转让导致土地使用权主体变更，是土地使用权变更的最主要的原因。

（3）土地承包经营权转让。依据 2003 年施行的《农村土地承包法》（2018 年修正），通过家庭承包取得的土地承包经营权，可以依法互换、转让或者以其他方式流转。土地承包经营权人依法将土地承包经营权转让的，土地承包经营权主体便发生变更。例如，某村民张某因进城经商将自己承包的土地转让给本村的林某耕种，双方就有关事项达成协议，并得到村委会同意，张某对土地享有的承包经营权就转移给了林某，即土地承包经营权主体发生变更。

（4）法人的合并与分立。法人合并与分立是经济活动中的常见现象，土地使用权作为法人财产权的重要内容，在法人财产合并或分割时通常会发生权属变化，导致权利主体的变更。

（5）符合土地利用总体规划并依法取得建设用地使用权的企业，因破产、兼并等情形致使土地使用权依法发生转移的。

此外，现实生活中的房产继承、赠与、投资、共有房产的分割等，都会导致土地使用权的主体变更。

土地使用权客体变更，主要是指作为土地使用权客体的土地所发生的变化，如土地用途的改变，土地面积的增、减等。凡是土地使用权客体发生变更的，权利人都应持有关证据材料到不动产登记机构依法进行变更登记。否则，土地使用权客体的现状会与不动产登记机构的登记簿记载的情况不符，影响将来土地使用权的流转和交易安全。

（三）土地使用权的终止

土地使用权终止，是指土地使用权依法设定后，因某种法律事实的出现，土地使用权消灭。土地使用权终止意味着土地所有者和土地使用者之间的权利义务关系不再存在。土地使用权终止主要有以下几种情况。

（1）土地使用权年限届满。凡在土地使用权取得时就约定有明确期限的建设用地使用权，在期限届满时，权利人未提出续期申请，或续期申请未被批准的，土地使用权即告终止。该土地上的房屋及其他不动产的归属，有约定的，按照约定处理；没有约定或者约定不明确的，依照法律、行政法规的规定办理。但有例外，根据《民法典》的规定，住宅建设用地使用权期限届满的，自动续期。

（2）土地使用权收回。土地使用权收回主要适用于使用国有土地的情况。根据《城镇国有土地使用权出让和转让暂行条例》，国家对土地使用者依法取得的土地使用权不提前收回。但在特殊情况下，根据社会公共利益的需要，国家可以依照法律程序提前收回。此种情况下，土地使用权人有权要求对该土地上的房屋及其他不动产给予补偿，并退还相应的出让金。

对于划拨土地使用权，市、县人民政府根据城市建设发展需要和城市规划的要求，可以无偿收回，并可依照《城镇国有土地使用权出让和转让暂行条例》予以出让。此外，以划拨方式取得土地使用权的土地使用者，因迁移、解散、撤销、破产或者其他原因而停止使用土地的，市、县人民政府应当无偿收回土地使用权。为了合理利用土地资源，减少土地资源的浪费，在土地使用停止时，及时收回土地使用权是完全必要的。

（3）土地灭失。土地灭失是指因自然原因而造成的土地使用权的客体消灭。如河流改道、山体滑坡、地震等，都可能使土地使用权人对土地失控或无法利用。从这个意义上讲，可视其为土地灭失。作为土地使用权客体的土地灭失了，土地使用权也即随之终止。

依照《民法典》和《土地管理法》的有关规定，建设用地使用权消灭的，出让人应当及时办理注销登记。登记机构应当收回不动产权属证书。

第二节　划拨土地使用权

一、划拨土地使用权的概念和特征

划拨土地使用权即通过行政划拨的方式取得的土地使用权。“划拨”是指县级以上人民政府批准，在土地使用者缴纳补偿、安置等费用后将该幅土地交付其使用，或者将土地使用权无偿交付给土地使用者的行为。

土地使用者通过划拨方式取得的土地使用权，即划拨土地使用权，其具有以下几个主要特征。

（1）没有明确的期限。通过划拨方式取得的土地使用权，除法律、行政法规另有规定以外，没有使用期限的限制。

（2）无须支付土地使用权出让金。通过划拨方式取得土地使用权，虽然土地使用者要缴纳补偿、安置等费用，但不必向国家支付地租性质的费用。

（3）不能转让、出租和抵押。通过划拨方式取得的土地使用权，除符合法律规定的条件以外，不得转让、出租和抵押。所谓法律规定的条件，主要是指《城市房地产管理法》规定的条件，即首先，要经市、县人民政府土地管理部门和房产管理部门批准。其次，要与土地管理部门签订土地使用权出让合同，向当地市、县人民政府补交土地使用权出让金，或者以转让、出租、抵押所获收益抵交土地使用权出让金。不具备这两个基本条件的，土地使用权不得转让、出租和抵押。例如，2005 年 7 月，某市 A 单位由于机构精简，有一幢行政办公楼空闲出来。行政楼占地属于划拨用地。A 单位于当年 10 月将该幢办公楼出租给 B 公司经营宾馆，并签订了“房屋租赁协议”。该市国土资源局执法监察支队立案查明，出租的办公楼原土地使用权证登记的用途为机关用地，A 单位与 B 公司的租赁协议一直未得到土地管理部门同意，也未向土地管理部门缴纳年租金。①

我国《城市房地产管理法》第 56 条规定，以营利为目的，房屋所有权人将以划拨方式取得使用权的国有土地上建成的房屋出租的，应将租金中所含的土地收益上缴国家。《城镇国有土地使用权出让和转让暂行条例》第 44 条规定，划拨土地使用权，除本条例第 45 条规定的情况外，不得转让、出租、抵押。第 45 条规定，符合下列条件的，经市、县人民政府土地管理部门和房产管理部门批准，其划拨土地使用权和地上建筑物，其他附着物所有权可以转让、出租、抵押：（1）土地使用者为公司、企业、其他经济组织和个人；（2）领有国有土地使用证；（3）具有地上建筑物、其他附着物合法的产权证明；（4）依照本条例第二章的规定签订土地使用权出让合同，向当地市、县人民政府补交土地使用权出让金或者以转让、出租、抵押所获收益抵交土地使用权出让金。可见，划拨土地使用权出租的前提是出租行为得到土地管理部门批准，并向当地市、县人民政府补交土地使用权出让金或者以转让、出租、抵押所获收益抵交土地使用权出让金。

在上述案例中，A 单位将行政办公楼出租给 B 公司的行为，既未经该市国土资源局批准，也未将租金中所含的土地收益上缴国家，属于擅自将划拨土地使用权连同土地上建筑物出租的行为，违反了我国《城市房地产管理法》和《城镇国有土地使用权出让和转让暂行条例》。因此，A 单位的行为构成了非法出租划拨土地使用权。根据《城镇国有土地使用权出让和转让暂行条例》第 46 条，应对其作出“没收其非法收入，并根据情节处以罚款”的行政处罚。

二、划拨土地使用权取得的适用范围

通过划拨方式取得土地使用权，是国家为了支持或照顾某些公益性事业或特殊行业的发展，而对其建设用地采用的特殊的供地方式。因此，《土地管理法》对划拨土地使用权取得适用的范围作了明确的规定。

（1）国家机关用地。国家机关用地包括国家权力机关用地、国家行政机关用地、国家司法机关用地和国家军事机关用地。

（2）军事用地。军事用地主要指军事设施用地，包括：指挥机关、指挥工程、作战工程用地，军用机场、港口、码头、营区、训练场、试验场用地，军事洞库、仓库用地，军事通信、侦察、导航、观测台站和导航标志用地，军用公路、铁路专用线、军用通信线路用地，其他军事设施用地。

---

① 参见李炜主编：《国土资源新政解读与实务问答》，99 页，北京，地质出版社，2007。

（3）国家重点扶持的能源、交通、水利等项目用地。这主要是指中央投资、中央和地方共同投资，以及国家采取各种优惠政策重点扶持的煤炭、石油、天然气、电力等能源项目用地；铁路、公路、港口、机场等交通项目用地；水库、防洪、江河治理等水利项目用地。

（4）公益事业用地。其包括各类学校、医院、体育场馆、文化馆、图书馆、幼儿园、托儿所、敬老院、防疫站等文体、卫生、教育、福利事业用地。

（5）城市基础设施用地。其包括城市给水、排水、污水处理、供电、通信、煤气、热力、道路、市内公共交通、园林绿化、环保、消防、路标、路灯等设施用地。

（6）法律、行政法规明确规定可以采用划拨方式供地的其他建设项目用地。

在上述范围内，政府认为应当予以扶持，并给予政策上优惠的建设项目用地，经过批准，可以采用划拨方式取得土地使用权。但以划拨方式取得土地使用权应严格限定在国家法律明确规定的范围内。为了推进土地资源的市场化配置，2004 年 10 月 21 日发布的国务院《关于深化改革严格土地管理的决定》中明确要求："严格控制划拨用地范围，经营性基础设施用地要逐步实行有偿使用。运用价格机制抑制多占、滥占和浪费土地。除按现行规定必须实行招标、拍卖、挂牌出让的用地外，工业用地也要创造条件逐步实行招标、拍卖、挂牌出让。经依法批准利用原有划拨土地进行经营性开发建设的，应当按照市场价补缴土地出让金。经依法批准转让原划拨土地使用权的，应当在土地有形市场公开交易，按照市场价补缴土地出让金……"随着我国市场经济的发展和土地有偿使用制度的推进，划拨土地使用权取得方式适用的范围正在逐步缩小，现有的划拨用地也将随着其使用性质的变化而逐步纳入有偿使用的范围。2020 年颁布的《民法典》规定国家实行自然资源有偿使用制度，但是法律另有规定的除外。同时，其在第 347 条中明确规定，"严格限制以划拨方式设立建设用地使用权"。

三、划拨土地使用权取得的程序

依据《土地管理法》的相关规定，除乡（镇）村建设经依法批准使用本集体经济组织农民集体所有的土地外，任何单位和个人进行建设需要使用土地的，都必须依法申请使用国有土地。土地使用者申请使用的国有土地包括国家所有的土地和国家征收的原属于农民集体所有的土地。在现阶段，土地使用者申请使用国有土地的，以后者为多。因此，划拨土地使用权取得的程序与国家征收土地的程序基本相同，大体上由以下几个步骤构成。

（1）用地单位提交用地申请。经批准的建设项目，需要使用国有土地的，建设单位应当持法律、法规规定的有关文件，向有批准权的县级以上人民政府土地行政主管部门提出建设用地申请。

（2）土地行政主管部门审查和报批。县级以上人民政府土地管理部门对建设用地申请进行审查后，便划定用地范围，并组织建设单位与被征地单位及有关单位，依法商定征用土地的补偿、安置方案。然后，依照《土地管理法》规定的审批权限报有批准权的人民政府批准。

建设项目占用土地需要征用农地的，还应依照《土地管理法》第 44 条的规定办理农用地转用审批手续。其中，经国务院批准农用地转用的，同时办理征地审批手续，不再另行办理征地审批；经省、自治区、直辖市人民政府在征地批准权限内批准农用地转用的，也同时办理征地审批手续，不再另行办理征地审批。

（3）土地划拨。建设用地申请及土地补偿安置方案，经有批准权的人民政府依法批准后，向建设单位颁发建设用地批准书，土地管理机关根据建设用地批准文件和建设进度，一次或分期划拨建设用地，并督促被征地单位和建设单位按时移交土地，尽快落实土地补偿、安置方案。

（4）核发不动产权属证书。建设项目竣工后，建设项目主管部门组织有关部门验收时，县级以上人民政府土地管理部门要到现场核查实际用地情况，经核查无误后，用地单位应到不动产登记机构办理不动产登记，确认土地使用权。

四、划拨土地使用权的行使

土地使用者依法取得划拨土地使用权之后，便在法律规定的范围内对划拨的土地享有占有、使用和收益的权利。其权利的行使受国家法律的保护。但土地使用者在行使权利时，也必须遵守国家法律、法规的有关规定。划拨用地使用权一般都属于建设用地使用权。现实社会生活中，建设用地使用权也常作为交易对象进入二级市场。建设用地使用权交易的形式包括转让、出租、抵押、出资以及资产处置、法人或其他组织合并或分立等，均会涉及建设用地使用权的转移。改革开放以来，通过大力推行国有建设用地有偿使用制度，我国基本形成了以政府供应为主的土地一级市场和以市场主体之间转让、出租、抵押为主的土地二级市场，对建立和完善社会主义市场经济体制、促进土地资源的优化配置和节约集约利用、加快工业化和城镇化进程起到了重要作用。随着经济社会发展，土地二级市场运行发展中存在的一些问题仍需解决，如交易信息不对称、交易平台不规范、政府服务和监管不到位等问题，导致交易不规范，国有土地收益流失，存量土地资源配置效率较低，难以满足经济发展的需要。为完善建设用地使用权转让、出租、抵押二级市场，国务院办公厅发布《关于完善建设用地使用权转让、出租、抵押二级市场的指导意见》（国办发〔2019〕34 号，以下简称《指导意见》）再次强调加强对建设用地使用权二级市场的监管，进一步明确了划拨土地使用权行使的要求。

（1）土地使用权人不得擅自改变土地用途。划拨土地使用权取得方式的适用有明确的范围。人民政府在批准土地划拨时，确定了明确的用途，这种确定的用途很可能就是划拨得以批准的条件。因此，土地使用权人在使用土地过程中不得随意改变土地用途，因特殊情况确需改变土地用途的，应得到人民政府批准，并要依法办理土地用途变更登记手续。

（2）土地使用权人在行使权利时，如遇社会公共利益需要，有义务服从人民政府收回土地使用权的决定。《土地管理法》第 58 条明确规定，有下列情形之一的，由有关人民政府自然资源主管部门报经原批准用地的人民政府或者有批准权的人民政府批准，可以收回国有土地使用权：1）为实施城市规划进行旧城区改建以及其他公共利益需要，确需使用土地的；2）土地出让等有偿使用合同约定的使用期限届满，土地使用者未申请续期或者申请续期未获批准的；3）因单位撤销、迁移等原因，停止使用原划拨的国有土地的；4）公路、铁路、机场、矿场等经核准报废的。在上述情况下，土地使用权人有义务服从人民政府收回土地使用权的决定。

（3）划拨土地使用权的转让必须遵守有关法律、法规的规定。就划拨土地使用权的性质来讲，权利人对其享有的土地使用权没有处分权。但在人多地少、土地供求矛盾日益尖锐的今天，客观上要求划拨土地使用权能够流转，房地产市场发展本身也要求划拨土地使用权流转。为了充分合理地利用宝贵的土地资源，国家法律允许划拨土地使用权转让、出租和抵押，但同时也规定了严格的条件。

《城镇国有土地使用权出让和转让暂行条例》第 45 条规定，划拨土地使用权转让、出租和抵押要经市、县人民政府土地管理部门和房产管理部门批准，其条件是：（1）土地使用者为公司、企业、其他经济组织和个人；（2）领有国有土地使用证；（3）具有地上建筑物、其他附着物合法的产权证明；（4）依照有关规定签订土地使用权出让合同，向当地市、县人民政府补交土地使用权出让金或者以转让、出租、抵押所获收益抵交土地使用权出让金。

《城市房地产管理法》对划拨土地使用权转让的方式和条件又作了进一步的规定，即“以划拨方式取得土地使用权的，转让房地产时，应当按照国务院规定，报有批准权的人民政府审批。有批准权的人民政府准予转让的，应当由受让方办理土地使用权出让手续，并依照国家有关规定缴纳土地使用权出让金”。“转让房地产报批时，有批准权的人民政府按照国务院规定决定可以不办理土地使用权出让手续的，转让方应当按照国务院规定将转让房地产所获收益中的土地收益上缴国家或者作其他处理。”土地使用者无论以何种方式转让划拨土地使用权，都应遵守上述规定。

划拨土地使用权的取得必须符合法定条件，划拨土地使用权转让也有法定要求，只有按照法定要求和程序进行的划拨土地使用权转让，才是合法的转让，才能受到法律的保护。

总之，划拨土地使用权在我国目前条件下，还是一种重要的权利类型，并具有明显的特点。尽管我国的经济管理体制已由计划经济向市场经济过渡，我国的土地资源也由无偿无限期使用变为有偿有限期使用，并明确限定了划拨方式适用的范围；但在现阶段，“划拨”方式的存在有其客观必要性，划拨土地使用权作为“划拨”这种土地资源分配方式的产物，也会长期存在。鉴于划拨土地使用权的弊端及局限性，从长远考虑，应尽可能地缩小划拨土地使用权取得适用的范围。除确属必要者外，应一律采用出让方式供地，并尽快将存量土地中的经营性用地纳入有偿使用轨道，以争取早日实现我国土地使用制度改革的目标。

现实社会生活中，以划拨方式取得的建设用地使用权也常作为交易对象进入二级市场。各种形式的转让、出租、抵押、出资以及资产处置、法人或其他组织合并或分立等，均会涉及建设用地使用权转移。改革开放以来，通过大力推行国有建设用地有偿使用制度，我国基本形成了以政府供应为主的土地一级市场和以市场主体之间转让、出租、抵押为主的土地二级市场，对于建立和完善社会主义市场经济体制、促进土地资源的优化配置和节约集约利用、加快工业化和城镇化进程起到了重要作用。

第三节　出让土地使用权

一、出让土地使用权的概念和特征

出让土地使用权，是指土地使用者通过出让的方式取得的土地使用权。出让土地使用权是 20 世纪 80 年代末 90 年代初，随着我国改革开放政策的实施和土地使用制度改革的深入而出现的一种新的权利类型，它的出现标志着我国土地有偿使用制度的确立和土地供给制度的根本转变。土地使用权出让，是指国家将国有土地使用权（以下简称“土地使用权”）在一定年限内出让给土地使用者，由土地使用者向国家支付土地使用权出让金的行为。其法律特征主要表现在以下几个方面。

（1）土地使用权出让法律关系中的出让方是特定的，它只能是国有土地的所有者——国家。在实践中，土地使用权的出让权由国家授权地方人民政府土地管理部门来代表其行使。除国家或其代表部门以外，任何单位和个人都不能作为出让方出让土地使用权。

受让方主体是不特定的，中华人民共和国境内、外的公司、企业、其他经济组织和个人，除法律另有规定者以外，均可作为受让方通过有偿出让的方式取得土地使用权。

（2）土地使用权出让由人民政府负责，有计划有步骤地进行。出让土地的位置、用途、年限和其他条件，由人民政府土地管理部门会同城市规划部门、房产管理部门共同拟订方案，经有批准权的人民政府批准后，由土地管理部门实施。

（3）土地使用权出让不包括地下资源、埋藏物和市政公共设施，受让方不得以享有土地使用权为由而主张地下资源、埋藏物和市政公共设施的权利。

（4）土地使用权出让属于要式法律行为，土地使用权出让方和受让方应依法签订土地使用权出让合同，并在受让方支付全部土地使用权出让金后，按规定进行登记，领取国有土地使用证。

通过出让方式取得的土地使用权即出让土地使用权，与划拨土地使用权相比，其法律特征如下。

（1）有偿取得。通过出让方式取得的土地使用权，土地使用者要依法与代表国家的土地管理部门签订土地使用权出让合同，并按合同的约定向国家支付土地使用权出让金，这是出让土地使用权取得与划拨土地使用权取得的主要区别。

（2）有明确的期限。与划拨土地使用权不同，出让土地使用权具有明确的期限。权利人享有土地使用权的起止时间，在出让合同中均有明确的约定。土地使用权出让合同约定的期限届满，土地使用权即终止。

（3）具有可交易性。出让土地使用权包括对土地占有、使用、收益和对使用权的处分四项权能，在合同约定的期限内，土地使用权人可以将其享有的土地使用权转让、出租和抵押。

二、国有土地使用权出让的原则

实行国有土地使用权出让，是我国土地使用制度的一项重大改革，它既关系到我国房地产业的发展和土地市场的培育，又关系到国有土地资源的合理分配，具有很强的政策性、理论性和技术性。因此，土地使用权出让必须遵循一些基本的法律原则，依据《城镇国有土地使用权出让和转让暂行条例》和《城市房地产管理法》，我国国有土地使用权出让的基本原则主要有以下几项。

（一）国家主权原则

依据《城镇国有土地使用权出让和转让暂行条例》，境外的公司、企业、其他组织和个人，除法律另有规定者以外，也可以依照有关规定取得土地使用权，进行土地开发、利用和经营。对于境外的受让者，在出让土地使用权时，一般都应遵守如下规定：（1）开发区域的行政管理、司法管理、口岸管理、海关管理等，分别由国家有关主管部门组织实施。（2）作为受让方的土地使用者受中国法律的管辖，其一切活动均应遵守我国的法律、法规，并不得损害社会公共利益。（3）外商投资成片开发土地的，开发企业依法自主经营管理，但在其开发区内没有行政管理权。（4）土地使用权的出让年限、区位、用途、数量以及出让金的标准均由出让方来确定，并严格按合同执行。

（二）政府垄断原则

土地使用权出让既是国家依法行使土地所有权的行为，又是国家行使土地管理权，对土地资源的使用进行分配的方式。土地使用权出让的最终目标是在满足土地一级市场需求的同时实现土地资源的最佳配置，创造最好的社会效益、经济效益和生态效益。因此，国有土地使用权出让必须由政府垄断。修改后的我国《城市房地产管理法》第 9 条规定，“城市规划区内的集体所有的土地，经依法征收转为国有土地后，该幅国有土地的使用权方可有偿出让，但法律另有规定的除外”。只有坚持政府垄断原则，才能保证最终目标的实现，才能有效地控制土地供应量，进而有效地调整二级市场，防止国有土地收益的流失。多年的实践证明，在土地使用权出让中，坚持政府垄断一级市场的原则是完全正确的。即使法律允许集体土地建设用地使用权流转，在城市规划区内的土地出让由政府垄断也是十分必要的。

（三）合理利用土地原则

国有土地使用权出让，是国家分配土地资源的一种重要的方式，也是保证土地资源合理利用的一个重要的方面。因此，土地使用权的出让必须坚持合理利用土地资源的原则。《城镇国有土地使用权出让和转让暂行条例》明确规定：“土地使用权的出让，由市、县人民政府负责，有计划、有步骤地进行。”“土地使用权出让的地块、用途、年限和其他条件，由市、县人民政府土地管理部门会同城市规划和建设管理部门、房产管理部门共同拟定方案，按照国务院规定的批准权限报经批准后，由土地管理部门实施。”另外，对于土地使用权出让后未按合同规定的期限和条件开发、利用土地的，市、县土地管理部门可以根据情节给予警告、罚款，直至无偿收回土地使用权的处罚。这些法律规定，是合理利用土地原则的具体体现。

（四）先规划后出让原则

国有土地使用权出让是土地资源使用分配的方式，也是土地利用规划和城乡建设规划实施的过程。土地使用权出让的规划条件，直接影响着土地利用规划和城乡建设规划的实施。

因此，必须坚持先规划后出让的原则。《城乡规划法》第 38 条明确规定，在城市、镇规划区内以出让方式提供国有土地使用权的，在国有土地使用权出让前，城市、县人民政府城乡规划主管部门应当依据控制性详细规划，提出出让地块的位置、使用性质、开发强度等规划条件，作为国有土地使用权出让合同的组成部分。未确定规划条件的地块，不得出让国有土地使用权。以出让方式取得国有土地使用权的建设项目，在签订国有土地使用权出让合同后，建设单位应当持建设项目的批准、核准、备案文件和国有土地使用权出让合同，向城市、县人民政府城乡规划主管部门领取建设用地规划许可证。城市、县人民政府城乡规划主管部门不得在建设用地规划许可证中，擅自改变作为国有土地使用权出让合同组成部分的规划条件。

（五）自愿、公平、等价有偿和诚实信用原则

在具体的土地使用权出让法律关系中，国家作为土地所有权人与受让方、土地使用者之间的关系，是一种平等主体之间的民事关系，必须遵循民事法律的一般原则，即自愿、公平、等价有偿、诚实信用。只有这样才能真正地维护出让、受让双方的合法权益，保证出让合同约定的各项权利和义务得到全面履行。

三、国有土地使用权出让的方式

国有土地使用权出让的方式，对土地使用者而言也即出让取得国有土地建设用地使用权的方式。依据《城镇国有土地使用权出让和转让暂行条例》《城市房地产管理法》及其他有关法规的规定，目前我国城镇国有土地使用权出让主要有协议、招标、拍卖和挂牌四种方式。各种出让方式的具体操作程序，由省、自治区、直辖市人民政府规定。

（一）协议出让

1. 协议方式

协议方式出让国有土地使用权，是指国家以非公开竞争的方式，将国有土地使用权在一定年限内出让给土地使用者，由土地使用者向国家支付土地使用权出让金的行为。在协议出让土地使用权的法律关系中，出让方是代表国家的人民政府自然资源主管部门，受让方应是符合法定条件的意向用地者，其可以是单位，也可以是公民个人。

2. 协议方式适用的范围

《招标拍卖挂牌出让国有建设用地使用权规定》第4条规定，工业、商业、旅游、娱乐和商品住宅等经营性用地以及同一宗地有两个以上意向用地者的，应当以招标、拍卖或者挂牌方式出让。协议出让主要适用于依有关行政法规、规章的规定应采用招标、拍卖或者挂牌方式出让之外的非经营性用地的出让。同一块地只有一个意向用地者的，市、县人民政府自然资源主管部门可采取协议方式出让土地使用权。换言之，同一块地有两个或两个以上意向用地者的，应采取招标、拍卖或者挂牌方式出让土地使用权。

协议出让国有土地使用权是有偿使用土地的形式之一，但由于不能引入竞争机制，市场在土地资源配置中的基础作用难以得到最大限度的发挥，所以，此种供地方式的适用应严格限定在有关法律、法规允许的范围。

3. 协议出让国有土地使用权的价格

由于协议出让土地使用权不能引入市场竞争机制，出让程序透明度较低，容易受到人为因素的影响，各地在出让土地使用权时，为了招商引资、争上项目，通常低价出让国有土地使用权，致使国有土地资产流失。为了规范协议出让土地使用权的定价行为，国务院《关于加强国有土地资产管理的通知》中明确要求，采用协议方式供地的，必须在地价评估的基础上，集体审核确定协议出让价格，并将协议的结果向社会公开。2003年6月11日国土资源部发布的《协议出让国有土地使用权规定》进一步明确，以协议方式出让国有土地使用权的出让金不得低于按国家规定所确定的最低价。协议出让国有土地使用权最低价（以下简称“协议出让最低价”），是指上级人民政府为了宏观调控土地市场，防止低价协议出让国有土地使用权而实施的出让金最低控制标准。协议出让最低价根据商业、住宅、工业等不同土地用途和土地级别的基准地价的一定比例确定，具体适用比例由省、自治区、直辖市确定。确定协议出让最低价应当综合考虑征地拆迁费用、土地开发费用、银行利息及土地纯收益等基本因素。协议出让最低价不得低于新增建设用地土地有偿使用费、征地（拆迁）补偿费用以及按照国家规定应当缴纳的有关税费之和。有基准价的地区，协议出让最低价不得低于出让地块所在级别基准地价的70%。低于最低价时国有土地使用权不得出让。具体地块的出让底价，由市、县人民政府自然资源行政管理部门根据国家产业政策和拟出让地块的具体情况，按有关规定进行地价评估，最后由市、县人民政府自然资源行政主管部门集体决策、合理确定，协议出让底价不得低于协议出让最低价。

协议出让土地使用权底价经有批准权的人民政府批准后，才可以作为出让方与意向用地者协商的基础，在协商议定的出让价格不低于出让底价的情况下，出让方才能与意向用地者签订国有土地使用权出让合同。

4. 协议出让国有土地使用权的程序

（1）公布出让计划。

协议出让土地使用权，首先要由市、县人民政府自然资源主管部门根据社会经济发展计划、国家产业政策、土地利用总体规划、城市规划和土地市场状况，制订国有土地使用权出让计划，经报同级人民政府批准后，在当地指定场所或者通过报纸、互联网等媒介向社会公布。国有土地使用权出让计划应当包括年度土地供应总量、不同用途土地供应面积、地段及供地时间等内容。

（2）用地者申请。

国有土地使用权出让计划公布后，需要使用土地的单位或个人在公布的时间内，向市、县人民政府自然资源行政主管部门提出意向用地申请。

（3）制定出让方案。

市、县自然资源行政主管部门对于符合协议出让条件的申请者，要会同城市规划等有关部门，根据国有土地使用权出让计划、城市规划和意向用地者申请的用地项目类型、规模等制定协议出让土地使用权方案。该方案应包括拟出让地块的具体位置、界址、用途、面积、年限、土地使用条件、规划设计条件以及供地时间等。

（4）确定土地使用权出让金。

出让方根据国家产业政策和拟出让地块的情况，按照有关规定，对拟出让地块的土地使用权出让金进行评估，合理确定出让底价，并将其与出让土地方案报有批准权的人民政府批准。经过批准的出让底价是出让方与受让方协商议定土地使用权出让价格的基础，双方应在此基础上协商确定土地使用权出让金的具体数额。

（5）签订国有土地使用权出让合同。

出让方与受让方经过充分协商达成协议后，签订国有土地使用权出让合同。市、县人民政府自然资源管理部门要在签订合同后 7 日内，将协议出让结果在指定场所或通过报纸、互联网等媒介向社会公布，接受社会监督。

（6）交付出让金。

在公布的出让结果没有人提出异议或提出异议不成立的情况下，受让方依照国有土地使用权出让合同的约定，付清土地使用权出让金，依法办理土地登记手续，取得国有土地使用权。

（二）招标出让

招标出让国有土地使用权，是指市、县人民政府土地行政主管部门（以下简称“出让方”）发布招标公告，邀请特定或不特定的公民、法人和其他经济组织参加国有土地使用权投标，根据投标结果确定土地使用者的行为。土地使用权招标出让的主要特征表现为：（1）作为国有土地使用权出让主体的招标方，仅限于市、县级人民政府自然资源行政主管部门。（2）为了保护经营者（用地者）的合法权益，土地使用权的招、投标严格依照法定程序进行。（3）为了实现土地资源的优化配置，提高土地使用效益，招、投标方式对中标人的确定，并非绝对遵循价高者得的原则。投标人能否中标主要取决于投标文件能否最大限度地满足招标文件中规定的各项综合评价标准，或者能否满足招标文件的实质性要求。此乃其与拍卖出让的主要区别。

投标、开标的具体程序一般包括以下步骤。

（1）投标人在投标截止时间前将标书投入标箱。招标公告允许以邮寄的方式投标的，投标人可以邮寄但以招标方在投标截止时间前收到的为有效。

（2）招标方按照招标公告确定的时间、地点开标，邀请所有投标人参加。当众开启标箱，宣布投标人名称、投标价格和投标文件的主要内容，投标人少于 3 人的，招标方应重新招标。

（3）由出让方代表、有关专家组成 5 人以上的单数评标小组进行择标。评标小组应当按照招标文件确定的评标标准和方法，对投标文件进行评审。

（4）招标方根据评标结果确定中标人。确定中标人考虑的主要因素包括满足招标文件中规定的各项综合评价标准的程度、满足招标文件实质性要求的程度以及投标价格的高低等。

中标人确定后，出让方应与中标人签订成交确认书，中标人按照确认书约定的时间与出让方签订国有土地使用权出让合同，并依出让合同付清土地使用权出让金，然后依法办理土地登记，领取国有土地使用权证书。

（三）拍卖出让

国有土地使用权拍卖，是指出让人发布拍卖公告，由竞买人在指定时间、地点进行公开竞价，根据出价结果确定土地使用者的行为。这种出让方式有效地引入了市场竞争机制，排除了主观因素的干扰，更充分地体现了公开、公平、公正的市场交易原则。大量事实表明，规范的土地使用权拍卖，是实现土地资源优化配置及效益最大化的重要途径。

拍卖方式的主要程序如下。

1. 发布拍卖公告

自然资源管理部门于拍卖前在当地主要新闻媒体上刊载拍卖公告，将拍卖的时间、地点和拍卖地块的具体位置、面积、用途、规划要求以及拍卖的相关信息向社会公开。

2. 资格审查

竞买人（意向用地者）在拍卖公告确定的时间内，向自然资源管理部门提供相关证明文件，经审查符合竞买人要求的，获得入场证及应价号牌，同时按要求交纳竞买保证金。

3. 组织拍卖会

拍卖会的程序主要包括：（1）主持人点算竞买人；（2）主持人介绍拍卖土地的基本情况和其他有关事项；（3）主持人宣布起叫价、增价规则及增价幅度；（4）主持人报出起叫价；（5）竞买人举牌应价或者报价；（6）主持人确认该应价后继续竞价；（7）主持人连续 3 次宣布同一应价而没有再应价者时，落槌表示拍卖成交；（8）主持人宣告最高应价者为竞得人。

4. 签约登记

经过拍卖会成交后，被宣布为竞得人的竞买者应当场签订成交确认书，然后按照成交确认书约定的时间与出让人签订国有土地使用权出让合同，并按合同约定付清土地使用权出让金，办理土地登记手续，领取国有土地使用权证书。

（四）挂牌出让

挂牌出让国有土地使用权是指出让人发布挂牌公告，按公告的期限将拟出让宗地的交易条件在指定的土地交易场所挂牌公布，接受竞买人的报价申请，并更新挂牌价格，根据挂牌期限截止时的出价结果确定土地使用者的行为。挂牌出让的主要特点是公开、透明、简便易行、交易成本较低，主要适用于那些地块小、起价低、参加竞买者较少的土地使用权的出让。

挂牌出让的程序大体如下：（1）发布挂牌出让的公告；（2）在挂牌公告规定的起始日，出让人将挂牌宗地的位置、面积、用途、使用年限、规划要求、起始价、增价规则以及增价幅度等信息，在挂牌公告规定的土地交易场所挂牌公布；（3）符合条件的竞买人填写报价单报价；（4）出让人确定报价后，更新显示挂牌价格；（5）出让人继续接受新的报价；（6）出让人在挂牌公告规定的挂牌截止时间确定竞得人。

挂牌出让国有土地使用权时，挂牌的时间不得少于10个工作日。挂牌期限届满时，按下列规则决定结果：（1）在挂牌期限内只有1个竞买人报价，且报价不低于底价并符合其他条件的，挂牌成交。（2）在挂牌期限内有两个或两个以上竞买人报价的，出价最高者为竞得人；报价相同的，先提交报价单者为竞得人，但报价低于底价者除外。（3）在报价期限内无应价者或者竞买人的报价均低于底价或均不符合其他条件的，挂牌不成交。

挂牌出让成交后，竞得人要与出让人签订成交确认书，挂牌出让活动结束后，出让人应在10个工作日内将挂牌出让结果在指定的场所、媒介公布。受让人依照国有土地使用权出让合同的约定，付清全部国有土地使用权出让金。

几种土地使用权出让方式各有利弊。协议方式简便易行，程序简单，但不能引入竞争机制，不利于土地使用者公平竞争；招标、拍卖方式透明度高，能够引入市场竞争机制，为意向土地使用者提供了平等竞争的机会，并有利于维护国家利益，但程序比较复杂，工作量比较大，且需要有相应的市场条件。所以，在实践中，各地方政府过多地采用了协议方式，导致土地使用权出让金普遍偏低，损害了国家利益。《城市房地产管理法》进一步明确了三种出让方式适用的范围。该法第13条第2款规定："商业、旅游、娱乐和豪华住宅用地，有条件的，必须采取拍卖、招标方式；没有条件，不能采取拍卖、招标方式的，可以采取双方协议的方式。"同时该条第3款还规定："采取双方协议方式出让土地使用权的出让金不得低于按国家规定所确定的最低价。"依据《招标拍卖挂牌出让国有建设用地使用权规定》第4条，工业、商业、旅游、娱乐和商品住宅等经营性用地以及同一宗地有两个以上意向用地者的，应当以招标、拍卖或者挂牌方式出让。协议出让主要适用于依据有关行政法规、规章的规定应采用招标、拍卖或者挂牌方式出让之外的非经营性用地的出让。协议出让国有土地使用权是有偿使用土地的形式之一，但由于不能引入竞争机制，市场在土地资源配置中的基础作用难以得到充分发挥，故而，此种供地方式的适用应严格限定在有关法律、法规允许的范围之内。《民法典》第347条第2款明确规定，工业、商业、旅游、娱乐和商品住宅等经营性用地以及同一土地有两个以上意向用地者的，应当采取招标、拍卖等公开竞价的方式出让。

需要注意的是，无论以何种方式出让国有土地使用权，出让的期限都应在法律规定的年限内确定。我国《城镇国有土地使用权出让和转让暂行条例》第12条规定的土地使用权出让年限是：居住用地70年；工业用地50年；教育、科技、文化、卫生、体育用地50年；商业、旅游、娱乐用地40年；综合或者其他用地50年。此乃土地使用权出让期限的最高年限。在具体的土地使用权出让中，人民政府应根据具体情况和国家的产业政策，在法定最高年限之内确定土地使用权出让的具体期限，超出法定最高年限出让土地使用权的，超出法定年限的期限无效。

通过出让方式设立建设用地使用权的，当事人应当采取书面形式订立建设用地使用权出让合同。实践中，通常是使用政府提供的规范合同文本。合同订立后当事人还应持有关材料向当地的不动产登记机构申请登记，不动产登记机构向建设用地使用权人颁发不动产权属证书。建设用地使用权自不动产登记时设立。

（五）先出租后出让

实践中，不少地方存在现行供地机制与工业用地尤其是招商引资不匹配、好项目难以通过“招拍挂”取得用地、中小微企业项目用地难、厂房市场“二房东”抬高成本等问题。2020年3月，中共中央、国务院印发《关于构建更加完善的要素市场化配置体制机制的意见》，明确要求进一步深化产业用地市场化配置改革，健全工业用地市场供应体系。2022年11月自然资源部发布《关于完善工业用地供应政策支持实体经济发展的通知》，明确提出健全工业用地长期租赁、先租后让、弹性年期出让等供应体系，支持工业企业选择适宜的用地方式。其中比较具有创新性的是以“先租后让”方式配置土地。

“先租后让”是指供地方供地时设定一定期限的租赁期，按照公开程序确定国有建设用地使用权人，先以租赁方式提供用地，承租方投资产业用地项目达到约定条件后再转为出让的供应方式。这该种供地方式能够切实降低工业企业初始用地成本，提高企业资金利用率，同时健全了土地要素市场化配置体系。

“先租后让”配置土地的方式具有以下特点：

(1) 以“先租后让”方式供应的主要是工业用地，租赁年期一般不超过5年，出让年期与租赁年期之和一般不超过20年，可满足各类用地年限差异化需求，企业通过约定考核后才能取得后续出让土地使用权，享有出让国有建设用地使用权权能。

(2) 采取先租后让方式供地的，租赁和出让一并进行招标拍卖挂牌。由市、县自然资源主管部门明晰租赁期限、租赁转出让的条件，以及租赁阶段解除合同时地上建筑物和其他附着物的补偿标准，一并向社会公告。参照招标拍卖挂牌出让程序确定竞得人，签订国有建设用地租赁合同。租赁期届满符合转“出让”条件后，与土地使用者直接签订国有建设用地使用权出让合同。

(3) 以先租后让方式供应的，租赁期内承租的国有建设用地使用权在完成开发建设前不得转让、转租、抵押。租赁转出让后，土地使用者才享有出让国有建设用地使用权。

(4) 已取得国有建设用地使用权的土地，在符合规划、不改变用途的前提下，提高土地利用率和增加容积率的，不再增收土地价款。

目前不少地方如北京、广州、山东等地，都制定了相关指导意见并开始实行先出租后出让的方式，配置工业用地。各地基本都规定，对擅自改变土地用途、转换产业类型、变相进行房地产开发、未按约定时间和方式足额缴纳租金或在未完成开发建设前转让、转租、抵押土地使用权的，由所在区政府组织相关部门按照法律法规和履约监管协议进行处置。情节严重的，解除租赁合同或出让合同，收回土地使用权。

四、土地使用权出让合同当事人的权利和义务

土地使用权出让合同的当事人是土地管理部门和土地使用者。双方当事人签订土地使用权出让合同后，彼此间就形成一定的权利义务关系，相互享有权利和负有义务。

（一）出让方的权利和义务

1. 出让方的权利

出让方依合同享有的权利一般包括以下几个方面：（1）要求受让方按法律规定或合同约定交付出让金，否则出让方有权解除合同，并要求对方承担违约责任。（2）监督土地使用权受让人行使权利的行为和对土地进行开发、利用及经营的活动。（3）在土地使用权出让期限届满时，收回土地使用权。

2. 出让方的义务

出让方负有的义务一般包括以下几个方面：（1）按合同规定向受让方提供土地。（2）保证依出让合同提供的土地使用权没有权利瑕疵。（3）在遇到不可抗力导致出让合同不能履行或不能完全履行时，应及时通知受让人。（4）保证土地使用权受让人对土地的正常使用。

（二）受让方的权利和义务

1. 受让方的权利

受让方享有的权利一般包括：（1）要求出让方按合同约定的时间提供土地使用权。出让方不能按约定时间提供土地使用权的，可以要求其承担违约责任。（2）受让人对土地的开发利用达到法定要求后，有权对土地使用权及地上建筑物进行转让、出租和抵押，也可以将建设用地使用权出资、赠与或者互换。（3）在土地使用权出让合同约定期限届满之前，遇特殊情况，国家提前收回土地使用权时，受让方有权要求给予适当的损失补偿。（4）在土地使用权出让合同约定期限届满时，受让方需要继续使用土地的，可以申请续期。

2. 受让方的义务

作为受让方的土地使用权人负有的义务一般包括以下几项：（1）按照合同约定的时间和方式交付土地使用权出让金。（2）按出让合同确定的用途和要求使用土地。确需改变土地用途的，必须报经出让方和市、县人民政府城市规划行政主管部门同意，经原批准机关批准，签订出让合同变更协议或重新签订出让合同，并依法调整出让金。（3）在土地使用权出让合同约定期限届满时，应无偿地将土地使用权连同地上建筑物，交还土地使用权出让方。

五、出让土地使用权的交易

出让土地使用权是土地二级市场交易的主要对象，其转让、出租和抵押在法律上不

受限制。目前要解决的主要是规范交易行为，解决非典型交易中存在的土地使用权转让问题。依据 2019 年《指导意见》的要求，规范出让土地使用权交易主要有以下几个方面。

（1）以出让方式取得的建设用地使用权转让。以出让方式取得的建设用地使用权转让，在符合法律法规规定和出让合同约定的前提下，应充分保障交易自由；原出让合同对转让条件另有约定的，从其约定。以作价出资或入股方式取得的建设用地使用权转让，参照以出让方式取得的建设用地使用权转让有关规定，不再报经原批准建设用地使用权作价出资或入股的机关批准；转让后，可保留为作价出资或入股方式，或直接变更为出让方式。涉及房地产交易的，应当遵守《城市房地产管理法》《城市房地产开发经营管理条例》等法律法规规定。

（2）以有偿取得的建设用地使用权出租。以出让、租赁、作价出资或入股等有偿方式取得的建设用地使用权出租或转租的，不得违反法律法规和有偿使用合同的相关约定。

（3）以通过出让、作价出资或入股等方式取得的建设用地使用权设定抵押权。以出让、作价出资或入股等方式取得的建设用地使用权可用于设定抵押权。以租赁方式取得建设用地使用权的，承租人在按规定支付土地租金并完成开发建设后，根据租赁合同的约定，其地上建筑物、其他附着物连同土地使用权可以依法一并抵押。

土地二级市场的健康发展除需要明确的交易规则并共同遵守以外，还需要良好的交易环境和必要的引导和服务。因此，《指导意见》要求各地要规范交易流程，建立“信息发布—达成意向—签订合同—交易监管”的交易流程。交易双方可通过土地二级市场交易平台等渠道发布和获取市场信息；可自行协商交易，也可委托土地二级市场交易平台公开交易；达成一致后签订合同，依法申报交易价格，申报价格比标定地价低 20%以上的，市、县人民政府可行使优先购买权。同时，《指导意见》还要求，在土地交易机构或平台内汇集交易、登记、税务、金融等相关部门或机构的办事窗口，大力发展“互联网＋政务服务”，积极推进“一窗受理、一网通办、一站办结”，大力精简证明材料，压缩办理时间，提高办事效率和服务水平。发挥土地交易机构或平台的专业优势，提供法律、政策咨询服务，协调矛盾，化解纠纷，营造良好的交易环境。《指导意见》的落实对我国土地市场的健康发展起到积极的作用。

六、出让土地使用权的续期

在土地使用权因期限届满而终止的情况下，为了保护土地使用者的房屋财产权、满足房屋继续使用的要求，我国《民法典》明确规定，住宅建设用地使用权期限届满的，自动续期。续期费用的缴纳或者减免，依照法律、行政法规的规定办理。非住宅建设用地使用权期限届满后的续期，依照法律规定办理。我国《城市房地产管理法》中明确规定，土地使用权出让合同约定的使用年限届满，土地使用者需要继续使用土地的，应当至迟于土地使用权出让合同约定的期限届满前 1 年申请续期，除根据规划和社会公共利益需要应收回该幅土地的以外，应当予以批准。经批准准予续期的，应当重新签订土地使用权出让合同，依照规定支付续期土地使用权出让金。土地使用权出让合同约定的使用年限届满，土地使用者未申请续期或者虽申请续期但依照有关规定未获批准的，土地使用权由国家无偿收回。土地上的房屋及其他不动产的归属，有约定的，按约定办理，没有约定或约定不明确的，依照法律或行政法规的规定办理。

无论何种方式取得的建设用地使用权，在土地使用者不需要或社会公共利益需要时，为了合理利用土地资源，国家均可依法收回。修改后的《土地管理法》明确规定，有下列情形之一的，由有关人民政府自然资源主管部门报经原批准用地的人民政府或者有批准权的人民政府批准，可以收回国有土地使用权：（1）为实施城市规划进行旧城区改建以及其他公共利益需要，确需使用土地的；（2）土地出让等有偿使用合同约定的使用期限届满，土地使用者未申请续期或者申请续期未获批准的；（3）因单位撤销、迁移等原因，停止使用原划拨的国有土地的；（4）公路、铁路、机场、矿场等经核准报废的。依照前款第（1）项的规定收回国有土地使用权的，对土地使用权人应当给予适当补偿。

第四节　集体土地建设用地使用权

集体土地建设用地使用权是集体土地使用权的重要组成部分，要学习集体土地建设用地使用权，首先要了解集体土地使用权性质和基本特征。

一、集体土地使用权的概念和特征

集体土地使用权是土地使用者依照政府的批准文件或合同约定，对农民集体所有的土地享有的占有、使用和收益的权利。集体土地使用权包括集体土地建设用地使用权和土地承包经营权。根据《民法典》第 361 条的规定，集体建设用地依土地管理法的规定处理。依据我国现行土地管理法的规定和执法实践，集体土地使用权主要具有以下特征。

（一）集体土地使用权的主体具有特定性

由集体土地所有权的性质所决定，集体土地使用权的主体主要是农村的集体组织和农业集体经济组织的内部成员。集体土地使用权的取得，基本上以主体为农业集体经济组织及其内部成员为必要条件。这就决定了集体土地使用权主体的范围的特定性。一般情况下，只有农业集体经济组织的内部成员和乡（镇）村企、事业单位、公共设施用地才能依法取得集体土地的使用权。根据 2024 年颁布、自 2025 年 5 月 1 日起实施的《农村集体经济组织法》的规定，农村集体经济组织，是指以土地集体所有为基础，依法代表成员集体行使所有权，实行家庭承包经营为基础、统分结合双层经营体制的区域性经济组织，包括乡镇级农村集体经济组织、村级农村集体经济组织、组级农村集体经济组织，不包括农村供销合作社、农村信用合作社、农民专业合作社等合作经济组织。农村集体经济组织成员是指户籍在或者曾经在农村集体经济组织并与农村集体经济组织形成稳定的权利义务关系，以农村集体经济组织成员集体所有的土地等财产为基本生活保障的居民。

（二）集体土地使用权的取得一般是无偿的

虽然我国的土地使用制度改革使城市国有土地由无偿使用转变为有偿使用，并已大大地缩小了划拨方式适用的范围，但对于主要位于农村的集体土地的使用，目前我国有关法律尚未明确规定实行有偿使用。因此，集体土地使用权的取得，一般不必支付地租性质的费用。符合法定条件者，经过申请，审核获得有批准权的人民政府批准即可取得建设用地使用权；农业用地依法签订承包合同即可取得土地使用权（承包经营权）；“四荒”地的承包经营权和允许流转土地使用权属于有偿取得，但数量有限。2019 年《土地管理法》修改后，集体经济组织以外的单位通过出让、出租等方式取得集体建设用地使用权的，是有偿取得。随着实践的发展，这种取得方式将会逐渐增多，但目前这个量变尚不能影响集体土地使用权取得的基本特性。

（三）集体土地使用权的行使要受到较多限制

由于集体土地主要是农业用地，在土地数量既定的情况下，建设用地与农业用地存在此长彼消的关系。建设用地的增加就会直接或间接地导致农用地减少。为了保护土地资源，稳定农业生产的发展，我国《土地管理法》对集体土地的使用作出了更加严格的规定，如“农村村民一户只能拥有一处宅基地，其宅基地的面积不得超过省、自治区、直辖市规定的标准”。农村村民出卖、出租、赠与住宅后，再申请宅基地的，不予批准。即使允许集体土地使用权入市，土地用途也是限定在规划确定的工业、商业经营性建设用地的范围，而不能用于商品住宅的开发建设。集体土地使用权的取得和行使，都必须遵守有关法律的规定。

二、集体土地建设用地及其使用的立法发展

集体土地建设用地是指乡（镇）村建设用地。乡（镇）村建设用地，是指乡（镇）村集体经济组织和农民个人投资或集资，进行各项非农业建设所使用的土地。它主要包括乡（镇）村企业用地公益事业用地、公共设施用地，以及农村居民住宅用地。

早在 20 世纪 60 年代初期，党和政府就对乡村企业用地和农民建房用地问题作出过规定。但那时，乡村的各项建设受经济条件的限制，发展较慢，用地量不大。从全国来看，土地需求与供给的矛盾也不像现在这样突出，因而有关乡村建设用地的法律规定，也不够全面具体，更不可能形成完善的法律制度。党的十一届三中全会以后，随着我国城乡经济体制改革的不断深入，农村经济迅速发展，农民的生产、生活条件发生了巨大变化，生活水平有了很大的提高。随之而来的是乡村各项建设，尤其是乡村企业建设和农民住宅建设飞速发展，土地需要量日益增加。但由于当时我国法律不健全，对这些新的社会关系没有相应的法律规范来调整，再加上当时土地管理工作滞后，实践中乱占、滥用土地的问题十分严重。为了加强乡（镇）村建设用地管理，制止这种乱占、滥用土地的现象，保护和合理利用土地资源，国务院于 1982 年 2 月 13 日颁布了《村镇建房用地管理条例》。1986 年颁布的《土地管理法》设专章对乡（镇）村建设用地作出了明确

的规定，为乡（镇）村建设用地管理提供了法律依据。1998 年修订的《土地管理法》将集体土地建设用地和国有土地建设用地合并为一章作出规定。2019 年修改的《土地管理法》根据“建立城乡统一的建设用地市场。在符合规划和用途管制前提下，允许农村集体经营性建设用地出让、租赁、入股，实行与国有土地同等入市、同权同价”① 的要求，在第 63 条中明确规定：“土地利用总体规划、城乡规划确定为工业、商业等经营性用途，并经依法登记的集体经营性建设用地，土地所有权人可以通过出让、出租等方式交由单位或者个人使用，并应当签订书面合同，载明土地界址、面积、动工期限、使用期限、土地用途、规划条件和双方其他权利义务”。这是对我国集体建设用地使用权制度的重大改革，其增加了建设用地使用权取得的途径，也更好地保护了土地所有权人的利益。根据修订后的《土地管理法》及《不动产登记暂行条例》的规定，集体建设用地使用权对外流转或以土地流转方式取得集体土地使用权应符合以下要求。

（1）土地用途符合土地利用总体规划、城乡规划的要求。此即由集体土地所有者出让、出租的土地应为土地利用总体规划、城乡规划所确定为工业、商业等经营性用途的建设用地，而且这种建设用地是经依法登记的集体经营性建设用地。

（2）土地使用权流转的方式符合规范要求。此即土地所有权人以出让、出租等方式将集体土地交由单位或者个人使用，应当签订书面合同，在合同中载明土地界址、面积、动工期限、使用期限、土地用途、规划条件和双方其他权利义务。土地使用期限参照国有土地使用权出让期限执行，即工业用地为 50 年，商业用地为 40 年，租赁的期限不超过 20 年。

（3）土地使用权流转的程序符合法定要求。集体土地的所有者是农民集体，前述集体经营性建设用地出让、出租等，要经本集体经济组织成员的村民会议 2/3 以上成员或者 2/3 以上村民代表的同意。集体土地使用权对外流转直接关系到土地所有权人的切身利益和长远利益。作为集体经济组织成员的村民有权通过村民会议，决定集体土地使用权是否对外流转以及以何种方式流转。

我国《土地管理法》第 82 条规定，擅自将农民集体所有的土地通过出让、转让使用权或者出租等方式用于非农业建设，或者违反本法规定，将集体经营性建设用地通过出让、出租等方式交由单位或者个人使用的，由县级以上人民政府自然资源主管部门责令限期改正，没收违法所得，并处罚款。

集体土地建设用地使用权是土地使用者依法取得的，对农民集体所有的土地享有的占有、使用和收益的权利。作为该种土地使用权客体的土地的用途是建设建筑物和构筑物，而非农业生产。长期以来，乡（镇）村企业、事业单位、集体经济组织和农村居民需要使用集体土地进行建筑物的建设，经依法定程序申请、获得有批准权的人民政府批准，便对经批准使用的土地享有集体建设用地使用权。2015 年我国《不动产登记暂行条例》（2019 年、2024 年修订）实施后，集体建设用地使用者要到不动产登记机构办理首次登记，获得不动产权属证书，才能取得集体建设用地使用权及建筑物、构筑物所有权。

---

① 党的十八届三中全会《中共中央关于全面深化改革若干重大问题的决定》。

三、集体土地建设用地使用的原则

使用农民集体所有的土地进行建设，必须遵循下列原则。

（1）必须符合乡（镇）土地利用总体规划。乡（镇）土地利用总体规划是集镇、村庄建设使用土地的主要依据，一切建设用地的使用和批准都必须符合乡（镇）土地利用总体规划和城乡规划的要求。乡（镇）土地利用总体规划确定为建设用地的，才可以用于建设，确定为农用地的，不得用于建设建筑物和构筑物。

（2）必须经过人民政府依法批准。依据《土地管理法》的规定，不论是乡（镇）企业建设、乡（镇）村公共设施和公益事业建设，还是农村居民建住宅，都必须经有批准权的人民政府依法批准，其中涉及占用农用地的，应依法办理农用地转用审批手续。

（3）乡（镇）村建设占用土地严格控制占用耕地。原则上，集体土地建设用地的规模不得再扩大。如确需扩大规模或占用耕地，必须对农村土地进行调整，采取必要措施相应地增加耕地面积，保证耕地总量不减少。我国《民法典》规定，集体所有的土地作为建设用地的，应当依照土地管理的法律规定办理。

（4）通过出让等方式取得的集体经营性建设用地使用权可以转让、互换、出资、赠与或者抵押，但法律、行政法规另有规定或者土地所有权人、土地使用权人签订的书面合同另有约定的除外。

四、集体土地建设用地的审批权限

依据《土地管理法》，我国集体土地建设用地的审批权限如下。

（1）农村集体经济组织使用乡（镇）土地利用总体规划确定的建设用地兴办企业或者与其他单位、个人以土地使用权入股、联营等形式共同举办企业的，应当持有关批准文件，向县级以上地方人民政府自然资源主管部门提出申请，按照省、自治区、直辖市规定的批准权限，由县级以上地方人民政府批准。

（2）乡（镇）村公共设施、公益事业建设，需要使用土地的，经乡（镇）人民政府审核，向县级以上地方人民政府自然资源主管部门提出申请，按照省、自治区、直辖市规定的批准权限，由县级以上地方人民政府批准。

（3）农村村民住宅用地，由乡（镇）人民政府审核批准。

农村村民住宅用地是集体建设用地的重要组成部分，我国《土地管理法》明确规定，农村村民建住宅，应当符合乡（镇）土地利用总体规划、村庄规划，并尽量使用原有的宅基地和村内空闲地。为了严格执行《土地管理法》，2004 年 11 月国土资源部印发的《关于加强农村宅基地管理的意见》（现已失效）明确要求要严格宅基地申请条件，规范农村宅基地申请报批程序。坚决贯彻“一户一宅”的法律规定，农村村民一户只能拥有一处宅基地，面积不能超过省（区、市）规定的标准。农村村民建住宅需要使用土地的，应向集体经济组织提出申请，并在本集体经济组织或村民小组张榜公布。公布期满无异议的，报经乡（镇）人民政府审核、批准。经依法批准使用的宅基地，农村集体经济组织或村民小组应及时将审批结果张榜公布。

在土地利用总体规划确定的村庄和集镇建设用地规模范围内，为实施该规划而将农用地转为建设用地的，按土地利用年度计划分批次由原批准土地利用总体规划的机关批准。在已批准的农用地转用范围内，具体的建设项目用地可以由市、县人民政府批准。

五、集体土地建设用地使用权的行使

集体土地建设用地经依法批准使用，并领取集体土地使用证后，用地者便依法取得土地使用权。土地使用权受国家法律的保护，任何单位和个人不得侵犯。但任何权利都是与一定的义务相对应的，土地使用权人在行使权利时，也必须履行一定的义务，必须遵守国家有关法律的规定。

（1）用地者必须按照批准的用途使用土地，不准擅自扩大用地面积或改变土地用途。

（2）用地者在使用土地期间，不得将土地使用权出让、转让或出租用于非农业建设。

（3）用地者在使用土地期间如遇国家建设需要征用土地，有义务服从国家和社会公共利益的需要。

此外，土地使用权人在使用土地期间还负有正确处理相邻关系、正确行使土地使用权以及依法纳税等义务。

六、集体土地建设用地使用权的收回

为了加强对集体土地建设用地的管理，合理利用土地资源，提高土地利用率，《土地管理法》规定，在法定情形出现时，农村集体经济组织可以报经原批准用地的人民政府批准，收回土地使用权。土地使用权被依法收回是集体土地建设用地使用权终止的主要原因之一。

收回土地使用权的情形，主要有以下几种。

（1）为乡（镇）村公共设施和公益事业建设需要收回土地的。为了乡（镇）村公共利益需要收回土地使用权，集体经济组织对土地使用权人由此所受的损失应给予补偿，原土地使用者的地上建筑物需要搬迁的，农村集体经济组织应当负责搬迁。农村集体经济组织不得以收回土地使用权为借口，侵犯土地使用者的合法权益，不得随意收回土地使用权。

（2）不按照人民政府批准的土地用途使用土地的。此种情形是指土地使用者经依法批准使用土地后，又擅自改变土地用途的情况，如将工业用地变成住宅用地。在这种情况下收回土地使用权的，原土地使用者无权要求赔偿。

（3）因撤销、迁移等原因停止使用土地的。这种情形通常指乡（镇）企业和公益事业单位，因某种原因被撤销或迁移他处，不再需要或无法使用原用地的。在这种情况下，集体经济组织可以依法收回土地使用权，重新安排土地的使用。

集体土地建设用地使用权被依法收回后，土地使用者所享有的建设用地使用权即告终止。应该说，土地承包经营权也是我国土地使用权法律制度的重要组成部分，但受篇幅所限，考虑到其与本书的相关程度，未将其纳入本章。

延伸阅读

1. 陈健. 中国土地使用制度. 北京：机械工业出版社，2003.
2. 李集合. 土地征收征用法律制度研究. 北京：中国政法大学出版社，2008.
3. 谭喜祥，欧阳斌. 我国划拨土地使用权转让制度的完善. 前沿，2009（2）.
4. 马丽红. 匡令清. 集体土地法律实操与案例指引. 北京：法律出版社，2020.
5. 龚煊杰. 农村集体土地增值利益分享法治化研究. 北京：法律出版社，2019.
6. 今日头条，农村宅基地七项新规：关乎农民利益要了解，2023-08-04.

问题与思考

1. 划拨土地使用权取得的适用范围是什么？
2. 出让土地使用权取得的方式有哪些？
3. 国有土地建设用地使用权终止的条件是什么？
4. 简述集体土地建设用地使用权与国有土地建设用地使用权的区别。
5. 简述集体土地建设用地使用权进入市场的条件和方式。
6. 简述 2015 年以后集体土地建设用地使用权设定的时间。

第四章

房地产开发法律制度

常考知识点

- 房地产开发的特点及立法的基本原则
- 房地产开发用地使用权取得的方式
- 房地产开发企业资质管理的要求
- 工程监理制度的作用

我国改革开放之后，房地产开发作为一种新兴的行业迅速发展起来，经过几十年的发展，已成为我国城市建设和商品房生产的主要形式。它在加快城市建设，改善居住条件，改善投资环境以及促进房地产业及其相关产业的发展方面起着十分重要的作用。时至今日，房地产开发已成为房地产业的重要组成部分。随着房地产业的迅速发展，国家对房地产开发建设管理的法律制度逐步完善，其已成为我国房地产法律制度的重要内容之一。

第一节　房地产开发概述

一、房地产开发的概念

房地产开发，是根据城市总体规划和社会经济发展计划的需要，在一定的区域内有计划、有步骤地进行土地开发和建筑物建设的活动。

具体而言，房地产开发是指在依法取得国有土地使用权的土地上进行基础设施、房屋建设的行为。所谓基础设施建设，是指给水、排水、供电、供热、供气、通信和道路等设施建设和土地的平整。通过基础设施建设和土地平整将自然状态的土地变为可建造房屋及其他建筑物的土地，这一过程即土地开发。房屋建设即在完成基础设施建设的土地上建造房屋等建筑物，包括住宅楼、工业厂房、商业楼宇、写字楼以及其他专门用房。

房地产开发经营是指房地产开发企业在城市规划区内国有土地上进行基础设施建设、房屋建设，并转让房地产开发项目或销售、出租商品房的行为。房地产开发经营涉及国家的产业政策，涉及土地资源的合理利用，关系到城市规划的实施，对国民经济有重要影响。所以，国家对房地产开发经营资格有严格要求，不具备房地产开发资格的企业不能从事房地产开发经营。《城市房地产管理法》第2条规定，在中华人民共和国城市规划区国有土地范围内取得房地产开发用地的土地使用权，从事房地产开发、房地产交易，实施房地产管理，应当遵守本法。

二、房地产开发的分类

房地产开发是一种复杂的、综合性的生产活动。我们可以从不同的角度，用不同的标准对其进行分类。一般分为以下几种。

（1）按开发的对象来划分，可将房地产开发分为新区开发和旧城改造。新区开发就是根据土地利用总体规划和城市规划，将农业用地或未利用土地开发建设成居住、工商业及其他用途的建设用地。旧城改造，则是根据城市规划的需要将已开发利用的旧城区改造翻新，重新建设，变成新的建成区。它是实施城市规划，加快城市建设的一条重要途径。随着社会经济的发展和人口的增长，未开发利用的土地数量有限，城市房地产开发中，旧城改造占有很大比重，是政府鼓励的开发行为。

（2）以开发的方式来划分，可将房地产开发分为单项开发、成片开发和小区开发。单项开发通常是指在旧城改造或新区开发中所形成的一个相对独立的开发项目。其规模小，占地少，项目功能和配套设施比较单一。成片开发是指房地产开发企业在取得国有土地使用权以后，依照规划对较大面积的土地进行综合性的开发建设，形成工业用地或其他建设用地条件，然后进行土地使用权转让，或者进而建成通用工业厂房以及配套的生产、生活服务设施。

（3）按开发主体来划分，可将房地产开发分为政府开发和房地产开发企业开发。政府开发一般是由政府通过招投标选择房地产开发公司或由土地储备机构，进行必要的前期开发，将生地变为熟地，然后出让土地使用权。房地产开发企业开发是房地产开发企业通过法定程序取得房地产开发项目和土地使用权后，对土地进行开发，建设房屋等建筑物。其开发项目可以从熟地上开始，也可以从生地上开始。

三、房地产开发的特点

房地产开发作为一项生产活动，其特点是投资量大，回收期长，并且涉及面广。在房地产开发过程中，需要大量的资金投入。因此，其与金融业的关系十分密切。无论是发达国家，还是发展中国家，房地产开发都离不开金融机构的支持，银行和非银行金融机构是房地产开发和房地产业发展的强大后盾。房地产开发项目投资回收期长，绝大多数房地产开发项目都要经过立项、可行性研究、取得土地使用权、开发建设和经营销售五大环节。从立项开始就要进行市场调查、规划设计、拟定开发方案、选址、申请贷款、寻求合作伙伴、实施开发计划，这些工作都需要付出时间和资金，只有当开发项目建成销售后才能收回投资。一个开发项目的投资回收期，短则2年～3年，长则3年～4年，甚至长达5年、6年之久。在此期间，社会需求的变化，市场行情的变化以及不可抗力的发生都会对房地产开发活动和开发投资的回收产生一定的影响，因此，房地产开发投资具有很大的风险性。此外，房地产开发还属于一项综合性的生产活动，涉及许多管理部门，并需要相关行业的协作，就所涉及的管理部门来讲，主要有计划、土地管理、规划、房屋管理、建设市政、税收、市场监督管理、消防、环保、卫生、园林绿化等，同时，还需要勘测、设计、施工、银行等单位的合作与配合，否则，房地产开发就难以顺利完成。就此而言，房地产开发是一项复杂的、综合性的、高风险的生产活动。同时，也是投资回报率很高的经营活动。房地产开发是城市建设的“龙头”，也是加快城市建设和改善人民居住条件的主要途径。世界经济发展的历史表明，工业化、现代化及其引起的城市化，都对建筑产品产生着旺盛的需求。房地产开发是满足这种需求的主要方式，也是国家现代化建设进程中的重要影响因素。

四、我国房地产开发的发展

中华人民共和国成立后，我国的房地产开发大致经历了三个阶段。

第一阶段是起步阶段。这个阶段的城市房地产开发建设以统建为主要形式。早在1963年，中共中央、国务院《第二次城市工作会议纪要》就明确指出，今后，在大中城市中新建和扩建的企业、事业单位，要把住宅、校舍以及其他生活服务和有关市政设施方面的投资，拨交所在城市，实行统一建设，统一管理；或者在统一规划下，实行分建统管。1978年发布的《关于加强城市建设工作的意见》强调，今后应当创造条件，有步骤地推行民用建筑“六统一”，即统一规划、统一征地、统一投资、统一设计、统一施工、统一管理。进一步重申了统建思想，肯定了统建的方向，并提出了统建的方法。统建的实行在实践中起了很好的作用，也积累了经验。

第二阶段是转型阶段。此阶段我国城市房地产开发的主要特征是由统建向综合开发过渡。党的十一届三中全会以后，我国的经济建设逐步走向正轨，房地产开发的形式也发生了重要变化，开始由统建向综合开发过渡。1980年，国务院批转的《全国城市规划工作会议纪要》中明确地指出：“实行综合开发和征收城镇土地使用费的政策，是用经济办法管理城市建设的一项重要改革。它有利于按照城市规划配套地进行建设，节约用地，充分发挥投资效果”。同时，该纪要还指出：对新建小城市，卫星城，现有城市新建区、段和旧城成片改造地区，都应考虑组织开发公司，实行综合开发。开发内容，包括开发区的勘测、规划、设计、征地、拆迁、安置、土地平整和所需道路、给水、排水、供电、供气、供热、通讯等工程建设。有条件的地方，还可以包括住宅、生活服务设施、公共建筑、通用厂房等等。建成后成套出售建筑物，并按土地面积和设施水平向使用单位收取开发费。开发公司实行企业化经营。1984年六届全国人大二次会议通过的《政府工作报告》肯定了这项改革，指出：要着手组建多种形式的工程承包公司和综合开发公司，按照城市总体规划，统一办理土地征用事宜，进行设计和配套建设。同年，国务院根据六届全国人大二次会议的精神，发布了《关于改革建筑业和基本建设管理体制若干问题的暂行规定》，要求建立城市综合开发公司，对城市土地、房屋实行综合开发，有条件的城市和大型工矿企业要逐步建立若干个这一类的公司，实行自负盈亏。综合开发公司要按照城市总体规划，制定开发区的建设规划。通过招标，组织市政、公用、动力、通信等基础设施和房屋建设及相应配套设施的建设。同年10月，国家计划委员会和城乡建设环境保护部联合印发了《城市建设综合开发公司暂行办法》，明确规定开发公司是具有独立法人资格的企业单位，其主要任务是进行城市土地开发和房地产业务。此后，房地产开发作为一种产业迅速发展起来。我国的房地产业也由此得到快速发展。

第三阶段是房地产开发迅速发展和逐步规范阶段。1992年，我国经济进入高速发展的阶段。同年6月，中共中央、国务院《关于加快发展第三产业的决定》将房地产列入收效快、效益好、就业量大、与经济发展和人民生活关系密切的重点发展产业。自此，我国的房地产开发进入了快速发展阶段。随着我国房地产开发的迅速发展、我国的房屋建设和旧城改造速度的加快，房地产开发队伍不断壮大，甚至曾一度出现房地产开发"热潮"，影响了我国房地产业的健康有序发展。为了规范房地产开发经营和管理行为，1994年，国家颁布了《城市房地产管理法》，对房地产开发企业、房地产开发企业用地以及房地产交易行为作了明确的规定，为我国房地产开发管理法律制度的建立提供了法律依据。此后，我国房地产开发逐步走向了规范、健康发展的轨道。房地产开发企业经过规范和竞争，优胜劣汰，技术水平、队伍素质和管理水平都有了很大的提高，有些大中型开发企业已进入国际市场，到一些发达国家进行房地产开发经营，并打开了局面。为了进一步规范房地产开发经营行为，加强对房地产开发经营活动的监督管理，促进和保障房地产业的健康发展，1998年7月20日，国务院发布了《城市房地产开发经营管理条例》（2011年、2018年、2019年、2020年修改），对房地产开发企业的设立、房地产开发建设行为和房地产经营行为作出了更加明确具体的规定。为了规范房地产开发企业的经营行为，2000年3月建设部修订通过了《房地产开发企业资质管理规定》（2015年、2018年、2022年修正），它向房地产开发企业提出了更高的要求，也为其发展和合法权益的维护提供了法律保障。2006年，建设部、商务部、国家发展和改革委员会等联合发布了《关于规范房地产市场外资准入和管理的意见》。此后，根据实践发展的需要，《城市房地产管理法》于2019年修改。我国的房地产法律制度随着社会经济的发展而不断发展完善。

五、房地产开发立法的基本原则

房地产开发立法的基本原则，是制定、解释和实施房地产开发管理法律、法规的基本规则，也是从事房地产开发活动及其管理活动应遵循的行为准则。其主要体现在以下几个方面。

（一）严格执行城市规划的原则

城市规划是城市人民政府对城市建设进行宏观调控和微观管理的重要措施，也是对城市房地产开发进行合理控制、实现土地资源合理配置的有效手段。它是城市开发、城市建设和城市管理的依据。科学制定和执行城市规划，是合理利用城市土地，合理安排各项建设，指导城市有序、协调发展的保证。因此，城市规划区内各种建设工程的选址和布局必须符合城市规划的要求，服从城市规划的管理。我国《城市房地产管理法》第25条中明确规定："房地产开发必须严格执行城市规划"。因此，房地产开发项目的审批，土地的使用，房地产的用途，建筑物的间距、高度及容积率都必须严格按规划执行。

（二）综合开发、配套建设的原则

综合开发、配套建设是指按照城市规划的功能分区，将某一区域内的房地产开发建设及配套设施建设统一规划，同步建设。综合开发的主要内容包括统筹资金，统一规划，统一开发。其主要特征是房地产开发企业统一承担开发区的勘测、设计、征地、拆迁，进行道路、给水、排水、供电、供气、供热、通信、绿化等工程建设，并统一承担住宅、生活服务设施、商业网点、文教卫生建筑等的建设，其开发结果是形成功能完整的住宅小区，满足人们生活多方面的需要。我国《城市房地产开发经营管理条例》第3条规定："房地产开发经营应当……全面规划、合理布局、综合开发、配套建设。"该条例第14条还明确规定："房地产开发项目的开发建设应当统筹安排配套基础设施，并根据先地下、后地上的原则实施。"房地产开发必须遵循这一法定原则，否则，就会给居民生活带来不便，同时还会对后续开发造成阻碍，出现反复施工，浪费人力、物力和财力的情况。

（三）经济效益、社会效益、环境效益"三统一"的原则

从广义上讲，房地产开发是城市建设的重要方式和过程。经济效益、社会效益和环境效益相统一并同时实现，是城市建设的重要目标。房地产开发作为城市建设和改造的主要方式，只有坚持经济效益、社会效益、环境效益"三统一"的原则才符合房地产开发的客观经济规律，才能达到未来城市建设的要求。我国《城市房地产开发经营管理条例》第3条明确规定："房地产开发经营应当按照经济效益、社会效益、环境效益相统一的原则，实行全面规划、合理布局、综合开发、配套建设。""三统一"的原则适应了房地产开发经济规律的要求，兼顾了局部利益和整体利益、当前利益和长远利益，对我国的房地产开发提出了更高的要求。房地产开发只有坚持这一法定原则，才能获得顺利、持久的发展。党的二十大报告明确提出，中国式现代化是人与自然和谐共生的现代化。人与自然是生命共同体，无止境地向自然索取甚至破坏自然必然会遭到大自然的报复。我们坚持可持续发展，坚持节约优先、保护优先、自然恢复为主的方针，像保护眼睛一样保护自然和生态环境，坚定不移走生产发展、生活富裕、生态良好的文明发展道路，实现中华民族永续发展。

（四）鼓励开发建设居民住宅的原则

居民住宅建设是房地产开发的重要内容之一，它直接关系城市居民居住条件和居住环境的改善。为了尽快改善居民的居住条件，提高人民的物质生活水平，国家对开发建设居民住宅的项目实行鼓励的原则。我国《城市房地产管理法》第4条规定："国家根据社会、经济发展水平，扶持发展居民住宅建设，逐步改善居民的居住条件。"同时，还在第29条规定："国家采取税收等方面的优惠措施鼓励和扶持房地产开发企业开发建设居民住宅。"为了鼓励和支持居民住宅的开发建设，降低开发成本和住宅价格，目前国家已

在税收、贷款以及土地使用权出让等方面，对从事住宅尤其是经济适用房开发建设的企业实行优惠待遇。鼓励开发建设居民住宅的立法原则，为我国房地产开发投资指明了方向，也为我国城市居民住宅条件的改善创造了有利条件。在2022年党的二十大报告中，“增进民生福祉，提高人民生活品质”部分占据相当篇幅。在“增进民生福祉，提高人民生活品质”的大目标下，其阐述了房地产业发展方向，再次明确：坚持房子是用来住的、不是用来炒的定位，加快建立多主体供给、多渠道保障、租购并举的住房制度。

第二节　房地产开发企业

一、房地产开发企业的分类

房地产开发企业是指依法设立，具有企业法人资格的经济实体。它是以营利为目的，从事房地产开发和经营的企业，是房地产开发和交易的主体，也是房地产市场中的重要角色。房地产开发企业的开发、经营活动是否规范有序，直接关系着房地产业的繁荣和健康发展。因此，房地产开发企业均应申请核定企业资质等级，取得房地产开发资质等级证书；否则，不得从事房地产开发经营业务。随着房地产业的迅速发展，我国的房地产开发企业从无到有，日益增多，并随着实践的发展，出现了多种类型。

按房地产开发企业的所有制性质来划分，房地产开发企业可分为国有房地产开发企业、集体房地产开发企业、民营房地产开发企业、外商投资的房地产开发企业四种主要类型。

（一）国有房地产开发企业

该种企业主要是在房屋统建的基础上发展起来的或政府各部门组建的房地产开发公司，如城市建设综合开发公司、房地产开发经营公司等。在房地产业发展初期，国有房地产开发公司在房地产开发企业中占有较大的比重，它们大都是当地的骨干开发企业。这类开发企业的主要任务是，经营城市土地开发和房地产业务，接受当地人民政府的委托或投标中标，承担开发任务，按照城市的总体规划，搞好市政、公用、动力、通信等基础工程和相应配套设施的建设，并将达到法定开发要求的土地使用权或房地产转让给他人。国有企业在城市建设和房地产业发展过程中起着重要的作用，尤其是在市政工程和安居工程建设、改善居民居住环境方面作出了重要贡献。

（二）集体房地产开发企业

该种企业是集体出资开办、其资产属于集体所有的房地产开发企业。它一般是以有限责任公司的形式存在，实行自主经营、自负盈亏、独立核算。集体性质的房地产开发企业一般规模较小，管理水平较低。经清理整顿和宏观调控后，其数量已不是很多。

（三）民营房地产开发企业

民营房地产开发企业通常是指非公有制性质的房地产开发企业。1998年下半年停止住房实物分配后，人们对住房的巨大需求和在物质生活水平提高后改善居住条件的巨大需求，为民营房地产开发企业的发展提供了生机。为适应改革开放的需要，国家政策法规对房地产企业的限制与要求并不高，房地产业的准入门槛比较低，民营房地产企业得以快速发展，开始与国有房地产企业两分天下。尤其是2003年以后，房地产业的暴利经营，吸引了业外集团纷纷进军房地产业，民营房地产股份制企业迅速发展，并呈现“民进国退”的发展趋势。目前，民营房地产开发企业已成为房地产开发领域的重要力量。

（四）外商投资的房地产开发企业

外商投资房地产开发企业是经我国政府依法批准成立的具有独立法人地位的房地产开发经营企业。其主要采取独资、合资、合作经营等形式进行房地产开发经营活动。实践中，其多以与中方合资或者合作的方式进行房地产开发经营。此即中外双方在约定的期限内，以合资或合作的方式进行房地产开发与经营。合资或合作的条件可以是现金、实物，也可以是土地使用权。一般情况下，企业由中方提供土地使用权、外方提供资金，以合作的形式进行合营。合营各方的权利、义务，资金回收方式，利润分配方式和分配比例，亏损及债务的负担均由合营双方协商确定，并按合同约定执行。

按房地产开发业务在企业经营范围中地位的不同，可将房地产开发企业分为房地产开发专营企业、兼营企业和项目公司。

实践中，存在大量的房地产开发项目公司。项目公司是以房地产开发项目为对象从事单项房地产开发经营的企业。其经营对象只限于批准的项目。被批准的项目开发、经营完毕后，应向市场监督管理机构办理核减经营范围的变更登记。该类房地产开发企业经建设行政主管部门审定，核发一次性资质等级证书后，便可以申请单项房地产开发经营的开业登记。项目公司是我国在20世纪90年代初期，适应房地产业快速发展和利用社会资金加强城市建设的特定条件下，出现的房地产开发企业类型，是特定历史时期的产物。项目公司在项目开发完毕后，就注销房地产开发经营范围，无法承担房屋交付后出现的后续责任，如对房屋的维修责任，对其进行管理的难度较大。① 这很容易使其逃避责任，常使购房人受到损害后维权艰难。其存在弊大于利，应适时予以取缔。

二、房地产开发企业的设立

（一）房地产开发企业设立的条件

房地产开发企业是房地产开发经营活动的主体。房地产开发经营，是指房地产开发企业在城市规划区内国有土地上进行基础设施建设、房屋建设，并转让房地产开发项目或者销售、出租商品房的行为。从事房地产开发经营活动，首先应设立房地产开发企业。

依据《城市房地产管理法》《城市房地产开发经营管理条例》，房地产开发企业的设立应符合以下条件。

（1）有自己的名称和组织机构。企业的名称是此企业区别于彼企业的重要标志，它

---

① 参见蒲杰：《房地产开发法律事务与理论研究》，12页，北京，法律出版社，2007。

代表着企业的资信，是企业无形资产的一部分。组织机构是由企业的决策机构、管理机构、生产经营组织以及相应的分支机构组成的组织体系。房地产开发企业是一个法人组织，应有自己的名称和组织机构。有了自己的名称和健全的组织机构，才能形成法人意志，对内执行法人意志，对外代表法人参加经济活动。企业的名称必须在企业设立登记时，由市场监督机关核准。房地产开发企业采取公司形式的，还应在公司名称中标明“有限责任”或“股份有限”的字样。

（2）有固定的经营场所。固定的经营场所一般是指企业主要办事机构所在地。固定的经营场所是房地产企业进行开发活动的中心，是对外进行联系、开展经营活动所必需的场所，也是国家对企业进行监督管理的必要条件。所以有关法律将“有固定的经营场所”作为房地产开发企业设立的重要条件之一。

（3）有符合国务院规定的注册资本。注册资本是反映企业经济实力的重要标志，也是企业对外承担法律责任的基础。房地产开发属于周期长、规模大、资金回收较慢的行业，需要较大数额的资本作为企业正常运行的保证。因此，房地产开发企业的设立，必须具有符合法定数额的注册资本，即有 100 万元以上的注册资本。房地产开发项目的资本金占项目总投资的比例不得低于 20%。各地方可以在此基础上规定更高的要求。实践中，不少地方如上海、北京对房地产开发企业的注册资本都规定了更高的数额。

（4）有足够的专业技术人员。房地产开发是一个专业性很强的行业，它不仅需要建筑、设计等方面的专业技术人员，还需要经济、法律、会计、统计等方面的专业人员。由房地产开发这一行业的性质所决定，专业技术人员是房地产开发企业必不可少的力量，也是企业正常运转的保证，房地产开发企业的设立必须有足够的专业技术人员。《城市房地产开发经营管理条例》中规定，房地产开发企业设立的重要条件之一，是有 4 名以上持有资格证书的房地产专业、建筑工程专业的专职技术人员，2 名以上持有资格证书的专职会计人员。

外商投资设立房地产开发企业的除符合上述条件以外，还需按有关规定办理相关的审批手续。

（5）法律、法规规定的其他条件。法律、法规规定的其他条件主要是指其他相关法律、法规所规定的条件，如《公司法》《全民所有制工业企业法》《市场主体登记管理条例》等有关企业组织形式、登记条件等的规定。

房地产开发企业的设立必须符合上述条件。

（二）房地产开发企业设立的程序

根据《城市房地产管理法》和《城市房地产开发经营管理条例》，房地产开发企业设立的程序主要包括以下两个步骤。

（1）申请登记。设立房地产开发企业，首先应向市场监督管理机构提出登记申请，并如实报告创办企业所具备的各项条件，提供创办企业的可行性研究报告和各项经济技术资料。市场监督管理机构对符合法定条件的，自收到申请之日起 30 日内予以登记；对不符合法定条件的不予登记，但应说明理由。市场监督管理机构在对房地产开发企业的登记申请进行审查时，还应当听取同级房地产开发主管部门的意见。

（2）依法备案。为了加强对房地产开发企业的行业管理，我国的有关法律、法规明确规定，房地产开发企业应当自领取营业执照之日起30日内，持有关文件到登记机关所在地的房地产开发主管部门备案。备案时应提供的资料包括营业执照复印件、企业章程、专业技术人员的资格证书和聘用合同。

（三）房地产开发企业的资质管理

依照国家有关规定，房地产开发企业应按规定申请核定企业资质等级。为了加强房地产开发企业资质管理，规范房地产开发企业的经营行为，2022年《房地产开发企业资质管理规定》第三次修正。新修正的《房地产开发企业资质管理规定》再次明确规定，房地产开发企业应当按照本规定申请核定企业资质等级。

1. 房地产开发企业的资质等级和条件

房地产开发企业按照企业条件分为一、二两个资质等级。不同资质等级的企业有不同的条件要求。

（1）一级资质的条件：1）从事房地产开发经营5年以上；2）近3年房屋建筑面积累计竣工30万平方米以上，或者累计完成与此相当的房地产开发投资额；3）连续5年建筑工程质量合格率达100%；4）上一年房屋建筑施工面积15万平方米以上，或者完成与此相当的房地产开发投资额；5）有职称的建筑、结构、财务、房地产及有关经济类的专业管理人员不少于40人，其中具有中级以上职称的管理人员不少于20人，持有专职会计人员不少于4人；6）工程技术、财务、统计等业务负责人具有相应专业中级以上职称；7）具有完善的质量保证体系，商品住宅销售中实行了“住宅质量保证书”和“住宅使用说明书”制度；8）未发生过重大工程质量事故。

（2）二级资质的条件：1）有职称的建筑、结构、财务、房地产及有关经济类的专业管理人员不少于5人，其中专职会计人员不少于2人；2）工程技术负责人具有相应专业中级以上职称，财务负责人具有相应专业初级以上职称，配有统计人员；3）具有完善的质量保证体系。

经资质审查合格的企业，由资质审批部门发给相应等级的资质证书。资质证书有效期为3年。资质证书是证明房地产开发企业开发能力的重要凭证，未取得资质证书的企业，不得从事房地产开发经营业务。企业未取得资质证书从事房地产开发经营的，由县级以上地方人民政府房地产开发主管部门责令限期改正，处5万元以上10万元以下的罚款；逾期不改正的，由房地产开发主管部门提请市场监督管理部门吊销营业执照。

2. 房地产开发企业承接开发建设项目的范围

已经取得资质证书的企业应在规定的范围从事房地产开发业务。

一级资质的房地产开发企业承担房地产项目的建筑规模不受限制。

二级资质的房地产开发企业可以承担建筑面积25万平方米以下的开发建设项目。各资质等级企业应当在规定的业务范围内从事房地产开发经营业务，不得越级承担任务。

企业超越资质等级从事房地产开发经营的，由县级以上地方人民政府房地产开发主管部门责令限期改正，处 5 万元以上 10 万元以下的罚款；逾期不改正的，由原资质审批部门提请市场监督管理部门吊销营业执照，并依法注销资质证书。

第三节　房地产开发建设管理制度

一、房地产开发项目管理

一个完整的房地产开发项目的实施大致包括企业内部项目决策，取得开发用地成交确认书，立项备案，审定设计方案，申领建设工程规划许可证、施工许可证，施工和竣工验收。在房地产开发建设的整个过程中，国家的监管贯彻始终。

（一）立项备案

房地产开发项目立项，是房地产开发的前提。立项备案是指有关部门根据国家及地区固定资产投资计划、产业政策、宏观调控政策、区域经济规划及布局，对项目是否符合项目所在地区产业政策进行确认并依法审批、核准或备案的制度。房地产开发项目立项是房地产开发的前提，立项分为一级土地开发立项和二级土地开发立项。通常意义上的立项备案指二级土地开发立项，即开发企业通过出让方式取得国有土地使用权之后进行建筑物建设之前的所必需的一项工作。确定房地产开发项目，应当符合土地利用总体规划、年度建设用地计划和城市规划、房地产开发年度计划的要求；按照国家有关规定需要经计划主管部门批准的，还应当报计划主管部门批准，并纳入年度固定资产投资计划。

企业投资建设项目的备案要提交规划部门核发的规划意见书等申请文件，按照属地原则，到建设项目所在地区县发展改革委办理立项备案手续，由备案单位发给“项目备案通知书”。依据“项目备案通知书”，开发企业可以办理相应的规划、土地、施工、环保、消防、市政、质量技术监督、设备进口和减免税确认等后续手续。

（二）设计方案审定

开发企业应根据规划意见书的要求提出建设项目的初步设计方案（附总平面规划设计图），包括建筑红线四至、面积、容积率、楼座位置、层高等各项指标参数。项目设计方案做好后，要将选址意见书和土地预审报告等文件一起报规划部门进行审定，以招拍挂方式取得土地使用权的建设项目，还需提交土地整理储备机构出具的“国有土地使用权挂牌出让成交确认书”和自然资源行政主管部门“国有土地使用权出让合同”及其相关文件，由城市规划行政主管部门核定用地位置和界线（建设用地规划红线图），提供规划设计条件，核发建设用地规划许可证。

（三）建设用地规划许可

《城乡规划法》明确规定，在城市、镇规划区内以出让方式提供国有土地使用权的，在国有土地使用权出让前，城市、县人民政府城乡规划主管部门应当依据控制性详细规划，提出出让地块的位置、使用性质、开发强度等规划条件，作为国有土地使用权出让合同的组成部分。未确定规划条件的地块，不得出让国有土地使用权。

以出让方式取得国有土地使用权的建设项目，建设单位在取得建设项目的批准、核准、备案文件和签订国有土地使用权出让合同后，向城市、县人民政府城乡规划主管部门领取建设用地规划许可证。规划条件未纳入国有土地使用权出让合同的，该国有土地使用权出让合同无效；对未取得建设用地规划许可证的建设单位批准用地的，由县级以上人民政府撤销有关批准文件；占用土地的，应当及时退回；给当事人造成损失的，应当依法给予赔偿。

（四）建设工程规划许可

房地产开发企业取得开发用地的土地使用权之后，还有一项重要的工作就是取得建设工程规划许可证。依据《城乡规划法》第 40 条的规定，在城市、镇规划区内进行建筑物、构筑物、道路、管线和其他工程建设的，建设单位或者个人应当向城市、县人民政府城乡规划主管部门或者省、自治区、直辖市人民政府确定的镇人民政府申请办理建设工程规划许可证。申请办理建设工程规划许可证，应当提交使用土地的有关证明文件、建设工程设计方案等材料。需要建设单位编制修建性详细规划的建设项目，还应当提交修建性详细规划。对于符合控制性详细规划和规划条件的，由城市、县人民政府城乡规划主管部门或者省、自治区、直辖市人民政府确定的镇人民政府核发建设工程规划许可证。

未取得建设工程规划许可证或者未按照建设工程规划许可证的规定进行建设的，由县级以上地方人民政府城乡规划主管部门责令停止建设；尚可采取改正措施消除对规划实施的影响的，限期改正，处建设工程造价 5%以上 10%以下的罚款；无法采取改正措施消除影响的，限期拆除，不能拆除的，没收实物或者违法收入，可以并处建设工程造价 10%以下的罚款。

（五）建设工程施工许可证

在房地产开发项目正式开工建设之前，建设单位需要取得建设工程施工许可证等。《建筑工程施工许可管理办法》第 2 条规定：在中华人民共和国境内从事各类房屋建筑及其附属设施的建造、装修装饰和与其配套的线路、管道、设备的安装，以及城镇市政基础设施工程的施工，建设单位在开工前应当依照本办法的规定，向工程所在地的县级以上地方人民政府住房城乡建设主管部门申请领取施工许可证。工程投资额在 30 万元以下或者建筑面积在 300 平方米以下的建筑工程，可以不申请办理施工许可证。按照国务院规定的权限和程序批准开工报告的建筑工程，不再领取施工许可证。该办法规定应当申请领取施工许可证的建筑工程未取得施工许可证的，一律不得开工。

二、房地产开发建设的规划控制

我国《城市房地产开发经营管理条例》规定，房地产开发项目的确定，应当符合土地利用总体规划、年度建设用地计划和城市规划、房地产开发年度计划的要求。国家对房地产开发建设的规划管理主要体现在以下几个方面。

（一）土地利用总体规划控制

土地利用总体规划是在一定区域内，根据国家社会经济可持续发展的要求和当地的自然、经济、社会条件，对土地的开发利用、治理、保护在空间上和时间上所作的总体安排和布局。它是各类土地利用的依据，也是国家实行土地用途管制的基础。其主要作用是：划分土地利用区，明确土地利用区内的土地用途和使用条件，为土地开发、使用和整治提供依据，为政府审批农地转用、划定基本农田保护区提供依据。《土地管理法》中明确规定："国家编制土地利用总体规划，规定土地用途，将土地分为农用地、建设用地和未利用地。严格限制农用地转为建设用地，控制建设用地总量，对耕地实行特殊保护。"同时，该法还规定："使用土地的单位和个人必须严格按照土地利用总体规划确定的用途使用土地"。房地产开发建设对土地的使用，必须符合土地利用总体规划确定的土地用途。房地产开发用地使用权的出让，必须与土地利用总体规划相一致。这就将房地产开发建设用地，纳入了土地利用规划管理的范围。房地产开发必须符合土地利用总体规划的要求。建设用地规划许可证和规划条件是城乡规划主管部门对土地利用进行宏观调控和指导的必要手段。对此，《城乡规划法》明确规定，规划条件必须作为国有土地使用权出让合同的组成部分，未确定规划条件的地块，不得出让国有土地使用权。同时《城乡规划法》还规定，建设单位在签订国有土地使用权出让合同后，向城市、县人民政府城乡规划主管部门领取建设用地规划许可证。因此，对于规划条件未纳入国有土地使用权出让合同的，应当认定该国有土地使用权出让合同无效。因国有土地使用权出让合同无效给当事人造成损失的，有关部门应当分清责任，依照有关法律规定给予赔偿。

（二）城市规划控制

城市规划是城市在一定时期内的发展目标及城市建设的综合部署和城市发展建设的蓝图。它是城市开发、建设和管理的依据。由于城市土地的数量相对稳定，随着人口的不断增长，土地供求矛盾日益突出，而在现有技术条件下，扩大土地面积和充分利用空间客观上都有一定难度。只有通过科学的规划，合理利用现有的土地和空间，才是现实的选择。因此，城市规划作为科学利用土地资源的一种措施，在城市土地资源的优化配置、保证城市建设健康发展方面，起着十分重要的作用。《城乡规划法》第 3 条第 1 款规定，城市、镇应当依照本法制定城市规划和镇规划。城市、镇规划区内的建设活动应当符合规划要求。《城市房地产管理法》第 25 条也明确规定："房地产开发必须严格执行城市规划，按照经济效益、社会效益、环境效益相统一的原则，实行全面规划、合理布局、综合开发、配套建设。"具体讲，城市规划对房地产开发建设的管理和控制，主要体现在以下几个方面。

（1）在城市规划区内，房地产开发项目建设工程的选址和布局必须符合城市规划的要求。建设工程的设计任务书报请批准时，必须先获得城市规划行政主管部门的选址意见书，否则，开发项目就不能立项，房地产开发就无从谈起。

（2）在城市规划区内进行房地产开发建设需要使用土地时，必须持国家批准的建设项目的有关文件，向城市规划主管部门申请定点，由城市规划行政主管部门核定其用地位置和界限，提供规划设计条件，核发建设用地规划许可证。用地者在取得建设用地规划许可证后，方可向人民政府土地管理部门申请用地。

（3）在城市规划区内新建、扩建和改建建筑物、构筑物、道路、管线和其他工程设施，也必须持有关批准文件向城市规划行政主管部门提出申请，由城市规划行政主管部门根据城市规划提出规划设计要求，核发建设工程规划许可证。建设单位在取得建设工程规划许可证和其他有关批准文件后，方可申请办理开工手续。

（4）对城市规划区内的建设工程进行检查和验收。城市规划行政主管部门有权对城市规划区内的建设工程进行检查，保证其符合规划的要求。被检查者有义务如实提供情况和必要的资料。同时，城市规划行政主管部门还通过参加城市规划区内重要建设工程的竣工验收及行使处罚权来保证城市规划的实施。

政府通过行使规划管理权对房地产开发建设的各个环节进行规划控制，约束房地产开发行为，将房地产开发项目的工程建设纳入规划控制的轨道，保证城市房地产开发符合城市规划的要求，进而实现城市建设的目标。

三、房地产开发用地计划管理制度

为了贯彻珍惜和合理利用土地的基本国策，促进国民经济和社会的长期稳定发展，综合协调和统筹安排各种用地需求，保证国家重点建设项目用地，制止乱占滥用土地，自 1987 年起，我国开始对建设用地实行计划管理，正式编制并下达了第一个全国性的土地利用方面的计划，即全国非农业建设占用耕地年度计划，1998 年改称“建设用地计划”。随着 1987 年《建设用地计划管理暂行办法》的实施，我国的建设用地计划管理制度得以确立，并在此后的实践中不断得到完善。1998 年修订的《土地管理法》中进一步明确规定，“各级人民政府应当加强土地利用计划管理，实行建设用地总量控制”，从而使我国的建设用地计划管理制度在法律上得到确认。1999 年，国土资源部发布了《土地利用年度计划管理办法》（现已失效），并于 2004 年、2006 年、2016 年三次修订，使我国的土地利用年度计划管理制度进一步得到完善。

（一）土地利用计划管控

土地利用计划是国家根据土地利用总体规划和国民经济发展计划，对一定时期的各项用地数量所作的具体安排。目前我国的土地利用计划有以下几种分类。

（1）按计划内容分，可将土地利用计划分为土地开发计划、土地复垦计划、土地使用权出让计划等。

（2）按计划的调控程度分，可将土地利用计划分为指令性计划和指导性计划。目前我国实行的非农业建设占用耕地计划就属于指令性计划，而非农业建设占用非耕地计划则属于指导性计划。

（3）按计划的期限分，可将土地利用计划分为长期计划、中期计划和年度计划。

所有的建设用地尤其是房地产开发用地都要纳入土地利用计划管控的范围，并符合当地年度计划管控指标的要求。土地利用年度计划，是根据国民经济和社会发展计划、国家产业政策、土地利用总体规划以及建设用地和土地利用的实际状况制定的，是建设用地使用的直接依据。《土地管理法》明确规定，土地利用年度计划应当对本法第 63 条规定的集体经营性建设用地作出合理安排。土地利用年度计划的编制审批程序与土地利用总体规划的编制审批程序相同，一经审批下达，必须严格执行。

（二）建设用地计划

建设用地计划是土地利用计划的一种，它是国民经济社会发展计划的组成部分，是国家加强土地资源宏观管理、实行建设用地总量控制的重要措施，也是建设用地审批的重要依据之一。目前，我国的建设用地计划分为国家、省（自治区、直辖市、计划单列省辖市）、省辖市（地区、自治州）、县（县级市、区）四级。

国家通过各级建设用地计划的编制和实施，对各种建设用地的供给和分配进行控制和管理，从而达到控制建设用地总量的目的。

建设用地计划主要体现为土地利用年度计划。土地利用年度计划是国家对计划年度农地转用量、土地开发整理补充耕地量和耕地保有量的具体安排。土地利用年度计划中农地转用计划指标是根据国民经济和社会发展计划、国家产业政策、土地利用总体规划和土地利用的实际情况确定的。土地利用年度计划一经审批下达，必须严格执行。各项建设用地的审批不得突破年度用地计划指标，各种建设用地都应在土地利用年度计划内安排。

2024 年自然资源部办公厅《关于做好 2024 年住宅用地供应有关工作的通知》明确指出：要做好年度住宅用地供应计划与住房发展年度计划的衔接。各地要立足当地经济社会发展、市场实际需求以及资源、环境、人口等约束条件，以人定房，以房定地，统筹“市场＋保障”的住宅用地供应安排。为主动对接住房建设需求，该通知要求各地按照以人定房，以房定地的原则，在编制年度住宅用地供应计划时，与当地的住房发展年度计划相衔接，严格落实“以需定供”，统筹安排全年的住宅用地供应，促进房地产市场供求关系健康稳定。

（三）建设用地计划对房地产开发用地的控制

2003 年国土资源部《关于加强土地供应管理促进房地产市场持续健康发展的通知》（已被修改）明确指出，土地供应是调控房地产市场的基本手段，各地要充分发挥土地供应对房地产市场的调控作用，促进房地产市场持续健康发展。必须严格实行土地供应的集中统一管理。同一城市范围内的各类房地产开发用地必须纳入当地政府的统一供应渠道。房地产开发用地应符合土地利用总体规划和土地利用年度计划，严格控制占用耕地。

房地产开发用地一般都属于建设用地而且用地数量比较大，自然应符合国家土地利用计划管理的要求，并纳入当地的土地利用年度计划。尽管房地产开发用地的使用权依法应以出让的方式取得，但土地使用权出让作为建设用地供给的方式，无疑也要纳入计划管理的范围，纳入国家下达的地方年度建设用地计划。出让国有土地的数量，必然要受到建设用地计划和土地利用年度计划的制约。可见，房地产开发建设用地，无论通过何种方式取得土地使用权，都应在土地利用年度计划内安排，服从国家土地利用计划管理的要求。

四、环境保护法对房地产开发的要求

依照《环境保护法》的规定，“环境”是指影响人类生存和发展的各种天然的和经过人工改造的自然因素的总体，包括大气、水、海洋、土地、矿藏、森林、草原、湿地、野生生物、自然遗迹、人文遗迹、自然保护区、风景名胜区、城市和乡村等。房地产开发涉及多种环境因素，尤其是土地。房地产开发建设活动必然会直接或间接地对周围环境产生某种影响。因此，在房地产开发过程中，自始至终都存在着开发建设和环境保护的矛盾。人们在追求建设规模和发展速度的时候，常常忽视了对社会环境的保护，片面追求经济利益的短期行为，已对社会环境产生了明显的负面影响，以致不少地方的环境现状出现恶化的趋势。加强房地产开发中的环境保护是政府的职责，也是房地产开发企业的法定义务。根据我国《环境保护法》的规定，房地产开发活动除受规划控制和计划管理之外，还必须遵守国家法律有关保护和合理利用资源，保护环境的规定，符合环境保护的要求。

（1）在房地产开发前期阶段，进行房地产开发项目可行性研究时，应进行环境影响评价。由具备法定资格的环境评价单位对土地开发和建设项目的选址、设计以及在开发过程中和开发完成后可能对环境造成的影响作出评价，提出防治措施，并作出有关环境保护投资的预算，编制环境影响报告书，然后由开发企业依法定程序报环境保护行政主管部门审批。没有环境影响报告书或环境影响报告书未被批准的开发项目，有关部门不予办理其他相应手续。擅自开工的，除可以责令停止施工、补做环境影响报告书及其审批手续以外，还可以对开发企业及其法人代表处以罚款。

（2）在房地产开发实施阶段，开发企业在开发建设过程中必须按环境影响评价报告书的要求，落实各项环保措施，使环境保护的要求真正落到实处。同时，开发企业对于施工过程中产生的污染及对自然生态环境造成的破坏，要采取相应的防治措施，并及时修整和复原受到破坏的环境，这是开发企业的法定义务。

（3）在开发建设项目竣工阶段，对开发成果进行验收时，环境保护措施的落实情况是开发成果验收的重要内容之一。开发企业应向负责审批的环境保护行政主管部门提交环境保护设施的验收申请报告，说明环境保护设施运行的情况和治理的效果及达到的标准，经环境保护主管部门验收合格后，才能正式投入使用。环境保护行政主管部门通过组织审查验收，对污染防治、环保设施进行检验，保证开发成果符合《环境保护法》的要求。

为加强建设项目竣工环境保护验收管理，监督落实环境保护设施与建设项目主体工程同时投产或者使用，以及落实其他需配套采取的环境保护措施，防治环境污染和生态破坏，1998 年，国务院发布了《建设项目环境保护管理条例》（2017 年修订）。该条例明确规定，建设项目竣工后，建设单位应当向有审批权的环境保护行政主管部门，申请该建设项目竣工环境保护验收。国家对建设项目竣工环境保护验收实行公告制度。环境保护行政主管部门应当定期向社会公告建设项目竣工环境保护验收结果。

总之，房地产开发应符合《环境保护法》的有关规定。只有按《环境保护法》关于“三同时”制度的要求，将开发方案与环境保护方案同时设计、同时实施、同时交付使用，才能保证房地产开发与环境保护协调发展，实现经济效益、社会效益和环境效益同步提高的综合效益。

第四节　房地产开发建设用地管理制度

取得土地使用权是进行房地产开发的前提。房地产开发建设项目经依法立项后，所面临的首要问题就是如何取得开发建设项目用地的使用权。土地使用权的取得必须符合国家有关法律、法规的规定。

一、房地产开发建设用地使用权取得方式

依据《城市房地产开发经营管理条例》的规定，房地产开发用地应当以出让方式取得土地使用权；但是，法律和国务院规定可以采用划拨方式的除外。由房地产开发建设项目的性质所决定，房地产开发用地使用权的取得依法应采取出让方式。在房地产开发用地尚未进入一级土地市场之时，国家土地管理部门的土地储备机构或其委托的开发企业要完成前期开发。《土地储备管理办法》规定，土地储备机构应组织对储备土地开展必要的前期开发，为政府供应土地提供保障。储备土地的前期开发应按照该地块的规划，加强对文物遗存、历史古迹、古树名木等遗产的保护，完成地块内的道路、供水、供电、供气、排水、通讯、围挡等基础设施建设，并进行土地平整，满足必要的“通平”要求。储备土地完成前期开发，并具备供应条件后，应纳入当地市、县国有建设用地供应计划，由市、县自然资源主管部门统一组织土地供应。在土地供应之前，城市、县人民政府城乡规划主管部门应当依据控制性详细规划，提出出让地块的位置、使用性质、开发强度等规划条件，作为国有土地使用权出让合同的组成部分。未确定规划条件的地块，不得出让国有土地使用权。

土地前期开发完成并达到上述要求后，才能进入一级市场，通过招标、拍卖、挂牌方式向房地产开发企业供地。目前我国房地产开发建设用地使用权取得主要有招标、拍卖、挂牌方式。通过这些方式取得土地使用权，属于在一级市场取得出让土地使用权。在实践中，房地产开发企业也常通过合作开发、土地使用权转让等方式获得开发用地的使用权，其属于在二级市场取得开发用地使用权。

在土地使用权出让之前，县级以上地方人民政府城市规划行政主管部门和房地产开发主管部门应当对下列事项提出书面意见，作为土地使用权出让的依据：（1）房地产开发项目的性质、规模和开发期限；（2）城市规划设计条件；（3）基础设施和公共设施的建设要求；（4）基础设施建成后的产权界定；（5）项目拆迁补偿、安置要求。

有关主管部门对上述事项的有关情况进行审查后，应出具“房地产开发项目建设条件意见书”，其内容应作为土地使用权出让合同的必备条款或划拨土地使用权批准文件的

内容之一。关于国有土地使用权划拨或出让的具体程序和要求，参见本书第三章第二节和第三节的内容，此处不再赘述。

二、房地产开发建设用地的审批

《城市房地产管理法》第 10 条和第 11 条明确规定："土地使用权出让，必须符合土地利用总体规划、城市规划和年度建设用地计划。""县级以上地方人民政府出让土地使用权用于房地产开发的，须根据省级以上人民政府下达的控制指标拟订年度出让土地使用权总面积方案，按照国务院规定，报国务院或者省级人民政府批准。"房地产开发用地基本上都属于建设用地，用地面积通常比较大，尤其是新建开发区或成片开发的项目用地，少则几十亩，多则几百亩甚至上千亩。其用地是否合法，是否符合土地利用规划和年度用地计划的要求，直接关系到本地区土地利用总体规划、城市规划和土地利用年度计划的执行，进而关系到社会经济的协调发展。因此，房地产开发建设用地的审批，必须符合国家有关法律的规定，必须严格执行土地利用规划和年度计划。

（1）房地产开发企业通过出让方式取得土地使用权的，人民政府土地管理部门要会同城市规划、建设及房产管理部门，共同对出让的地块、用途、年限和其他条件拟订方案，然后报有批准权的人民政府批准。

（2）人民政府对征用或使用土地的审批，主要是以土地利用规划和年度土地利用计划为依据，对符合土地利用总体规划和年度土地利用计划的房地产开发项目用地予以批准，对不符合规划或计划的用地不予批准。不经人民政府依法批准，国有土地使用权不能出让或划拨。

（3）出让土地的审批权限。根据我国有关法律的规定，出让土地的审批权限与征用土地的审批权限相同，即占用永久基本农田的，由国务院审批；在土地利用总体规划确定的城市和村庄、集镇建设用地规模范围外，将永久基本农田以外的农用地转为建设用地的，由国务院或者国务院授权的省、自治区、直辖市人民政府批准。在土地利用总体规划确定的城市和村庄、集镇建设用地规模范围内，为实施该规划而将永久基本农田以外的农用地转为建设用地的，按土地利用年度计划分批次按照国务院规定由原批准土地利用总体规划的机关或者其授权的机关批准。在已批准的农用地转用范围内，具体建设项目用地可以由市、县人民政府批准。人民政府在批准出让土地使用权时，必须严格遵守法律规定，不得超越法定权限行使土地审批权。

三、房地产开发用地的使用

房地产开发企业在依法取得土地使用权之后，必须按照土地使用权出让合同约定的土地用途、动工开发期限进行项目开发建设，否则，将依法承担法律责任。依据《城市房地产管理法》和《城市房地产开发经营管理条例》的规定，土地使用权出让合同约定的动工开发期限满 1 年未动工开发的，可以征收相当于土地使用权出让金 20%以下的土地闲置费；满 2 年未动工开发的，可以无偿收回土地使用权。但是，因不可抗力或者政府、政府有关部门的行为或者动工开发必需的前期工作造成动工迟延的除外。为遏制部分城市住宅用地供应不合理增长，严格落实对应商品房销售周期的住宅用地供应机制，2024 年 4 月 29 日，自然资源部办公厅印发《关于做好 2024 年住宅用地供应有关工作的通知》，要求各地做好年度住宅用地供应计划与住房发展年度计划的衔接，合理控制新增商品住宅用地供应，继续大力支持保障性住房用地的供应，严格执行住宅用地收回的有关要求，对于超期未动工两年以上的闲置住宅用地，该收回的要依法收回。

第五节 房地产开发项目建设中的施工管理制度

房地产工程建设项目实施是房地产开发的重要环节，其是否规范、有序直接关系房地产开发的质量，关系建筑市场的秩序。实践中，房地产开发项目的实施或建筑物的建设，是房地产开发企业通过招投标选择建筑企业来承包完成的。为了加强房地产工程建设项目实施的管理，规范工程建设项目实施的程序，保证工程建设项目的质量，我国先后发布了《建筑法》、《建设工程施工现场管理规定》（现已失效）、《工程建设项目实施阶段程序管理暂行规定》（现已失效）等。2000 年 1 月 30 日，国务院又发布了《建设工程质量管理条例》（2017 年、2019 年修订），2014 年国家公布了《建筑业企业资质标准》，为房地产工程建设项目实施管理提供了法律依据。

一、建筑施工企业资质管理制度

建筑施工企业是房地产开发工程建设项目实施的主体，是建筑工程项目施工任务的承担者。房地产开发企业对建筑施工单位的选择，应符合国家关于建筑施工企业资质管理的有关规定。建筑施工企业应当按照审定的资质等级和业务范围承接工程，并对所承接工程的施工质量负责。

根据有关规定，建筑施工企业资质管理主要包括以下三部分内容。

1. 企业资质认定

随着建筑行业的蓬勃发展，建筑业企业资质标准作为行业规范的重要基石，也在不断更新和完善。为了加强对建筑业活动的监督管理，维护公共利益和规范建筑市场秩序，保证建设工程质量安全，促进建筑业的健康发展，2014 年国家公布了《建筑业企业资质标准》。该资质标准不仅细化了各类资质的分类与等级，还提升了对企业技术、管理、环保等多方面的要求。

建筑业企业，是指从事土木工程、建筑工程、线路管道设备安装工程的新建、扩建、改建等施工活动的企业。该标准对建筑业企业资质进行了更为细致的划分，包含建筑工程、市政公用工程、机电工程、水利水电工程等多个类别。这种划分的意义在于确保每类资质能精准对应企业的专业能力和业务范围，推动市场向专业化、精细化方向发展。在我国，建筑业企业资质分为施工总承包资质、专业承包资质、施工劳务资质三个序列。工程施工总承包资质是建筑业企业资质的重要内容。

建筑工程施工总承包资质是企业从事房屋建筑工程施工活动中所必须具备的法定资格。它不仅是对企业综合实力的认可，也是企业合法从事房屋建筑工程施工的必要条件。按现行有关资质管理规定的要求，建筑业企业应当按照其拥有的资产、主要人员、已完成的工程业绩和技术装备等条件申请建筑业企业资质，经审查合格，取得建筑业企业资质证书后，方可在资质许可的范围内从事建筑施工活动。申请建筑业企业资质时，企业需要提供包括营业执照、企业章程、资质申请表等在内的基本资料；技术负责人、职称人员及技术工人的职称证书、职业培训合格证书等人员资料；以及企业近3年承建的工程项目合同、中标通知书、竣工验收报告等技术设备资料。经资质审查合格的企业，由资质审批部门发给相应资质等级的资质证书。取得建筑业企业资质证书的企业，应当保持资产、主要人员、技术装备等方面满足相应建筑业企业资质标准要求的条件。当企业不再符合相应建筑业企业资质标准要求条件时，县级以上地方人民政府住房城乡建设主管部门、其他有关部门，应当责令其限期改正并向社会公告，整改期限最长不超过3个月；企业整改期间不得申请建筑业企业资质的升级、增项，不能承揽新的工程；逾期仍未达到建筑业企业资质标准要求条件的，资质许可机关可以撤回其建筑业企业资质证书。

2. 确定资质标准等级

资质标准等级作为建筑业企业参与市场竞争、承接工程项目的法定资格，不仅是企业实力与技术水平的直接体现，更是保证工程质量与安全、维护建筑市场秩序的重要条件。房屋建筑工程施工总承包资质分为特级、一级、二级、三级。每个资质等级都有其特定的标准和条件。①

（1）特级资质标准。

1）企业注册资本金3亿元以上；2）企业净资产3.6亿元以上；3）企业近3年上缴建筑业营业税均在5 000万元以上；4）企业银行授信额度近3年均在5亿元以上。

（2）一级资质标准。

1）企业资产：净资产1亿元以上。

2）企业主要人员。

A. 建筑工程、机电工程专业一级注册建造师合计不少于12人，其中建筑工程专业一级注册建造师不少于9人。

B. 技术负责人具有10年以上从事工程施工技术管理工作经历，且具有结构专业高级职称；建筑工程相关专业中级以上职称人员不少于30人，且结构、给排水、暖通、电气等专业齐全。

C. 持有岗位证书的施工现场管理人员不少于50人，且施工员、质量员、安全员、机械员、造价员、劳务员等人员齐全。

D. 经考核或培训合格的中级工以上技术工人不少于150人。

3）企业工程业绩。

近5年承担过下列4类中的2类工程的施工总承包或主体工程承包，工程质量合格。

---

① 房屋建筑工程是指工业、民用和公共建筑（建筑物、构筑物）工程。其包括地基与基础工程、土石方工程、结构工程、屋面工程、内外部装饰、装修工程、上下水、供暖、供电、卫生洁具、照明、消防等安装工程。

A. 地上 25 层以上的民用建筑工程 1 项或地上 18～24 层的民用建筑工程 2 项；

B. 高度 100 米以上的构筑物工程 1 项或高度 80～100 米（不含）的构筑物工程 2 项；

C. 建筑面积 3 万平方米以上的单体工业、民用建筑工程 1 项或建筑面积 2 万～3 万平方米（不含）的单体工业、民用建筑工程 2 项；

D. 钢筋混凝土结构单跨 30 米以上（或钢结构单跨 36 米以上）的建筑工程 1 项或钢筋混凝土结构单跨 27～30 米（不含）[或钢结构单跨 30～36 米（不含）] 的建筑工程 2 项。

（3）二级资质标准。

1）企业资产：净资产 4 000 万元以上。

2）企业主要人员。

A. 建筑工程、机电工程专业注册建造师合计不少于 12 人，其中建筑工程专业注册建造师不少于 9 人。

B. 技术负责人具有 8 年以上从事工程施工技术管理工作经历，且具有结构专业高级职称或建筑工程专业一级注册建造师执业资格；建筑工程相关专业中级以上职称人员不少于 15 人，且结构、给排水、暖通、电气等专业齐全。

C. 持有岗位证书的施工现场管理人员不少于 30 人，且施工员、质量员、安全员、机械员、造价员、劳务员等人员齐全。

D. 经考核或培训合格的中级工以上技术工人不少于 75 人。

3）企业工程业绩。

近 5 年承担过下列 4 类中的 2 类工程的施工总承包或主体工程承包，工程质量合格。

A. 地上 12 层以上的民用建筑工程 1 项或地上 8～11 层的民用建筑工程 2 项；

B. 高度 50 米以上的构筑物工程 1 项或高度 35～50 米（不含）的构筑物工程 2 项；

C. 建筑面积 1 万平方米以上的单体工业、民用建筑工程 1 项或建筑面积 0.6 万～1 万平方米（不含）的单体工业、民用建筑工程 2 项；

D. 钢筋混凝土结构单跨 21 米以上（或钢结构单跨 24 米以上）的建筑工程 1 项或钢筋混凝土结构单跨 18～21 米（不含）[或钢结构单跨 21～24 米（不含）] 的建筑工程 2 项。

（4）三级资质标准。

1）企业资产：净资产 800 万元以上。

2）企业主要人员。

A. 建筑工程、机电工程专业注册建造师合计不少于 5 人，其中建筑工程专业注册建造师不少于 4 人。

B. 技术负责人具有 5 年以上从事工程施工技术管理工作经历，且具有结构专业中级以上职称或建筑工程专业注册建造师执业资格；建筑工程相关专业中级以上职称人员不少于 6 人，且结构、给排水、电气等专业齐全。

C. 持有岗位证书的施工现场管理人员不少于 15 人，且施工员、质量员、安全员、机械员、造价员、劳务员等人员齐全。

D. 经考核或培训合格的中级工以上技术工人不少于 30 人。

E. 技术负责人（或注册建造师）主持完成过本类别资质二级以上标准要求的工程业绩不少于 2 项。

3. 划定承包工程范围

房屋建筑施工企业承包工程范围的划定，对于保证房屋建设工程的质量、保护购房人的合法权益、维持良好的市场秩序，促进房地产业的健康发展具有重要意义。不同资质的企业可承包房屋建筑工程的范围如下。

（1）特级资质的企业的承包范围如下：

1）取得施工总承包特级资质的企业可承担本类别各等级工程施工总承包、设计及开展工程总承包和项目管理业务。

2）取得房屋建筑、公路、铁路、市政公用、港口与航道、水利水电等专业中任意 1 项施工总承包特级资质和其中 2 项施工总承包一级资质，即可承接上述各专业工程的施工总承包、工程总承包和项目管理业务，及开展相应设计主导专业人员齐备的施工图设计业务。

3）取得房屋建筑、矿山、冶炼、石油化工、电力等专业中任意 1 项施工总承包特级资质和其中 2 项施工总承包一级资质，即可承接上述各专业工程的施工总承包、工程总承包和项目管理业务，及开展相应设计主导专业人员齐备的施工图设计业务。

4）特级资质的企业，限承担施工单项合同额 3 000 万元以上的房屋建筑工程。

（2）一级资质的企业可承担单项合同额 3 000 万元以上的下列建筑工程的施工：

1）高度 200 米以下的工业、民用建筑工程；

2）高度 240 米以下的构筑物工程。

（3）二级资质的企业可承担下列建筑工程的施工：

1）高度 100 米以下的工业、民用建筑工程；

2）高度 120 米以下的构筑物工程；

3）建筑面积 4 万平方米以下的单体工业、民用建筑工程；

4）单跨跨度 39 米以下的建筑工程。

（4）三级资质的企业可承担下列建筑工程的施工：

1）高度 50 米以下的工业、民用建筑工程；

2）高度 70 米以下的构筑物工程；

3）建筑面积 1.2 万平方米以下的单体工业、民用建筑工程；

4）单跨跨度 27 米以下的建筑工程。

房屋建筑工程施工总承包企业资质等级标准的确定和承包范围的划分，为我国房屋建筑行业的从业和经营提供了明确的要求和努力方向，也为建筑工程质量和施工安全提供了保障。房屋建筑工程发包单位可以根据企业资质等级来判断其施工能力和信誉，选择最适合自身要求的承包方，确保发包工程的顺利完成。

二、房地产开发建设工程的招投标制度

随着我国住宅建设和房地产业的迅速发展，房地产开发建设质量，尤其是商品房的

质量问题已成为社会关注的焦点，商品房质量已成为我国消费领域投诉的突出问题。为了规范房屋建筑和市政基础设施工程施工分包活动，维护建筑市场秩序，保证工程质量和施工安全，建设部于 2004 年 2 月 3 日发布了《房屋建筑和市政基础设施工程施工分包管理办法》（2014 年、2019 年修正），进一步规范了建设工程施工中的分包转包行为。

（一）房地产开发建设工程的招投标制度

房地产开发建设工程的招标投标，是指由开发建设单位作为建筑工程发包者，采用招标的方式，择优选定勘察、设计、施工单位，由被选中的施工单位作为承包方承担并完成勘察、设计、施工任务的行为。以招标投标的方式实施工程建设是国际通行的做法。在房地产开发建设项目的设计、施工中实施招投标方式选择施工企业，对于缩短工程工期、保证建筑质量、降低成本、提高效益以及防止垄断、促进公平竞争都有重要意义。

早在 1992 年，建设部为了规范招标、投标行为就发布了《工程建设施工招标投标管理办法》。1999 年全国人大常委会通过了《招标投标法》。2000 年国家发展计划委员会发布了《工程建设项目招标范围和规模标准规定》。2004 年为了规范工程施工分包行为，建设部发布了《房屋建筑和市政基础设施工程施工分包管理办法》（2014 年、2019 年修正）。这些法律、法规和部门规章确定了我国在房地产开发建设中的招标投标制度，并使其在实践中不断完善和发展。

1. 招标、投标的适用范围

在中华人民共和国境内进行下列工程建设项目包括项目的勘察、设计、施工、监理以及与工程建设有关的重要设备、材料等的采购，必须进行招标。任何单位和个人不得将依法必须进行招标的项目化整为零或者以其他任何方式规避招标。

依据《招标投标法》及有关部门规章的规定，需要实行招标投标的建设工程的范围相当广泛，主要包括：（1）大型基础设施，公用事业等关系社会公共利益、公众安全的项目；（2）使用国际组织或者外国贷款、援助资金的项目；（3）全部或部分使用国有资金投资或者国家融资的项目。

2. 投标人的资格审查

在必须实行招投标的工程中，都应实行公开招标，按照公开、公平、公正和诚实信用的原则择优选择承包单位。凡实行公开招标的，项目法人或招标投标监督管理机构应当对报名投标单位的资质条件、财务状况以及有无承担类似工程的经验等进行审查，经资格审查合格的，方可参加投标。

3. 招标、投标的要求

经过招、投标程序确定中标人后，招标人会向中标人发出中标通知书，并同时将中标结果通知所有未中标的投标人。中标通知书对招标人和中标人具有法律效力。中标通知书发出后，招标人改变中标结果的，或者中标人放弃中标项目的，应当依法承担法律责任。依照《招标投标法》的规定，招投标的法律责任主要体现为：（1）招标人和中标人应当自中标通知书发出之日起 30 日内，按照招标文件和中标人的投标文件订立书面合同。招标人和中标人不得再行订立背离合同实质性内容的其他协议。（2）招标文件要求中标人提交履约保证金的，中标人应当提交。如果中标人不履行与招标人订立的合同，履约保证金不予退还，给招标人造成的损失超过履约保证金数额的，还应当对超过部分予以赔偿；没有提交履约保证金的，应当对招标人的损失承担赔偿责任。(3) 中标人应当按照合同约定履行义务，完成中标项目。中标人不得向他人转让中标项目，也不得将中标项目肢解后分别向他人转让。中标人按照合同约定或者经招标人同意，可以将中标项目的部分非主体、非关键性工作分包给他人完成。接受分包的人应当具备相应的资格条件，并不得再次分包。中标人应当就分包项目向招标人负责，接受分包的人就分包项目承担连带责任。(4) 依法必须进行招标的项目，招标人应当自确定中标人之日起 15 日内，向有关行政监督部门提交招标投标情况的书面报告。(5) 依法必须进行招标的项目，招标人违反本法规定，与投标人就投标价格、投标方案等实质性内容进行谈判的，给予警告，对单位直接负责的主管人员和其他直接责任人员依法给予处分。

党的二十大报告指出，要完善产权保护、市场准入、公平竞争、社会信用等市场经济基础制度，优化营商环境。中共中央、国务院《关于加快建设全国统一大市场的意见》进一步要求，研究重点领域和行业性审查规则，健全公平竞争制度框架和政策实施机制。为深入贯彻落实党中央、国务院决策部署，积极回应市场关切，国家发展改革委等 8 个部门联合发布的《招标投标领域公平竞争审查规则》已于 2024 年 5 月 1 日起施行。

《招标投标领域公平竞争审查规则》针对实践中存在的招标、投标政策措施中存在的地方保护和所有制歧视的内容，以及一些企业反映的“投标难、中标难”的问题，进一步完善了招标、投标公平竞争审查实施机制，规范招标、投标政策制定行为，着力从源头上减少排斥、限制公平竞争的规定和做法。具体而言，一是细化审查标准，明确了审查具体要求，破除了招、投标中的交易壁垒；二是健全审查机制，明确了开展公平竞争审查的主体责任，强调政策措施应当在提请审议或者报批前完成公平竞争审查；三是强化监督管理，要求相关部门定期开展政策措施评估，建立招标、投标市场壁垒线索征集机制，清理和废止各类有违公平竞争的政策措施，确保公平竞争审查制度的落实。

招标、投标是市场配置资源的重要方式，经营主体通过招标、投标进行供需对接、竞争择优，实现各类要素优化配置，营造公平竞争的招标、投标市场环境，对于建设全国统一大市场，规范招标、投标活动，保护国家利益、社会公共利益和招标、投标当事人的合法权益，具有重要作用。

（二）施工分包制度

建设工程尤其是大型建设工程的建设通常涉及多种专业技能，承包人实施全部工程业务客观上难度很大，施工分包便成为一种客观的要求。所谓施工分包，是指建筑企业将其所承包的房屋建筑和市政基础设施工程中的专业工程或者劳务作业发包给其他建筑企业完成的活动。工程施工分包分为专业工程分包和劳动作业分包两种：前者是指施工总承包企业将其所承包工程中的专业工程发包给具有相应资质的其他建筑企业完成的活动；后者是指施工总承包企业或者专业承包企业将承包工程中的劳务作业发包给劳务分包企业完成的活动。国家鼓励专业承包企业和劳务分包企业承包专业工程和劳务作业，提倡分包活动进入有形建筑市场公开交易，但任何工程施工分包活动都必须依法进行。

合法的工程施工分包主要具有以下几个特征。

（1）分包工程承包人具有相应的资质，并在其资质等级许可的范围内承揽业务。

（2）已经建设单位认可。专业工程分包，除在施工总承包合同中有约定的以外，须经建设单位认可，专业分包工程承包人必须自行完成承包的工程。

（3）分包工程发包人已设立项目管理机构，组织管理所承包工程的施工活动。项目管理机构具有与承包工程的规模、技术、复杂程度相适应的技术、经济管理人员。

凡是分包工程发包人将专业工程或者劳务作业分包给不具备资质条件的分包工程承包人的，或者在总承包合同没有约定又未经建设单位认可的条件下，分包工程发包人将承包工程中的部分专业工程分包给他人的，均属于违法分包，依法应受到 1 万元以上 3 万元以下的罚款。分包工程的发包人将工程分包后，未在施工现场设立项目管理机构和委派相应人员，并未对该工程的施工活动进行组织管理的，视同转包行为。其应承担的法律责任与违法分包相同。目前，我国对工程施工分包的管理主要体现在以下几个方面。

1. 工程施工分包实行备案制度

工程专业分包合同需要备案。因为总承包单位都对施工安全、质量等负有主要责任，为了对中下层服务单位有一定的约束，就形成了协议、合同以及备案的要求。实践中，分包工程发包人和分包工程承包人依法签订分包合同后，分包工程发包人应在订立分包合同后 7 个工作日内，将合同送工程所在地县级以上地方人民政府建设行政主管部门备案。分包合同发生重大变更的，分包工程发包人也要在变更后 7 个工作日内，将变更协议送原备案机关备案。

2. 合同履行担保

鉴于分包工程对总包工程的影响以及分包合同履行的风险，《房屋建筑和市政基础设施工程施工分包管理办法》规定，分包工程发包人可以就分包合同的履行，要求分包工程承包人提供分包工程履约担保；分包工程承包人在提供担保后，要求分包工程发包人同时提供分包工程付款担保的，分包工程发包人应当提供。工程分包合同履行担保，对于保证分包工程合同的履行，维护合同双方的合法权益，以及维持正常的建筑市场秩序都将起到积极的作用。

3. 转包的禁止

转包是指承包人与发包人签订建设工程承包合同后，又将承包的工程建设任务部分或全部转让给第三人的行为。由于我国法律对工程建设承包人的资格有严格的要求，不具备相应资格者不能通过投标来承包工程，因而实践中，一些具备投标资格的企业乘机转包渔利，规避法律，甚至层层转包。这种行为的存在是建筑工程质量低下，建筑市场混乱的一个重要原因。所以，我国《民法典》规定，禁止承包人将工程分包给不具备相应资质条件的单位。禁止分包单位将其承包的工程再分包。建设工程主体结构的施工必须由承包人自行完成。《建筑法》第 28 条也明确规定，禁止承包单位将其承包的全部建筑工程转包给他人，禁止承包单位将其承包的全部建筑工程肢解以后以分包的名义分别转包给他人。《房屋建筑和市政基础设施工程施工分包管理办法》第 13 条进一步明确禁止将承包的工程进行转包。不履行合同约定，将其承包的全部工程发包给他人，或者将其承包的全部工程肢解后以分包的名义分别发包给他人的，属于转包行为。可见，我国现行法律制度对转包或以分包名义进行转包的行为是明确禁止的。

4. 分包工程发包人与承包人应承担的法律责任

分包工程的承包涉及建设工程承包总合同权利、义务的转移和专业工程承包主体的变更。其行为是否合法、规范直接关系总承包合同的履行和建设工程的质量。因此，《房屋建筑和市政基础设施工程施工分包管理办法》中明确规定分包工程承包人应当按照分包合同的约定，对其承包的工程向分包工程发包人负责。分包工程发包人和分包工程承包人就分包工程对建设单位承担连带责任。所谓连带责任是指依照法律规定或者当事人约定，两个或者两个以上当事人对其共同债务，任何一方都负有清偿全部债务的义务，并在清偿债务后对共同债务人享有追偿权的一种民事责任。

【案例】

某市广告公司因建办公楼与甲建筑公司签订了一份建筑工程承包合同。之后，经广告公司同意，甲建筑公司与乙建筑工程公司签订了建筑安装合同。该合同约定由乙建筑工程公司根据某建筑设计院提供的设计图纸进行施工，工程竣工时依据国家有关验收规定及设计图纸进行质量验收。合同签订后，乙建筑工程公司依据设计图纸进行施工。工程竣工后，发包人会同有关质量监督部门对工程进行验收，发现工程存在严重质量问题，给发包人造成了重大经济损失。由于乙建筑工程公司无力承担赔偿责任，发包方找到甲建筑公司要求赔偿，甲建筑公司以种种借口推卸责任，发包人以乙建筑工程公司为被告向法院提起诉讼。法院受理后，追加甲建筑公司为共同被告，让其与乙建筑工程公司一起对工程建设质量问题承担连带责任。

本案中，广告公司是发包人，甲建筑公司是总承包人，乙建筑工程公司是分包人。对工程质量问题，甲建筑公司和乙建筑工程公司应共同向发包人承担责任。法院根据《合同法》第272条第2款[①]“总承包人或者勘察、设计、施工承包人经发包人同意，可以将自己承包的部分工作交由第三人完成。第三人就其完成的工作成果与总承包人或者勘察、设计、施工承包人向发包人承担连带责任。承包人不得将其承包的全部建设工程转包给第三人或者将其承包的全部建设工程肢解以后以分包的名义分别转包给第三人”的规定，判决甲建筑公司和乙建筑工程公司共同对发包人承担连带责任。这意味着，在乙公司无力承担赔偿责任的情况下，甲公司应承担全部赔偿责任，之后，其可以就乙公司应承担的部分赔偿额，再向乙公司追偿。

2004年8月，建设部发布了《关于在房地产开发项目中推行工程建设合同担保的若干规定（试行）》（以下简称《规定》）。《规定》要求对于工程建设合同造价在1 000万元以上的房地产开发项目，业主在签订工程建设合同的同时，应当向承包商提交业主工程款支付担保。未提交业主工程款支付担保的建设工程，视为建设资金未落实。

① 现为《民法典》第791条的内容。

房地产开发企业在提供工程款支付担保时，要作为被担保人向银行或担保公司提出申请。银行、担保公司要对其资信情况进行审查，只有在审查合格并且被担保人办理了担保手续后，才作为保证人为其出具保证。在某种意义上讲，这种工程建设合同担保制度的实行提高了房地产开发企业进入市场的门槛。那些信誉差、经济实力不强的开发企业将很难获得担保。这对于规范房地产市场秩序和建筑市场秩序，保证建筑工程质量，减少工程建设风险以及促进资源的合理配置，都将起到积极的作用。

三、开发建设项目施工管理

（一）开发建设项目开工管理

国家对房地产开发建设项目开工实行施工许可证制度。它要求建设单位在施工之前，要向工程所在地县级以上人民政府建设行政主管部门办理施工许可手续，取得施工许可证。《建筑工程施工许可管理办法》第 2 条规定，在中华人民共和国境内从事各类房屋建筑及其附属设施的建造、装修装饰和与其配套的线路、管道、设备的安装，以及城镇市政基础设施工程的施工，建设单位在开工前应当依照本办法的规定，向工程所在地的县级以上地方人民政府住房城乡建设主管部门申请领取施工许可证。工程投资额在 30 万元以下或者建筑面积在 300 平方米以下的建筑工程，可以不申请办理施工许可证。按照国务院规定的权限和程序批准开工报告的建筑工程，不再领取施工许可证。本办法规定应当申请领取施工许可证的建筑工程未取得施工许可证的，一律不得开工。

建设单位取得施工许可证后，因故未能按期开工的，建设单位应在期满前及时向发证机关申请延期开工，并说明理由；延期以两次为限，每次不超过 3 个月。未按时开工，又不申请延期或者超过延期次数、时限的，施工许可证自行废止。

（二）施工现场管理和竣工验收制度

施工单位应当制订建设项目施工组织计划，明确规定工程任务情况、施工总方案、主要施工方法、工程施工计划、主要单位工程综合进度计划和施工力量、机具及部署、施工组织技术措施，并且要加强施工现场管理，着重抓好工程质量、材料消耗、场容场貌、机械设备、经济核算和安全施工等六个方面的工作。建设工程竣工验收，是建设工程经过施工和设备安装，达到该项目设计文件规定的要求，具备了使用条件后，承建单位向建设单位办理交付手续，建设单位查验以后，认为合格，办理接收手续的活动。我国《城市房地产开发经营管理条例》第 17 条中明确规定："房地产开发项目竣工，依照《建设工程质量管理条例》的规定验收合格后，方可交付使用。"

房地产开发项目竣工，依照《建设工程质量管理条例》的规定验收合格后，方可交付使用。房地产开发项目经验收不合格的，承建单位应当采取相应的补救措施，如返工重建或补修，然后再进行验收，经再验收合格的，方可交付使用。加强房地产开发项目建设工程的开工管理和竣工管理，对于保证建设工程质量、提高建设工程整体水平有着重要的作用，同时，对于保护国家财产和人民生命安全、保护住房消费者的合法权益，都有着重要的意义。因此，房地产开发项目建设施工，必须严格遵守国家关于开工、竣工及现场管理的有关规定，努力取得更好的社会效益，才能最终提高经济效益。

四、建设工程质量管理制度

建设工程，是指土木工程、建筑工程、线路管道和设备安装工程及装修工程。建筑工程质量是房地产开发中的重要问题，它直接关系住宅等建筑物的使用寿命和人民的生命财产安全。近年来，随着我国住宅建设和房地产业的迅速发展，城镇商品住宅的质量问题，已成为全国消费领域投诉的重点，并导致了大量的纠纷，引起了社会的广泛关注。

为了加强对建设工程质量的管理，提高建设工程质量，保护人民生命和财产安全，我国于 2000 年 1 月发布并实行了《建设工程质量管理条例》（2017 年、2019 年修订）。该条例中明确规定，凡在中华人民共和国境内从事建设工程的新建、扩建、改建等有关活动及实施对建设工程质量监督管理的，必须遵守该条例。由此确立了我国的建设工程质量管理制度，为我国的建设工程质量管理提供了法律依据。

（一）建设单位的质量义务和责任

建设单位应当依法对工程建设项目的勘察、设计、施工、监理以及与工程建设有关的重要设备、材料等的采购进行招标。通过招投标择优选择勘察、设计、施工、监理以及施工单位，择优采购重要设备、建筑材料，这是建设工程质量的基础保障。

建设单位是建设工程的立项者、投资者和拥有者，也是建设工程质量的保证者和主要责任者。其行为是否合法、规范，是否严格履行了应尽义务，直接关系建设工程的质量。因此，我国的《建设工程质量管理条例》明确规定了其应负的义务和责任。

（1）建设单位应当将工程发包给有相应资质等级的施工单位，并不得将建设工程肢解发包。

（2）建设单位应当依法对工程建设项目的勘察、设计、施工、监理以及与工程建设有关的重要设备、材料等的采购进行招标，并向有关的勘察、设计、施工、监理等单位提供与建设工程有关的原始资料。所提供的原始资料必须真实、准确、齐全。

（3）建设工程发包单位不得使承包方以低于成本的价格竞标，不得任意压缩合理工期。不得明示或暗示设计单位或者施工单位违反工程建设强制性指标，降低建设工程质量。

（4）施工图设计文件审查的具体办法，由国务院建设行政主管部门、国务院其他有关部门制定。未经审查批准的施工图设计文件不得使用。

（5）对于依法应实行监理的建设工程，建设单位应当委托具有相应资质等级的工程监理单位进行监理。但不得委托与被监理工程的施工承包单位有隶属关系或其他利害关系的监理单位监理。

建设单位在领取施工许可证或者开工报告前，应当按照国家有关规定办理工程质量监督手续。

（6）建设单位不得明示或者暗示施工单位使用不合格的建筑材料、建筑构配件和设备。

（7）建设单位在收到建设工程竣工报告后，应当组织设计、施工、工程监理等有关单位进行竣工验收。竣工验收标准应符合有关法律规定的条件。

（二）建设工程质量保修制度

为了保证建设工程质量，我国的《建设工程质量管理条例》中明确规定，建设工程实行质量保修制度。建设工程承包单位在向建设单位提交工程竣工验收报告时，应当向建设单位出具质量保修书。质量保修书中应明确建设工程的保修期限、保修范围和保修责任。我国《建设工程质量管理条例》第40条规定，在正常使用的条件下，建设工程的最低保修期限为：基础设施工程、房屋建筑的地基基础工程和主体结构工程，为设计文件规定的该工程的合理使用年限；屋面防水工程、有防水要求的卫生间、房间和外墙面的防渗漏，为5年；供热与供冷系统，为2个采暖期、供冷期；电气管线、给排水管道、设备安装和装修工程，为2年；其他项目的保修期限由发包方与承包方约定。建设工程在保修范围和保修期限内发生质量问题的，施工单位应当履行保修义务，并对造成的损失承担赔偿责任。

建设单位、设计单位、施工单位、工程监理单位违反国家规定，降低工程质量标准，造成重大安全事故的，对直接责任人员，处5年以下有期徒刑或者拘役，并处罚金；后果特别严重的，处5年以上10年以下有期徒刑，并处罚金。

（三）建设工程保证金制度

建设工程保证金（保修金）是指房地产开发建设中，发包人与承包人在建设工程承包合同中约定，从发包人应付的工程款中预留，用以保证承包人在缺陷责任期内对建设工程出现的缺陷进行维修的资金。为了保证建设工程质量，实践中普遍实行了预留建设工程质量保证金的做法。为了规范建设工程保证金的管理，落实建设工程在缺陷责任期内的维修责任，建设部和财政部于2005年1月发布了《建设工程质量保证金管理暂行办法》（现已失效）。该办法中明确规定："发包人应当在招标文件中明确保证金预留、返还等内容，并与承包人在合同条款中对涉及保证金的下列事项进行约定。""建设工程竣工结算后，发包人应按照合同约定及时向承包人支付工程结算价款并预留保证金。"为进一步清理规范涉企收费、减轻建筑业企业负担，规范建设工程质量保证金管理，2016年住房和城乡建设部、财政部制定了《建设工程质量保证金管理办法》（建质〔2016〕295号）。该办法明确规定了缺陷是指建设工程质量不符合工程建设强制性标准、设计文件，以及承包合同的约定。2017年，该办法修订，规定缺陷责任期一般为1年，最长不超过2年，由发、承包双方在合同中约定。该办法第7条规定，发包人应按照合同约定方式预留保证金，保证金总预留比例不得高于工程价款结算总额的3%。合同约定由承包人以银行保函替代预留保证金的，保函金额不得高于工程价款结算总额的3%。同时其还规定了发包人应当在招标文件中明确保证金预留、返还等内容，并与承包人在合同条款中对涉及保证金的下列事项进行约定：（1）保证金预留、返还方式；（2）保证金预留比例、期限；（3）保证金是否计付利息，如计付利息，利息的计算方式；（4）缺陷责任期的期限及计算方式；（5）保证金预留、返还及工程维修质量、费用等争议的处理程序；（6）缺陷责任期内出现缺陷的索赔方式；（7）逾期返还保证金的违约金支付办法及违约责任。

在工程项目竣工前，已经缴纳履约保证金的，发包人不得同时预留工程质量保证金。采用工程质量保证担保、工程质量保险等其他保证方式的，发包人不得再预留保证金。

保证金预留后，在缺陷责任期内，如果因承包人的原因造成工程质量缺陷，承包人应负责维修并承担鉴定及维修费用，如果承包人不维修也不承担费用，发包人可按合同约定扣除保证金。如果在缺陷责任期内承包人认真履行了合同约定的义务，到期后承包人可向发包人申请返还保证金。发包人在接到承包人返还保证金的申请后，应在 14 日内会同承包人按照合同约定的内容进行核实。如无异议，发包人应在核实后 14 日内将保证金返还给承包人。发包人和承包人对保证金预留、返还以及工程维修质量、费用有争议的，按承包合同约定的解决方式处理。

建设工程保证金制度，对于保证建设工程质量，规范保证金预留行为，减少有关纠纷的发生，以及维护建筑市场秩序，保护购房人的合法权益都具有重要的意义。

五、工程监理制度

建筑工程监理制度，是伴随着我国改革开放政策的实施而产生的一项新的管理制度。进入 20 世纪 80 年代后，我国引进外资数量逐步增加，许多外商投资项目需要工程监理，客观上要求我们引进工程监理这一国际惯例。《建筑法》中明确规定，国家推行建筑工程监理制度，国务院可以规定实行强制监理的建设工程的范围。依法应当实行监理的房地产开发项目，房地产开发应当委托具有相应资质等级的工程监理单位进行监理。对于依法应当委托监理而未委托或者将监理业务委托给不具有相应资质等级的工程监理单位的，将依法受到行政处罚。自 1988 年我国开始试行监理制度以来，工程建设监理制度在确保工程质量、有效控制建设工期、提高工程建设水平和投资效益、保证国家建设计划的实施等方面都起了重要的作用。

（一）工程监理的概念

工程监理是指具有相关资质的监理单位受甲方的委托，依据国家批准的工程项目建设文件、有关工程建设的法律、法规和工程建设监理合同及其他工程建设合同，代表甲方对乙方的工程建设实施监控的一种专业化有偿服务活动。其主要内容是控制工程建设的投资、建设工期和工程质量；进行工程建设合同管理，协调有关单位间的工作关系。工程监理的主要任务是运用科学方法从组织管理的高度采取措施，确保建设项目总目标（工期目标、质量目标、费用目标）按合同实现。

工程监理单位与建设单位之间的法律关系是一种委托关系。一般是建设单位通过招标投标方式择优选定工程监理单位，被选定的监理单位承担监理业务之前应与建设单位签订书面工程监理合同。合同的主要内容应包括：监理的范围和内容，双方的权利与义务，监理费的计取与支付，违约责任及双方约定的其他事项。工程监理合同签订生效后，工程监理关系即正式确立。监理单位应根据合同约定的其应承担的监理任务，组建工程建设监理机构。监理机构一般由总监理工程师、监理工程师和其他监理人员组成。承担工程施工阶段的监理，监理机构应进驻施工现场。实施监理前，建设单位应当将委托的监理单位、监理的内容、总监理工程师姓名及所授予的权限书面通知被监理单位。被监理单位应当按照与建设单位签订的工程建设合同的约定接受监理。监理单位应按照“公正、独立、自主”的原则，开展工程监理工作，公平地维护建设单位和被监理单位的合法权益。

（二）房地产开发项目建设工程监理的内容

房地产开发项目建设工程监理的具体内容，主要有以下几个方面。

1. 工程进度监理

工程进度监理主要是对建设项目总周期进行详细的论证和分析，通盘考虑，全面规划，对人力、物力、时间以及技术和组织作出合理的安排，制定科学的实施方案和施工组织设计，并通过编制项目总进度计划和阶段详细进度计划，控制和监督工程进度，保证建设工程按期完成。

2. 工程造价监理

工程造价监理是监理单位通过对工程造价影响因素的分析，制订出合理的工程造价标准和造价控制计划，在不影响工程质量和安全施工的条件下，采取有效措施对工程造价实行控制，确保工程费用不超过合同规定的标准。

3. 工程质量监理

工程质量监理是监理活动中最重要的一个环节。它是指监理单位根据合同规定的质量目标，通过对设计过程的质量监控，对材料、机具的质量监控以及对隐蔽工程、关键部位的重点检查，督促施工单位严格按设计要求施工，确保工程质量目标的实现。

工程建设监理是一种高智能的有偿的技术服务，监理单位在监理过程中存在过错造成重大经济损失的，应依法承担法律责任。

（三）工程监理的作用

实行工程监理制度对房地产开发项目建设具有重要作用。首先，它有利于加强对工程建设环节的控制，减少工程建设各环节的随意性，保证工程质量；其次，实行工程建设监理制度，可以借助于经验丰富、专业水平较高的专家们的力量对工程建设活动进行监督管理，这有利于提高项目建设的管理水平，提高房地产开发投资的经济效益和社会综合效益；最后，有利于维护工程建设各方的合法权益。监理单位作为建设单位和施工单位之间独立的第三方，在进行监理的活动中，按照“公正、独立、自主”的原则开展工作。它会站在客观、公正的立场上，维护建设单位和被监理单位的合法权益。

（四）工程监理的权利与义务

依照我国《建筑法》的规定，工程监理单位应当在其资质等级许可的范围内承担工程监理业务，并根据建设单位的委托，客观、公正地履行监理义务。工程监理与被监理工程的承包单位以及建筑材料、建筑配件和设备供应单位不得有隶属关系或者其他利害关系。在符合这些要求的前提下，监理单位才能与建设单位签订工程监理合同。

工程监理人员的权利包括：（1）工程监理人员在代表监理单位进行监理活动时，认为工程施工不符合工程设计要求、施工技术标准和合同约定的，有权要求建筑施工企业改正。（2）工程监理人员发现工程设计不符合建筑工程质量标准或合同约定的质量要求的，有权报告建设单位要求设计单位改正。

工程监理单位的义务包括：（1）工程监理单位在与建设单位签订工程监理合同后，不得将依约承担的工程监理业务再转让给他人。（2）工程监理单位必须严格按委托监理合同的约定履行监理义务，对应当监督检查的项目进行认真检查。（3）工程监理单位在进行监理活动时发现工程设计不符合建筑工程质量标准或合同约定的质量时，有义务及时向建设单位报告，要求设计单位改正。（4）工程监理单位发现工程施工不符合工程设计要求、施工技术标准和合同约定的，应及时要求施工企业改正。

工程监理单位是否严格履行合同、是否认真履行义务直接关系建设工程的质量，进而关系未来消费者的人身、财产安全，因此，必须严格按合同约定认真履行义务。工程监理单位不按照委托监理合同的约定履行监理义务，对应当监督检查的项目不检查或不按照规定检查，给建设单位造成损失的，应当承担相应的赔偿责任。工程监理单位与承包单位串通，为承包单位谋取非法利益，给建设单位造成损失的，应当与承包单位承担连带赔偿责任。

工程建设监理制度，是房地产开发管理法律制度的重要组成部分，在我国的房地产开发管理中起着重要作用。为了确保工程建设质量，提高工程建设水平，充分发挥投资效益，促进工程建设监理事业的健康发展，建设部于1995年制定了《工程建设监理规定》（现已失效），为规范工程监理行为提供了依据和具体要求，同时，也为维护监理单位的合法权益提供了保障。随着实践的发展，有的地方如广东省为了规范和整顿工程监理市场秩序，还实行了工程监理活动巡查制度。重点巡查工程监理单位违法经营，人员不到位以及不切实履行工程质量、安全监理责任，加大了对违法者的查处力度，并建立工程监理行业信用系统，将不良监理行为记入信用档案。这些措施的实行对我国工程监理制度的发展与完善，起到了积极的作用。2014年实施的《建设工程监理规范》明确规定，实施建设工程监理前，监理单位必须与建设单位签订书面建设工程委托监理合同，合同中应包括监理单位对建设工程质量、造价、进度进行全面控制和管理的条款。建设单位和承包单位之间与建设工程合同有关的联系活动应通过监理单位进行。

延伸阅读

1. 吴思. 房地产行业政府监管的法社会学思考. 学理论，2011（21）.
2. 秦前红. 房地产市场行政规制与政府权力的边界. 法学，2011（4）.
3. 隋洪明. 论房地产市场干预的法律理念. 法学论坛，2011（2）.
4. 魏正源. 一本书读懂中国房地产. 北京：中国商业出版社，2019.
5. 杨小强，等. 建筑与房地产增值税法国际比较. 北京：经济科学出版社，2014.
6. 成吉宁. 房地产企业破产中的购房者优先权. 湖北经济学院学报，2020（4）.

问题与思考

1. 试述房地产开发的概念及分类。

2. 我国房地产开发的立法原则是什么？

3. 城市规划与房地产开发之间的关系是什么？

4. 建设用地年度计划与房地产开发之间的关系是什么？

5. 房地产开发用地使用权取得的主要方式是什么？

6. 工程建设监理的意义是什么？

7. A 房地产开发公司与 B 房地产开发公司在 2016 年签订了联合开发协议。双方在合同中约定：A 公司以土地使用权（出让方式取得）出资，B 公司出资金 1 200 万元，共同开发一个占地面积为 1.3 万平方米的住宅小区；并对各自的投资比例和投资期限以及利益分配等具体事项作出了明确约定。双方关于利益分配的约定是：A 公司不参与经营管理，不承担开发风险，按 40%的比例参与开发项目利润的分配。请确定 A、B 两公司联合开发房地产的行为属于什么性质？

第五章

房地产交易法律制度

常考知识点

- 房地产交易的特征
- 房地产转让的条件
- 商品房预售的特征
- 经济适用房和廉租房的性质
- 房屋转租的要求
- 房地产抵押的标的
- 房地产抵押登记的意义

房地产交易法律制度是房地产法律制度的重要内容。房地产交易是房地产开发企业的产品进入流通领域、实现产品价值、获得经营收益的必经环节，也是房地产商品生产者、消费者相互沟通、实现各自目标的主要方式。在市场经济条件下，房地产交易是大量而普遍的现象，也是一种经常性的行为。其是否规范以及规范的程度，直接关系房地产市场能否健康发展，关系经济活动能否有序和社会秩序能否稳定。因此，房地产交易活动历来是国家法律规范的主要对象之一。国家为加强管理、规范房地产交易而制定的有关法律、法规，是我国房地产法的重要组成部分。

第一节　房地产交易概述

一、房地产交易的概念和特征

房地产交易是人们对房地产转让、出租和抵押等活动的总的称谓。在我国现行土地制度下，房地产交易是指以房屋等建筑物、构筑物及其占用范围内的土地使用权为对象而进行的一种商品交换活动，它包括转让、出租和抵押等。作为一种商品交换形式，房地产交易具有一般商品交换的性质和法律特征，但由交易客体的特殊性所决定，其与一般商品交易又有重要的区别。

（1）房地产交易标的的价格通常会远远高于一般生活消费品的价格。交易的安全与成败对买卖双方的影响远大于普通商品交易的影响。

（2）房地产交易标的物具有固定性。无论这种交易以何种形式进行，交易的对象都不会发生空间上的移动，交易完成的主要标志是房屋所有权及其相应的土地使用权的转移或房地产权利主体的变更。

（3）房地产交易无论以何种形式出现，都会涉及土地资源占用和土地收益的重新分配，并会在一定程度上对整个社会的生产、生活产生影响，具有较强的社会性。

（4）房地产交易比一般商品交易复杂得多。交易的顺利完成，通常需要有关中介服务机构和专业人员的介入。

二、房地产交易的原则

房地产交易的原则是贯穿于房地产法始终，并具有普遍指导意义的重要的交易规则。就房地产交易的性质而言，一般是平等主体之间的民事法律行为，基于这种行为而形成的法律关系，主要是民事法律关系。因此，房地产交易应遵守平等、自愿、等价有偿、诚实信用等民法的一般原则。但房地产交易与一般的交易行为相比，无论是从交易的主体、客体来讲，还是从交易的内容和形式来讲，都具有许多特殊性，且房地产交易关系较一般的交易关系复杂得多。因此，在房地产交易中还必须遵守房地产法所特有的一些原则。

（1）房地一体原则。由于土地与房屋等地上建筑物在物质形态上具有不可分割性，为了维护交易双方的合法权益，便于土地和房屋的合理利用，我国《城市房地产管理法》中明确规定："房地产转让、抵押时，房屋的所有权和该房屋占用范围内的土地使用权同时转让、抵押"。《城镇国有土地使用权出让和转让暂行条例》中也明确规定："土地使用权转让时，其地上建筑物、其他附着物所有权随之转让。"亦即房地产转让、抵押时，房屋所有权和土地使用权必须同时转让、抵押，不得将房屋所有权与土地使用权分别转让或抵押。在房地产交易中必须遵守房地一体的原则。

（2）依法登记的原则。由房地产本身的特性所决定，房地产的权属关系、权利状态及权属关系的变化，均难以从其占有状态上反映出来。为了维护权利人的合法权益，防止欺诈行为，保持良好的交易秩序，世界各国普遍对房地产交易实行登记制度（见本书第三章第五节）。我国也不例外，《城市房地产管理法》中明确规定："房地产转让或者变更时，应当向县级以上地方人民政府房产管理部门申请房产变更登记，并凭变更后的房屋所有权证书向同级人民政府土地管理部门申请土地使用权变更登记"。不依法办理登记手续的，其房地产的转让不具有法律效力，不受国家法律的保护。为整合不动产登记职责，规范登记行为，方便群众申请登记，保护权利人合法权益，自 2015 年 3 月 1 日起，国家实行不动产统一登记制度（具体内容见本书第二章第五节）。

（3）房地产交易价格分别管制原则。房地产价格问题是房地产交易和房地产市场的核心问题。为了稳定房地产价格、维护房地产市场秩序、保护购房人的合法权益，我国《城市房地产管理法》中明确规定："基准地价、标定地价和各类房屋的重置价格应当定期确定并公布"。国家实行房地产价格申报制度和价格评估制度。目前，除经济适用房实行政府指导价，征收房屋补偿价格及房地产交易市场的重要的经营性服务收费实行政府定价以外，其他各类房屋的买卖、租赁价格，房屋的抵押、典当价格，均实行市场调节价。实行政府定价的房地产交易价格要按照政府规定的标准确定。

上述原则集中体现了我国房地产法的特点和立法精神，对房地产法实施起着重要的指导作用。无论是房地产交易行为，还是房地产交易的管理行为，都应遵循这些基本的原则。

三、房地产交易的管理服务机构

房地产交易的管理机构是指依法有权对房地产交易活动进行指导、监督、协调以及对房地产交易法律关系进行保护的国家机关和社会组织。根据我国有关法律的规定和目前的实际情况，我国的房地产交易主管部门，是国务院建设行政主管部门和自然资源部门。它们依照国务院规定的职权划分，各司其职、密切配合，负责全国的房地产交易管理工作。

（一）房地产管理机关

这里的房地产管理机关是指自然资源部、住房和城乡建设部及其下属的县级以上地方人民政府的房产管理部门和土地管理部门。它们是行政管理机关，也是房地产法的执行机关，代表国家及地方人民政府，依照国家的有关政策和法律，结合房地产业的发展规律和社会需求，对房地产市场尤其是房地产交易行为进行指导、协调和监督，促进房地产交易的健康发展，保护房地产权利人的合法权益，防止国家土地收益的流失。房地产管理机关的具体职责如下。

1. 自然资源部、住房和城乡建设部的主要职责

（1）贯彻执行国家有关房地产管理的政策与法律，制定并实施有关房地产市场管理的政策和部门规章。

（2）对进入房地产市场的组织和个人的主体资格进行审查和认定，并对其经营行为和交易行为依法进行引导和监督，调控市场价格。

（3）维持正常的房地产市场秩序，查处各种非法的交易行为。依法惩罚房地产交易中的违法者。

（4）依法及时地协调房地产交易中发生的矛盾和冲突，解决房地产市场中发生的部分纠纷。

2. 地方各级房地产管理机关的职责

（1）贯彻执行国家有关房地产管理的法律、法规和政策，拟定本地区的房地产管理法规的实施办法，并组织实施。

（2）负责房地产开发企业、中介服务机构以及其他各种交易主体的资质、资格审查，并对其交易行为进行监督。

（3）负责房地产的权属管理，对各种房地产交易的权属变更情况进行审核与登记。

（4）查处房地产交易中的违法行为，调处房地产交易纠纷。

（二）房地产交易中心

房地产交易中心是国家根据房地产市场发展的需要而设立的，供人们进行房地产交易的固定场所。1992年以后，随着我国房地产业的迅速发展及房地产市场的日益活跃，全国各大中城市都先后设立了房地产交易中心，强化了房地产交易管理，规范了房地产交易行为。各地房地产交易所的建立，为房地产交易提供了固定的场所和必要的服务。同时其也在房地产交易指导、监督、价格调控以及查处违法行为、保证交易安全等方面起了重要的作用。房地产交易中心的主要职责如下：（1）为房地产交易提供洽谈、协商、交流信息、展示行情等各种服务；（2）提供有关房地产的法律、政策咨询；（3）接受有关房地产交易和经营管理的委托代理业务；（4）为房地产交易提供价格评估服务；（5）负责各类房地产租赁备案；（6）收集、整理并定期发布房源信息。

房地产交易中心就其职能而言，具有经营与管理双重属性，它既代政府行使某些管理职权，又为了自身的利益从事一些经营性的服务活动。笔者认为，这是不符合我国经济体制改革的目标的。从长远来看，房地产交易中心在完成其特定时期的历史使命之后，应按照政企分开的原则，逐步实行企业化管理与经营。

（三）房地产中介服务机构

1. 房地产中介服务机构及其作用

房地产中介服务是指房地产咨询、房地产价格评估、房地产经纪等活动的总称。根据我国《城市房地产管理法》的规定，目前我国的中介服务主要包括房地产咨询、房地产价格评估和房地产经纪。房地产咨询，主要是指为房地产交易当事人提供法律法规、政策、信息、技术等方面服务的经营活动。房地产价格评估，是指对房地产进行测算，评定其经济价值和价格的经营活动。房地产经纪，是指为委托人提供房地产信息和居间代理业务的经营活动。随着房地产业的发展和社会分工的进一步细化，房地产中介服务的范围日趋扩大，种类繁多，房地产中介发展的空间也越来越大，在房地产市场交易中起着桥梁和纽带的作用，尤其是在房屋买卖和租赁中已成为不可或缺的一部分。房地产中介服务机构客观上增加了房地产的交易量，拓宽了市场流通渠道，也在一定程度上规范了市场交易行为，提高了房地产交易的效率，促进了资源的有效配置。

但由于房地产经纪活动具有专业性强、灵活性大、独立性强、投资少、经营风险性低的特征，因而在数量上容易盲目扩张、在质量上良莠不齐。这种独特的经营方式很容易使其违背经营宗旨，牟取暴利，脱离市场管理的轨道。所以，加强政府对房地产经纪活动的监督管理是一种客观的需要。2004年，国家工商行政管理总局发布实施了《经纪人管理办法》（现已失效）。2011年1月，住房和城乡建设部、国家发展和改革委员会、人力资源和社会保障部联合发布了《房地产经纪管理办法》（2016年修正），这是我国第一个专门规范房地产经纪行为的部门规章。其对于全面落实国务院关于加强房地产调控的重要举措，对于整顿房地产市场秩序、规范房地产经纪行为、保护房地产经纪活动当事人合法权益、促进房地产经纪行业健康发展，都具有十分重要的意义。

2. 房地产中介服务的要求

房地产中介服务是基于房地产交易当事人的委托而形成的一种法律关系，其主要表现形式就是房地产经纪合同。房地产经纪合同是房地产经纪机构与委托人之间就相互之间的权利义务关系达成一致意见的法律形式。其既是双方当事人行使权利、履行义务的具体要求，又是发生纠纷时确定双方违约责任的重要依据。依据《房地产经纪管理办法》的规定，房地产经纪机构接受委托提供房地产信息、实地看房、代拟合同等房地产经纪服务的，应当与委托人签订书面房地产经纪服务合同。

房地产经纪服务合同应当包含下列内容：（1）房地产经纪服务双方当事人的姓名（名称）、住所等情况和从事业务的房地产经纪人员情况；（2）房地产经纪服务的项目、内容、要求以及完成的标准；（3）服务费用及其支付方式；（4）合同当事人的权利和义务；（5）违约责任和纠纷解决方式。实践中，房地产经纪机构与委托人签订的房地产经纪服务合同通常是格式合同，应当包括上述内容。

依据《房地产经纪管理办法》的规定，在签订合同时，房地产经纪机构必须符合下列要求。

（1）履行告知义务。房地产经纪机构签订房地产经纪服务合同前，应当向委托人说明房地产经纪服务合同和房屋买卖合同或者房屋租赁合同的相关内容，并书面告知下列事项：1）是否与委托房屋有利害关系；2）应当由委托人协助的事宜、提供的资料；3）委托房屋的市场参考价格；4）房屋交易的一般程序及可能存在的风险；5）房屋交易涉及的税费；6）经纪服务的内容及完成标准；7）经纪服务收费标准和支付时间；8）其他需要告知的事项。房地产经纪机构根据交易当事人需要提供房地产经纪服务以外的其他服务的，应当事先经当事人书面同意并告知服务内容及收费标准。书面告知材料应当经委托人签名（盖章）确认。

（2）核实情况。房地产经纪机构与委托人签订房屋出售、出租经纪服务合同，应当查看委托出售、出租的房屋及房屋权属证书，委托人的身份证明等有关资料，并应当编制房屋状况说明书。经委托人书面同意后，方可对外发布相应的房源信息。房地产经纪机构与委托人签订房屋承购、承租经纪服务合同，应当查看委托人身份证明等有关资料。委托人与房地产经纪机构签订房地产经纪服务合同，应当向房地产经纪机构提供真实有效的身份证明。委托出售、出租房屋的，还应当向房地产经纪机构提供真实有效的房屋权属证书。委托人未提供规定资料或者提供资料与实际不符的，房地产经纪机构应当拒绝接受委托。

（3）盖章与签名。由经纪服务活动的特点所决定，房地产经纪服务合同的签订，应当加盖房地产经纪机构印章，并由从事该业务的一名房地产经纪人或者两名房地产经纪人在签订合同时协理签名。

3. 房地产中介服务的收费

房地产经纪收费是房地产专业经纪人接受委托，进行居间代理而收取佣金的行为。其是否合法、规范，直接关系委托方的合法权益和房地产经纪服务业的健康发展，因此，必须予以规范和监管。

（1）由机构统一收费。提供房地产经纪服务所收取的佣金由房地产经纪机构向委托人收取，而不能由具体从事经纪业务的房地产经纪人员收取。经纪机构在接受当事人委托时应主动向当事人介绍有关收费及服务情况。

（2）房地产经纪服务实行明码标价制度。房地产经纪机构应当遵守价格法律、法规和规章规定，在经营场所醒目位置标明房地产经纪服务项目、服务内容、收费标准以及相关房地产价格和信息。房地产经纪机构不得收取任何未予标明的费用。在标价时：1）不得使用误导性标价方式和标价内容。房地产经纪机构不得利用虚假或者使人误解的标价内容和标价方式进行价格欺诈。2）不得混合标价、捆绑标价。一项服务可以分解为多个项目和标准的，应当明确标示每一个项目和标准，不得混合标价、捆绑标价。

（3）公平收费制度。房地产经纪机构未完成房地产经纪服务合同约定事项，或者服务未达到房地产经纪服务合同约定标准的，不得收取佣金。两家或者两家以上房地产经纪机构合作开展同一宗房地产经纪业务的，只能按照一宗业务收取佣金，不得向委托人增加收费。房地产经纪机构根据交易当事人需要提供房地产经纪服务以外的其他服务的，应当事先经当事人书面同意并告知服务内容及收费标准。

房地产经纪费根据代理项目的不同实行不同的收费标准。实践中，房屋租赁代理收费，无论成交的租赁期限长短，一般是以一个月租金额为标准，由双方协商议定一次性计收。但在不同的地方，中介收费的方式和标准是有差别的。在北京市区，一般分为季付、半年付和年付，中介费为一个月租金，由承租方支付，也有按月租金的一定比例由出租方支付的。上海市一般是出租方与承租方各支付月租金的30％～35％作为租房中介费。在重庆市，大部分地区是按月租金的50％收取租房中介费，有的是出租方和承租方都要支付，也有的只收取承租方的中介费。房屋买卖的中介费，按成交价格总额的0.5％～2.5％计收。实行独家代理的，收费标准由委托方与房地产经纪机构协商，可适当提高，但最高不超过成交价格的3％。

第二节　房地产转让

一、房地产转让的概念和特征

（一）房地产转让的概念

房地产转让，是指房地产权利人通过买卖、赠与、交换或者其他合法方式将其房地产转移给他人的行为。此概念表明以下几点。

（1）房地产转让的主体是房地产权利人，包括房产所有权人和土地使用权人。非房地产权利人不能成为房地产转让法律关系的转让方。

（2）房地产转让的客体是城市中被转让房屋的所有权和该房屋占用范围内的土地使用权。由房屋与土地在物质形态上的不可分割性所决定，房屋所有权和房屋占用范围内的土地使用权共同作为房地产交易的客体。

（3）房地产转让的形式主要是买卖、赠与和交换，同时，也包括其他合法方式。如以房地产作价入股与他人组成企业法人，以土地使用权与他人合资、合作开发经营房地产等也属于房地产转让行为。

（4）房地产转让是一种能产生房地产权利转移后果的法律行为。该行为的实施必然导致房地产权利主体的变更。

（二）房地产转让的特征

房地产转让是以房屋所有权及房屋占用范围内的土地使用权为客体而进行的房地产交易活动。它是房地产交易的主要形式。其法律特征主要表现在以下几个方面。

（1）房地产转让的标的必须合法。房地产转让的标的是房屋及其占用范围内的土地使用权。作为转让标的的房地产必须符合我国有关法律法规的规定。如房屋及其占用范围内的土地使用权转让的，该房屋及其占用范围内的土地使用权，必须是现行法律允许转让的，并且是没有权属争议的，属于转让方有权处分的房地产；单独以土地使用权为转让标的，该土地使用权必须是以出让方式取得，并达到法定投资开发要求的。房地产转让标的不合法，转让行为即无效，不受法律保护。

（2）房地产转让时，原土地使用者在土地使用权出让合同中所享有的权利和义务随之转移给受让方。原合同中所载明的各种权利和义务均由受让方享有和履行。这是房地产转让与土地使用权出租及房屋出租的一个重要的区别。

（3）房地产转让属于要式法律行为。当事人双方应签订书面合同，并依法到不动产登记机构进行权利转移登记，换领房地产权利证书（不动产权利证书）。

（4）以出让方式取得土地使用权的，转让房地产时不得违反原出让合同的约定，受让人确需改变原土地使用权出让合同约定的土地用途的，必须取得原出让方和市、县人民政府规划行政主管部门的同意，签订土地使用权出让合同变更协议或者重新签订土地使用权出让合同，相应调整土地使用权出让金。否则，受让方不得改变原土地用途。

二、房地产转让的条件

为了保证房地产转让行为的合法性和有效性，房地产转让必须具备以下条件。

（一）转让、受让双方需具有合法资格

房地产转让属于民事法律行为，转、受让双方必须具有相应的主体资格和行为能力。自然人作为房地产转让行为主体时，必须具备民事权利能力及民事行为能力。法人或其他社会组织作为房地产转让主体的，应具有法人资格或符合法定条件。否则，其转让房地产的行为不具有法律效力，不受法律保护。

（二）房地产转让的客体必须符合法定要求

房地产属于特殊财产，由其自身的特殊性及其在人们生产、生活中的极端重要性所决定，国家对房地产的转让，尤其是土地使用权的转让，通常有较多的限制和特定的要求。依据《城市房地产管理法》，以出让方式取得土地使用权的，转让房地产时，应符合

下列条件：（1）按照出让合同的约定已经支付全部土地使用权出让金，并取得土地使用权证书。（2）按照出让合同的约定进行投资开发，属于房屋建设工程的，完成开发投资总额的25％以上，属于成片开发土地的，形成工业用地或者其他建设用地条件。转让房地产时房屋已建成的，还应持有房屋所有权证书。以划拨方式取得土地使用权的，转让房地产时应符合以下条件：（1）按照国务院的规定报有批准权的人民政府批准。（2）经人民政府批准转让的，应依法办理土地使用权出让手续，并依照国家有关规定缴纳土地使用权出让金。有批准权的人民政府依法决定可以不办理土地使用权出让手续的，转让方应按照有关规定将转让房地产所获收益中的土地收益上缴国家或者作其他处理。

（三）签订书面转让合同

房地产转让属于要式法律行为，转让、受让双方经协商达成协议后，应签订书面合同，载明土地使用权取得的方式，双方确定的权利、义务及其他必要的条款。目前，在很多地方，政府主管部门都提供房屋买卖的规范文本，供交易者使用或参考。合法有效的书面合同是房地产交易中买卖双方主张权利和维护合法权益的重要保障，也是在发生纠纷时确定法律责任的重要依据。

（四）办理登记过户手续

房地产转让属于要式法律行为。房地产转让合同签订后，买卖双方当事人应在签约后的一定时间内，按合同约定的时间到不动产登记机构办理土地使用权及房屋所有权的转移登记手续，领取房地产权利证书。经过登记的房地产权利才受法律的保护。登记过户的具体程序和要求见本书第二章第五节，这里不再赘述。

由于房价上涨较快，二手房交易中出现了大量的买卖合同签订后或在履行中卖方反悔，进而毁约或违约导致合同解除的现象。在这类案件中，房价上涨形成的价差损失既是毁约的主要原因，也是解决损失赔偿问题的焦点。

三、房地产转让中的禁止转让情形

房地产转让是一种法律行为，其法律后果是房屋所有权及其占用范围内的土地使用权转移或权利主体变更。因此，作为转让客体的房地产必须权属明确，并且无争议，否则，就很可能导致当事人或第三方合法权益的损害，破坏正常的房地产市场秩序和社会秩序。依据《城市房地产管理法》的规定，下列房地产不得转让。

（1）以出让方式取得的土地使用权，不符合《城市房地产管理法》第39条规定的条件的。《城市房地产管理法》第39条规定，以出让方式取得土地使用权的，转让房地产时，应当符合下列条件：1）按照出让合同约定已经支付全部土地使用权出让金，并取得土地使用权证书；2）按照出让合同约定进行投资开发，属于房屋建设工程的，完成开发投资总额的25％以上，属于成片开发土地的，形成工业用地或者其他建设用地条件。转让房地产时房屋已经建成的，还应当持有房屋所有权证书。

（2）未依法登记领取权属证书的房地产。房地产未依法登记领取权属证书，表明该房地产来源不明或尚未依法取得所有权，以其为对象进行房地产转让，就难以保证交易的安全，不利于对当事人合法权益的保护和市场秩序的稳定。

（3）权属有争议的房地产。房地产权属存在争议，意味着其权属尚未界定清楚。如允许其转让就会使问题进一步复杂化，最终损害真正权利人或受让方的合法权益。因此，此种房地产不能转让。

（4）未经其他共有人同意的共有房地产。共有房地产的权利主体，通常是两个以上的自然人或法人。数个主体共同享有房产的所有权和相应的土地使用权，未经其他共有人同意而转让共有房地产，是侵犯共有人房地产权利的行为，因此，我国法律将未经其他共有人同意的共有房地产的转让纳入禁止之列。同时，要求同意转让共有房地产的其他共有人要以书面形式作出意思表示。

（5）土地使用权已被依法收回的。土地使用权被国家依法收回，表明转让方已无权对该土地使用权进行转让。如果允许该种转让，就会侵犯国家的土地权益或者给受让方造成损害。因此，已被收回土地使用权的不得再转让。

（6）司法机关和行政机关依法裁定，决定查封或者以其他形式限制房地产权利的房地产。根据财产权流转的一般原则，作为交易客体的房地产应该是权利人能够对其行使处分权的房地产。而被司法机关和行政机关依法裁定，决定查封或以其他形式限制权利的房地产，权利人对其已无处分权，因此，该类房地产不得转让。

（7）法律、行政法规禁止转让的其他情形。根据我国有关法律的规定，某些具有特殊情况的房地产也是不能转让的，例如，已被国家列入文物保护范围的房产、已被国家列入征收范围的房产等。

四、房地产转让的方式

目前我国房地产转让的方式主要有以下几种。

1. 买卖

买卖是社会生活中最常见的商品交换活动，也是我国房地产转让的主要方式。这里的房地产买卖，是指房地产权利人将其房屋所有权连同其占用范围内的土地使用权，依法转移给受让人，由受让人向其支付价款的行为。

按房地产买卖法律关系的客体来划分，房屋买卖可分为公房买卖和私房买卖、现房买卖和期房买卖，以及商品房买卖和经济适用住房买卖等。不论哪种房屋的买卖，其实质都是以取得价款为条件转移房屋所有权及相应的土地使用权，其结果都是房地产权利的转移或房地产权利主体发生变更。

2. 赠与

房地产赠与，是指赠与人自愿将其房地产无偿转移给受赠人，受赠人表示接受而达成的协议。与房地产买卖相比，其主要特征是房地产权利的转移具有无偿性。与传统民法中的一般财产赠与不同的是，房地产赠与不一定都是无偿的单务合同关系。如依据《城镇国有土地使用权出让和转让暂行条例》第 19 条的规定，赠与也属于土地使用权转让行为。将以出让方式取得的土地使用权赠与他人时，受赠人要依照土地使用权出让合同的约定，履行赠与人原负有的义务，受赠人在取得土地使用权的同时，也就承担了赠与人原来承担的义务，即依照出让合同的约定对土地进行投资和开发。在达到法定投资开发要求之前不得再转让。

3. 交换

房地产交换，是指房屋所有权人以自己的房屋换取他人房屋，相互找补差价的行为。通过交换这种方式可以使房屋所有权人在不增加大量投资的基础上，获得更满意的或更适合自己需要的房屋，使房屋得到更充分、更合理的利用，从而实现房屋资源的优化配置。

4. 其他合法方式

除买卖、赠与这些典型的房地产转让行为之外，房地产权利人还可以采取其他法律允许的方式转让其房地产。随着我国土地有偿使用制度的实行和经济体制改革、企业制度改革的不断深入，房地产转让的形式也发生了很大的变化，呈多样化趋势。根据《城市房地产转让管理规定》，下列行为属于房地产转让行为：(1) 以房地产作价入股、与他人成立企业法人，房地产权属发生变更的；(2) 一方提供土地使用权，另一方或者多方提供资金，合资、合作开发经营房地产，而使房地产权属发生变更的；(3) 因企业被收购、兼并或合并，房地产权属随之转移的；(4) 以房地产抵债的；(5) 法律、法规规定的其他情形。这些行为从形式上看并非房地产转让，但实质上均具有房地产转让的性质，无论以何种方式进行，其实质性的结果都是房地产权利有偿转移或房地产权利主体发生变更。

【案例】

在过去十几年里，随着商品房限购政策的实行和学区房的热购，二手房交易在房地产市场中占有相当比重，随之而来的相关纠纷也在不断增加，具有普遍性的是二手房买卖纠纷，其中相当一部分是因房价上涨，卖房人反悔，要求买方增加房价或直接违约所导致的。

卖方刘某和买家李某签订了一份二手房屋买卖合同，约定刘某将位于北京市海淀区的一处房屋转让给李某，房价款为 250 万元，李某在签订合同后 5 日内向刘某支付了首付款 80 万元，刘某于收到首付款后 7 日内将房屋交付李某，双方定于 2014 年 9 月 20 日到有关管理机关办理过户手续。合同中还约定，如因一方原因交易不成功，违约方应向对方支付房屋价款 5%的违约金。在李某支付首付款后，由于房屋价格上涨，卖方反悔，不想再出卖该房屋，提出加价，被李某拒绝。双方为此多次协商，均无结果。最后刘某提出退回李某已交付的首期款并按合同向李某支付违约金 12.5 万元，双方取消交易，仍被李某拒绝。2014 年 1 月 6 日，李某向法院起诉，要求刘某履行其所签订的北京市存量房买卖合同，配合李某办理交易过户手续，并赔偿损失 7 万元。

因双方当事人所签的北京市存量房买卖合同是双方自愿签订的，属于合法有效的合同，双方均应按照约定履行各自的义务，法院判刘某于判决之日起 30 日内与李某到房地产管理部门办理房地产交易的登记过户手续。但对于李某要求刘某赔偿损失的诉讼请求，因缺乏证据支持，法院予以驳回。

五、经济适用住房及其转让

经济适用住房是指政府提供政策优惠，限定套型面积和销售价格，按照合理标准建设，面向城市低收入住房困难家庭供应，具有保障性质的政策性住房。

（一）经济适用住房的基本特征

（1）经济适用住房单套的建筑面积控制在 60 平方米左右。市、县人民政府根据当地经济发展水平、群众生活水平、住房状况、家庭结构和人口等因素，合理确定经济适用住房建设规模和各种套型的比例，并进行严格管理。因此，各地经济适用住房单套的建筑面积不尽相同。

（2）经济适用住房价格的确定以保本微利为原则。房地产开发企业实施的经济适用住房项目利润率按不高于 3%核定；市、县人民政府直接组织建设的经济适用住房只能按成本价销售，不得有利润。

（3）经济适用住房销售实行明码标价。销售价格不得高于基准价格及上浮幅度，不得在标价之外收取任何未予标明的费用。经济适用住房价格确定后应当向社会公布。

（4）经济适用住房的供给对象具有特定性。依据 2010 年住建部《关于加强经济适用住房管理有关问题的通知》，经济适用住房的供应对象是城市低收入住房困难家庭。经济适用住房供应对象的家庭收入标准和住房困难标准，由市、县人民政府根据当地商品住房价格、居民家庭可支配收入、居住水平和家庭人口结构等因素确定，实行动态管理，每年向社会公布一次。

（5）经济适用住房供应实行申请、审核、公示和轮候制度。经济适用住房的供给具有社会保障的性质，为了保证经济适用住房的供给真正面向低收入住房困难家庭，并达到解决低收入住房困难家庭的住房困难这一最终目标，国家对经济适用住房的购买实行特别程序予以保障。

（二）经济适用住房购买的条件

经济适用住房是具有保障性质的政策性住房，其供应对象是城市低收入住房困难家庭。城市低收入住房困难家庭，是指市和县人民政府所在地镇的范围内，家庭收入、住房状况等符合市、县人民政府规定条件的家庭。

城市低收入家庭申请购买经济适用住房应同时符合下列条件：（1）具有当地城镇户口；（2）家庭收入符合市、县人民政府划定的低收入家庭收入标准；（3）无房或现住房面积低于市、县人民政府规定的住房困难标准。

弄虚作假、隐瞒家庭收入和住房条件，骗购经济适用住房或单位集资合作建房的个人，由市、县人民政府经济适用住房主管部门限期按原价格并考虑折旧等因素作价收回所购住房，并依照法律和有关规定追究责任。对出具虚假证明的，依法追究相关责任人的责任。

经济适用房的供给销售对象是特殊的社会群体，有关法规律和地方法规对购房人的条件都有明确的规定。实践中，一些买房人为了规避有关规定，享受优惠政策便采取借名购房的方式购买经济适用房，借名人和出借姓名人往往事先约定待时机成熟时再办理过户变更手续。然而，现实中经常出现借名买房后房价快速上涨，出借姓名的一方认为有利可图，要求确认房屋实际所有权归属自己，并要求借名人腾退房屋，进而发生纠纷。例如，2018 年 3 月 15 日，张某因不符合购买经济适用房的条件，与亲属王某商定，张某以王某的名义购买一套经济适用房，并与房产公司签订房屋买卖合同，合同约定王某购买 505 号房屋，总价款 40 万元。张某如约交了首付款及后续贷款，并于 2020 年取得所有权证书，登记的所有权人为张某，房屋交付使用后由张某装修并使用。2023 年年初，王某起诉张某要求确认房屋归王某所有、张某返还房屋，法院以借名购买经济适用房合同，因违反法律法规的强制性规定而无效，支持了王某的诉讼请求。2024 年 3 月，张某向法院提起诉讼，请求法院确认自己借王某名义买房的行为无效，要求王某返还购房款、购房利息、装修损失以及房屋差价损失。诉讼过程中经鉴定，505 号房屋的市场价值为 240 万元。最终法院判决支持张某的诉讼请求，由王某支付张某购房款、贷款利息、房屋增值差价损失共计 221 万元（其中房屋差价损失 180 万元）。

（三）经济适用住房购买的程序

目前，我国经济适用住房购买的基本程序如下。

（1）申请。符合法定条件低收入住房困难家庭欲购买经济适用住房，首先要提出申请，并提供有关证明材料。

（2）审核。街道办事处（镇人民政府）、市（区）、县人民政府对申请人的购房申请逐级审核，通过入户调查、邻里访问以及信函索证等方式，对申请人的家庭收入和住房状况等情况进行审核。

（3）公示。经审核符合购房条件的申请人，将通过公示的方式接受社会监督。通过公示没有异议的家庭，由市、县人民政府经济适用住房主管部门发放准予购买经济适用住房的核准通知，注明可以购买的面积标准。

（4）轮候。经审核符合购买经济适用住房条件的家庭，按照收入水平、住房困难程度和申请顺序等因素进行轮候。

经轮候获准购房的家庭，可以持核准通知购买一套与核准面积相对应的经济适用住房。购买面积原则上不得超过核准面积。购买面积在核准面积以内的，按核准的价格购买；超过核准面积的部分，不得享受政府优惠，由购房人按照同地段同类普通商品住房的价格补交差价。经济适用住房购房人对所购房屋拥有的是有限产权。已参加福利分房的家庭在退回所分房屋前不得购买经济适用住房，已购买经济适用住房的家庭不得再购买经济适用住房。

未取得资格的家庭购买经济适用住房或参加集资合作建房的，其所购买或集资建设的住房由经济适用住房主管部门限期按原价格并考虑折旧等因素作价收购；不能收购的，由经济适用住房主管部门责成其补缴经济适用住房或单位集资合作建房与同地段同类普通商品住房价格差，并对相关责任单位和责任人依法予以处罚。

（四）经济适用住房的转让

经济适用住房上市出售应符合法定条件和要求。

（1）所售经济适用房已满 5 年。购买经济适用住房不满 5 年的，不得直接上市交易。购房不满 5 年的，购房人因特殊原因确需转让经济适用住房的，由政府按照原价格并考虑折旧和物价水平等因素进行回购。

（2）向政府缴纳土地收益。经济适用住房的购买价格中未包含土地使用权的价格。购房人对所购房屋拥有的是有限产权。依照《经济适用住房管理办法》的规定，购买经济适用住房满 5 年，购房人上市转让经济适用住房的，应按照届时同地段普通商品住房与经济适用住房差价的一定比例向政府交纳土地收益等相关价款，具体交纳比例由市、县人民政府确定，政府可优先回购；购房人也可以按照政府所定的标准向政府交纳土地收益等相关价款后，取得完全产权。

（3）接受经济适用房转让的受让人，应符合购买经济适用住房的条件（见本节前述）。

六、已购公有住房及其出售

（一）已购公有住房的概念

已购公有住房，是指城镇职工根据国家和县级以上地方人民政府有关城镇住房制度改革政策的规定，按照成本价（或标准价）购买的公有住房，也被人们称为“房改房”。此种住房一般是购买人原承租的公有住房。

已购公有住房出售是随着我国住房制度改革的深入而出现的一种新的房屋交易形式。自 1988 年国务院着手住房制度改革，发布《在全国城镇分期分批推行住房制度改革实施方案的通知》，确定我国城镇住房制度改革的目标以来，全国各地已出售大量的公有住房。按照 1994 年国务院《关于深化城镇住房制度改革的决定》（现已失效），购房人所购买的单位出售的公房，5 年以后可以进入市场交易。当第一批出售的公有住房绝大部分已满 5 年时，这些公房如何上市是立法上必须解决的问题。为了规范已购公有住房上市出售行为，促进房地产市场的发展和存量住房的流通，满足居民改善居住条件的需要，1999 年 4 月，建设部发布了《已购公有住房和经济适用住房上市出售管理暂行办法》（以下简称《暂行办法》），为已购公有住房的上市出售或转让，提供了法律依据。

（二）已购公房上市出售的条件

依据《暂行办法》的规定，已取得合法产权证的已购公房可以上市出售，但有下列情形之一的，不得上市出售：（1）以低于房改政策规定的价格购买且没有按照有关规定补足房价款的；（2）住房面积超过省、自治区、直辖市人民政府规定的控制标准，或违反规定利用公款超标准装修，且超标部分未按照规定退回或补足房价款及装修费用的；（3）已购公房处于户籍冻结地区并已列入拆迁公告范围内的；（4）产权共有的房屋，其他共有人不同意出售的；（5）已经抵押且未经抵押权人书面同意转让的；（6）上市出售后会形成新的住房困难的；（7）擅自改变房屋使用性质的；（8）法律、法规以及县级以上人民政府规定其他不宜出售的。

具有以上情形之一的已购公房和经济适用住房不得上市出售。能够上市出售的只能是不属于禁止出售之范围的已购公房。

（三）已购公房上市出售的程序

（1）申请。已购公有住房所有权人欲将其房屋上市出售，应先向房屋所在地的县级以上房地产行政主管部门提出申请，并提交以下材料：1）职工已购公有住房上市出售申请表；2）房屋所有权证书、土地使用权证书或房地产权证书；3）身份证及户籍证明或者其他有效身份证件；4）同住成年人同意上市出售的书面意见；5）个人拥有部分产权的住房，还应提供原产权单位在同等条件下保留或者放弃优先购买权的书面意见。

（2）审核批准。房地产行政主管部门接到申请人的申请及有关材料后要对其进行认真审核，并自收到申请之日起 15 日内作出是否准予其上市出售的书面意见。

（3）办理过户手续。经房地产主管部门核准准予出售的房屋，由买卖双方当事人向房屋所在地的房地产交易管理部门申请办理交易过户手续，如实申报成交价格，并按规定到有关部门缴纳有关税费和土地收益。

（4）办理房屋产权转移登记手续。房屋买卖双方当事人在办理完交易过户手续后，应在 30 日之内向房地产行政主管部门申请办理房屋所有权转移登记手续，并凭变更后的房屋所有权证书向同级人民政府土地行政管理部门申请办理土地使用权变更登记手续。

（四）已购公房出售后的收益分配

因为已购公有住房情况比较复杂，有的是以成本价购买的，有的是以标准价购买的，以标准价购买公房者享有的是房屋的部分产权。所以，在已购公房上市时，应区别不同情况来处理房屋转让收益的分配问题。依据《暂行办法》的规定，已购公房出售收益的分配主要分为两种情况。一是以成本价购买、产权归个人所有的公有住房上市出售的，其收入在按照规定缴纳有关税费和土地收益后，归出售者个人所有。二是以标准价购买、职工拥有部分产权的已购公房上市出售的，其收入的分配又分两种：一种是由出售人先按照成本价补足房价款及利息将原购住房全部产权归个人所有后再出售，其收入在按规定缴纳有关税费和土地收益后，归出售人所有；另一种办法是将房屋直接上市出售，其收入在按有关规定缴纳税费和土地收益后，由出售住房的职工与原产权单位按照产权比例分配。

（五）已购公房出售时土地收益的分配

由于“房改房”的价格中未包含土地使用权的价格，所以，已购公房上市出售时，购买人应向国家缴纳土地出让金或相当于土地出让金的价款，从而产生了土地收益的分配及管理问题。

为了深化城镇住房制度改革，培育和发展住房二级市场，规范已购公有住房上市出售的收益分配和管理，财政部、国土资源部和建设部在 1999 年 7 月，对已购公房上市出售时的土地收益分配和管理问题作出了原则性的规定。

（1）已购公有住房上市出售时，由购房者按规定缴纳土地出让金或相当于土地出让金的价款。购房者缴纳土地出让金或相当于土地出让金的价款后，按出让土地使用权的商品住宅办理产权登记。

（2）土地出让金和相当于土地出让金之价款的标准相同，均为不低于上市公房坐落位置标定地价的10%。但考虑到我国多数地方尚无标定地价的有关资料，而二级市场的开放又是当务之急，国家对于收取土地出让金的具体标准和方式，授权地方来确定。如北京市规定，已购公有住房或经济适用住房上市出售时，由购房人按上市出售的已购公有住房或经济适用住房所在地的标定地价的10%缴纳土地出让金或相当于土地出让金的价款。在标定地价明确前，土地出让金或相当于土地出让金的价款暂按房屋售价的3%交纳。

（3）土地出让金按规定上缴财政或返还原产权单位。由于已购公有住房的来源比较复杂，有的是公房出售单位在原划拨土地上建造后出售给职工的，有的是单位购买商品房后出售给本单位职工的，而建、购房屋的投资渠道又多种多样，所以，土地收益要根据原投资渠道分别上缴财政或返还原产权单位。已购公有住房产权属于行政机关的，土地收益金额上缴财政；属于事业单位的，50%上缴财政，50%返还事业单位；属于企业的，全额返还给企业。上缴财政或返还给企、事业单位的相当于土地出让金的价款，按规定要专项用于住房补贴。

2024年以来，我国房地产市场迎来新的调控政策，着力于优化房地产政策，稳定市场预期。为了促进房地产市场的平稳健康发展，中央和各地政府不断出台新政策，引导市场向着积极的方向发展。为了满足居民的刚性住房需求和改善性住房需求，各地政府还出台了如购房补贴、以旧换新政策等一系列措施。如北京、广州等都对限购政策进行了调整，南京、苏州等全面取消了限购；与此同时，首套房贷利率下调，公积金贷款政策也更加灵活，加大了对购房者的支持力度。这些举措大大激发了潜在的房地产需求，提振了市场信心，不仅对房地产市场的复苏起到了积极的推动作用，更为稳定整体经济环境提供了有力的支撑。

【案例】

因公房的出售对买受人有特定身份的要求，同时要考虑工龄、职业等优惠政策，所以在实践中，以他人名义买房、子女以父母的名义买房的现象并不少见，在老人去世后因房产继承问题产生的纠纷十分复杂。实践中，发生了很多此类纠纷，具有一定的代表性。

张老先生和王老太太生有两个儿子一个女儿。二儿子结婚没有婚房，张老先生就将自己承租的一处公房给其做了婚房并长期居住。20世纪90年代初，我国进行住房制度改革，此套公房将出售。张老先生就对两个儿子讲，这个房子谁买就归谁。二儿子张乙因长期居住此房，又没有其他住房，就购买了该房。因该房是张老先生承租的单位公房，购买时只能写承租人张老先生的名字，虽然是二儿子全额出资，但办理相关手续时都是写的张老先生的名字，房产证上也写的是张老先生的名字。2005年张老先生的大儿子张甲的儿子结婚没房，就想借用张乙买的这套房子，张甲及其儿子分别给张乙写住房保证，保证在使用房屋期间，不损害其房屋。就是此次借房提醒了张老先生，为了避免以后发生纠纷，张老先生写了一个说明，说明的内容为：本人张某，登记在我名下的房屋是张乙出资以我的名义购买的。因为是单位的公房现在无法办理过户手续，等到能够过户的时候过户给张乙。为了保险起见，张老先生还立了公证遗嘱将该房屋留给张乙。2014年，王老太太和张老先生先后去世。2015年张乙与其他兄弟姐妹商量，配合他做继承公证，将房屋过户到他的名下。没想到妹妹张丙不认可这套房子属于张乙，认为该房是父母的共同财产，不认可张乙所说的借名买房，认为借名买房也需要王老太太同意，因此要求按遗产来分割这套房屋。之后，张丙和张甲以张乙为被告提起诉讼。

在我国公房出售过程中，子女借父母名义买房的情况很普遍，因此引起的纠纷也很多。本案中，被借名人张老先生还留有说明并办了公证遗嘱，仍然未能避免纠纷的发生。但此案中，房屋是经张老先生同意由张乙以其父的名义出资购买，并一直由张乙实际控制，有关房屋的日常各种费用都由张乙缴付，2005年，张甲借房也是向张乙作出的保证。虽然购房合同、交费发票、房产证都登记的是张老先生的名字，但实际上是由张乙享有房屋权益。张老先生的借名买房说明以及对履行房屋过户的承诺，还有公证的遗嘱将房子留给张乙，这些证据均表明张乙与张老先生存在借名买房的事实，该房屋应属于张乙所有，不应作为遗产处理。由此可见，子女借父母的名义买房，或父母借子女的名义买房，最好要达成一个书面的协议，对房屋的权属作出明确的约定。如果没有相应证据，通常会被认为是对借名人的赠与或借款。①

第三节　商品房预售

一、商品房和商品房预售的特征

（一）商品房的概念

商品房是在我国实行改革开放后，随着房地产业的发展而出现的一个新的法律用语。随着房地产业的迅速发展，作为房地产开发企业之主要产品的商品房，在我国各类房屋中的比重不断提高，并已成为我国住房消费的重要对象。为了进一步推动和指导商品房屋建设事业的发展，加强国家对商品房市场的宏观管理，早在1987年，国家计委、城乡建设环境保护部和国家统计局就联合发布了《关于加强商品房屋建设计划管理的暂行规定》（现已失效）。根据此规定，商品房是指由房地产开发公司综合开发，建成后出售的住宅、商业用房及其他建筑物。由此可见，那些为了自用而自建或委托其他单位建设的房屋及其他建筑物，不属于商品房的范围。对于商品房可以按不同的标准进行分类，现实生活中使用最多的分类有内销商品房和外销商品房、高档商品房和普通商品房、期房

① 参见纪欣：《子女买房登记在父母名下是否为遗产》，载《法制晚报》，2016-01-06。

商品房和现房商品房等。

（二）商品房预售的概念和特征

商品房预售，是指房地产开发经营企业将正在建设中的房屋预先出售给买受人，由买受人支付定金并分期支付房价款的行为。它是商品房销售的一种特殊形式。

商品房预售也常被称为“卖楼花”，它是房地产开发企业筹措开发资金的一种有效途径，也是房地产开发企业分散和转移开发经营风险的重要手段。众所周知，房地产开发周期长，资金周转慢，所需资金数额巨大，而且开发企业还要承担房屋竣工后销售不畅的风险。采用预售的方式销售商品房，开发商可以通过收取定金或预付款项，获得一定数量的建设资金，减轻银行贷款的压力。对于购房人来讲，“预售”这种购房方式可使其避免一次性支付巨额购房款。同时，由于从“预售”到实际的房屋买卖要有一个较长的时间段，会形成价格差，从而为那些以投资为目的的购房人和不具备一次性付清购房款条件的购房人购房提供了条件，所以，这种商品房销售方式，在我国已被普遍接受和采用。实践中，绝大部分商品房买卖是通过预售的方式进行的。

事实证明，商品房预售对于筹措资金，活跃房地产市场，促进居民住宅消费，以及尽快改善广大城市居民的住房条件等都有着积极的意义和作用。

商品房预售作为商品房买卖的一种特殊形式，主要具有以下特征。

（1）商品房预售合同法律关系的主体一方是特定的。根据我国现行有关法规的规定，商品房预售法律关系中的预售方，只能是具有房地产开发经营资格，并符合法定条件的房地产开发企业，不是普通的公、私房屋所有者。而对预购方却没有特定要求和限制，可以是任何法人、公民个人和其他社会组织。

（2）商品房预售合同的标的是尚在建设中的房屋。与现房交易相比，商品房预售合同的标的，实质上是在房屋建成后依约交足房价款并获得房屋所有权的一种“权利”。在合同约定的期限届满，房屋建成后，预购人便可凭这种“权利”要求预售方依约交付所预购的房屋，并签订正式房屋买卖合同向其转让房屋的所有权。至此，这种期待的房产权才能变为现实的房产权。

（3）商品房预售要受到较强的国家干预。由于在“预售”这种交易方式中，购房人按约定数量交付购房款项，其所得到的只是一种“权利”，而非现实的房屋。期房变成现房需要一段较长的时间，在此期间内会发生什么样的变化，购房人难以预料。所以，对购房人来讲，客观上存在着很大的风险，如房屋质量达不到合同约定要求的风险、“楼房烂尾”的风险、房屋延期支付的风险及标的物毁损灭失的风险等。为了减少预售商品房购买的风险，保护广大购房者的合法权益，国家对商品房预售采取了一些特殊的监管措施，如交易价格申报制度、商品房预售登记备案制度、商品房预售许可制度等。此外，我国还对商品房预售法律关系的产生、变更和消灭，予以严格的管理和监督；对商品房预售的条件、程序，以及预售款的用途等都作了专门规定。

二、商品房预售的条件

商品房预售的特殊性本身就决定了它是一种明显的信息不对称的交易。这种交易形式对购房人来讲存在很大的风险。如果有关法律制度不完善，管理不力，极易产生损害购房人合法权益的问题。一旦发生问题，就会产生较为严重的后果，并且难以处理，因此，必须明确规定商品房预售的条件。根据我国《城市房地产管理法》和《城市商品房预售管理办法》，商品房预售的条件如下。

（1）房地产开发企业已交付全部土地使用权出让金，并取得土地使用权证书。根据有关法律规定，房地产开发用地应以出让的方式取得土地使用权，而交付土地使用权出让金是取得土地使用权的前提，取得土地使用权证书是合法使用土地的标志和保证。只有具备此条件的开发企业开发出的商品房，才能进入市场流通。

（2）房地产开发企业持有建设工程规划许可证和施工许可证。根据我国有关法律的规定，任何土地的开发、利用都须符合土地利用规划的要求。为了加强规划管理，保证房地产开发项目用地符合规划的要求，房地产开发企业在取得土地使用权后，还必须按有关规定申请并领取建设工程规划许可证和施工许可证，否则，不能开工建设。

（3）按提供预售的商品房计算，投入开发建设的资金达到工程建设总投资的25%以上，并已确定了施工进度和竣工交付日期。这是国家为了防止和抑制投机行为，保护购房人的合法权益而规定的法定投资要求。房地产开发企业对土地的开发达不到此要求的，不得进行商品房预售。

随着实践的发展，不少地方已提高了预售商品房的投资开发要求。目前，上海市商品房预售应达到的标准为：7层以下（含7层）的商品房项目，应当完成基础工程并施工至主体结构封顶；8层以上（含8层）商品房项目，应当完成基础工程并施工至主体结构2/3以上（不得少于7层）。深圳市的标准为：7层以下（含本数）的商品房项目已封顶；7层以上的商品房项目已完成地面以上2/3层数。北京市对商业、办公等非住宅楼栋，以及套均建筑面积大于140平方米的住宅楼栋，申请预售许可时，施工进度要求地上规划层数7层（含）以下的，要达到主体架构封顶；8层（含）以上的，要达到地上规划层数1/2以上。

（4）取得商品房预售许可证明。由商品房预售的特点所决定，“预售”这种交易方式比一般的房屋买卖时间长，程序复杂。为了保护预售双方的合法权益，我国《城市房地产管理法》规定，在具备上述三个条件的前提下，开发企业预售商品房，要向县级以上人民政府房地产管理部门和土地管理部门办理登记备案，取得预售许可证明。我国《城市商品房预售管理办法》明确规定，商品房预售实行许可制度。开发企业进行商品房预售，应当向房地产管理部门申请预售许可，取得商品房预售许可证。我国《城市商品房预售管理办法》中规定，开发企业申请预售许可，应当提交下列证件（复印件）及资料：1）商品房预售许可申请表；2）开发企业的营业执照和资质证书；3）土地使用权证、建设工程规划许可证、施工许可证；4）投入开发建设的资金占工程建设总投资的比例符合规定条件的证明；5）工程施工合同及关于施工进度的说明；6）商品房预售方案，预售方案应当说明预售商品房的位置、面积、竣工交付日期等内容，并应当附预售商品房分层平面图。未取得商品房预售许可证的房地产开发企业，不得进行商品房预售活动。

只有符合上述条件的商品房预售，才具有法律效力，受法律保护。违反法定条件预售商品房的，由县级以上人民政府房地产管理部门对预售人处以警告、责令停止预售活动，还可以并处罚款。为了进一步规范商品房预售行为，保护购房人知情权，建立和维护公开、公正、透明的市场价格秩序，保护购房人的合法权益，2011年，国家发展改革委制定了《商品房销售明码标价规定》。该规定明确要求，取得预售许可或者办理现房销售备案的房地产开发项目，商品房经营者要在规定时间内一次性公开全部销售房源，并严格按照申报价格明码标价对外销售。同时，其还明确规定了商品房经营者应当明确标示的具体内容及相关收费项目及收费标准。禁止商品房销售者在标价之外加价销售商品房和收取任何未予标明的费用。

三、商品房预售的程序

房地产开发企业预售商品房，首先应向商品房预售行政主管部门取得商品房预售许可证，然后才能向社会预售商品房。预售商品房一般按下列程序进行。

1. 售前宣传

房地产开发经营企业在预售商品房之前，要通过各种方式进行广告宣传，展示自己拟预售的房屋，供购房人选择。这是商品房预售所必需的准备工作。宣传的方式和途径可以是多种多样的，但以广告的形式做宣传的，广告中必须载明以下事项：(1) 开发企业名称；(2) 中介服务机构代理销售的，载明该机构的名称；(3) 预售或者销售许可证书号。房地产广告不得含有风水、占卜等封建迷信内容，对项目情况进行的说明、渲染，不得有悖社会良好风尚。根据《城市商品房预售管理办法》第9条，开发企业进行商品房预售，应当向承购人出示商品房预售许可证。售楼广告和说明书应当载明商品房预售许可证的批准文号。

2. 签订商品房预售合同

预售商品房的，开发企业应当与承购人签订商品房预售合同。目前我国的商品房预售合同多采用政府提供参考文本的标准合同（格式合同）。合同中包括了房屋的坐落位置、土地使用面积、房屋建筑面积、单位面积价格、房价款交付方式、定金、房屋交付使用时间以及违约责任等内容。预售方与预购方就合同的主要内容达成协议后，即可签约。签约时，双方还可以根据需要对合同中的某些条款进行修改和补充。

实践中，在签订商品房预售合同之前，开发商为保证商品房预售合同的签订，通常要求购房人先签订一个认购书或认购协议，明确约定购房人前来签订商品房预售合同的日期、房屋所处位置、房价、认购款等，并要求购房人交一定数额的认购款。当购房人反悔，要求退款时，常常发生纠纷。例如，2022年6月，李先生与房地产开发公司签订了一份商品房认购协议，协议中对所购房屋的位置、建筑面积、房型及价格等都作了明确约定。李先生依该协议向开发商支付了5万元的认购款。同年10月，李先生接到开发公司的通知："本期开发的××××项目房屋可以签订商品房买卖合同了，但由于整体楼市价格大幅上涨，原认购的房屋价格也随之调整，由原来的40万元上调至45万元。若不能在10日内按通知价格签商品房买卖合同，则视为放弃原认购协议"。在双方协商未果的情况下，李先生和多名购房人将房地产开发公司诉至法院。法院判决结果是订立合同的双方当事人应遵循诚信原则，房地产开发公司在订立认购协议，购房人支付认购款后，又提出调整房价，违背了诚实信用和公平原则，导致购房者缔约机会的丧失，应承担法律责任并作出赔偿。最终李先生获得了一定的经济损失赔偿，并如数拿回了已支付的认购款。

3. 办理登记备案手续

商品房预售合同签订后，预售人应自签约之日起30日内，向县级以上人民政府房地产管理部门和土地管理部门办理商品房预售合同登记备案手续。房地产管理部门应当应用网络信息技术，逐步推行商品房预售合同网上登记备案。商品房预售合同登记备案手续可以委托代理人办理。委托代理人办理的，应当有书面委托书。

4. 办理入住手续

商品房预售合同签订后，购房人要依照合同约定的方式、时间和数量向预售方交付购房款或按揭贷款，预售方要按合同约定的时间向购房人交付房屋，保证购房人能按约定的时间入住。但实践中，房地产开发企业逾期交房的现象十分普遍。例如，2023年6月刘女士与某房地产开发公司签订了房屋买卖合同，约定的交房日期是2023年10月30日。在约定日期到来时，房地产开发公司不能提供房屋验收合格证、房屋验收备案表和消防验收备案等证件及相关资料。刘女士以房屋未达到交房条件为由，拒绝收房，并将开发公司告上法庭，诉求是判令房地产开发公司给付逾期交房而产生的已付款利息和违约金共7万元。对于商品房交付的条件，我国多部法律、法规都有明确规定。《城市房地产管理法》第27条规定，房地产开发项目的设计、施工，必须符合国家的有关标准和规范。房地产开发项目竣工，经验收合格后，方可交付使用。《城市房地产开发经营管理条例》第17条规定，房地产开发项目竣工，依照《建设工程质量管理条例》的规定验收合格后，方可交付使用。房地产开发公司在约定的交房日期，不能提供房屋验收合格证，表明其所建房屋尚未达到交付使用条件，不符合法定的交付使用要求。所以，刘女士告房地产开发公司案以刘女士胜诉告终。

5. 办理房屋产权转移登记手续

自预售的商品房交付使用之日起90日内，承购人应依法持有关凭证到不动产登记机构办理房地产权利首次登记，领取不动产权利证书。对此，开发企业应当予以协助，并提供必要的证明文件。由于开发企业的原因，承购人未能在房屋交付使用之日起90日内取得房屋权属证书的，除开发企业和承购人有特殊约定外，开发企业应当承担违约责任。例如，2016年9月2日某市居民郭先生与某房地产开发公司签订了一份房屋买卖合同，该购房合同中关于产权登记的问题做了如下约定：出卖人应当在商品房交付使用后6个月内，将办理权属登记所需的全部资料报产权登记机关备案。如因出卖人的责任，买受人不能在约定期限内取得“房屋所有权证书”，买受人可以选择退房并主张违约金。2019年12月31日，郭先生所购房屋交付使用，但直至2020年9月，郭先生仍未能取得房产证，主要原因是开发商对整幢楼的初始登记手续尚未完成，还不具备办理房产证的条件。郭先生提出解除合同，并要求开发商支付违约金、赔偿装修房屋的损失。经协商无果，郭先生向人民法院提起诉讼。经法庭调解，开发商向郭先生承诺在2个月内解决办理房产证问题，并按合同约定支付了违约金。

四、预售商品房的转让

预售商品房的转让也被称为楼花转让，或期房转让。它是指商品房预售法律关系中的购房人将所购买的尚未竣工的商品房再转让给他人的行为。这种转让实际上是商品房预售合同中的权利、义务的转让，所以也常被称为商品房预售合同转让。

关于预售商品房的再转让问题，我国于 1994 年颁布的《城市房地产管理法》第 45 条（2007 年、2009 年、2019 年修正，现为第 46 条）规定，商品房预售的，商品房预购人将购买的未竣工的预售商品房再行转让的问题，由国务院规定。但时至今日，国家对此尚未作出明文规定。预售商品房转让作为一种新的交易形式，有关规定主要见于一些地方法规。从实践来看，各地做法不尽相同，甚至差异很大。由于缺乏必要的、统一的法律规范，人们对预售商品房转让问题的认识也存在较大分歧。一种观点认为，预售商品房转让具有投机性，允许其存在会导致房价上涨，扰乱正常的房地产交易秩序，增加房地产市场管理的难度，因此，应予以禁止。另一种观点则认为，预售商品房转让可以活跃市场，增加投资渠道，允许并保护这种行为，更有利于市场经济的发展。两种观点都有其合理的一面，但从现实出发，应允许预售商品房转让，但要限制条件，加强管理，予以规范。首先，从目前房地产的经营形式来看，商品房销售绝大部分采取预售的方式，这意味着商品房的购买者绝大多数是楼花的购买者。其次，购房人以预售的方式买房后，在所购房屋尚未建成时，因发生工作调动、出国、下岗、家庭变故等，都可能使预售商品房转让成为一种必然的、合理的要求。最后，现实生活中，预售商品房转让已相当普遍，并得到了我国有关司法解释的确认。1996 年最高人民法院发布的《关于审理房地产管理法施行前房地产开发经营案件若干问题的解答》（现已失效）第 29 条明确规定，商品房预售合同的双方当事人，经有关主管部门办理了有关手续后，在预售商品房尚未实际交付时，预购方将购买的未竣工的预售商品房转让他人，办理了转让手续的，可认定转让合同有效。因此，预售商品房转让的存在有其客观性和合理性，是市场经济条件下不可避免的社会经济现象。禁止预售商品房转让是不现实的，我们应允许其存在，但应从以下几个方面予以规范。

（1）限制预售商品房转让的条件和次数，使以营利为目的的转让在允许的范围内进行，抑制过度投机行为。

（2）进一步完善房地产交易登记制度，将预售商品房转让纳入房地产登记管理的范围，将所有的预售商品房转让置于政府的监管之下，规范预售商品房转让行为。

（3）通过对预售商品房转让者征收所得税，调节其增值收益，加大其交易成本，将以投资为目的的预售商品房转让者的收益限定在合理的范围，降低其刺激作用。

从长远来看，商品房预售毕竟是在我国特定历史时期在特定社会条件下出现的一种特殊的房屋销售方式。其对购房人来讲存在很大风险，问题比较多，也极易引发纠纷，不利于购房人权益的保护。随着房地产业的发展，人们居住条件的不断改善，住房供需关系将逐步趋于平衡，预售这种售房方式将失去其存在的条件，在售房总量中的比例会越来越小，并最终被现房销售所取代。

【案例】

2008年年底，张某以330万元的价格将其名下一套203平方米的房屋出售给李某，当时房屋尚未办理产权证，且有银行贷款，双方未约定过户时间。李某在支付了300万元购房款后，入住该房，张某却在能够办理房屋产权证过户手续的情况下，一直不予办理，无奈之下，2011年李某将张某诉至法院，要求其与贷款银行及开发商协助其办理产权过户手续。2012年2月，法院判令张某及开发商协助李某办理房屋权属转移过户手续，将房屋过户至李某名下，李某支付剩余房款30万元，贷款银行协助办理还贷手续。李某表示愿意代张某清偿银行贷款以便办理房屋过户手续，并表示剩余房款30万元应从中予以扣除。贷款银行表示，如果李某代张某一次性还款，银行同意按判决配合办理相关手续。判决生效后，张某未履行判决，李某申请强制执行。执行期间李某代张某偿还了银行贷款78.3万元，交纳公共维修基金3.8万元。法院依法查封了张某的一套房屋，张某才到庭配合执行，最终将涉案房屋过户到李某名下。2014年年初，李某再次将张某诉至法院，要求张某给付其垫付的上述款项。2015年4月，法院判决张某给付李某为其垫付的银行贷款78.3万元，公共维修基金3.8万元。判决生效后张某仍不履行判决。2015年7月，李某申请强制执行。经法院传唤，张某拒不到庭，法院再次查封了张某的房屋，将张某列入失信被执行人名单，并对其采取限制高消费措施。根据最高人民法院《关于限制被执行人高消费及有关消费的若干规定》，法院可对失信被执行人的自然人、法人单位及其法定代表人、主要负责人、影响债务履行的直接责任人员、实际控制人等发放限制消费令，禁止以上人员高消费和非生活和工作必需的消费行为。① 如果被采取限制高消费措施的被执行人违反限制进行消费，经查证属实的，可以依照《民事诉讼法》采取拘留、罚款等强制措施；情节严重构成犯罪的，可以追究刑事责任。②

前些年，在各地不断加大房地产调控力度的情况下，一些大城市的房地产商乘机捂盘惜售，待价而沽，制造房地产紧缺的假象。不少投机者借助信贷杠杆大肆炒房，房地产仍然是一些谋利者的重要投资工具。具有普遍性的房地产投机行为，不仅导致一二线城市房价轮番暴涨，也使三四线城市盲目开发，局部地区出现房地产供过于求，造成资源的浪费。2016年12月中旬，中央经济工作会议明确提出继续深化供给侧结构性改革的四个方面，其中第四个方面就是促进房地产市场平稳健康发展：要坚持“房子是用来住的、不是用来炒的”的定位，综合运用金融、土地、财税、投资、立法等手段，加快研究建立符合国情、适应市场规律的基础性制度和长效机制，既抑制房地产泡沫，又防止出现大起大落。要在宏观上管住货币，微观信贷政策要支持合理自住购房，严格限制

① 具体消费限制包括：不得乘坐飞机、列车软卧、轮船二等以上舱位；不得在星级以上宾馆、酒店、夜总会、高尔夫球场等场所消费；不得购买不动产或新建、扩建、高档装修房屋；不得租赁高档写字楼、宾馆、公寓等场所办公；不得购买非经营必需车辆；不得旅游、度假；子女不得就读高收费私立学校；不得支付高额保费购买理财产品；不得乘坐G字头动车组列车全部座位、其他动车组列车一等以上座位等其他非生活和工作必需的消费行为。

② 参见唐宁：《卖房失信被下限高令》，载《法制晚报》，2016-01-03。

信贷流向投资投机性购房。要落实人地挂钩政策，根据人口流动情况分配建设用地指标。要落实地方政府主体责任，房价上涨压力大的城市要合理增加土地供应，提高住宅用地比例，盘活城市闲置和低效用地。特大城市要加快疏解部分城市功能，带动周边中小城市发展。要加快住房租赁市场立法，加快机构化、规模化租赁企业发展。加强住房市场监管和整顿，规范开发、销售、中介等行为。很明显“房子是用来住的、不是用来炒的”的定位，要求回归住房居住属性。这一定位，一方面，明确了住房的定位，使住房市场有望回归到用于居住的基本轨道上来；另一方面，也表明政策取向将朝着继续打击投机炒房与抑制房地产泡沫的方向推进。

“房子是用来住的、不是用来炒的”这一准确定位，对于稳定房地产价格，抑制房地产投机，保障房地产业的健康发展起到了重要的指导作用，同时，对未来我国房地产业和房地产市场的发展也将产生重要而深远的影响。习近平总书记在党的十九大报告中指出，要提高保障和改善民生水平，加强和创新社会治理，加强社会保障体系建设。按照兜底线、织密网、建机制的要求，全面建成覆盖全民、城乡统筹、权责清晰、保障适度、可持续的多层次社会保障体系。坚持房子是用来住的、不是用来炒的定位，加快建立多主体供给、多渠道保障、租购并举的住房制度，让全体人民住有所居。这进一步指明了房地产交易及房地产业发展的正确方向。党的二十大报告进一步明确，社会保障体系是人民生活的安全网和社会运行的稳定器。健全覆盖全民、统筹城乡、公平统一、安全规范、可持续的多层次社会保障体系。坚持房子是用来住的、不是用来炒的定位，加快建立多主体供给、多渠道保障、租购并举的住房制度。

第四节　房屋租赁

一、房屋租赁的概念和特征

房屋租赁是指房屋所有人作为出租人，在一定期限内，将其房屋出租给承租人使用，由承租人向出租人支付租金的行为。房屋租赁是房地产交易的主要形式之一。

房屋是一种价值较大的生产、生活资料，同时又是人们生产、生活所必需的物质条件。对承租人来讲，在购买力有限或者无须长期使用的情况下，房屋租赁便成为满足其房屋需求的一种较为理想的途径；对出租人来讲，通过租赁将多余的房屋出租出去，获得相应的收益，做到物尽其用，同时又不转移所有权，不影响其今后对房屋的拥有，也是一种比较理想的经营方式。因此，长期以来，房屋租赁就是民间调节住房余缺的主要方式，也是无房者解决住房困难、满足生产经营用房需要的重要途径。

作为房地产交易之主要形式的房屋租赁，是现实生产、生活中一种十分普遍的法律关系。其具有以下几个主要特征。

（1）房屋租赁关系中的出租方一般为房屋所有权人，包括房地产开发企业。因为房屋出租是对房屋行使处分权的行为，在通常情况下，只有房屋所有权人才享有房屋的处分权。非房屋所有权人除法律有明确规定或合同有明确约定者以外，一般不能对他人所有的房屋行使处分权。但社会关系是非常复杂的，在某些特殊情况下，非房屋所有权人也可以作为出租方，与承租方建立房屋租赁法律关系。

根据我国有关法律的规定和房地产租赁的实践，出租方还可以是下列几种人。

1）房屋的经营管理权人。如我国的直管公房出租，这种租赁法律关系的客体是国有房产，出租方是国有房产的经营管理者即房管部门，它们代表国家对国有的房产行使经营管理权时，便作为出租方与承租人建立了房屋租赁关系。

2）房屋所有权人委托的代理人。根据我国有关房屋管理的规定，城市私有房屋所有权人因不在房屋所在地或其他原因不能管理其房屋时，可以委托代理人代为管理。代理人可以根据委托人的意志，作为出租方将房屋出租。

3）典权人。在典期内，典权人可以将作为出典物的房屋出租给他人，以获得租金收益。

4）住房租赁企业是指依法办理市场主体登记，并在直辖市、市、县住房和城乡建设部门备案，经营范围注明“住房租赁”的，从事住房租赁经营的企业。

5）房地产经纪机构。其是指依法办理市场主体登记，并在直辖市、市、县住房和城乡建设部门备案，经营范围注明“房地产经纪”的从事住房租赁经纪服务的房地产经纪机构。其通常是通过房屋托管的方式从房屋所有权人那获得房屋经营管理权，然后，以二房东的身份出租房屋。

以上4）和5）是近几年新出现的出租方。

（2）房屋租赁一般具有明确的期限。房屋租赁关系的成立是以房屋所有权人让渡房屋的使用权为前提的，这种让渡一般具有明确期限。承租人依据房屋租赁合同对房屋享有的各种权利，仅限于双方约定的租赁期内，房屋租赁期限届满，承租人必须将房屋返还给出租人。房屋租赁的期限由租赁双方在合同中约定。没有明确期限的房屋租赁应属于特殊情况。

（3）作为房屋租赁法律关系客体的房屋应是法律允许出租的。依据我国《商品房屋租赁管理办法》的规定，有下列情形之一的房屋不得出租：1）属于违法建筑的；2）不符合安全、防灾等工程建设强制性标准的；3）违反规定改变房屋使用性质的；4）法律、法规规定禁止出租的其他情形。

有上述情形之一的房屋不得用于出租，能够作为房屋租赁法律关系客体的房屋必须是有关法律、法规允许出租的。

（4）房屋租赁法律关系的建立要进行登记备案。我国对房屋租赁实行登记备案制度。因此，房屋租赁合同签订后，当事人应到房屋所在地市、县人民政府房地产管理部门登记备案。房屋出租人出租房屋时，应向房屋所在地的房地产管理部门提出申请，房屋租赁申请经市、县人民政府房地产管理部门审查合格后，开具房屋租赁登记备案证明。申请房屋租赁登记备案应提交的文件包括：1）房屋租赁合同；2）房屋租赁当事人身份证明；3）房屋所有权证书或者其他合法权属证明；4）直辖市、市、县人民政府建设（房地产）主管部门规定的其他材料。出租共有房屋的，还应提交其他共有人同意出租的证明；出租委托代管房屋的，还须提交委托代管人授权出租的证明。实践中，经过房地产经纪机构的中介活动签订的房屋租赁合同，由中介机构代办房屋租赁登记备案手续。目前很多城市都建立了房屋租赁登记备案信息系统，实行房屋租赁合同网上登记备案，并将其纳入房地产市场信息系统。

房屋租赁登记备案证明是租赁行为合法的凭证。租用房屋从事生产、经营活动的，可以其作为经营场所合法的凭证；租赁房屋用于居住的，可以其作为公安部门办理户口登记的凭证之一。未按规定申报、领取房屋租赁登记备案证明的，房地产管理部门将责令其限期补办手续，对不符合出租条件的，责令房主停止出租。

二、房屋租赁的分类

由房屋本身的特点所决定，房屋租赁的情况比较复杂，可以按不同的标准作出多种分类，但最主要的、最有意义的分类，大体上有以下几种。

（1）按租赁房屋的所有权性质可将房屋租赁分为公房租赁与私房租赁。其中公房租赁又分为直管公房租赁和自管公房租赁。直管公房，是指由国家授权部门即房地产管理局直接管理的公有房屋。自管公房，是国家授权由房屋的产权单位自行管理的房屋，其主要是指全民所有制单位自行管理的房屋。

公房租赁是公房分配制度的法律形式，它是我国在计划经济体制下形成的特定历史时期的产物。长期以来，它在实现住房分配、解决城镇居民住房困难方面发挥了很大的作用，但也存在一定的弊端：首先，公房租赁的特殊性，导致了严重的分配不合理，苦乐不均，同时也滋生了腐败；其次，适用法定租金标准，长期的低租金，导致国家建房投资难以收回，无法实现以租养房，难以形成房屋租赁经营的良性循环；最后，不完善的公房租赁制度，尤其是没有明确期限的租赁方式，使承租人一旦租房便长期受益，致使有限的房屋不能合理利用，而房地产管理部门又难以行使其管理权。非法转租、倒卖公房，擅自改变房屋用途的现象十分普遍，严重地扰乱了正常的房地产市场秩序。因此，我国从 20 世纪 90 年代起，对公房租赁制度进行了以提高房租和住宅商品化为中心的改革，并决定从 1998 年起取消公房分配制度，推进住房私有化。随着住房私有化的实现，公房租赁这种交易形式在我国的房地产市场中已大大减少。

私房租赁是以公民个人的私有房屋为对象而进行的房屋租赁。随着我国经济的发展和住宅商品化的实行，私有房屋的数量日益增多，私房出租已在房地产市场中占据主导地位，并已成为我国房屋租赁市场的重要组成部分。

与公房租赁相比，私房租赁主要具有以下特点：1）私房租赁法律关系中的双方当事人是平等的主体之间的关系。租赁关系的建立、变更和终止，主要遵循民法的一般原则。2）适用约定的租金标准。租金的多少由双方当事人根据市场行情和各自的条件自行约定，现行法律对私房租赁的租金未作具体规定。3）一般具有明确的租赁期限。4）要进行登记备案。登记备案是法定的程序要求，私房租赁合同签订之后，当事人要依法到房屋所在地的房管机关办理登记备案手续，领取“房屋租赁证”。实践中，只有部分城市实行了房屋租赁登记备案制度。

（2）按租赁房屋的使用性质，可将房屋租赁分为住宅用房租赁和非住宅用房租赁。住宅用房租赁是指以生活居住为目的的房屋租赁。租赁客体可以是公房，也可以是私房。

非住宅用房租赁主要是指住宅用房以外的房屋租赁，包括以营利为目的的生产用房租赁和经营用房租赁，以及其他非住宅性质的房屋租赁。

根据《城市房地产管理法》，住宅用房的租赁，应当执行国家和房屋所在地城市人民政府规定的租赁政策。租用房屋从事生产、经营活动的，由租赁双方协商议定租金和其他租赁条款。可见，国家对这两类不同的房屋租赁适用不同的管理政策，采用不同的管理方式。

2010 年住房和城乡建设部发布了《商品房屋租赁管理办法》，为规范商品房的租赁提供了法律依据。为加强房屋租赁管理，维护房屋租赁市场秩序，保障房屋租赁当事人的合法权益，不少地方又制定了本地的商品房租赁办理办法。

（3）城镇廉租住房租赁。城镇廉租住房是指政府在住房领域执行社会保障职能，向具有城镇常住居民户口的最低收入家庭提供的租金低廉的普通住房。廉租住房的租赁是政府为建立和完善多层次的住房供应体系，解决城镇最低收入家庭的住房困难而采取的一种社会保障性质的房屋租赁方式。依据 2007 年实施的《廉租住房保障办法》，廉租住房的来源主要有以下几种：1）腾退的公有住房；2）政府新建、收购的住房；3）社会捐赠的符合廉租住房标准的住房；4）市、县人民政府根据当地情况采用其他方式筹集的住房。

廉租住房的租赁，是指县级以上地方人民政府向申请廉租住房保障且符合配租条件的城市低收入住房困难家庭提供住房，并按照规定标准收取租金的租赁行为。廉租住房租赁作为住房保障的重要方式，其配租实行严格的申请、核准制度。由申请人持最低家庭收入证明、住房情况证明及其他规定的证明文件向市、县级房地产行政主管部门提出申请；房地产主管部门对申请人的证明文件进行审核，并在适当的范围内公告，对于无异议的，予以登记；被登记者按照住房困难程度和登记顺序等条件，经综合平衡后轮候配租。

廉租住房的租金标准实行政府定价。此即租金按配租面积和市、县人民政府规定的租金标准确定。廉租房优先面向已经登记为廉租住房保障对象的孤、老、病、残等特殊困难家庭，城市最低生活保障家庭以及其他急需救助的家庭提供。

（4）公共租赁住房。公共租赁住房，是指限定建设标准和租金水平，面向符合规定条件的城镇中等偏下收入住房困难家庭、新就业无房职工和在城镇稳定就业的外来务工人员出租的保障性住房。公共租赁住房可以是成套住房，也可以是宿舍型住房。公共租赁住房主要通过新建、改建、收购、长期租赁等多种方式筹集，可以由政府投资，也可以由政府提供政策支持、社会力量投资。

公共租赁住房实行准入退出机制，承租人必须符合规定的条件和标准，才能依法定程序承租公共租赁住房。根据《公共租赁住房管理办法》的规定，申请公共租赁住房，应当符合法定条件。

三、房屋租赁当事人的权利和义务

房屋租赁当事人按照租赁合同的约定享有权利并承担相应的义务。尽管房屋租赁分为多种类型，其目的和用途也不尽相同，但作为同一种法律关系，当事人在房屋租赁关系中享有的权利和承担的义务是具有共性的。

（一）出租方的权利和义务

依据我国有关法律、法规的规定，房屋租赁中出租方享有的权利主要有以下几个方面。

（1）依照合同约定向承租人收取租金。

（2）在租赁合同有效期间，有权对承租人使用房屋的情况进行监督和检查。

（3）在租赁合同期满时收回出租的房屋。

出租人在行使上述权利的同时，负有以下义务。

（1）按照租赁合同约定的期限将房屋交付给承租人占有、使用。不能按期交付使用的，应当支付违约金，给承租人造成损失的，应承担赔偿责任。

（2）保证出租房屋的安全使用。对于出租住房的自然损坏，合同约定由出租人修缮的，出租人负有及时修复的义务，出租人不及时修复，致使房屋发生破坏性事故，造成承租人财产损失或者人身伤害的，应承担赔偿责任。生产经营用房的租赁，修缮责任由双方当事人在合同中约定。

（3）不得损害承租人的利益。出租人在租赁期限内，转让房屋所有权的，房屋受让人应继续履行原租赁合同的规定，出租方有义务向房屋受让人讲明房屋已出租的情况。

（4）依法缴纳有关税费。

（5）出租住房的，应当以原设计的房间为最小出租单位。人均租住建筑面积不得低于当地政府规定的最低标准。厨房、卫生间、阳台和地下储藏室不得出租供人员居住。

（6）在房屋租赁合同期内，出租人不得单方面随意提高租金水平。

（二）承租人的权利和义务

根据有关法律、法规的规定，房屋租赁的承租人享有以下权利。

（1）在合同约定的期限内占有、使用房屋的权利。

（2）在租赁合同有效期内，房屋发生自然损坏时，有要求出租人及时修复的权利。

（3）在租赁合同有效期内，出租人将出租房屋转让时，承租人在同等条件下有优先购买权。

（4）在租赁合同期限届满时，出租人继续出租房屋的，承租人在同等条件下有优先承租权。

承租人在享有上述权利的同时，负有以下义务。

（1）按房屋租赁合同约定的方式和时间交付租金，违反约定的，应承担违约责任。

（2）爱护并合理使用所承租的房屋及附属设施，不得擅自拆扩建或增添。确需对承租房屋进行改动或增添的，必须征得出租人的同意，并签订书面合同。

（3）因承租人的过错造成房屋损坏的，承租人负有修复或赔偿的义务。

（4）承租人在使用房屋期间，不得将承租的房屋擅自转租、转让、转借他人或擅自调换使用。

（5）承租廉租住房的家庭负有如实申报家庭收入的义务。当家庭收入超过当年最低收入标准时，应及时报告房地产主管部门，并按期腾退已承租的廉租住房。

房屋租赁的双方当事人，应正确行使权利，认真履行义务，否则都应承担法律责任。

四、房屋租赁合同

依据我国《民法典》，租赁合同是出租人将租赁物交付承租人使用、收益，承租人支付租金的合同。房屋租赁合同属于租赁合同的一种，其一般是指出租人将房屋交付给承租人使用、收益，承租人向其支付租金，并在租期届满时将房屋返还给出租人的合同。

房屋租赁合同是财产租赁合同的一种，其具有财产租赁合同的一般特征。房屋属于不动产，其租赁合同必然具有不动产租赁合同的基本特征。依据《城市房地产管理法》和《商品房屋租赁管理办法》，房屋租赁当事人应签订书面合同，并进行登记备案。

（一）房屋租赁合同的形式

房屋租赁属要式法律行为，双方当事人的权利和义务，最终要以书面合同的形式确定下来。房屋租赁合同的形式主要分为两种：一是格式合同，即由出租人根据国家有关规定，确定出、承租双方的租赁关系所采用的统一格式和内容的合同。这种合同主要适用于公房租赁和廉租住房租赁。其主要特征是承租人对合同的内容和具体条款只能完全承诺，并按合同履行义务，没有协商的余地。二是非格式合同，即一般意义上的房屋租赁合同。其主要特征为合同的内容及具体条款，由双方当事人本着平等、自愿的原则协商确定。其属于真正意义上的双方合意的结果。这种合同主要适用于私有房屋的租赁和经营性公有房屋的租赁。

经由房地产经纪机构、住房租赁企业成交的住房租赁合同，应当即时办理网签备案。网签备案应当使用住房和城乡建设、市场监管部门制定的住房租赁合同示范文本。住房和城乡建设部门已通过住房租赁管理服务平台数据接口，推进与相关企业业务系统联网，以实现住房租赁合同即时网签备案。

（二）房屋租赁合同的内容

房屋租赁合同一般包括以下几项内容。

（1）当事人的姓名或者名称及住所。

（2）标的物，包括房屋的坐落位置、面积、装修及设施状况。合同对标的物的描述应明确、具体，以便于合同的履行。

（3）租赁用途和使用要求。承租人租赁房屋是作住宅用，还是作生产、经营之用，应在合同中写清楚，以便承租人按租赁房屋的性能正确、合理地使用房屋。

（4）租赁期限。确定的租赁期限，是房屋租赁与房屋转让的重要区别之一，也是确定双方权利义务关系开始和终止的主要依据，因此应在合同中明确约定。

（5）租金和押金数额及支付方式。支付租金是承租人占有、使用出租人房屋的前提，也是承租人的主要义务。因此，租赁合同中必须明确约定计租标准和租金数额以及租金的支付方式。按年交、按季交还是按月交，何时交，都应在合同中明确约定，以保证合同的顺利履行。

（6）修缮责任。关于房屋的修缮责任，双方当事人可以在合同中约定；双方没有约定的，修缮责任由出租方承担。修缮范围包括房屋自身及其附属设施，以及其他保证房屋正常使用的设备。

（7）转租的约定。根据我国有关法律的规定，承租人经出租人同意可将所承租的房屋再转租他人。但是，转租会引起转租收益的重新分配。因此，合同中应明确约定转租的条件，转租收益的分配，转租期限，转租的用途，违约责任以及转租房屋毁损、灭失时责任的承担。

（8）物业服务、水、电、燃气等相关费用的缴纳。

（9）违约责任。违约责任也是房屋租赁合同的主要内容。双方当事人对违约责任作出明确约定，一方面可以预防违约行为的发生，另一面也可以为今后解决租赁合同纠纷、确定各自的责任提供依据。

（10）当事人约定的其他条款。除上述内容以外，当事人认为有必要的其他条款，也应在合同中明确约定。

（三）房屋租赁合同的终止

租赁合同终止即因法定事由的出现致使房屋租赁合同对双方当事人失去约束力，不再继续履行。根据现行有关法律的规定及实践情况，房屋租赁合同终止，主要有以下几种情况。

（1）房屋租赁合同期限届满。房屋租赁合同通常具有明确的期限，合同期限届满租赁合同即终止。承租人需要继续用的，应当在租赁期届满前 1 个月提出续期要求。承租人未提出续租要求或提出续租要求或出租人不同意续租的，房屋租赁合同即终止。

（2）当事人依法解除合同。房屋租赁合同签订后、约定期限之前，出、承租双方当事人经协商一致可以解除合同。在某些情况下，出租方或承租方也可以单方解除房屋租赁合同。如公有房屋租赁合同，承租人长期闲置房屋，擅自转租、转借房屋以及利用房屋从事非法活动的，出租方可以收回出租房屋，解除租赁合同。私有房屋租赁合同也可因上述原因导致出租方解除合同。依照我国现行有关规定，出租人可以在下列情况下解除房屋租赁合同：1）承租人擅自转租或转借房屋的；2）承租人利用房屋从事非法活动或故意损坏租赁房屋的；3）承租人无正当理由拖欠租金，累计达 6 个月以上的；4）公房承租人长期闲置房屋达 6 个月以上的；5）符合法律规定或合同约定可以解除合同之条款的。承租人在下列情况下可以解除房屋租赁合同：1）因不可归责于承租人的事由，致使租赁房屋毁损、灭失，不能实现合同目的的；2）出租人出租的房屋危及承租人的人身安全和健康的；3）符合法律规定或合同约定解除合同之条款的。

可见，无论是房屋出租人还是承租人，在符合法律规定或合同约定的特定情况下，均可以解除合同，但解除租赁合同使对方当事人遭受损失的，除依法可以免除责任的以外，应当赔偿对方所受的损失。

（四）房屋租赁合同的特殊保护

为了保护承租人的合法权益，世界上许多国家都对不动产租赁实行特别保护，其主要体现如下。

（1）买卖不破租赁原则。房屋租赁期限内，房屋出租人转让房屋所有权的，不影响房屋租赁合同的效力。根据买卖不破租赁原则的要求，在房屋租赁合同有效期内，房屋所有权人将出租房屋转让他人的，不影响租赁合同的效力。我国《民法典》第725条规定："租赁物在承租人按照租赁合同占有期限内发生所有权变动的，不影响租赁合同的效力。"我国《商品房屋租赁管理办法》第12条第1款也规定："房屋租赁期间内，因赠与、析产、继承或者买卖转让房屋的，原房屋租赁合同继续有效。"据此，可以认为，租赁合同的效力不受物权变动的影响，在出租人将房屋转让的情况下，未到期的租赁合同对新的房屋所有权人直接发生拘束力，其不得以自己不是房屋租赁合同当事人为由拒绝履行出租人的义务。

（2）房屋租赁合同的效力不受当事人死亡的影响。房屋租赁合同是财产租赁合同中最具广泛性和普遍性的一种，事关整个交易秩序和社会秩序的稳定。国外立法上普遍采用了稳定租赁合同关系的措施，对承租人实施特殊保护。我国《民法典》第732条规定："承租人在房屋租赁期限内死亡的，与其生前共同居住的人或者共同经营人可以按照原租赁合同租赁该房屋。"《商品房屋租赁管理办法》中也明确规定，"承租人在房屋租赁期间死亡的，与其生前共同居住的人可以按照原租赁合同租赁该房屋"。这些规定表明，在房屋租赁合同有效期间，无论是出租人死亡还是承租人死亡，都不能成为终止房屋租赁合同的理由，房屋租赁合同的效力及于房屋租赁合同当事人的继承人。出租人不得以共同居住人非租赁合同当事人为由拒绝履行房屋租赁合同，或以承租人死亡为由终止租赁合同。

（3）租赁期限届满，承租人继续使用房屋，出租人没有提出异议的，原租赁合同继续有效，但租赁期限为不定期。

上述原则的普遍适用体现了房屋租赁合同的特征和国家法律对房屋承租人，尤其是住宅房屋承租人的特殊保护。

在实践中，房屋租赁关系因故中止或租赁期届满，因承租人在租赁期内对租赁房屋进行装修的投资及装饰物归属问题，经常发生纠纷，尤其是经营性用房的租赁，承租人在房屋租赁合同签订后，通常都会对房屋进行改造、装修，且投资数额很大。此类纠纷的处理难度很大。目前，处理此类纠纷的依据主要是2009年6月22日通过的最高人民法院《关于审理城镇房屋租赁合同纠纷案件具体应用法律若干问题的解释》（2020年修正），该司法解释针对合同无效、合同解除和合同履行期间届满三种情形作了分别规定。

第一，租赁合同无效。承租人经出租人同意装饰装修，租赁合同无效时，未形成附合的装饰装修物，出租人同意利用的，可折价归出租人所有；出租人不同意利用的，可由承租人拆除。因拆除造成房屋毁损的，承租人应当恢复原状。已形成附合的装饰装修物，出租人同意利用的，可折价归出租人所有；不同意利用的，由双方各自按照导致合同无效的过错分担现值损失。

第二，合同解除。承租人经出租人同意装饰装修，租赁期间届满或者合同解除时，除当事人另有约定以外，未形成附合的装饰装修物，可由承租人拆除。因拆除造成房屋毁损的，承租人应当恢复原状。

承租人经出租人同意装饰装修，合同解除时，双方对已形成附合的装饰装修物的处理没有约定的，人民法院按照下列情形分别处理：（1）因出租人违约导致合同解除，承租人请求出租人赔偿剩余租赁期内装饰装修残值损失的，应予支持；（2）因承租人违约导致合同解除，承租人请求出租人赔偿剩余租赁期内装饰装修残值损失的，不予支持，但出租人同意利用的，应在利用价值范围内予以适当补偿；（3）因双方违约导致合同解除，剩余租赁期内的装饰装修残值损失，由双方根据各自的过错承担相应的责任；（4）因不可归责于双方的事由导致合同解除的，剩余租赁期内的装饰装修残值损失，由双方按照公平原则分担，法律另有规定的，适用其规定。

第三，合同履行期间届满。承租人经出租人同意装饰装修，租赁期间届满时，承租人请求出租人补偿附合装饰装修费用的，人民法院不予支持，但当事人另有约定的除外。承租人未经出租人同意装饰装修或者扩建发生的费用，由承租人负担。出租人请求承租人恢复原状或者赔偿损失的，人民法院应予支持。承租人经出租人同意扩建，但双方对扩建费用的处理没有约定的，人民法院按照下列情形分别处理：（1）办理合法建设手续的，扩建造价费用由出租人负担；（2）未办理合法建设手续的，扩建造价费用由双方按照过错分担。

五、房屋的转租

（一）房屋转租的概念和意义

房屋转租与房屋出租是两个密切相关的法律概念。房屋转租，是指在房屋租赁关系存续期间，承租人经出租人同意，将所承租的房屋再出租于他人的行为。在房屋转租关系中，原租赁合同中的承租人为转租人，接受转租的第三人为次承租人，二者之间形成新的租赁关系后，原出租人（房屋所有权人）与转租人（原承租人）的房屋租赁关系继续存在，转租人要继续向出租人履行合同，但作为租赁合同标的物的房屋已有偿地转移给次承租人实际占有和使用。在市场经济条件下，房屋转租是社会现实生活中的常见现象，但只有合法的转租才能得到国家法律的保护。

在合法转租的情况下，当事人之间发生如下法律后果：（1）出租人与承租人的租赁合同继续有效，不因转租而受影响；（2）出租人与第三人之间不发生直接的法律关系，第三人对租赁物造成的损失，应当由承租人而不是由第三人向出租人赔偿；（3）承租人作为转租人，其和第三人的关系与一般租赁关系并无区别。①

房屋转租作为房屋租赁中合理利用房屋的客观要求，其存在具有必要性与合理性。因房屋属于不动产，其占有与使用具有明显的排他性。当房屋租赁合同签订之后，在合同有效期间承租人不能履约或不能有效地利用承租房屋时，转租便可以大大提高房屋的使用效益；急需房屋者的生产、生活需要也可以由此得到满足。就此而言，房屋转租可以避免或减少房屋财产的浪费，使房屋资源得到有效配置和充分合理的利用。所以，在国外的有关法律制度中，有关房屋租赁和转租的规定一直是国家法律制度的重要组成部

---

① 参见江平主编：《中华人民共和国合同法精解》，173页，北京，中国政法大学出版社，1999。

分。在我国，长期以来，民间就有大房东、二房东的称谓，并不乏有关房屋转租的规定。《民法典》第716条中明确规定："承租人经出租人同意，可以将租赁物转租给第三人。"《商品房屋租赁管理办法》第11条也明确规定："承租人转租房屋的，应当经出租人书面同意。承租人未经出租人书面同意转租的，出租人可以解除租赁合同，收回房屋并要求承租人赔偿损失。"这些规定为房屋转租制度的建立和发展提供了重要法律依据，对于规范转租行为、维护正常的房地产交易秩序具有重要意义。

（二）房屋转租的特征

根据现行有关法律的规定，房屋转租主要具有以下几个基本特征。

1. 房屋转租必须经过原出租人的同意

出租房屋是对房屋行使处分权的行为，承租人依据租赁合同所享有的权利仅仅是在一定时期对房屋的占有、使用权，而不包括对房屋的处分权。而且转租行为的发生与出租人有直接的利害关系。因此，出租人的同意是转租的前提。《商品房屋租赁管理办法》中规定，这种"同意"应采用书面形式。对此，既可以在原租赁合同中以转租条款约定，也可以在原租赁合同成立后根据需要以补充协议的形式约定。未经原出租人同意承租人擅自转租房屋的，属于违约行为，出租人可以解除合同。

2. 房屋转租合同具有独立性，但要受原房屋租赁合同的制约

房屋转租是在出租人同意的情况下，在转租人与次承租人之间建立的一种新的独立的法律关系。其独立于原房屋租赁合同并与其并存，但在一定程度上要受原租赁合同的约束：首先，转租的期限要受原租赁合同的制约，只能在原租赁合同约定的期限内确定，超过原租赁合同期限确定的转租期限当属无效。其次，转租房屋的用途不得违反原租赁合同的约定，原出租人限制房屋租赁用途的，转租合同中对房屋的用途不得擅自改变，只能在允许的范围内确定转租房屋的用途。最后，原租赁合同变更、解除及终止会对转租合同产生直接影响。由于转租合同的产生与存在是以原租赁合同为基础的，当原租赁合同变更、解除或终止时，转租合同也会随之发生相应的变化。总之，转租合同在很大程度上要受到原房屋租赁合同的影响和制约。

3. 房屋转租需要登记备案

众所周知，我国对房地产租赁实行登记备案制度。虽然现行《商品房屋租赁管理办法》没有规定房地产转租要进行登记备案，但由房地产的不动产属性所决定，房屋的权属变更和权利状态很难从其占有状态来判断。为了规范转租行为，维护转租双方的合法权益，对房屋转租实行租赁登记备案制度也是完全必要的。通过对转租关系的登记备案，可以规范转租行为，防止转租纠纷的发生，保护房屋出租方的合法权益，也便于有关管理部门了解和掌握房屋租赁市场的客观情况和发展动态。

（三）转租双方的权利和义务

1. 转租方的权利和义务

房屋转租后，转租人即具有承租人和出租人的双重身份，其除了依原租赁合同享有承租人的权利、履行承租人的义务，还依转租合同享有出租人的权利、负有出租人的义务。首先，其对转租房屋的租金有收取权，就租金收入与原出租人有约定的应按约定执行。其次，转租人有权监督、检查次承租人对转租房屋的使用情况。最后，转租人在转租合同期限届满时，有权收回房屋，在因次承租人的原因致使转租房屋遭到毁损、灭失时，转租人有权要求其赔偿损失。当然权利与义务总是对应的，转租人在享有上述权利的同时，也必须履行以下义务：（1）依据转租合同，按约定的时间交付房屋并在转租合同存续期间，保证次承租人对房屋的正常使用；（2）转租人作为转租房屋的受益人负有依法缴纳有关税费的义务；（3）在转租关系存续期间，因出租人或第三方的原因致使转租合同不能继续履行时，转租人应承担违约责任。

当然，转租人在履行上述义务的同时，还要依原租赁合同的约定，向出租人（房屋所有权人）履行其应尽的各种义务，并行使相应的权利。

2. 次承租人的权利和义务

房屋转租合同签订并生效后，次承租人在转租关系中处于房屋承租人的地位。其依转租合同享有的权利和义务大体上与转租人在原租赁合同中享有的权利和义务相同。其享有依约占有使用房屋的权利，同时也负有按期交付房屋租金、依约定用途和期限使用房屋以及在转租合同终止时返还房屋的义务。

允许房屋转租可以更充分、合理地利用现有房源，避免房屋的闲置和浪费。但如果转租行为不规范，缺乏必要的管理，房屋转租也会扰乱正常的房地产交易秩序，侵犯房屋所有人的合法权益。因此，对转租行为应依法进行规范，并在适用范围上给予一定的限制。目前，我国的房屋转租主要发生在私房租赁和生产、经营用房租赁中。公房转租长期以来一直为国家法律所禁止。这是因为，公房租赁带有社会福利的性质，允许公房转租会助长以公房牟私利的势头，这对于那些无条件租用公房的住房困难户来讲是不公平的，在我国住房制度改革完成之前，对公房转租予以限制或禁止，有其必要性及合理性。

六、廉租住房的租赁

改善低收入家庭的居住条件，是世界各国在城市化进程中共同面临的问题。世界各国为了保证社会贫困人口的基本生活需要，都尽可能地完善社会保障体系。其中，低收入者的福利性住房保障制度在社会保障体系中占有重要地位。我国为了解决低收入家庭的住房困难，完善社会保障体系，继安居工程、建设经济适用住房之后，又实行了廉租房供给制度。《城镇廉租住房管理办法》（现已失效）自 1999 年 5 月起施行。实践证明，我国的廉租房供应体系自起步以来，已取得一定成效，但也存在一些问题，如房源少、保障方式单一以及廉租房建造地点偏远导致低收入家庭生活、工作不便等，致使廉租房的供给远远不能满足巨大的社会需求。因此，进一步完善廉租房制度已成为客观的需要。2003 年 12 月 31 日，建设部、财政部、民政部、国土资源部、国家税务总局联合发布了《城镇最低收入家庭廉租住房管理办法》（现已失效），并已于 2004 年 3 月 1 日起施行。该办法明确规定，地方人民政府应在国家统一政策指导下，根据当地社会经济发展的实际情况，因地制宜，建立城镇最低收入家庭廉租住房制度。2005 年建设部和民政部联合印发了《城镇最低收入家庭廉租住房申请、审核及退出管理办法》，进一步完善了我国的廉租住房管理制度。2007 年，国家制定了《廉租住房保障办法》。从目前情况看，我国的城镇低收入家庭廉租住房保障制度已迅速发展并日益完善。

依据《廉租住房保障办法》的规定，城市低收入住房困难家庭，是指城市和县人民政府所在地的镇范围内，家庭收入、住房状况等符合市、县人民政府规定条件的家庭。城市低收入住房困难家庭的收入标准、住房困难标准等以及住房保障面积标准，实行动态管理，由市、县人民政府每年向社会公布一次。廉租住房保障，主要通过发放租赁住房补贴和提供廉租住房，增强城市低收入住房困难家庭承租住房的能力，保障城市低收入住房困难家庭的住房需求。

（一）廉租房保障的方式

目前，我国廉租住房保障方式主要有货币补贴和实物配租两种。货币补贴是指县级以上地方人民政府向申请廉租住房保障的城市低收入住房困难家庭发放租赁住房补贴，由其自行承租住房。实物配租是指县级以上地方人民政府向申请廉租住房保障的城市低收入住房困难家庭提供住房，并按照规定标准收取租金。

采取货币补贴方式的，补贴额度按照城市低收入住房困难家庭现住房面积与保障面积标准的差额、每平方米租赁住房补贴标准确定。每平方米租赁住房补贴标准由市、县人民政府根据当地经济发展水平、市场平均租金、城市低收入住房困难家庭的经济承受能力等因素确定。其中对城市居民最低生活保障家庭，可以按照当地市场平均租金确定租赁住房补贴标准；对其他城市低收入住房困难家庭，可以根据收入情况等分类确定租赁住房补贴标准。

采取实物配租方式的，配租面积为城市低收入住房困难家庭现住房面积与保障面积标准的差额。实物配租的住房租金标准实行政府定价。实物配租住房的租金，按照配租面积和市、县人民政府规定的租金标准确定。有条件的地区，对城市居民最低生活保障家庭，可以免收实物配租住房中住房保障面积标准内的租金。

（二）廉租房的申请与核准

依据《廉租住房保障办法》的规定，申请廉租住房保障的程序大体如下。

1. 申请

申请廉租住房保障，首先由申请廉租住房保障家庭的户主向户口所在地街道办事处或者镇人民政府提出书面申请，同时应当提供下列材料：（1）家庭收入情况的证明材料；（2）家庭住房状况的证明材料；（3）家庭成员身份证和户口簿；（4）市、县人民政府规定的其他证明材料。城市低收入住房困难家庭的收入标准、住房困难标准等以及住房保障面积标准，实行动态管理，由市、县人民政府每年向社会公布一次。

2. 审核

街道办事处或者镇人民政府在接到申请人的廉租房保障申请后，自受理申请之日起

30日内，就申请人的家庭收入、家庭住房状况是否符合规定条件进行审核，提出初审意见并张榜公布，将初审意见和申请材料一并报送市（区）、县人民政府建设（住房保障）主管部门；主管部门应当自收到申请材料之日起15日内，就申请人的家庭住房状况是否符合规定条件提出审核意见，并将符合条件的申请人的申请材料转同级民政部门；民政部门应当自收到申请材料之日起15日内，就申请人的家庭收入是否符合规定条件提出审核意见，并反馈同级建设（住房保障）主管部门。

3. 公示

经相关管理部门审核，家庭收入、家庭住房状况符合规定条件的，由建设（住房保障）主管部门予以公示，公示期限为15日；对经公示无异议或者异议不成立的，作为廉租住房保障对象予以登记，书面通知申请人，并向社会公开登记结果。经审核，不符合规定条件的，建设（住房保障）主管部门应当书面通知申请人，说明理由。申请人对审核结果有异议的，可以向建设（住房保障）主管部门申诉。

4. 轮候

建设（住房保障）主管部门应当综合考虑登记的城市低收入住房困难家庭的收入水平、住房困难程度和申请顺序以及个人申请的保障方式等，确定相应的保障方式及轮候顺序，并向社会公开。确定轮候顺序的原则是，对已经登记为廉租住房保障对象的城市居民最低生活保障家庭，凡申请租赁住房货币补贴的，要优先安排发放补贴，基本做到应保尽保。实物配租应当优先面向已经登记为廉租住房保障对象的孤、老、病、残等特殊困难家庭，城市居民最低生活保障家庭以及其他急需救助的家庭。对轮候到位的城市低收入住房困难家庭，建设（住房保障）主管部门或者具体实施机构将按照已确定的保障方式，与其签订租赁住房补贴协议（租赁住房补贴协议应当明确租赁住房补贴额度、停止发放租赁住房补贴的情形等内容）或者廉租住房租赁合同，予以发放租赁住房补贴或者配租廉租住房。发放租赁住房补贴和配租廉租住房的结果，应当予以公布，接受社会监督。

（三）退出机制

城市低收入住房困难家庭的收入标准、住房困难标准等以及住房保障面积标准，实行动态管理，由市、县人民政府每年向社会公布一次。建设（住房保障）主管部门应当根据城市低收入住房困难家庭人口、收入、住房等变化情况，调整租赁住房补贴额度或实物配租面积、租金等；对不再符合规定条件的，应当停止发放租赁住房补贴，或者由承租人按照合同约定退回廉租住房。

依据《廉租住房保障办法》的规定，城市低收入住房困难家庭获得租赁住房补贴或廉租住房配租后，应遵守国家的法律、法规，全面履行租赁住房补贴协议或廉租住房租赁合同，有下列情形之一的，应当按照合同约定退回廉租住房：(1) 承租人已不符合规定条件的；(2) 无正当理由连续6个月以上未在所承租的廉租住房居住的；(3) 无正当理由累计6个月以上未交纳廉租住房租金的。(4) 将所承租的廉租住房转借、转租或者改变用途的。

城市低收入住房困难家庭未按照合同约定退回廉租住房的，建设（住房保障）主管部门应当责令其限期退回；逾期未退回的，可以按照合同约定，采取调整租金等方式处理。城市低收入住房困难家庭拒绝接受前述规定的处理方式的，由建设（住房保障）主管部门或者具体实施机构依照有关法律法规规定处理。

七、公共租赁住房

随着廉租房、经适房建设力度的加大，部分城市的多数中低收入家庭的住房难题逐步得到解决。但由于有的地区住房保障政策覆盖范围比较小，部分大中城市商品住房价格较高、上涨过快、可供出租的小户型住房供应不足等原因，一些中等偏下收入住房困难家庭无力通过市场租赁或购买住房的问题比较突出。同时，随着城镇化快速推进，新职工的阶段性住房支付能力不足的问题日益显现，外来务工人员居住条件也亟须改善。大力发展公共租赁住房，是完善住房供应体系，培育住房租赁市场，满足城市中等偏下收入家庭基本住房需求的重要举措，是引导城镇居民合理住房消费，调整房地产市场供应结构的必然要求。

公共租赁住房，是指限定建设标准和租金水平，面向符合规定条件的城镇中等偏下收入住房困难家庭、新就业无房职工和在城镇稳定就业的外来务工人员出租的保障性住房。公共租赁住房的所有权属于政府或公共机构。它与廉租房、经适房、限价房共同构成住房保障体系，属于社会保障性住房的一种。2012 年住房和城乡建设部制定了《公共租赁住房管理办法》，对公共租赁住房的申请条件、轮候与配租、使用与退出以及法律责任等问题，作出了明确规定。目前，公共租赁住房已成为社会保障性住房体系中的重要组成部分。

（一）供应对象

公共租赁住房供应对象主要是城市中等偏下收入住房困难家庭。具体包括：（1）城市中等偏下收入住房困难家庭；（2）新就业职工；（3）在城镇稳定就业的外来务工人员。公共租赁住房的供应范围和供应对象的收入线标准、住房困难条件，按市、县人民政府确定的标准和条件执行。

（二）申请条件

依据《公共租赁住房管理办法》的规定，申请公共租赁住房，应当符合以下条件：（1）在本地无住房或者住房面积低于规定标准；（2）收入、财产低于规定标准；（3）申请人为外来务工人员的，在本地稳定就业达到规定年限。

申请公共租赁住房的具体条件由直辖市和市、县级人民政府住房保障主管部门根据本地区实际情况确定，报本级人民政府批准后实施并向社会公布。申请人应当根据市、县级人民政府住房保障主管部门的规定，提交申请材料，并对申请材料的真实性负责。经审核，对符合申请条件的申请人，住房保障部门应当予以公示，经公示无异议或者异议不成立的，将其登记为公共租赁住房轮候对象，并向社会公开；对不符合申请条件的申请人，也会书面通知并说明理由。

对登记为轮候对象的申请人，应当在轮候期内安排公共租赁住房。轮候期一般不超过 5 年。配租对象选择公共租赁住房后，公共租赁住房所有权人或者其委托的运营单位与配租对象应当签订书面租赁合同（有规范文本）。

（三）租金标准

公共租赁住房的租金标准由市、县级人民政府住房保障主管部门会同有关部门，按照略低于同地段住房市场租金水平的原则确定，报本级人民政府批准后实施。公共租赁住房租赁合同约定的租金数额，根据市、县级人民政府批准的公共租赁住房租金标准确定。公共租赁住房租金标准应当向社会公布，并定期调整。承租人收入低于当地规定标准的，可以依照有关规定申请租赁补贴或者减免。

（四）租赁期限

公共租赁住房租赁期限一般不超过 5 年。租赁合同期满后承租人仍符合规定条件的，可以申请续租。因条件发生变化，不再符合承租条件，提出续租申请，经审核不符合续租条件的，应腾退公共租赁住房。未按规定提出续租申请的承租人，租赁期满应当腾退公共租赁住房；拒不腾退的，公共租赁住房的所有权人或者其委托的运营单位可以向人民法院提起诉讼，要求承租人腾退公共租赁住房。

（五）使用的限制

公共租赁住房属于保障性住房的一种，其租赁不同于一般的房屋租赁。承租人对公共租赁住房的使用应符合《公共租赁住房管理办法》的规定。因就业、子女就学等原因需要调换公共租赁住房的，经公共租赁住房所有权人或者其委托的运营单位同意，承租人之间可以互换所承租的公共租赁住房。但不可以实施下列行为：（1）转借、转租或者擅自调换所承租公共租赁住房；（2）改变所承租公共租赁住房用途；（3）破坏或者擅自装修所承租公共租赁住房，拒不恢复原状；（4）在公共租赁住房内从事违法活动；（5）无正当理由连续 6 个月以上闲置公共租赁住房。否则，承租人自退回公共租赁住房之日起 5 年内不得再次申请公共租赁住房；造成损失的，依法承担赔偿责任。同时，由市、县级人民政府住房保障主管部门责令按市场价格补缴从违法行为发生之日起的租金，记入公共租赁住房管理档案，处以 1 000 元以下罚款；有违法所得的，处以违法所得 3 倍以下但不超过 3 万元的罚款。

（六）退出条件

公共租赁住房的承租是有特定条件的，承租人的条件发生变化后，不再符合承租公共租赁住房的要求时，应当腾退公共租赁住房：（1）提出续租申请但经审核不符合续租条件的；（2）租赁期内，通过购买、受赠、继承等方式获得其他住房并不再符合公共租赁住房配租条件的；（3）租赁期内，承租或者承购其他保障性住房的。在腾退房屋时，公共租赁住房的所有权人或者其委托的运营单位应当为其安排合理的搬迁期，搬迁期内租金按照合同约定的租金数额缴纳。

搬迁期满不腾退公共租赁住房，承租人确无其他住房的，应当按照市场价格缴纳租金；承租人有其他住房的，公共租赁住房的所有权人或者其委托的运营单位可以向人民法院提起诉讼，要求承租人腾退公共租赁住房。因就业、子女就学等原因需要调换公共租赁住房的，经公共租赁住房所有权人或者其委托的运营单位同意，承租人之间可以互换所承租的公共租赁住房。

公共租赁住房的供给是一个过渡性的措施。其所针对的社会群体不属于低收入家庭，但是他们目前确实难以通过市场解决自己的住房困难。因此，政府向他们提供公共租赁住房缓解其住房压力，三五年后他们有支付能力了，应退出公共租赁住房，通过市场解决住房问题。

房屋租赁是解决住房问题的重要性途径，也是房地产市场的重要组成部分。长期以来，我国房地产市场的租、售结构明显不合理。城镇租赁住房占比远远低于发达国家，城镇居民家庭主要依靠购置住房解决居住问题。在城镇化的进程中，新“移民”、新就业群体是城镇劳动力的主要补充和经济活力的重要来源，但这一群体收入较低、就业流动性大，难以通过购置获得合适住房。通过租赁的方式解决这部分人的住房需求应是最佳途径，而现实中租赁住房的供应量又远远不能满足这些特殊群体的需求，他们需要的主要是中小户型、中低价位、离工作地点较近的租赁住房，但市场供应的租赁住房价位偏高、位置较远；同时，租售价格比不合理。改革开放以来，虽然我国住房租赁市场不断发展，对加快改善城镇居民住房条件、推动新型城镇化进程等发挥了重要作用，但市场供应主体发育不充分、市场秩序不规范、法律制度不完善等问题仍较为突出。为加快培育和发展住房租赁市场，2016 年 5 月 17 日国务院办公厅发布《关于加快培育和发展住房租赁市场的若干意见》（以下简称《意见》）。《意见》明确指出：“实行购租并举，培育和发展住房租赁市场，是深化住房制度改革的重要内容，是实现城镇居民住有所居目标的重要途径”。其为支持住房租赁消费，促进住房租赁市场健康发展，实现城镇居民住有所居的目标，提出以下举措。

1. 支持租赁住房建设

为鼓励新建租赁住房，《意见》提出，各地应结合住房供需状况等因素，将新建租赁住房纳入住房发展规划，合理确定租赁住房建设规模，并在年度住房建设计划和住房用地供应计划中予以安排，引导土地、资金等资源合理配置，有序开展租赁住房建设。同时，允许将商业用房等按规定改建为租赁住房，土地使用年限和容积率不变，土地用途调整为居住用地，调整后用水、用电、用气价格应当按照居民标准执行。允许将现有住房按照国家和地方的住宅设计规范改造后出租，改造中不得改变原有防火分区、安全疏散和防火分隔设施，必须确保消防设施完好有效。鼓励地方政府盘活城区存量土地，采用多种方式增加租赁住房用地有效供应。新建租赁住房项目用地以招标、拍卖、挂牌方式出让的，出让方案和合同中应明确规定持有出租的年限。鼓励金融机构按照依法合规、风险可控、商业可持续的原则，向住房租赁企业提供金融支持。

2. 鼓励多主体开展住房租赁业务

发展住房租赁企业，充分发挥市场作用，调动企业积极性，通过租赁、购买等方式多渠道筹集房源，提高住房租赁企业规模化、集约化、专业化水平，形成大、中、小住房租赁企业协同发展的格局，满足不断增长的住房租赁需求。住房租赁企业享受生活性服务业的相关支持政策。

支持房地产开发企业拓展业务范围，利用已建成住房或新建住房开展租赁业务；鼓励房地产开发企业出租库存商品住房；引导房地产开发企业与住房租赁企业合作，发展租赁地产。

支持和规范个人出租住房。落实鼓励个人出租住房的优惠政策，鼓励个人依法出租自有住房。规范个人出租住房行为，支持个人委托住房租赁企业和中介机构出租住房。

3. 鼓励住房租赁消费

《意见》提出，各地要制定支持住房租赁消费的优惠政策措施，引导城镇居民通过租房解决居住问题。落实提取住房公积金支付房租政策，简化办理手续。非本地户籍承租人可按照《居住证暂行条例》等有关规定申领居住证，享受义务教育、医疗等国家规定的基本公共服务。出租人应当按照相关法律法规和合同约定履行义务，保证住房和室内设施符合要求。住房租赁合同期限内，出租人无正当理由不得解除合同，不得单方面提高租金，不得随意克扣押金。

租赁住房是解决进城务工人员、新就业大学生等新市民住房问题的重要途径。近年来，我国住房租赁市场快速发展，为解决新市民住房问题发挥了重要作用。但住房租赁市场秩序混乱，房地产经纪机构、住房租赁企业和网络信息平台发布虚假房源信息、恶意克扣押金租金、违规使用住房租金贷款、强制驱逐承租人等违法违规问题突出，侵害租房群众合法权益，影响社会和谐稳定。为了解决这些问题，规范租赁行为，住房和城乡建设部、国家发展改革委、公安部、市场监管总局、银保监会、国家网信办发布《关于整顿规范住房租赁市场秩序的意见》（建房规〔2019〕10号），明确要求：已备案的房地产经纪机构和已开业报告的住房租赁企业及从业人员对外发布房源信息的，应当对房源信息真实性、有效性负责。所发布的房源信息应当实名并注明所在机构及门店信息，并应当包含房源位置、用途、面积、图片、价格等内容，满足真实委托、真实状况、真实价格的要求。同一机构的同一房源在同一网络信息平台仅可发布一次，在不同渠道发布的房源信息应当一致，已成交或撤销委托的房源信息应在5个工作日内从各种渠道上撤销。对违规发布房源信息的机构及从业人员，住房和城乡建设、网信等部门应当要求发布主体和网络信息平台删除相关房源信息，网络信息平台应当限制或取消其发布权限。网络信息平台未履行核验发布主体和房源信息责任的，网信部门可根据住房和城乡建设等部门的意见，对其依法采取暂停相关业务、停业整顿等措施。

近些年来，我国住房租赁市场快速发展，市场运行总体平稳，为解决居民住房问题发挥了重要作用。近期，少数住房租赁企业利用租金支付期限错配建立资金池，控制房源、哄抬租金，有的甚至利用承租人信用套取信贷资金，变相开展金融业务，严重损害了住房租赁当事人的合法权益。为加强住房租赁企业监管，引导住房租赁企业回归住房租赁服务本源，促进住房租赁市场健康发展，住房和城乡建设部等部门于2021年4月15日发布《关于加强轻资产住房租赁企业监管的意见》（建房规〔2021〕2号）。该意见明确提出，从事住房租赁经营的企业，以及转租住房10套（间）以上的自然人，应当依法办理市场主体登记，取得营业执照，其名称和经营范围均应当包含“住房租赁”相关字样。住房租赁企业开展经营活动的信息系统应当落实互联网管理各项政策要求，接入所在城市住房租赁管理服务平台。住房租赁企业应当将经营的房源信息纳入住房租赁管理服务平台管理，并实时报送租赁合同期限、租金押金及其支付方式、承租人基本情况等租赁合同信息。住房租赁企业单次收取租金的周期原则上不超过 3 个月。住房租赁企业应当在商业银行设立一个住房租赁资金监管账户，向所在城市住房和城乡建设部门备案，并通过住房租赁管理服务平台向社会公示，接受社会监督。城市政府对规范发展住房租赁市场承担主体责任。加强住房租赁市场租金监测，密切关注区域租金异常上涨情况，对于租金上涨过快的，可以采取必要措施稳定租金水平。住房和城乡建设、发展改革部门要建立住房租赁企业及其从业人员信用评价体系，对住房租赁企业进行分级分类，采取差异化监管措施。市场监管部门要加大监管力度，依法查处虚假广告、哄抬租金等违法违规行为，严厉打击垄断行为。

第五节 房地产抵押

一、房地产抵押的概念和法律特征

房地产抵押是伴随着我国土地使用制度改革和房地产业的发展，而在实践中得到迅速发展的物权担保形式。随着我国各项经济建设的发展，尤其是房地产业的发展，房地产抵押已成为银行贷款最主要的担保方式。房地产抵押业务的迅速发展，极大地推动了融资担保业务，它在社会经济中发挥着十分重要的作用。为了规范房地产抵押行为，保证房地产市场的健康发展，我国 1990 年制定的《城镇国有土地使用权出让和转让暂行条例》（2020 年修订）对土地使用权抵押问题作出了原则性规定；1994 年颁布的《城市房地产管理法》（2007 年、2009 年、2019 年修正）对房地产抵押问题作了进一步规定；1995 年实施的《担保法》（现已失效），又对房地产抵押的一些具体的问题作了更加全面的规定；1997 年建设部根据实践发展的需要，发布了专门调整房地产抵押关系的《城市房地产抵押管理办法》（依 2021 年 3 月 30 日住房和城乡建设部令第 52 号修改）。这些法律、法规及规章的实施，使我国的房地产抵押法律制度逐步得到完善。

（一）房地产抵押的概念

根据我国《城市房地产抵押管理办法》的规定，房地产抵押，是指抵押人以其合法的房地产采用不转移占有的方式向抵押权人提供债务履行担保的行为。基于该行为而形成的房地产抵押法律关系，是抵押人和抵押权人之间的权利义务关系。在房地产抵押法律关系中，提供房地产作担保的债务人或第三人为抵押人，接受房地产抵押以担保自己债权实现的债权人为抵押权人。房地产抵押法律关系成立后，债务人到期不能清偿债务时，债权人依法有权以抵押的房地产折价或拍卖所得的价款优先受偿。债权人依法享有的这种权利即房地产抵押权。

抵押的意义，在于所有权人既能保留财产的使用价值，又能将其交换价值提供给抵押权人，使财产发挥二重效用。[①] 可以说，抵押的意义在房地产抵押中得到了最充分的体现，尤其是在房地产开发中，房地产开发企业以其土地使用权及地上建筑物或建设工程进行抵押融资，既不影响其对土地的开发利用，又能为资金融通提供担保，获得开发资金。而对债权人来讲，房地产抵押，为其债权的实现提供了更为可靠的保障。所以，房地产抵押在实践中得到了迅速的发展，并在社会经济生活中发挥了巨大作用。

（二）房地产抵押的特征

房地产抵押作为物权担保的一种形式，就其法律关系的性质来讲，同样具有从属性、特定性和不可分性等物权担保特征。但房地产抵押属于不动产抵押，由抵押标的的特殊性所决定，房地产抵押又具有以下几个法律特征。

（1）房地产抵押法律关系比较复杂。根据我国现行法律的规定，房地产抵押的标的可以是房屋及其占用范围内的土地使用权，也可以是单独的建设用地使用权，还可以是正在建造的建筑物。而建设用地使用权又有出让土地使用权和划拨土地使用权之分。因此，以房地产设定抵押权的，抵押法律关系比一般财产抵押更复杂。

（2）房地产抵押不转移抵押财产的占有。房地产属于典型的不动产，不动产抵押不转移抵押财产的占有，房地产抵押属于不动产抵押，抵押人不必转移房地产的占有。抵押法律关系成立后，抵押人对于已设定抵押权的房地产可以继续开发、利用和经营。因此，房地产设定抵押权后还会产生一些潜在法律关系。

（3）房地产抵押属于要式法律行为。依照我国现行法律的规定，房地产抵押，抵押人应与抵押权人签订书面合同。虽然实践中的房地产抵押，可以由抵押人与抵押权人单独签订书面合同，也可以在债权文书中写明抵押事项，但这只是书面合同的不同形式，其实质都是书面合同。除了签订书面合同，还要依法进行抵押登记。我国《城镇国有土地使用权出让和转让暂行条例》第 35 条规定："土地使用权和地上建筑物、其他附着物抵押，应当依照规定办理抵押登记。"《城市房地产管理法》第 62 条第 1 款也明确规定，房地产抵押时，应当向县级以上地方人民政府规定的部门办理抵押登记。抵押权自登记时设立。抵押权设立登记是房地产抵押的法定生效要件。这是房地产抵押与一般财产抵押的重要区别之一。

二、房地产抵押权的标的

用以设定抵押权的房地产必须是符合法定要求的，不属于法律禁止抵押之列的房地产。根据我国《民法典》和《城市房地产抵押管理办法》，目前可以设定抵押权的房地产主要包括以下内容。

（1）房屋及其占用范围内的土地使用权。这里的房屋包括供人们生活用的住房以及非生活用的生产、经营和服务用房。房屋占用范围内的土地使用权主要是建设用地使用

---

① 参见史尚宽：《物权法论》，261 页，北京，中国政法大学出版社，2000。

权。设定抵押权的前提是抵押人对设定抵押权的房地产依法享有处分权。以此种房地产设定抵押权要遵守一个重要规则，即以建设用地使用权抵押的，该土地的建筑物、构筑物一并抵押；以建筑物、构筑物抵押的，该建筑物、构筑物占用范围内的建设用地使用权一并抵押。也就是说，在抵押权设立时，土地使用权与地上建筑物不能分开而单独设立抵押权。抵押人未将土地使用权与地上建筑物一并抵押的，未抵押的财产视为一并抵押。

（2）抵押人依法享有处分权的建设用地使用权。这里的建设用地使用权主要是指以出让方式取得的国有土地使用权。依据《城镇国有土地使用权出让和转让暂行条例》，以出让方式取得的土地使用权可以转让、出租和抵押。我国《城市房地产管理法》也明确规定，以出让的方式取得的土地使用权，可设定抵押权。该法同时还规定："设定房地产抵押权的土地使用权是以划拨方式取得的，依法拍卖该房地产后，应当从拍卖所得的价款中缴纳相当于应缴纳的土地使用权出让金的款额后，抵押权人方可优先受偿。"可见，以划拨土地使用权设定抵押权是附条件的，债权人不接受这个条件的，划拨土地使用权上不能设定抵押权。

（3）正在建造的建筑物（在建工程）。随着我国房地产业的迅速发展，在建工程抵押已成为房地产开发企业贷款担保的重要形式。实践中，以在建工程作为抵押财产向银行融通资金是房地产开发经营活动中的常见现象。所谓在建工程抵押，即抵押人为取得在建工程继续建造资金的贷款，以其合法取得的土地使用权连同在建工程投入的资产，以不转移占有的方式抵押给银行作为偿还贷款履行担保的行为。我国《民法典》第395条规定的七类可以抵押的财产中，包括了正在建造的建筑物。

（4）乡（镇）村企业的厂房等建筑物。依据我国《民法典》的规定，乡（镇）村企业的厂房等建筑物可以设定抵押权。以乡（镇）村企业的厂房等建筑物抵押的，其占用范围内的建设用地使用权一并抵押。乡（镇）村企业的建设用地使用权不得单独设定抵押权。

（5）预购商品房。随着社会的发展，商品房预售已成为房地产开发企业销售商品房的主要形式。为适应广大城市居民融资购房的要求，不少金融机构开展了住房担保贷款业务，接受购房人以预购的商品房抵押贷款。在现实社会生活中，预购商品房抵押已很普遍。依据《城市房地产抵押管理办法》的规定，预购商品房贷款抵押，是指购房人在支付首期房价款后，由贷款银行代其支付其余的购房款，将所购商品房抵押给贷款银行作为偿还贷款履行担保的行为。因此，预购商品房抵押可以作为房地产抵押的一种特殊类型。

虽然，从严格意义上讲，预购的商品房和在建工程均不属于典型意义上的房地产，但作为房地产开发的结果，随着工程建设的进行，其最终会以房地产的形式存在。交换价值的存在并逐步增值，使预购商品房和在建工程能够作为抵押财产担保债权的实现，这已是不争的事实。

上述房地产依法可以设定抵押权。依据我国《民法典》及现行有关法律的规定，不得设定抵押权的财产有以下几种：（1）土地所有权；（2）宅基地、自留地、自留山等集体所有土地的使用权（法律允许的除外）；（3）学校、幼儿园、医疗机构等为公益目的成立的非营利法人的教育设施、医疗卫生设施和其他公益设施；（4）所有权、使用权不明或有争议的财产；（5）依法被查封、扣押、监管的财产；（6）法律、行政法规规定不得抵押的其他财产。

总之，房地产抵押权的有效设定，必须以合法为前提，并符合法定的程序要求。

三、房地产抵押权担保的范围

实践中，房地产抵押权所担保的债权的范围，除抵押合同另有约定的以外，一般包括以下几项。

（1）主债权。主债权是房地产抵押权所担保的主要内容。

（2）利息。这里的利息是指由主债权产生的孳息。其自然属于抵押权所担保之债权的范围。

（3）违约金。抵押权所担保的主合同中约定了违约金的，违约金也属于担保的范围。

（4）损害赔偿金。损害赔偿金是指债务人在履行主合同中，给债权人造成损害而应给予债权人的赔偿。

（5）实现抵押权的费用。它是指抵押权人为实现抵押权而支付的费用，一般包括申请费、拍卖费、评估费、保全费等。

四、房地产抵押合同及登记

房地产抵押属于要式法律行为，抵押双方当事人经协商确定的相互权利、义务关系，应该形成书面合同，并依法进行抵押登记。我国《民法典》第 400 条规定，设立抵押权，当事人应当采用书面形式订立抵押合同。抵押合同一般包括：被担保债权的种类和数额；债务人履行债务的期限；抵押财产的名称、数量等情况；担保的范围。我国《城镇国有土地使用权出让和转让暂行条例》第 35 条规定："土地使用权和地上建筑物、其他附着物抵押，应当依照规定办理抵押登记。"《城市房地产管理法》第 62 条第 1 款规定："房地产抵押时，应当向县级以上地方人民政府规定的部门办理抵押登记。"《民法典》第 402 条也明确规定，以建筑物和其他土地附着物、建设用地使用权或者正在建造的建筑物抵押的，应当办理抵押登记。抵押权自登记时设立。2015 年实施的《不动产登记暂行条例》（2019 年、2024 年修订）确立了不动产统一登记制度，对不动产登记的范围和登记的程序作出了明确规定。2016 年发布的《不动产登记暂行条例实施细则》（2019 年、2024 年修正，以下简称《细则》）第 66 条规定，自然人、法人或者其他组织为保障其债权的实现，依法以不动产设定抵押的，可以由当事人持不动产权属证书、抵押合同与主债权合同等必要材料，共同申请办理抵押登记。

实践中，房地产抵押权登记主要有两种，即现有房地产抵押登记和在建建筑物抵押登记。

（一）现有房地产抵押登记

现有房地产是已经过依法登记取得房地产权利证书或不动产证书的房地产。以其为抵押标的申请不动产抵押登记，应提供的材料主要是不动产权属证书、抵押合同与主债权合同等，抵押合同可以是单独订立的书面合同，也可以是主债权合同中的抵押条款。同一不动产上设立多个抵押权的，不动产登记机构应当按照受理时间的先后顺序依次办理登记，并记载于不动产登记簿。当事人对抵押权顺位另有约定的，从其约定办理登记。

（二）在建建筑物抵押登记

在建建筑物，是指正在建造、尚未办理所有权首次登记的房屋等建筑物。在房地产开发经营中，开发企业为了筹集建设资金以在建工程抵押贷款的现象十分普遍。《细则》第 75 条规定，以建设用地使用权以及全部或者部分在建建筑物设定抵押的，应当一并申请建设用地使用权以及在建建筑物抵押权的首次登记。此种登记的申请人多为房地产开发企业和接受抵押贷款的银行。当事人申请在建建筑物抵押权首次登记时，抵押财产不包括已经办理预告登记的预购商品房和已经办理预售备案的商品房。申请在建建筑物抵押权首次登记的，当事人应当提交下列材料：（1）抵押合同与主债权合同；（2）享有建设用地使用权的不动产权属证书；（3）建设工程规划许可证；（4）其他必要材料。

这里应注意的是：在建建筑物设定抵押权后，工程建设还在不断进行中，其最终会形成所设计的建筑物；在建建筑物竣工的，办理建筑物所有权首次登记时，当事人应当申请将在建建筑物抵押权登记转为建筑物抵押权登记。

五、房地产抵押权的实现

房地产抵押权的实现是指当债务人不能履行到期债务时，房地产抵押权人依法处分抵押的房地产，并就处分抵押房地产的所得优先受偿的过程。它是特定条件下债权实现的一种方式。房地产抵押权因实现而归于消灭。

（一）房地产抵押权实现的条件

房地产抵押权实现的条件是房地产抵押权依法设定后，债务人于债务履行期限届满后未依约清偿债务，或于抵押合同期间宣告解散、破产。我国《城镇国有土地使用权出让和转让暂行条例》第 36 条规定：“抵押人到期未能履行债务或者在抵押合同期间宣告解散、破产的，抵押权人有权依照国家法律、法规和抵押合同的规定处分抵押财产。”此外，根据我国《民法典》第 410 条的规定，债务人不履行到期债务或者发生当事人约定的实现抵押权的情形，抵押权人可以与抵押人协议以抵押物折价或者以拍卖、变卖该抵押财产所得的价款受偿。协议不成的，抵押权人可以请求人民法院拍卖、变卖抵押财产。

（二）房地产抵押权实现的方式

一般财产抵押，抵押权实现的方式有折价、变卖和拍卖三种方式。而根据我国房地产法的有关规定，房地产抵押权实现的方式主要是拍卖。《城市房地产管理法》第 47 条规定："债务人不履行债务时，抵押权人有权依法以抵押的房地产拍卖所得的价款优先受偿。"以拍卖为房地产抵押权实现的方式，透明度高，比较公平合理，有利于保护抵押人的合法权益，更有利于房地产市场的健康发展。关于拍卖抵押房地产的具体方式和程序，自 1997 年 1 月起实施、2004 年及 2015 年修改的《拍卖法》有具体规定，这里受篇幅所限不再介绍。

（三）房地产抵押权实现中的特殊要求

由土地资源的特性和我国土地使用制度的特殊性所决定，房地产抵押权的实现，有一些特殊的要求。根据《城市房地产管理法》和《民法典》的规定，房地产抵押权的实现应符合下列要求。

（1）以乡（镇）、村企业的厂房等建筑物及其占用范围内的土地使用权抵押的，在实现抵押权后，未经法定程序不得改变土地集体所有的性质和土地用途。

（2）设定抵押权的土地使用权是以划拨方式取得的，依法拍卖该房地产后，应先从拍卖所得的价款中缴纳相当于应缴纳的土地使用权出让金的款额后，抵押权人才能优先受偿。

（3）以建设用地使用权设定抵押权的，抵押权设定后，该土地上新增的建筑物不属于抵押财产。在实现抵押权时，应当将该土地上新增的建筑物与土地使用权一并处分，但是就新增建筑物所得的价款，抵押权人无权优先受偿。

（4）在实现抵押权时，抵押房地产上设有租赁权的，应区别不同情况作出处理：租赁权先于抵押权成立的，抵押权实现后，租赁关系继续有效，也即通过拍卖方式取得抵押房地产的产权人，要继续维持与原承租人的租赁关系；租赁权后于房地产抵押权成立的，抵押权实现后，租赁关系应解除，当事人另有约定的除外。

延伸阅读

1. 戴炜. 住房租赁契约管制研究. 北京：中国社会科学出版社，2017.

2. 叶俊锋. 房地产抵押登记实务中的几个问题. 中国房地产，2009（8）.

3. 刘武元. 房地产交易法律问题研究. 北京：法律出版社，2002.

4. 吴雨冰. 关于近日住建部修订《城市房地产抵押管理办法》的争议和看法. https//www. sohu. com，2021－04－23.

5. 最高人民法院《关于适用〈中华人民共和国民法典〉合同编通则若干问题的解释》（于 2023 年 12 月 4 日公布，自 2023 年 12 月 5 日起施行）.

问题与思考

1. 房地产交易的方式主要有哪些？

2. 商品房预售应具备哪些条件？

3. 已购经济适用住房再出售的要求是什么？

4. 房屋转租的特征是什么？
5. 廉租房与公共租赁住房有何区别？
6. 以划拨土地使用权设定抵押权的，在抵押权实现时的特殊要求是什么？
7. 在建建筑物抵押的特点是什么？

第六章

房地产税、费法律制度

常考知识点

- 房地产税的功能
- 房地产税常用的计税依据
- 城镇土地使用税的纳税人
- 耕地占用税的征税目的
- 土地增值税的征税范围
- 转让房地产所得税的纳税人
- 房地产费与房地产税的区别

房地产税收法律制度是国家税法的重要组成部分。合理的房地产税收不仅可以保证国家取得稳定的收入，而且可以加强国家对国民经济的宏观调控，合理调节各方面的经济利益，引导资金流向，调整产业结构，协调经济发展。完善的房地产税收法律制度是房地产业和房地产市场健康发展的保障。随着我国土地资源管理的不断加强和房地产业的迅速发展，我国的房地产税收法律制度逐渐完善，并已成为国家税收体系中相对独立的、具有特色的一部分。

第一节　房地产税概述

一、房地产税的概念和作用

房地产税，是指直接或间接以房地产为对象而征收的税。在我国现行土地制度下，房地产一词有特殊含义。由于历史的原因，我国对房屋和土地基本上是分别征税，而且以土地税为主。所以，这里所讲的房地产税，实际上就是房产税和土地税的总称。目前，我国有关房产方面的税包括增值税、房产税、印花税、土地增值税、企业所得税、城市维护建设税和教育费附加等。房产税和土地税有不同的征税对象、不同的征税目的，并适用不同的税率，但有一点是共同的，即它们征税的基础都是不动产，其纳税环节都发生在房地产的占有、使用和经营活动之中。因此，两者在功能和性质上又具有一些共同的特征。

（1）税源充足、税收稳定。众所周知，房地产是财产的重要内容，与一般财产相比，具有价值大、不易移动的特点。就其用途而言，它既是生活资料，又是生产资料。房地产的占有和使用是一切生产、生活得以进行的前提，它涉及人们生产、生活以及一切社会活动的各个方面。占有、使用房地产是人类最大量、最普遍的行为。因此，以房地产为对象征税，税源充足，收入稳定。自古以来，土地税都是国家税收的重要税种之一。在一些发达国家和地区，来自房地产的税收收入通常占年度财政收入的1/3或1/4。

（2）平衡负担、缩小差距。房地产税收既有直接税，也有间接税。其中直接税的税负是不能转嫁的，如房产税征税的主要依据是房产的价值。这种税的征收结果是占有的房产越多负担越重，占有的房产越少负担越轻，从而起到调节纳税人的财产占有量、缩小贫富差距的作用。

（3）引导土地利用方向，促进土地合理利用。合理的土地税收是促进土地合理利用的有效手段，通过土地税的征收，对需要限制的土地利用课以重税，对需要鼓励的土地利用课以轻税或适当减免税，就可以引导和调整土地的利用方向，优化土地利用结构，提高土地的利用率。以土地占有量为依据征收税，则可以限制土地的过多占用，减少土地资源的浪费。

（4）房地产税尤其是土地税可以促进土地级差收益的合理分配，抑制土地投机行为。在市场经济条件下，土地的所有者或使用者不但可以凭借其对土地的占有获得土地的自然增值，而且还可以通过囤积土地、待价而沽，做土地投机生意，获取暴利。对土地的增值收益征税，就可以有效地调节土地的级差收益，保证土地级差收益在不同的利益主体之间进行合理分配，并在一定程度上抑制土地投机行为。

由于房地产税具有这些特征和特有的作用，当今世界各国普遍征收土地税和房产税，房地产税已成为世界通行的税种之一。世界各国在税收法律制度建设中，都十分重视全面发挥财产税尤其是不动产税的调节作用。相当多的国家从土地资源配置全过程，即占有、使用、转移、收益各环节来建立和完善不动产税收制度。税收不仅是获得财政收入的手段，而且是调节土地资源占有、分配，抑制投机行为以及平衡社会财富的有效措施。

但任何税收都产生于一定的社会制度，各个国家对土地房屋财产征税的具体情况不尽相同。有的国家对土地单独征税，有的国家则将土地税包含在其他税种中征收，如不动产税、财产税、房地产税等。在不同的国家，房地产税的税目、税名、税率、征税方式、征税目的也有很大差异。但概括起来讲，房地产税不外乎两大类：一类是财产税性质的，另一类是所得税性质的。前者以土地、房屋的价值或数量为计税依据，后者以土地收益额作为计税依据。

二、房地产税的计税依据和计税方法

（一）计税依据

土地是一种特殊的财产，具有许多一般财产所不具有的特性。受其影响，作为土地附着物或定着物的房屋也产生了许多固有的特征，如地域性、固定性、自然增值性等，其计税依据有其特殊性。而且，随着人类社会的发展，房地产税的征收方式不断发生变化，征税的依据也日趋复杂和公平。目前通行的计税依据主要有以下几种。

（1）土地的面积。以土地面积为计税依据，即以土地的单位面积为征税标准确定征税数额。这种以土地面积为计税依据的计税简便、易行，已被普遍采用。在土地的单位产值和投入的劳动相等的情况下，以土地面积为依据计税是比较合理的，但由土地本身的特性所决定，同样面积的土地，其地貌特征和周围环境不同，土地使用者从土地上获得的收益会有很大差异，尤其是随着经济的发展和城市化进程的加快，土地利用的环境和条件不断改善，土地级差收益在不同的土地使用者之间形成了巨大的差距，在这种情况下，单纯以土地面积为计税依据就失之公平了。因而又出现了土地等级与土地面积相结合的计税依据，使纳税人的负担大体上趋于平衡。

（2）房地产的价值。以房地产的价值为计税依据，即以土地或房屋的价值为计税标准，确定征税数额。这种计税依据盛行于 19 世纪下半叶。当时许多国家由于经济的发展、移民的增加，地价、房价不断猛涨。政府为了抑制房地产价格上涨、防止土地投机，便决定以土地的价值为依据征税。以土地的价值为计税依据征税充分考虑了土地的级差收益，使纳税人的税负更加公平。但以地价或房价为计税依据，要以较完善的房地产市场为基础，因此，它的适用有一定的局限性。

（3）房地产收益。以房地产收益为计税依据，即以房地产的经营收益为计税标准确定征税数额。它主要适用于所得性质的房地产税。作为计税依据的房地产收益包括房地产转让收益、租金收益等。以房地产收益为计税依据征税，可以调节土地收益，抑制投机行为。

（二）计税方法

世界各国土地税制各异，税收的种类十分繁杂，根据房地产税的征税时间和征税依据的不同，房地产税的计税方法大体上可分为以下几种。

（1）逐年定期征税。对房地产实行逐年定期征税的税种主要有地价税、不动产税。也有一些国家实行财产税制，土地税包括在财产税之中，也是逐年定期征收。在我国，逐年定期征收的房地产税主要有土地使用税和房产税。

（2）在房地产转移时征税。在实行土地私有制的国家，土地买卖是土地所有权取得的主要方式，是一种经常性的行为，也是土地权利人实现土地增值收益的主要途径。不少国家在土地因买卖、继承和赠与等发生权利转移时，要根据转移土地的价值征税，如美国、法国、意大利等国家征收的遗产税和赠与税等。

（3）其他计税方法。除上述两种计税方法外，还有许多特别的计税方法。其中具有借鉴意义的主要有定期不动产增值税和工程受益税。定期不动产增值税是政府对占有土地超过一定年限的产权人，通过土地的重新评估，对土地的自然增值部分征收的一种税。征税期限有 5 年和 10 年两种。工程受益税是政府在进行土地投资时，对周围受益的土地所有者根据其受益程度的大小一次性征收的一种税。

三、我国房地产税收法律制度的发展

中华人民共和国成立后，经过土地改革和社会主义改造，社会主义土地公有制取代了封建土地私有制，土地税制也发生了根本性的变化。1949 年 11 月，首届全国税务会议对各地税收进行了统一整理，决定征收房产税和地产税两种税。1951 年因税制调整又颁布了《城市房地产税暂行条例》，将土地税和房产税合并为城市房地产税。此后，虽几经调整，但基本上未再单独征收土地税。与房地产直接有关的税，主要有房地产增值税和印花税。1956 年，我国基本完成了对生产资料的社会主义改造，按照“基本上在原有税负的基础上简化税制”的方针，对工商税收制度进行了改革，增设了房地产契税。1973 年，我国进一步规定对工商税种统一征收。而城市房地产税只对房产管理部门、公民个人以及外国华侨征收。

党的十一届三中全会以后，为了适应改革开放的需要，国家对税收制度进行了全面改革，逐步建立起具有中国特色的税收体系和税收法律制度，城市房地产税得以恢复征收。1986 年 9 月 15 日，国务院发布《房产税暂行条例》，规定了房产税的征收范围和征收办法，使房产税正式成为独立的税种。1987 年和 1988 年，国务院适应加强土地管理和土地使用制度改革的需要，先后发布了《耕地占用税暂行条例》和《城镇土地使用税暂行条例》，1994 年又开征了土地增值税。这些税种的增加，使我国的房地产税收法律制度得到了迅速的发展，并日趋完善，成为我国税收法律制度中的重要组成部分。近年来，随着社会经济的发展，国家根据实践发展的需要对《城镇土地使用税暂行条例》《土地增值税暂行条例》进行了修订，使我国的房地产税收制度不断完善，更好地适应了房地产管理及实现土地收益合理分配的需要。2017 年 11 月 19 日，国务院发布《关于废止〈中华人民共和国营业税暂行条例〉和修改〈中华人民共和国增值税暂行条例〉的决定》（国务院令第 691 号），将《增值税暂行条例》第 1 条修改为：“在中华人民共和国境内销售货物或者加工、修理修配劳务（以下简称劳务），销售服务、无形资产、不动产以及进口货物的单位和个人，为增值税的纳税人，应当依照本条例缴纳增值税”。自此房地产行业开始实施“营改增”。“营改增”后，房地产开发企业缴纳的营业税改为增值税，其他税种不变，税率由原来的营业税 5%改为增值税 11%。单从税率方面看，税率有较大提高，但是由于增值税存在抵扣链条，只对增值额征税，而营业税是对全部营业额征税，所以从理论上讲，最终会降低整体税负。

第二节　土地税法律制度

房地产开发经营涉及的税种主要有增值税、房产税、土地增值税、契税、城镇土地使用税、企业所得税、印花税、城市维护建设税、耕地占用税、教育费附加等，其中增值税、土地增值税、企业所得税是房企的三大税种。房地产开发企业的收费项目有几十种。受篇幅所限，这里主要介绍几个重要的税种。

一、耕地占用税

（一）征税的目的和意义

耕地占用税，是国家对经批准占用耕地建房和从事非农业建设的单位和个人征收的一种税。国家征收此税的主要目的，是控制非农业建设对耕地的占用，稳定耕地面积，保障农业的发展，并通过征税逐步建立起一笔基金，用于开发宜农荒地、荒滩、草场和淡水水面，改造整治中低产农田，提高耕地质量，以补偿耕地被占用带来的损失。

开征耕地占用税的意义主要表现在以下两个方面：其一，开征耕地占用税是加强土地管理，保护耕地的重要手段。税收是调节社会经济的重要杠杆之一。对耕地占用行为进行经济利益的调节，可以促使建设用地使用者尽可能地少占用耕地或不占用耕地，从而保护珍贵的耕地资源。其二，开征耕地占用税有利于农业生产的发展。通过征收耕地占用税，可以把部分税款用于发展农业，促进农业和整个国民经济的发展。

为了保护耕地，2007 年 12 月 1 国务院发布了《耕地占用税暂行条例》，明确规定了耕地占用税的征税对象、纳税人、税率及减免范围。为了适应新的变化，强化耕地占用税的作用，自 2019 年 9 月 1 日起，《耕地占用税法》实施，废除了 2007 年的《耕地占用税暂行条例》。为贯彻落实《耕地占用税法》，财政部、税务总局、自然资源部、农业农村部、生态环境部制定了《耕地占用税法实施办法》，并与《耕地占用税法》同步施行。

（二）征税对象与纳税人

耕地占用税的征税对象是占用耕地建设建筑物、构筑物或从事非农业建设的行为。在中华人民共和国境内占用耕地建设建筑物、构筑物或者从事非农业建设的单位和个人，为耕地占用税的纳税人，应当依耕地占用税法的规定缴纳耕地占用税。占用园地、林地、草地、农田水利用地、养殖水面、渔业水域滩涂以及其他农用地建设建筑物、构筑物或者从事非农业建设的，依照耕地占用税法的规定，也应缴纳耕地占用税。占用耕地建设农田水利设施的，不缴纳耕地占用税，占用农用地建设直接为农业生产服务的生产设施的，也不缴纳耕地占用税。

为了保护耕地，我国土地管理法对占用耕地建设建筑物、构筑物规定了严格的审批程序。经批准占用耕地的，纳税人为农用地转用审批文件中标明的建设用地人；农用地转用审批文件中未标明建设用地人的，纳税人为用地申请人，其中用地申请人为各级人民政府的，由同级土地储备中心、自然资源主管部门或政府委托的其他部门、单位履行耕地占用税申报纳税义务。

（三）税率

我国耕地占用税采用的是地区差别定额税率，即区分不同地区按征税对象的数量直接确定征税数额。鉴于我国地域辽阔，地区差异大，人均占有耕地的数量及经济发展水平的不平衡，《耕地占用税法》按人均占有耕地的多少，将征税对象分类，并结合非农业建设占用耕地的不同用途，分别规定了不同的税率。同时，为了便于各地根据其具体情况确定和调整税率，国家又对不同地区每平方米的纳税额规定了一定的幅度。

依据《耕地占用税法》的规定，耕地占用税以纳税人实际占用的耕地面积为计税依据，按照规定的适用税额一次性征收，应纳税额为纳税人实际占用的耕地面积（平方米）乘以适用税额。耕地占用税的税额如下：（1）人均耕地不超过一亩的地区（以县、自治县、不设区的市、市辖区为单位，下同），每平方米为10元至50元；（2）人均耕地超过一亩但不超过二亩的地区，每平方米为8元至40元；（3）人均耕地超过二亩但不超过三亩的地区，每平方米为6元至30元；（4）人均耕地超过三亩的地区，每平方米为5元至25元。

各省、自治区、直辖市耕地占用税适用税额的平均水平，不得低于《耕地占用税法》所附《各省、自治区、直辖市耕地占用税平均税额表》（见表7-1）规定的平均税额。在人均耕地低于0.5亩的地区，省、自治区、直辖市可以根据当地经济发展情况，适当提高耕地占用税的适用税额，但提高的部分不得超过《耕地占用税法》确定的适用税额的50%；占用基本农田的，应当按照当地适用税额，加按150%征收。

表7-1　　各省、自治区、直辖市耕地占用税平均税额表①

省、自治区、直辖市	平均税额（元/平方米）
上海	45
北京	40
天津	35
江苏、浙江、福建、广东	30
辽宁、湖北、湖南	25
河北、安徽、江西、山东、河南、重庆、四川	22.5
广西、海南、贵州、云南、陕西	20
山西、吉林、黑龙江	17.5
内蒙古、西藏、甘肃、青海、宁夏、新疆	12.5

（四）耕地占用税的免税范围

《耕地占用税法》规定的减、免范围包括：（1）军事设施、学校、幼儿园、社会福利机构、医疗机构占用耕地，免征耕地占用税。（2）铁路线路、公路线路、飞机场跑道、停机坪、港口、航道、水利工程占用耕地，减按每平方米2元的税额征收耕地占用税。（3）农村居民在规定用地标准以内占用耕地新建自用住宅，按照当地适用税额减半征收耕地占用税；其中农村居民经批准搬迁，新建自用住宅占用耕地不超过原宅基地面积的部分，免征耕地占用税。（4）农村烈士遗属、因公牺牲军人遗属、残疾军人以及符合农村最低生活保障条件的农村居民，在规定用地标准以内新建自用住宅，免征耕地占用税。

① 参见《耕地占用税法》。

依照《耕地占用税法》免征或者减征耕地占用税后，纳税人改变原占地用途，不再属于免征或者减征耕地占用税情形的，应当按照当地适用税额补缴耕地占用税。

耕地占用税由税务机关负责征收。耕地占用税的纳税义务发生时间为纳税人收到自然资源主管部门办理占用耕地手续的书面通知的当日。纳税人应当自纳税义务发生之日起30日内申报缴纳耕地占用税。

二、城镇土地使用税

我国人多地少，城市土地更为紧张。随着人口的增加和各项生产建设的发展，城市土地的供给量越来越不能满足人们生产、生活的需要。为了用经济手段加强土地管理，促使土地使用者节约用地，减少土地资源浪费，合理利用城镇土地，提高土地级差收益，提高土地使用效益，国家于1988年开征了城镇土地使用税，并根据实践发展的需要于2006年、2011年、2013年、2019年修订了《城镇土地使用税暂行条例》。

我国的城镇土地属于国家所有，长期以来，一直由土地使用者无偿无限期使用。由于某些历史原因，土地占用很不均衡。在实践中，少用多占、占而不用的现象十分普遍，土地利用不合理，浪费十分严重。这与当前土地紧张的状况极不适应。开征土地使用税，便可以利用经济杠杆，调整土地占用关系，促使土地使用者节约用地、合理用地。另外，随着我国城市建设的迅速发展，城市土地条件、环境都发生了巨大变化，土地级差收益在各土地使用者之间的分配越来越不平衡，这不利于企业在同等条件下进行公平竞争。开征城镇土地使用税，区别不同情况，确定不同的税负，可以调节土地级差收益，使其在土地使用者之间以及他们与国家之间进行合理分配，提高土地使用效益。

（一）城镇土地使用税的概念

城镇土地使用税，是国家按使用土地的等级和数量，对城镇范围内的土地使用者征收的一种税。征收此税的主要目的，是用经济手段加强土地的宏观调控和管理，调节土地级差收益，促使土地使用者节约用地、提高土地的使用效益，并适当调节不同地区之间的土地级差收益，同时也适当增加国家财政收入。

（二）征税对象和纳税人

城镇土地使用税的征税对象，是城镇范围内的土地使用者使用的土地，包括城市、县城、建制镇和工矿区范围内的一切生产用地和生活用地。

城镇土地使用税的纳税人，是依法负有纳税义务的土地使用者。《城镇土地使用税暂行条例》中规定，在城市、县城、建制镇和工矿区范围内使用土地的单位和个人，为城镇土地使用税的纳税人。这里的单位包括国有企业、集体企业、私营企业、股份制企业、外商投资企业、外国企业以及其他企业和事业单位、社会团体、国家机关、军队及其他单位；所称个人，包括个体工商户及其他个人。除依照法律规定享受减免税待遇者以外，任何纳税人不履行纳税义务，均要承担法律责任。

（三）税率及征税方式

税率是计算税额的尺度，税率的高低直接关系征税目的实现的程度和纳税人的负担。根据《城镇土地使用税暂行条例》，我国的城镇土地使用税实行的是定额税率。以纳税人实际占用的土地面积为计算依据，依照规定税额计算征收。其税率依城市的大小分为以下四种：（1）大城市土地使用税每平方米年税额为1.5～30元；（2）中等城市土地使用税每平方米年税额为1.2～24元；（3）小城市土地使用税每平方米年税额为0.9～18元；（4）县城、建制镇、工矿区土地使用税每平方米年税额为0.6～12元。

考虑到全国各地经济发展的不平衡和促进经济落后地区的发展，《城镇土地使用税暂行条例》中规定，经省、自治区、直辖市人民政府批准，经济落后地区的土地使用税税额标准可以适当降低，但降低额不得超过国家规定的最低税额的30%。经济发达地区土地使用税的适用税额标准可以适当提高，但必须报经财政部批准。

城镇土地使用税，以纳税人实际占用的土地面积为计税依据，依照当地规定的税额标准计算征收，分期缴纳。具体纳税时间，依各省、自治区、直辖市人民政府的规定。对新征收的土地，征收城镇土地使用税的时间分为两种。

（1）新征收的土地是耕地的，因使用者在征地时已缴纳了耕地占用税，其应缴纳的土地使用税，自批准征收之日起满1年时开始征收。

（2）新征收的土地是非耕地的，土地使用税自批准征收的次月起开始征收。

（四）城镇土地使用税的免征范围

免税是根据国家政策，对某些征税对象或纳税人给予鼓励或照顾的一种特殊规定。它是税收的严肃性与必要的灵活性相结合的具体体现。依据《城镇土地使用税暂行条例》，我国城镇土地使用税的免缴范围如下：（1）国家机关、人民团体和军队自用的土地。（2）由国家财政部门拨付事业经费的单位自用的土地。（3）宗教寺庙、公园、名胜古迹自用的土地。（4）市政街道、广场、绿化地带等公共用地。（5）直接用于农、林、牧、渔业的生产土地。（6）经批准开山填海整治的土地和改造的废弃土地，这种用地免税是有期限的，即从使用的月份起免缴土地使用税5年至10年。（7）由财政部另行规定免税的能源、交通、水利设施用地和其他用地。除上述享受免税待遇者外，纳税人缴纳土地使用税确有困难，需要定期减免的，由县以上税务机关批准。

三、土地增值税

随着我国土地使用制度改革的不断深入和房地产业的迅速发展，我国土地资源的分配方式发生了很大的变化。土地利用的方向也越来越多地受到市场规律的影响。特别是国家允许土地使用权进入市场以后，土地使用权的转让、出租和抵押活动日益增多。这种新型土地使用关系的出现，必然而且已经产生了土地使用收益的重新分配问题，客观上就需要国家适应土地使用制度改革的需要，建立和完善土地税收制度，增加相应的税种来调节土地所有者与土地使用者以及土地使用者相互之间的利益关系，并通过相应的税种、税率来引导土地的利用方向，促进土地的合理利用。为适应这种需要，国家于1993年12月13日颁布了《土地增值税暂行条例》（2011年修订），并于1995年发布了《土地增值税暂行条例实施细则》。这是完善我国土地税收法律制度的又一个重要的方面。

（一）土地增值税的概念和意义

房地产开发企业以开发、建设、销售房地产为主营业务，土地增值税是其主要税负之一。根据《土地增值税暂行条例》，土地增值税是以土地增值额为课税对象，对土地使用者因转让土地使用权、地上建筑物及其附属物所获收入计征的税。土地增值税是指对有偿转让国有土地使用权及地上建筑物和其他附着物，取得增值收入的单位和个人征收的一种税。

国家对房地产开发企业征收土地增值税具有十分重要的意义。首先，由地价形成的特性所决定，城市土地在价值变动中要受周围环境的影响，随着城市建设的发展，其价值通常呈上升趋势，具有自然增值的特点。土地使用者将土地使用权再转移时，一般都有很高的增值收益。而这些增值收益的形成，主要是国家长期投资、进行城市建设、改善人民生活条件和环境的结果，而非转让者的劳动所得。因此，由国家以税的形式将这部分收益收归全社会所有，可以保证土地增值收益的合理分配，抑制少数人不劳而获。其次，由土地本身的特性所决定，有土地市场存在，就会有土地投机，有土地投机就会使正常的市场秩序受到干扰和破坏。征收土地增值税，可以在一定程度上抑制土地投机行为，维护正常的市场秩序，加强国家对土地市场的宏观调控和管理。最后，随着我国各项经济文化事业的发展，进行各项基本建设所需要的土地越来越多，土地供求矛盾日益突出，地价上涨很快。征收土地增值税，一方面可以限制土地使用权的不合理流转；另一方面也可以减少土地资产流失，为国家增加财政收入，为城市建设和经济的发展积累资金。总之，土地增值税的征收，对合理调节土地增值收益、减少国家土地资产流失、规范土地市场行为以及抑制土地投机，都起着十分重要的作用。

（二）土地增值税的征税对象

土地增值税的征税对象是土地使用者转让房地产所取得的增值额。土地增值额即纳税人转让房地产取得的收入，减去法定扣除项目金额后的余额。纳税人转让房地产所得的收入，包括货币收入、实物收入和其他收入。法定扣除项目金额包括：(1) 纳税人取得土地使用权所支付的金额。(2) 开发土地和新建房及配套设施的成本。(3) 开发土地和新建房屋及配套设施的费用。(4) 旧房及建筑物的评估价格。(5) 与转让房地产有关的税金。(6) 财政部规定的其他扣除项目。

（三）土地增值税的纳税人

土地增值税的纳税人，是指转让国有土地使用权、地上建筑物及其他附着物，并取得收入的单位和个人，不包括以继承、赠与方式无偿转让房地产者。一切转让国有土地使用权和地上建筑物及其他附着物，并取得收入者，无论其为全民所有制单位还是集体所有制单位，无论其为单位还是个人，均为纳税人。除依法准予免税者以外，纳税人必须依法向国家缴纳土地增值税。纳税人应当自转让房地产合同签订之日起 7 日内，向房地产所在地主管税务机关办理纳税申报，并在税务机关核定的期限内缴纳土地增值税。

（四）土地增值税的税率

我国的土地增值税实行的是超额累进税率。所谓超额累进税率，即将纳税人的计税收入按规定的级距分段，各级段都根据其超过上一级收入数的部分，按各该级适用的税率分别计税的一种税率。该税率由级距、级率和速算扣除数三部分组成。超额累进税率的合理性表现在纳税人只就超过各级段的收入多纳税，也就是通常所讲的所得多的多征税，所得少的少征税，无所得的不征税。它充分考虑了不同地段土地增值收入的差距，体现了合理税负的原则。

我国的土地增值税实行四级超率累进税率。增值额未超过扣除项目金额 50％的部分，税率为 30％；增值额超过扣除项目金额 50％、未超过扣除项目金额 100％的部分，税率为 40％；增值额超过扣除项目金额 100％、未超过扣除项目金额 200％的部分，税率为 50％；增值额超过扣除项目金额 200％的部分，税率为 60％。此即最低税率为 30％，最高税率为 60％。这样，一方面，对房地产转让取得过高收入，特别是获取暴利的起到调节作用；另一方面，对正常的房地产经营也较为优惠，利于其健康发展。

计算土地增值税税额，可按增值额乘以适用的税率减去扣除项目金额乘以速算扣除系数的简便方法计算，具体公式如下。

（1）增值额未超过扣除项目金额 50％：

土地增值税税额＝增值额×30％

（2）增值额超过扣除项目金额 50％、未超过 100％的：

土地增值税税额＝增值额×40％－扣除项目金额×5％

（3）增值额超过扣除项目金额 100％、未超过 200％的：

土地增值税税额＝增值额×50％－扣除项目金额×15％

（4）增值额超过扣除项目金额 200％：

土地增值税税额＝增值额×60％－扣除项目金额×35％

公式中的 5％、15％、35％为速算扣除系数。

财政部、国家税务总局《关于营改增后契税、房产税、土地增值税、个人所得税计税依据问题的通知》（财税〔2016〕43 号）第 3 条规定，土地增值税纳税人转让房地产取得的收入为不含增值税收入。《土地增值税暂行条例》等规定的土地增值税扣除项目涉及的增值税进项税额，允许在销项税额中计算抵扣的，不计入扣除项目，不允许在销项税额中计算抵扣的，可以计入扣除项目。

（五）土地增值税的减免及惩罚

为了支持某些微利房地产项目的发展，鼓励普通标准住宅的建造，尽快改善我国人民的居住状况，《土地增值税暂行条例》规定以下两种情形免征土地增值税：（1）纳税人建造普通标准住宅出售，增值额未超过扣除项目金额20%的；（2）因国家建设需要依法征收、收回的房地产。除这两种情况以外，其他房地产转让均不享受免税待遇。

为防止纳税人弄虚作假，偷、漏土地增值税，《土地增值税暂行条例》中还规定，纳税人有下列情形之一的，按照房地产评估价格计算征收：（1）隐瞒、虚报房地产成交价格的；（2）提供扣除项目金额不实的；（3）转让房地产的成交价格低于房地产的评估价格，又无正当理由的。纳税人不如实申报房地产交易额及规定扣除项目金额造成少缴或未缴税款的，按照《税收征收管理法》第40条的规定处理，即由税务机关责令限期缴纳，逾期仍未缴纳的，经县以上税务局（分局）局长批准，税务机关可以采取下列强制执行措施：书面通知开户银行或其他金融机构，从其存款中扣缴税款；扣押、查封、依法拍卖或变卖其价值相当于应纳税款的财产，以拍卖或变卖所得抵缴税款。

第三节　房产税法律制度

一、房产税

房产税是以房屋的价值为征税对象，按房屋的余值或房屋租金向房屋所有权人征收的一种税。我国的房产税属于恢复性的税种。1950年曾在全国范围内开征城市房产税。1951年，政务院颁布了《城市房地产税暂行条例》，将房产税和地产税合并为一种税。1973年简化税制，又将对国营企业和集体企业征收的房地产税并入了工商税。1984年第二步利改税时，重新确定房产税为一个独立的税种，暂缓开征。1986年9月，国务院发布了《房产税暂行条例》（2011年修订），并于同年10月1日起重新开征了房产税。

（一）房产税的征税对象和征税范围

房产税的征税对象是房屋的余值和房屋的租金。

房产税的征税范围是城市、县城、建制镇和工矿区。其中城市的征税范围包括市区、郊区和市辖县县城，建制镇人民政府所在地不包括所辖的行政村。工矿区是指工商业比较发达，人口比较集中，符合国务院规定的建制镇标准，但尚未设立建制镇的大型工矿企业所在地。

（二）房产税的计税依据

房产税的计税依据分为两种，即房价和房租。

以房价为计税依据实际上是以房产的余值为计税依据，《房产税暂行条例》第3条第1款、第2款规定，房产税依照房产原值一次减除10%至30%后的余值计算缴纳。具体减除幅度，由省、自治区、直辖市人民政府规定。没有房产原值作为依据的，由房产所在地税务机关参考同类房产核定。

以房租为计税依据的，主要适用于出租的房产。《房产税暂行条例》第3条第3款规定："房产出租的，以房产租金收入为房产税的计税依据。"房产租金收入，是指房屋所有权人出租房屋的使用权所得到的租金收入。

（三）纳税主体

房产税的纳税人是房屋所有权人。其中房屋产权属于全民所有的，纳税人为房屋的经营管理者；房屋出典的，纳税人为承典人；房屋所有权人、承典人不在房屋所在地的，或者产权未确定以及租典纠纷未解决的，房产税由房产代管人或者使用人缴纳。可见，房屋所有权人、经营管理单位、承典人、房产代管人，在一定条件下，均可以成为纳税人。

（四）房产税的税率

我国的房产税实行比例税率，因计税依据不同而分为两种：依照房产余值计算缴纳的，税率为1.2%；依照房产租金收入计算缴纳的，税率为12%。

（五）房产税的缴纳

我国的房产税实行按年计征、分期缴纳，具体的纳税时间由省、自治区和直辖市人民政府规定。纳税人应根据有关规定在房产所在地纳税。

（六）房产税的减免

依据《房产税暂行条例》，房产税的免税范围包括以下几种情况：（1）国家机关、人民团体、军队自用的房产；（2）由国家财政部门拨付事业经费的单位自用的房产；（3）宗教寺庙、公园、名胜古迹自用的房产；（4）个人所有非营业用的房产；（5）经财政部批准免税的其他房产，包括危险房屋、大修停用期间的房屋、微利企业和亏损企业的房屋等。除此以外，纳税人缴纳房产税确有困难的，还可以由省、自治区和直辖市人民政府确定给予定期减征或免征。

房产税是中华人民共和国成立后，国家对财产课税的主要税种，但由于我国的房产税未对公民个人的非营业用房产征收，其调节资源分配和调节社会财富分配的功能并未得到充分发挥。与此同时，随着我国住宅商品化的发展和人民生活水平的不断提高，公民个人拥有住宅的数量已大幅增加，很多中小城市和部分大城市的居民都有两套或者两套以上的住房（房改房和商品房或房改房与经济适用住房），有些城市居民拥有多套房屋用于出租获利或闲置不用。城市居民房地产资源的拥有量出现了巨大差距，这种状况又在一定程度上导致了社会财富分配不公。

近年来，随着房地产市场投机日益严重，房价不断高涨，不断有专家学者提出征收物业税的建议。实际上，早在2003年，党的十六届三中全会就提出了条件具备时对不动产开征统一规范的物业税，相应取消有关收费。2009年国务院关于经济体制改革工作的重点，又提出要加快物业税的征收。2010年国务院《关于坚决遏制部分城市房价过快上涨的通知》（国发〔2010〕10号）将税收政策作为遏制房价过快上涨的重要工具，明确指出要发挥税收政策对住房消费和房地产收益的调节作用，要求财政部、税务总局“加快研究制定引导个人合理住房消费和调节个人房产收益的税收政策”。这无疑是正确的。虽然针对房地产保有和投资行为的税收法规尚未出台，但2011年上海、重庆已进行征收房产税的试点，并已制定了有关规范性文件。上海市房产税的征收对象是本市居民新购房且属于第二套及以上住房和非本市居民新购房，税率暂定0.6%[①]；重庆市房产税征收对象是独栋别墅和高档住宅，以及无工作户口无投资人员所购二套房，税率为0.5%～1.2%。[②] 随着社会经济的发展变化，征收房产税的两个试点地区经过近十年的实践，都结合实际情况和遇到的问题对原规定做了调整和修改。2020年上海市财政局、国家税务总局上海市税务局、上海市房屋管理局《关于本市开展对部分个人住房征收房产税试点若干问题的通知》（沪财发〔2020〕18号）。该通知自2021年1月28日起执行。其主要内容如下：

（1）关于居民家庭住房套数和面积的计算。居民家庭住房套数为居民家庭（包括夫妻双方及其未成年子女，下同）在本市范围内拥有的所有住房（含已签订购房合同的住房）。两个或两个以上居民家庭共同拥有或购买住房的，均应计入各自家庭的住房套数，并根据各自拥有住房的份额，分别计算家庭住房面积。

（2）关于房产税的计税依据。试点初期，应税住房的计税依据为应税住房的市场交易价格。按照国家有关规定，纳税人申报的应税住房交易价格明显偏低，又无正当理由的，由税务机关核定其计税价格，房产税则按应税住房计税价格的70%计算缴纳。

（3）关于应纳税额的计算。

$$\text{应纳房产税税额}=\text{新购住房应征税的面积(建筑面积)}\times\text{新购住房单价}\times 70\%\times\text{税率}$$

（4）关于本市居民家庭同住人免税住房面积的合并计算。本市居民家庭在本市新购且属于该居民家庭第二套及以上住房的，该居民家庭中有无住房的成年子女或其他亲属共同居住、且其常住户口在该居民家庭拥有住房内的，可并入该居民家庭按每人60平方米计算免税住房面积。对已并入居民家庭计算过免税住房面积的成年子女或其他亲属，不得重复计算免税住房面积。

2024年重庆市人民政府发布关于修改《重庆市关于开展对部分个人住房征收房产税改革试点的暂行办法》和《重庆市个人住房房产税征收管理实施细则》的决定，对个人住房房产税的相关规定进行了调整（自2024年1月21日起实施）。

（1）将重庆个人住房房产税应税住房的计税依据由房产交易价调整为房产交易价的70%。

---

① 参见《上海市开展对部分个人住房征收房产税试点的暂行办法》。

② 参见《重庆市关于开展对部分个人住房征收房产税改革试点的暂行办法》。

（2）将不同交易价格区间独栋商品住宅和高档住房对应执行的0.5%、1%、1.2%三档税率，调整为统一的0.5%一档税率。

（3）将试点以来新购独栋商品住宅、高档住房的家庭免税面积由100平方米调整为180平方米。

（4）将应纳税额计算公式调整为：应纳税额＝应税建筑面积×建筑面积交易单价×70%×税率（其中：应税建筑面积是指纳税人应税住房的建筑面积扣除免税面积后的面积）。

需要注意的是，这些规定仅适用于重庆市。

二、契税

契税是在土地使用权和房屋所有权发生转移时，由承受人缴纳的一种税。在中华人民共和国境内转移土地、房屋权属，承受的单位和个人为契税的纳税人，均应当依照契税法的规定缴纳契税。

（一）契税的纳税主体

契税的纳税人是房地产权利转移的承受人，包括土地使用权出让、转让的受让人；房屋的购买人、受赠人；以交换的形式转移土地使用权或房屋所有权，交换价格不相等的，多交付货币、实物、无形资产或者其他经济利益的一方为纳税人；以划拨方式取得土地使用权的，经批准转让房地产时，应由房地产转让者补缴契税，其计税依据为补缴的土地使用权出让金或者土地收益。

（二）契税的计税依据

契税的计税依据依房地产权属转移的方式不同，分为以下几种：（1）房地产成交价格，包括土地使用权出让价格、土地使用权转让价格和房屋的买卖价格。（2）核定价。以土地使用权赠与、房屋赠与的方式转移房地产权利的，由征税机关参照土地使用权转让和房屋买卖的市场价格核定，以核定价作为计税依据。（3）房地产交换的价差。当双方当事人以土地使用权交换、房屋交换的形式转移房地产权利时，以房屋、土地使用权交换价格的差额为计税依据。纳税人申报的成交价、互换价格差额明显偏低且无正当理由的，税务机关依照《中华人民共和国税收征收管理法》的规定核定。

（三）契税的税率

依据财政部、国家税务总局、住房和城乡建设部《关于调整房地产交易环节契税营业税优惠政策的通知》（财税〔2016〕23号），优惠的契税政策主要体现在以下两个方面。

（1）对个人购买家庭唯一住房（家庭成员范围包括购房人、配偶以及未成年子女，下同），面积为90平方米及以下的，减按1%的税率征收契税；面积为90平方米以上的，减按1.5%的税率征收契税。

（2）对个人购买家庭第二套改善性住房（家庭第二套改善性住房是指已拥有一套住

房的家庭，购买的家庭第二套住房)，面积为 90 平方米及以下的，减按 1％的税率征收契税；面积为 90 平方米以上的，减按 2％的税率征收契税。

2020 年 8 月 11 日，第十三届全国人民代表大会常务委员会第二十一次会议通过《契税法》(自 2021 年 9 月 1 日起施行)。《契税法》规定，契税税率为 3％～5％。契税的具体适用税率，由省、自治区、直辖市人民政府在前述规定的税率幅度内按照本地区的实际情况提出，报同级人民代表大会常务委员会决定并报全国人民代表大会常务委员会和国务院备案。不同主体、不同地区、不同类型的住房的权属转移契税税率是有差别的。

为了促进房地产市场平稳发展，2024 年国家税务总局又调整了房地产交易的契税，进一步提高了优惠幅度。该优惠税率自 2024 年 12 月 1 日起执行。

(1) 对于个人购买家庭唯一住房(家庭成员范围包括购房人、配偶以及未成年子女)，面积为 140 平方米及以下的，减按 1％的税率征收契税；面积为 140 平方米以上的，减按 1.5％的税率征收契税。

(2) 对于个人购买家庭第二套改善性住房：面积为 140 平方米及以下的，减按 1％的税率征收契税；面积为 140 平方米以上的，减按 2％的税率征收契税。

(四) 契税的减免

依据《契税法》的规定，免征契税的范围包括：(1) 国家机关、事业单位、社会团体、军事单位承受土地、房屋权属用于办公、教学、医疗、科研、军事设施；(2) 非营利性的学校、医疗机构、社会福利机构承受土地、房屋权属用于办公、教学、医疗、科研、养老、救助；(3) 承受荒山、荒地、荒滩土地使用权用于农、林、牧、渔业生产；(4) 婚姻关系存续期间夫妻之间变更土地、房屋权属；(5) 法定继承人通过继承承受土地、房屋权属；(6) 依照法律规定应当予以免税的外国驻华使馆、领事馆和国际组织驻华代表机构承受土地、房屋权属。

此外，各省、自治区、直辖市可以决定对下列情形免征或者减征契税：(1) 因土地、房屋被县级以上人民政府征收、征用，重新承受土地、房屋权属；(2) 因不可抗力灭失住房，重新承受住房权属。

契税的纳税义务发生时间，为纳税人签订土地、房屋权属转移合同的当日，或者纳税人取得其他具有土地、房屋权属转移合同性质凭证的当日。

契税是房地产交易环节中涉及的一个重要税种，《契税法》的实施，将进一步提高税法的权威性，对于保障我国房地产市场的平稳运行，具有重要而深远的意义。

三、印花税

印花税是国家对在经济活动或经济交往中书立或领受特定凭证的单位和个人征收的一种税。2021 年 6 月 10 日《印花税法》已由第十三届全国人民代表大会常务委员会第二十九次会议通过并公布，自 2022 年 7 月 1 日起施行。

（一）印花税的征税对象

印花税的征税对象为书面形式的合同、产权转移书据[①]、营业账簿和权利许可证照以及上市交易或者挂牌转让的公司股票和以股票为基础发行的存托凭证。具体税目和税率，见“印花税税目税率表”（见表7-2）。

（二）纳税主体

房地产印花税的纳税人是在我国境内书立、领受应税房地产凭证的单位和个人。就具体情况而言，房地产转让合同的纳税人是合同订立人，房屋租赁合同的纳税人是合同订立人，房地产权利许可证照（包括房屋所有权证和土地使用权证）的纳税人是领受人。

（三）计税依据

印花税的计税依据是应税凭证所记载价款的数额。根据《印花税法》的规定，印花税的计税依据包括：

（1）应税合同的计税依据，为合同所列的金额，不包括列明的增值税税款；

（2）应税产权转移书据的计税依据，为产权转移书据所列的金额，不包括列明的增值税税款；

（3）应税营业账簿的计税依据，为账簿记载的实收资本（股本）、资本公积合计金额；

（4）证券交易的计税依据，为成交金额。

应税合同、产权转移书据未列明金额的，印花税的计税依据按照实际结算的金额确定。

计税依据按照前述规定仍不能确定的，按照书立合同、产权转移书据时的市场价格确定；依法应当执行政府定价或者政府指导价的，按照国家有关规定确定。

土地使用权、房屋等建筑物和构筑物所有权转让的印花税的计税依据是转让书据所载明的金额。这里的转让包括买卖（出售）、继承、赠与、互换和分割。房屋租赁的印花税的计税依据是房屋租赁合同所载明的租金数额。以上两种计税依据中均不包括所列明的增值税税额。

（四）应纳税额

印花税的应纳税额按照计税依据乘以适用税率计算。应税产权转移书据的计税依据，为产权转移书据所列的金额，不包括列明的增值税税款；印花税的税目、税率，依照《印花税法》所附“印花税税目税率表”执行。

---

① 不动产产权转移书据是指在房地产等不动产的买卖、继承、赠与、互换、分割过程中，除了纸质的交易合同，双方还需要其他文件作为证明买卖双方身份的凭证和不动产权利的凭证。不动产产权转移书据主要包括产权证明、权属变更证明、房地产登记证明、公证书等，都属于不动产权属变更的重要凭证，是双方达成交易后，完成不动产权属转移手续所必需的关键材料。

表 7－2　　印花税税目税率表

<table>
<tr><th colspan="2">税目</th><th>税率</th><th>备注</th></tr>
<tr><td rowspan="11">合同
（指书面合同）</td><td>借款合同</td><td>借款金额的万分之零点五</td><td>指银行业金融机构、经国务院银行业监督管理机构批准设立的其他金融机构与借款人（不包括同业拆借）的借款合同</td></tr>
<tr><td>融资租赁合同</td><td>租金的万分之零点五</td><td></td></tr>
<tr><td>买卖合同</td><td>价款的万分之三</td><td>指动产买卖合同（不包括个人书立的动产买卖合同）</td></tr>
<tr><td>承揽合同</td><td>报酬的万分之三</td><td></td></tr>
<tr><td>建设工程合同</td><td>价款的万分之三</td><td></td></tr>
<tr><td>运输合同</td><td>运输费用的万分之三</td><td>指货运合同和多式联运合同（不包括管道运输合同）</td></tr>
<tr><td>技术合同</td><td>价款、报酬或者使用费的万分之三</td><td>不包括专利权、专有技术使用权转让书据</td></tr>
<tr><td>租赁合同</td><td>租金的千分之一</td><td></td></tr>
<tr><td>保管合同</td><td>保管费的千分之一</td><td></td></tr>
<tr><td>仓储合同</td><td>仓储费的千分之一</td><td></td></tr>
<tr><td>财产保险合同</td><td>保险费的千分之一</td><td>不包括再保险合同</td></tr>
<tr><td rowspan="4">产权转移书据</td><td>土地使用权出让书据</td><td>价款的万分之五</td><td rowspan="4">转让包括买卖（出售）、继承、赠与、互换、分割</td></tr>
<tr><td>土地使用权、房屋等建筑物和构筑物所有权转让书据（不包括土地承包经营权和土地经营权转移）</td><td>价款的万分之五</td></tr>
<tr><td>股权转让书据（不包括应缴纳证券交易印花税的）</td><td>价款的万分之五</td></tr>
<tr><td>商标专用权、著作权、专利权、专有技术使用权转让书据</td><td>价款的万分之三</td></tr>
<tr><td colspan="2">营业账簿</td><td>实收资本（股本）、资本公积合计金额的万分之二点五</td><td>—</td></tr>
<tr><td colspan="2">证券交易</td><td>成交金额的千分之一</td><td>—</td></tr>
</table>

（五）印花税的缴纳

印花税实行由纳税人根据规定自行计算应纳税额，购买并一次贴足印花税票的缴纳办法。此即纳税人按照应税凭证的类别和适用的税率自行计算应纳税额，自行购花，自行贴花。应纳税额较大或者贴花次数频繁的，纳税人可以向税务机关提出申请，采取以缴款书代替贴花或者按期汇总缴纳的办法。

印花税票应粘贴在应纳税凭证上，并由纳税人在每枚税票的骑缝处盖戳注销或者画销。应纳税凭证应于书立或领受时贴花。

四、增值税

我国自 1979 年开始试行增值税，但对房地产开发企业征营业税和土地增值税，不征增值税。我国的增值税经过三次重大改革，逐步扩大了征收范围。2016 年 3 月 18 日召开的国务院常务会议决定，自 2016 年 5 月 1 日起，中国全面进行营改增试点，将建筑业、房地产业、金融业、生活服务业全部纳入营改增试点范围。2017 年 11 月 19 日，国务院发布《关于废止〈中华人民共和国营业税暂行条例〉和修改〈中华人民共和国增值税暂行条例〉的决定》（国务院令第 691 号），将《增值税暂行条例》第 1 条修改为："在中华人民共和国境内销售货物或者加工、修理修配劳务（以下简称劳务），销售服务、无形资产、不动产以及进口货物的单位和个人，为增值税的纳税人，应当依照本条例缴纳增值税"。房地产行业开始全面实施"营改增"，即开始征收增值税（营业税退出历史舞台）。《中华人民共和国增值税法》已由第十四届全国人民代表大会常务委员会第十三次会议于 2024 年 12 月 25 日通过并公布，自 2026 年 1 月 1 日起施行。

（一）增值税的概念

增值税是以商品（含应税劳务）在流转过程中产生的增值额作为计税依据而征收的一种税，属于流转税。从计税原理上说，增值税是对商品生产、流通、劳务服务中多个环节的新增价值或商品的附加值征收的一种税，属于价外税。目前，增值税已经成为我国最主要的税种之一。营改增的最大特点是减少重复征税，降低企业税负，使赋税更加公平合理。

（二）增值税的纳税人

增值税的纳税人是指在中华人民共和国境内销售货物或者加工、修理修配劳务，销售服务、无形资产、不动产以及进口货物的单位和个人。房地产增值税的纳税人就是指在我国境内销售房地产的单位和个人。这里的"单位"，包括国有企业、集体企业、私营企业、外商投资企业、外国企业、股份制企业、其他企业和行政单位、事业单位、军事单位、社会团体及其他单位。"个人"，包括个体工商户和其他销售房地产的人，包括在中国境内有上述经济行为的外籍人员。增值税的纳税人分为一般纳税人和小规模纳税人。其标准由税务主管机关依据《增值税一般纳税人登记管理办法》认定。

按照《增值税暂行条例》的规定，小规模纳税人发生应税销售行为，实行按照销售额和征收率计算应纳税额的简易办法，并不得抵扣进项税额。

应纳税额计算公式：

应纳税额＝销售额×征收率

一般纳税人销售货物、劳务、服务、无形资产、不动产，应纳税额为当期销项税额抵扣当期进项税额后的余额。

应纳税额计算公式：

应纳税额＝当期销项税额－当期进项税额

当期销项税额小于当期进项税额不足抵扣时，其不足部分可以结转下期继续抵扣。

（三）增值税的税率和征收率

根据自 2019 年 4 月 1 日起执行的《关于深化增值税改革有关政策的公告》（财政部、国家税务总局、海关总署公告 2019 年第 39 号），增值税一般纳税人发生增值税应税销售行为或者进口货物，原适用 16％税率的，税率调整为 13％；原适用 10％税率的，税率调整为 9％。

（四）增值税的计征

房地产开发建设是个复杂而持续时间很长的过程。因此，其征税的情况也比较复杂。按照国家税务总局制定的《房地产开发企业销售自行开发的房地产项目增值税征收管理暂行办法》的规定，房地产开发企业中的一般纳税人销售自行开发的房地产项目，适用一般计税方法计税，按照取得的全部价款和价外费用，扣除当期销售房地产项目对应的土地价款后的余额计算销售额。销售额的计算公式为：

销售额＝(全部价款和价外费用－当期允许扣除的土地价款)÷(1＋11％)

当期允许扣除的土地价款按照以下公式计算：

$$\text{当期允许扣除的土地价款}=\left(\frac{\text{当期销售房地产项目建筑面积}}{}\div\frac{\text{房地产项目可供销售建筑面积}}{}\right)\times\text{支付的土地价款}$$

当期销售房地产项目建筑面积，是指当期进行纳税申报的增值税销售额对应的建筑面积。房地产项目可供销售建筑面积，是指房地产项目可以出售的总建筑面积，不包括销售房地产项目时未单独作价结算的配套公共设施的建筑面积。

一般纳税人采取预收款方式销售自行开发的房地产项目，应在收到预收款时按照 3％的预征率预缴增值税。

应预缴税款按照以下公式计算：

应预缴税款＝预收款÷(1＋适用税率或征收率)×3％

适用一般计税方法计税的，按照 11％的适用税率计算；适用简易计税方法计税的，按照 5％的征收率计算。一般纳税人应在取得预收款的次月纳税申报期向主管税务机关预缴税款。

房地产开发企业中的小规模纳税人采取预收款方式销售自行开发的房地产项目，应在收到预收款时按照 3％的预征率预缴增值税。

应预缴税款按照以下公式计算：

应预缴税款＝预收款÷(1＋5％)×3％

五、转让房地产所得税

《个人所得税法》及其实施条例规定，个人转让住房，以其转让收入额减除财产原值和合理费用后的余额为应纳税所得额，按照“财产转让所得”项目缴纳个人所得税。2006 年 7 月 18 日国家税务总局《关于个人住房转让所得征收个人所得税有关问题的通知》就有关具体问题又作了进一步的规定。

根据有关规定，该种所得税的纳税人是转让住房的公民个人；征税对象为转让住房收入所得。这里的住房包括：商品房、自建住房、经济适用房、已购公有住房和城镇拆迁安置住房。上述房屋转让收入所得均应缴纳个人所得税。

在对转让住房收入计算个人所得税应纳税所得额时，纳税人可凭原购房合同、发票等有效凭证（经税务机关审核后）从其转让收入中减除房屋原值、转让过程中缴纳的税金及有关合理费用。这里的转让收入是指房屋交易的实际成交价格。

1. 房屋原值的确定

房屋原值的确定，因房屋种类的不同而各有所异：商品房的原值为购买该房屋时实际支付的房价款及交纳的相关税费；自建住房的原值为实际发生的建造费用和取得产权时实际缴纳的相关税费；经济适用房（含集资合作建房、安居工程住房）的原值为原购房人实际支付的房价款及相关税费，以及按规定缴纳的土地使用权出让金。已购公有住房的原值为原购公有住房标准面积按当地经济适用房计算的房价款，加上原购公有住房标准面积实际支付的房价款以及按规定向财政部门缴纳的所得收益及相关税费。城镇拆迁安置住房的原值则因房屋拆迁补偿方式而异：（1）房屋拆迁取得货币补偿后购置房屋的，为购置该房屋实际支付的房价款及交纳的相关税费；（2）房屋拆迁采取产权调换方式的，所调换房屋原值为“房屋拆迁补偿安置协议”注明的价款及交纳的相关税费；（3）房屋拆迁采取产权调换方式，被拆迁人既取得所调换房屋，又取得部分货币补偿的，所调换房屋原值为“房屋拆迁补偿安置协议”注明的价款和交纳的相关税费，减去货币补偿后的余额；（4）房屋拆迁采取产权调换方式，被拆迁人取得所调换房屋，又支付部分货币的，所调换房屋原值为“房屋拆迁补偿安置协议”注明的价款，加上所支付的货币及交纳的相关税费。

2. 转让住房过程中缴纳的税金

转让住房过程中缴纳的税金，是指纳税人在转让住房时实际缴纳的增值税、城市维护建设税、教育费附加、土地增值税及印花税等税金。

3. 合理费用

合理费用，是指纳税人实际支付的住房装修费用、住房贷款利息、手续费、公证费等费用。个人转让住房计征个人所得税时，可以扣除的合理费用及其要求如下。

纳税人支付的住房装修费用，以纳税人提供的实际装修费用税务统一发票为凭，发票上所列付款人姓名与转让房屋产权人应一致，经税务机关审核，其转让住房实际发生的装修费用可在以下规定的比例内扣除：（1）经济适用房、已购公有住房最高扣除限额为房屋原值的 15%；（2）商品房及其他住房最高扣除限额为房屋原值的 10%。

住房贷款利息凭贷款银行出具的有效证明据实扣除。

手续费、公证费等凭有关部门出具的有效证明据实扣除。

纳税人未能提供完整、准确的房屋原值凭证、不能正确计算房屋原值和应纳税额的，税务机关可根据《税收征收管理法》，对其实行核定征收，即按纳税人住房转让收入的一定比例核定应纳个人所得税额。

4. 优惠政策

依据财政部、国家税务总局、建设部《关于个人出售住房所得征收个人所得税有关问题的通知》，对个人转让自用 5 年以上并且是全家唯一生活用房取得的所得，免征个人所得税。

第四节　房地产费

这里的房地产费，是指在房地产的开发、经营活动中发生的税以外的其他收费项目的总称。在房地产开发、经营过程中，除发生法定的税收外，还会发生一些合法的收费项目，包括行政事业性收费、服务性收费和补偿性收费等。费的名目较多，情况也比较复杂，现按房地产经济活动过程的不同阶段，概述如下。

一、房地产开发活动中的费

目前，我国在房地产开发活动中发生的收费项目主要是基础设施配套费。

基础设施配套费是城市人民政府有关部门向建设单位收取的，用于城市基础设施建设的专项资金。基础设施配套费是政府非税收入的重要组成部分，属于政府性基金，专项用于城市基础设施建设。城市基础设施配套费的征收，对促进城市基础设施建设、加快城镇化进程发挥着重要作用。

凡在城镇国有土地上新建、改建、扩建的住宅项目，除国家另有规定外，建设单位应当缴纳配套费。配套费主要用于：城市道路、桥涵、公共交通、道路照明、供排水、燃气、供热等公共设施维护、建设和管理，道路清扫、垃圾清运与处理、污水处理、园林绿化、城市公有房屋维修改造、城市防洪设施建设和维护等支出。

基础设施配套费一般以新建，扩建，改建的面积作为征收基数，按每平方米的价格计收，具体的收费标准各地不尽同。城市基础设施配套费的征收依据是一个多层次的体系，包括国家层面的政策法规、地方政府出台的具体管理办法以及相关政府部门发布的规范性文件，如财政部《关于加强政府非税收入管理的通知》《政府性基金管理暂行办法》等。这些规范性文件对配套费的征收标准、使用范围、管理权限等方面提供了指导和行为规范。

在房地产开发过程中，开发企业除按规定交基础设施配套费之外，还会发生多种较小的收费项目，如城建综合开发项目管理费、房屋拆迁管理费、建设工程许可执照费、招投标管理费、土地权属调查地籍测量费、建设工程质量管理监督费、防洪费、绿化建设费、绿化补偿费等。

以上是房地产开发阶段发生的主要的收费项目。尽管这里的收费项目未被列入“取消部分建设项目收费”的范围，但仍有进一步调整、使其收取更加合理的必要。

二、房地产登记费

房地产登记费，是指县级以上不动产登记机构依申请对房地产权属进行各类登记时，向申请人收取的费用。房地产登记收费标准中包括服务费和权利证书费。近些年来，各地方在房屋登记费的收取上不够统一规范，也不够全面，如房屋所有权登记费有按房屋价值量计收的，有按房屋建筑面积计收的，也有按套计收的，缺乏统一规范的收费依据和收费标准。为规范房屋登记收费行为，保护权利人合法权益，保证《物权法》的实施，2008 年 4 月 15 日，国家发展改革委、财政部联合发布了《关于规范房屋登记费计费方式和收费标准等有关问题的通知》（现已失效），并自 2008 年 5 月 1 日起执行。该通知要求规范房屋登记收费行为，对房屋登记费不得按照房屋的面积、体积或者价款的比例收取，而是按照件（套）数收取。2016 年国家发展改革委、财政部发布《关于不动产登记收费标准等有关问题的通知》（发改价格规〔2016〕2559 号）。该通知规定，为落实不动产统一登记制度，实行房屋所有权及其建设用地使用权一体登记。原有住房及其建设用地分别办理各类登记时收取的登记费，统一整合调整为不动产登记收费，即住宅所有权及其建设用地使用权一并登记，收取一次登记费，并进一步明确了不动产登记收费标准和收费的减免范围。目前，县级以上不动产登记机构依法办理不动产权利登记时，根据不同情形，收取不动产登记费。主要是区分住宅和非住宅确定不同的收费标准。

（一）住宅类不动产登记收费标准

规划用途为住宅的房屋及其建设用地使用权，申请办理下列不动产登记事项，据实收取不动产登记费，收费标准为每件 80 元：（1）房地产开发企业等法人、非法人组织、自然人合法建设的住宅，申请办理房屋所有权及其建设用地使用权首次登记。（2）居民等自然人、法人、非法人组织购买住宅，以及互换、赠与、继承、受遗赠等情形，住宅所有权及其建设用地使用权发生转移，申请办理不动产转移登记。（3）住宅及其建设用地用途、面积、权利期限、来源等状况发生变化，以及共有性质发生变更等，申请办理不动产变更登记。（4）当事人以住宅及其建设用地设定抵押，办理抵押权登记（包括抵押权首次登记、变更登记、转移登记）。（5）当事人按照约定在住宅及其建设用地上设定地役权，申请办理地役权登记（包括地役权首次登记、变更登记、转移登记）。

不动产登记机构按住宅类不动产登记收费标准收取不动产登记费时，核发一本不动产权属证书的不收取证书工本费。向一个以上不动产权利人核发权属证书的，每增加一本证书加收证书工本费 10 元。

（二）非住宅类不动产登记收费标准

登记申请人办理下列非住宅类不动产权利的首次登记、转移登记、变更登记，收取不动产登记费，收费标准为每件550元：（1）住宅以外的房屋等建筑物、构筑物所有权及其建设用地使用权或者海域使用权。（2）无建筑物、构筑物的建设用地使用权。（3）森林、林木所有权及其占用林地的承包经营权或者使用权。（4）耕地、草地、水域、滩涂等土地承包经营权。（5）地役权。（6）抵押权。

不动产登记机构依法办理不动产查封登记、注销登记、预告登记和因不动产登记机构错误导致的更正登记，不得收取不动产登记费；不动产登记机构依法核发不动产登记证明，不收取登记证明工本费；为推进保障性安居工程建设，减轻登记申请人负担，廉租住房、公共租赁住房、经济适用住房和棚户区改造安置住房所有权及其建设用地使用权办理不动产登记，登记收费标准为零。

（三）不动产登记收费优惠与减免

不动产登记收费优惠是指按照住宅类不动产登记收费标准减半收取登记费，同时不收取第一本不动产权属证书的工本费。执行优惠收费标准的，主要有下列情形：（1）申请不动产更正登记、异议登记的。（2）不动产权利人姓名、名称、身份证明类型或者身份证明号码发生变更申请变更登记的。（3）同一权利人因分割、合并不动产申请变更登记的。（4）国家法律、法规规定予以减半收取的。

免收不动产登记费（含第一本不动产权属证书的工本费）的情形主要有以下各项：（1）申请与房屋配套的车库、车位、储藏室等登记，不单独核发不动产权属证书的（申请单独发放权属证书的，按《关于不动产登记收费标准等有关问题的通知》第1条规定的收费标准收取登记费）。（2）因行政区划调整导致不动产坐落的街道、门牌号或房屋名称变更而申请变更登记的。（3）小微企业（含个体工商户）申请不动产登记的。（4）农村集体经济组织成员以家庭承包或其他方式承包取得农用地的土地承包经营权申请登记的。（5）农村集体经济组织成员以家庭承包或其他方式承包取得森林、林木所有权及其占用的林地承包经营权申请登记的。（6）依法由农民集体使用的国有农用地从事种植业、林业、畜牧业、渔业等农业生产，申请土地承包经营权登记或国有农用地使用权登记的。（7）因农村集体产权制度改革导致土地、房屋等确权变更而申请变更登记的。（8）国家法律、法规规定予以免收的。

此外，还有一些登记项目是不收登记费，只收取不动产权属证书工本费的。其每本证书10元，包括以下各项：（1）单独申请宅基地使用权登记的。（2）申请宅基地使用权及地上房屋所有权登记的。（3）夫妻间不动产权利人变更，申请登记的。（4）因不动产权属证书丢失、损坏等原因申请补发、换发证书的。

（四）不动产登记费的缴纳

不动产登记费由登记申请人缴纳。按规定需由当事各方共同申请不动产登记的，不动产登记费由登记为不动产权利人的一方缴纳；不动产抵押权登记，登记费由登记为抵押权人的一方缴纳；不动产为多个权利人共有（用）的，不动产登记费由共有（用）人共同缴纳，具体分摊份额由共有（用）人自行协商。

不动产登记机构不得擅自增加收费项目、扩大收费范围、提高收费标准或加收其他任何费用。除不动产权利首次登记，不动产界址、空间界限、面积等自然状况发生变化，以及不动产登记申请人要求重新测量外，不动产登记机构已有不动产测绘成果资料的，不得要求不动产登记申请人重复提供并收费。

三、房地产中介服务费

中介服务费是一种重要的经营性服务收费，主要发生在房地产交易活动中。房地产交易不同于一般的商品交换活动，它常常会涉及许多相关专业知识和一些专门技能。因此，房地产交易双方通常借助于专门的服务机构进行交易行为。在一方或双方委托中介服务机构来完成房地产交易时，就要支付中介服务性的费用。为了规范房地产中介服务收费行为，国家明确规定房地产中介服务收费实行明码标价制度。目前，我国的中介服务收费主要有以下几种。

（一）房地产咨询费

房地产咨询收费标准按服务形式分为两种：口头咨询按咨询服务所需时间结合提供咨询者的专业技术等级，由双方协商议定收费标准。书面咨询费按咨询报告的技术难度、工作繁简，结合标的额大小计收。普通咨询报告每件收费 300 元至 1 000 元；技术难度大、情况复杂、耗用人员和时间较多的咨询报告，可适当提高收费标准，收费标准一般不超过咨询标的额的 0.5%。以上收费标准属于指导性参考价，实际成交的收费标准，由委托方与中介服务机构协商议定。

（二）房地产经纪费

房地产经纪费是房地产专业经纪人接受委托，进行居间代理所收取的佣金。房地产经纪费根据代理项目的不同实行不同的收费标准。房屋买卖代理收费，按成交价格总额的 0.5%～2.5%计收；实行独家代理的，收费标准由委托方与房地产中介机构协商，可以适当提高，但最高不超过成交价的 3%；房屋租赁代理的收费，以半个月至 1 个月的成交租金额为标准，由双方协商议定一次性计收。

房地产经纪费由房地产经纪机构向委托人收取。

（三）房地产价格评估费

房地产价格评估费是房地产估价机构接受委托进行土地和房屋财产的价格评估而收取的报酬。其收费标准分为两种情况：土地价格评估的收费标准，按有关规定执行。以房产为主的房地产价格评估费，区别不同情况，按照房地产的价格总额采取差额定率分档累进计收。

房地产价格评估收费，由具备房地产估价资格并经房地产行政主管部门、物价主管部门确认的机构按规定的收费标准计收，由房地产价格评估机构统一接受委托，统一收取费用。

房地产经纪对促进房屋交易、提高交易效率、保障交易安全具有重要作用。但近年来，部分房地产经纪机构存在利用房源客源优势收取过高费用、未明码标价、捆绑收费、滥用客户个人信息等问题，加重交易当事人负担、侵害其合法权益。为规范房地产经纪服务，加强房地产经纪行业管理，促进房地产市场健康发展，我国提出要严格实行明码标价。房地产经纪机构应当在经营门店、网站、客户端等场所或渠道，公示服务项目、服务内容和收费标准，不得混合标价和捆绑收费。房地产经纪机构提供的基本服务和延伸服务，应当分别明确服务项目和收费标准。房地产经纪机构收费前应当向交易当事人出具收费清单，列明收费标准、收费金额，由当事人签字确认。

房地产经纪服务收费由交易各方根据服务内容、服务质量，结合市场供求关系等因素协商确定。房地产经纪机构要合理降低住房买卖和租赁经纪服务费用。鼓励按照成交价格越高、服务费率越低的原则实行分档定价。同时，要引导由交易双方共同承担经纪服务费用。

住房和城乡建设部、市场监管总局于2023年4月27日发布《关于规范房地产经纪服务的意见》，其主要内容包括：

（1）加强从业主体管理。严格落实房地产经纪机构备案制度。为新建商品房销售和存量房买卖、租赁提供代理、居间等经纪服务的机构，应当按照《房地产经纪管理办法》规定向所在地住房和城乡建设部门备案。

（2）明确经纪服务内容。房地产经纪机构提供的经纪服务由基本服务和延伸服务组成。基本服务是房地产经纪机构为促成房屋交易提供的一揽子必要服务，包括提供房源客源信息、带客户看房、签订房屋交易合同、协助办理不动产登记等。延伸服务是房地产经纪机构接受交易当事人委托提供的代办贷款等额外服务，每项服务可以单独提供。

（3）合理确定经纪服务收费。房地产经纪服务收费由交易各方根据服务内容、服务质量，结合市场供求关系等因素协商确定。房地产经纪机构要合理降低住房买卖和租赁经纪服务费用。鼓励按照成交价格越高、服务费率越低的原则实行分档定价，引导由交易双方共同承担经纪服务费用。

（4）严格实行明码标价。房地产经纪机构应当在经营门店、网站、客户端等场所或渠道，公示服务项目、服务内容和收费标准，不得混合标价和捆绑收费。房地产经纪机构提供服务，应当分别明确服务项目和收费标准。房地产经纪机构收费前应当向交易当事人出具收费清单，列明收费标准、收费金额，由当事人签字确认。

（5）规范签订交易合同。各地住房和城乡建设部门要制定房屋买卖合同、租赁合同、经纪服务合同示范文本。房地产经纪机构应当在经营场所醒目位置公示合同示范文本，方便交易当事人使用。房地产经纪机构促成房屋交易，应当通过房屋网签备案系统办理房屋买卖、租赁合同网签备案。

同时，该意见还明确房地产互联网平台不得强制要求加入平台的房地产经纪机构实行统一的经纪服务收费标准，不得干预房地产经纪机构自主决定收费标准，严禁操纵经纪服务收费。房地产经纪机构及从业人员不得非法收集、使用、加工、传输他人个人信息，不得非法买卖、提供或者公开他人个人信息；房地产经纪行业组织要健全行规行约，完善房地产经纪服务标准和执业规则，引导房地产经纪机构及从业人员依法合规经营；

鼓励房地产经纪机构将经纪服务费用纳入交易资金监管范围。

四、公证费

为健全国家公证制度，维护社会主义法制，预防纠纷，减少诉讼，国家于2005年制定了《公证法》(2015年、2017年修正)。公证是公证机构根据自然人、法人或者其他组织的申请，依照法定程序对民事法律行为、有法律意义的事实和文书的真实性、合法性予以证明的活动。在我国，公证机关是公证处。公证处通过公证活动，教育公民遵守法律，维护社会主义法制。

由房地产交易的特殊性和复杂性所决定，房地产交易中需要公证的事项比较多。如土地使用权转让、房屋买卖、继承、赠与、房产分割等通常会涉及公证。在房地产交易中，当事人认为需要公证的，可以申请公证。《公证法》第25条规定，自然人、法人或者其他组织申请办理公证，可以向住所地、经常居住地、行为地或者事实发生地的公证机构提出。申请办理涉及不动产的公证，应当向不动产所在地的公证机构提出。第26条规定，自然人、法人或者其他组织可以委托他人办理公证，但遗嘱、生存、收养关系等应当由本人办理公证的除外。公证处是国家公证机关。公证处为法人和公民办理公证事项时，依照国家规定收取公证费。因此，办理房地产公证事项，当事人应当按照规定支付公证费。不同的公证类型，收取的公证费用也各不相同。为使公证服务收费能真正体现公证服务的价值，促进公证行业健康有序发展，1997年国家发展计划委员会、司法部发布《公证服务收费管理办法》(计价费〔1997〕285号)，对公证服务收费标准进行了结构性调整。

公证处为申请人提供公证服务过程中发生的下列费用，由申请人另行支付：(1) 鉴定费、评估费；(2) 公证书副本费；(3) 公证处到异地（省外）办理公证所需的差旅费；(4) 当事人因举证有困难，委托公证处进行调查的有关费用等。

公证处为申请人提供公证服务，依照规定的收费标准向申请人收取公证服务费，也有义务向申请人出具收费票据。公证员个人不得私自收费。公证处向申请人收取公证服务费，可在受理公证事项时预收，也可以与申请人约定在承办公证事项期间分期收取。公证处的收费应当严格执行国家规定的公证服务收费标准，明码标价，接受社会监督。

延伸阅读

1. 刘俊. 房产税的立法基础. 改革，2011 (2).
2. 赵廉慧. 房产税的物权法基础. 税务研究，2011 (4).
3. 王国华主编. 外国税制. 北京：中国人民大学出版社，2008.
4. 徐孟洲，徐阳光. 税法. 7版. 北京：中国人民大学出版社，2019.
5. 魏济民，于跃江. 房地产法律实务与案例解析. 北京：中国法制出版社，2018.
6. 李延荣. 房地产法原理与案例教程. 3版. 北京：中国人民大学出版社，2021.

问题与思考

1. 房地产税和房产税概念的区别是什么？

2. 房产税的计税依据是什么？

3. 房地产交易中的经营性服务收费有哪些？

4. 土地增值税的征税对象是什么？

5. 城镇土地使用税的纳税人是谁？

6. 刘女士于 2016 年 5 月 31 日以 80 万元人民币的价格购买了某房地产开发公司的商品房一套，2018 年 3 月 20 日以 420 万元的价格将此房转让给朱先生，双方签订了房屋买卖合同，并约定于 2018 年 4 月 15 日办理房屋买卖过户登记手续。请问：此房屋买卖关系中，刘女士与朱先生各应缴纳何种税？

第七章
物业管理法律制度

常考知识点

- 物业管理的性质
- 物业管理与服务的内容
- 物业服务企业的权利和义务
- 业主委员会的职责
- 业主的权利与义务
- 物业费收取的方式
- 酬金制的基本含义

随着我国房地产业的快速发展和住宅私有率的提高，物业管理作为房地产管理市场化的必然结果，已在我国迅速发展起来，并成为房地产业的一个不可缺少的组成部分。世界上许多发达国家和地区的房地产业发展的经验证明，房地产业的健康、持续发展离不开一个机能健全、运行良好的物业管理系统，而这个系统的建立、发展与完善都有赖于国家的立法和法律制度的完善。因此，物业管理法律制度是房地产法律制度的重要组成部分。

第一节　物业管理概述

一、物业管理及其立法

“物业”一词源于我国香港地区以及东南亚，其一般的含义是已建成并投入使用的各类房屋以及与其相配套的设备、设施和场地等。这里的各类房屋既可以是供居住用的房屋，也可以是工业厂房、商业楼宇、办公大楼，甚至可以是运动场所，以及与其相配套的设备、设施和建筑物内外的各类设施、设备及公共市政设施、干道、绿地和庭院等。

物业管理是指业主通过选聘物业服务企业，由业主和物业服务企业按照物业服务合同的约定，对房屋及配套的附属设施、设备和相关场地进行维修、养护、管理，维护相关区域内的环境卫生和秩序的活动。在我国，物业管理是在改革开放后，随着房地产业的迅速发展而出现的一个新兴行业。其对于提高人民群众的生活水平，改善工作环境，维护现有房地产的价值以及促进再就业，都起着积极而重要的作用，并已成为房地产业和社会经济生活的重要组成部分。

根据我国现行有关法律的规定，物业管理分为前期物业管理和后期物业管理。所谓前期物业管理，是指建设单位在业主、业主大会选聘物业服务企业之前，委托物业服务企业对物业进行管理。一般情况下，新开发的房地产是分期出售的，在入住率达到法定要求之前，业主大会无法召开，同时入住的业主彼此之间还不熟悉，也很难联合起来与物业服务企业签订物业服务合同。出于物业本身维护和保养的需要，建设单位通常要委托物业服务企业对物业进行管理，并与其签订书面的前期物业服务合同。后期物业管理则是一般意义上的物业管理，这种物业管理通常发生在业主大会成立后。它是指由业主大会选聘的物业服务企业，按照物业服务合同的约定对物业进行管理和服务的活动。这种物业管理的开始，意味着前期物业管理的结束。

前期物业管理与后期物业管理的区分，意味着长期以来形成的谁开发、谁管理的自建自管的局面已被打破，物业管理行业已真正走向市场，其要靠竞争、优质的服务来获得生机，并按优胜劣汰的一般竞争规则来生存。

改革开放以来，我国的房地产业获得了长足的发展。随着物业产权多元化进程的加快，物业管理服务应运而生，并已成为一个新的行业。其以投资少、见效快、无风险等诸多优势吸引着众多的投资者。1994 年以来，全国投入使用的住宅小区日益增多，并普遍实行了物业管理的新体制，旧住宅小区的物业管理也取得了突破性进展。随着我国物业管理服务行业的迅速发展，我国的物业管理立法也从无到有，日臻完善。2003 年 6 月《物业管理条例》公布之前，我国尚无一部统一完善的有关物业管理的规范性法律文件，调整物业管理关系的主要是 1994 年的《城市新建住宅小区管理办法》和 1996 年的《城市住宅小区物业管理服务收费暂行办法》，以及有关物业管理的地方性法规和规章。实践中的物业管理主要靠物业管理者自身制定的“公约”“手则”“手册”等管理性质的规范。这些规范的制定缺乏相应的法律依据，执行起来问题很多，业主和物业管理企业双方的权益都难以得到保障。为了进一步规范物业管理行为，维护业主和物业服务企业双方的合法权益，建立和完善有关法律制度，为物业管理业的健康发展提供法律依据和保障，2003 年 6 月国务院发布了《物业管理条例》，对物业管理问题作出了全面规定。为了保证《物业管理条例》实施，2003 年，建设部发布了《前期物业管理招标投标管理暂行办法》和《物业服务收费管理办法》。2004 年，建设部又发布了《物业管理企业资质管理办法》（已废止）和《物业服务收费明码标价规定》。这些规范性法律文件对于规范物业管理服务行为，维护物业所有权人和使用权人的合法权益，引导我国物业管理的健康发展都起了十分重要的作用。2007 年 8 月，国家根据实践发展的需要对 2003 年发布的《物业管理条例》进行了修订和完善。为了规范物业承接查验行为，2010 年，国家发布了《物业承接查验办法》。有关立法的发展标志着我国的物业管理已步入规范化、法制化的轨道。2016 年，《物业管理条例》得到了第二次修订。依据 2018 年 3 月 19 日《国务院关于修改和废止部分行政法规的决定》（国务院令第 698 号），《物业管理条例》得到了第三次修订。

二、物业管理的特征

物业管理作为房屋管理服务社会化的结果，是一种新型的管理模式，与传统房屋管理的根本区别是以经济手段代替行政手段，以有偿服务代替无偿服务，并具有以下几个特点。

（一）社会化

物业管理的社会化主要指它将分散的社会服务统一起来，在不同程度上或不同方式上，承担着某些社会职能，如消防、绿化、保安、环卫和水电费的收、交等，业主只需根据物业服务合同约定的收费标准按时交纳物业服务资金或服务费，就可获得相应的服务，从而提高了整个城市管理的社会化程度。

（二）专业化

物业管理是由专业的物业服务企业，对一定范围内的物业进行统一管理。物业服务企业通过设置专门的管理机构、配备专业人员，从事相应的物业管理、服务业务。随着社会的发展，社会分工逐渐趋于专业化，物业服务企业也可以将一些专项的管理以合同的方式交予相应的专业经营服务公司。这种专业化的服务，有利于资源优化配置，提高服务质量，促进城市管理的现代化。

（三）经营化

物业服务企业提供的服务是有偿的，对其所提供的各项服务要收取合理的费用，以维持正常的经营活动。但物业管理经营的目标应是保本微利，量入为出，不以谋取高额利润为目的。

三、物业管理的内容

物业管理的基本内容，按物业服务企业提供服务的性质和方式分为三大类，包括以下内容。

1. 常规性公共服务

常规性公共服务是指物业管理中公共性的管理和服务工作。它是物业服务企业向委托人业主及物业使用人提供的最基本的管理和服务。其通常体现为：（1）房屋修缮及其管理、装修管理等；（2）房屋设备、设施的管理；（3）环境卫生管理；（4）绿化管理；（5）治安管理；（6）消防管理；（7）车辆道路管理；（8）公众代办性质的服务，如为业主和使用人代收代缴水、电、煤气费等。

2. 针对性的专项服务

针对性的专项服务，是指物业服务企业根据部分业主或物业使用人的需要，有针对性地提供的服务，通常是物业服务企业事先设立服务项目并公布服务内容和收费标准，当业主及物业使用人需要时，可以自行选择的服务。其具体内容包括：(1) 开办各种商业服务项目，如小型商场、美发厅、修理店等；(2) 开办各种文化、教育、卫生、体育类场所；(3) 为服务对象洗、缝制衣物，代购日用品及接送小孩子入托上学等。

3. 委托性的特约服务

委托性的特约服务是为满足业主和物业使用人的个别需求，受特别委托而提供的服务，实际上是专项服务的补充和完善。

以上三类服务共同构成了物业管理服务的内容，也可以说其基本上反映了物业管理的性质及活动范围。物业管理作为房地产综合开发的产物是房地产综合开发的延续和完善，也是房地产市场的一个消费环节。就其性质而言，它是一种集管理、经营、服务于一体的有偿劳动。其最终目标是通过现代化的经营手段来为业主和物业使用人创造一个便捷、安全、清新、整洁的居住环境或工作环境，实现社会效益、经济效益和环境效益，并提高物业的使用效率，实现房地产物业的保值和增值。在社会主义市场经济条件下，物业管理服务应该符合并充分体现社会主义的精神文明和物质文明，既要获得企业应得的经济效益，又要为委托人提供安居乐业的良好空间，满足人们精神、文化等深层次的需求。因此，物业管理在我国有着更加丰富的内涵和广阔的发展空间。

四、物业管理的委托

（一）委托主体

物业管理的委托是物业管理法律关系产生并存在的前提和基础。根据物业产权归属和物业管理委托的时间不同，物业管理委托的主体分为两种，即业主委员会和房地产开发企业。以销售为主的物业，当业主入住率达到一定比例时，按规定应成立业主委员会。业主委员会就是全体业主的代表，由它作为委托方与物业服务公司签订物业管理委托合同。这是一般意义上的物业管理委托主体。房地产开发企业（建设单位）作为物业管理合同的委托方通常发生在以下两种情况：一是对于建成后以销售为主的物业，在物业建成和出售前，其产权归属房地产开发企业。在这种情况下，要由开发企业首次选聘物业服务企业，并作为委托方与其签订物业管理委托合同。委托期限由合同约定，一般为1年至2年。房地产开发企业委托物业服务企业管理新建物业只是一种临时的安排，实际上是代替未来的物业产权人委托物业服务企业对新建物业进行管理。因此，房地产开发企业在与物业服务企业签订委托合同时就应明确规定，当入住率达到50%时，物业服务企业有责任负责组织召开业主大会，重新选择物业服务企业。二是对于建成后并不出售或大部分不出售，而以出租经营为主的物业，因其产权或大部分产权始终归属开发企业，房地产开发企业是物业管理的委托方。

（二）物业管理的委托方式

鉴于实践中业主与前期物业管理公司的纠纷，很大一部分是开发商遗留的问题导致的，物业管理条例要求前期物业管理实行分业经营，明确开发商对住宅物业要采取公开招投标的方式，选聘前期物业管理公司，以便明晰建管权责。物业管理的委托方式目前主要有两种，即招标投标方式和协议方式。

1. 招标投标方式

为了引入竞争机制，实现优胜劣汰，提高物业管理水平和服务质量，国家提倡建设单位按照房地产开发与物业管理相分离的原则，通过招标投标的方式选聘具有相应资质的物业服务企业，住宅物业的前期物业管理更是如此。前期物业管理的招标分为两种，即公开招标和邀请招标。前者是指招标人通过在公共媒介上发布招标公告的方式邀请投标人投标的招标行为，后者则是指招标人通过向特定的物业服务企业发投标邀请书的方式邀请投标人投标的行为。为了规范前期物业管理招标投标活动，保护招、投标当事人的合法权益，促进物业管理市场的公平竞争，2003 年 6 月 26 日建设部发布了《前期物业管理招标投标管理暂行办法》，对建设单位选聘服务管理企业的招标投标行为提出了明确、具体的要求。

（1）前期物业管理招标由物业建设单位作为招标人组织实施。招标人不得以不合理条件限制或者排斥潜在投标人，不得对潜在投标人实行歧视待遇，不得对潜在投标人提出与招标物业管理项目实际要求不符的过高的资格要求。

（2）招标人采取公开招标方式的，应当在公共媒介上发布招标公告，同时，还要在中国住宅与房地产信息网和中国物业管理协会网上发布免费招标公告；招标人采取邀请招标方式的，应当向三家以上的物业服务企业发出招标邀请书。招标公告或招标邀请书均应载明招标人的名称、地址、招标项目的基本情况以及获取招标文件的办法等事项。

（3）招标人应在发布招标公告或者发出招标邀请书的 10 日前，将有关招标的材料报物业项目所在地的县级以上人民政府房地产行政管理部门备案，接受有关主管部门的监督。

（4）招标人不得向他人透露已获取招标文件的潜在投标人的名称、数量以及可能影响公平竞争的有关招、投标的其他情况。在确定中标人前，招标人不得与投标人就投标价格、投标方案等实质内容进行谈判。

（5）招标人应当按照规定的时限完成物业管理招、投标工作：新建现售商品房项目应在现售前 30 日内完成；预售商品房项目应当在取得预售许可证之前完成；非出售的新建物业项目应当在交付使用前 90 日内完成。

关于招标、投标的程序以及投标、开标、评标的一般要求，应遵守《招标投标法》及其他有关规定（受篇幅限制不再赘述）。总之，以公开招标的方式选聘物业服务企业，引入竞争机制，使物业服务企业产生紧迫感，促使其提高物业管理标准和水平，应是物业管理发展的方向。

2. 协议方式

协议方式又称谈判方式，是指由招标单位直接选择一家或几家物业服务企业与其协商谈判，达成协议的选择物业服务企业的方式。我国的《物业管理条例》第 24 条第 2 款明确规定："住宅物业的建设单位，应当通过招投标的方式选聘物业服务企业；投标人少于3个或者住宅规模较小的，经物业所在地的区、县人民政府房地产行政主管部门批准，可以采用协议方式选聘物业服务企业。”协议方式并非建设单位选聘物业服务企业的一般方式，它的采用应符合以下条件：（1）物业管理投标人少于3个，难以采用招、投标方式，或者住宅规模较小，无须采用招标投标方式；（2）须经物业所在地的区、县级人民政府房地产行政主管部门批准，即“批准”是采用协议方式选聘物业服务企业的条件。

采用协议的方式选聘物业服务企业，主要适用于后期物业管理中物业服务合同到期后，原物业服务企业接受续聘的情况。

业主在前期物业服务合同未到期的情况下，有重新选择物业服务企业的权利。例如，某住宅小区的前期物业管理服务企业（甲公司）是开发建设单位指定的，并于2008年5月31日与其签订了物业服务合同，期限为3年。因甲公司物业服务不到位，收费又偏高，业主们对其意见很大。2010年3月，小区业主大会决定解除前期物业服务合同，通过公开招投标方式选聘一家更好的物业服务公司。当时有4家物业公司参与竞争，其中一家（乙公司）中标，并于次日由业主委员会与其签订了为期3年的物业服务合同。在业主自行选聘新物业服务公司后，甲公司拒绝撤出。赶不走甲公司，部分业主遂停止交费。甲公司以拒绝交费的业主为被告向法院起诉，声称开发建设单位与其签订了3年的服务合同，合同尚未到期，要求部分业主返还自2011年4月起拖欠的物业服务费和甲公司垫付的水电费、违约金共计15 360元。作为被告，业主称甲公司收费不合理，服务不到位，小区卫生条件差，绿地维护得不好，致使小区环境恶化。所以他们已将物业服务费交给了新的物业公司，甲公司与业主的合同关系已解除，其强行提供服务，收取物业费没有理由和依据。法院根据2007年修订的《物业管理条例》第26条指出，前期物业服务合同可以约定期限；但是，期限未满、业主委员会与物业服务企业签订的物业服务合同生效的，前期物业服务合同终止。前期物业服务企业强行提供物管服务，业主可以不交物管服务费。法院最终没有支持原告的诉讼请求。

（三）物业管理委托的内容

因物业的类型和业主委托管理的目的不同，物业服务企业接受业主委托的内容也不完全一样。从这个意义上讲，物业管理委托的内容可分为以下几种。

1. 以管理服务为主的物业管理

这是一种比较典型的物业管理。业主只将日常的物业管理服务委托给物业服务企业，而未委托其代理物业的经营，即物业服务企业不负责对物业的出租经营。该类型物业管理的重点就是搞好日常管理与服务。它主要适用于业主自用的各类物业，如大部分居住物业、企事业单位自用的办公用房等。

2. 出租经营与管理服务并重的物业管理

这种类型的物业管理中，业主不仅将物业日常的管理服务委托给物业服务企业，还通过签订租赁或承包协议的方式，将物业出租或承包给物业服务企业，委托其对该物业进行出租经营，业主通过定期收取租金或承包金的方式收回投资，并获得利润。在这种情况下，物业服务公司不但拥有物业的管理权，而且拥有物业的经营权。出租经营在物业管理中占有重要地位。这种类型的物业管理主要适用于经营性物业，如商厦、写字楼、高级公寓和别墅等。

3. 委托代收费用

除上述两种常见的委托内容以外，物业服务企业还可以接受委托向物业管理区域内的最终用户收水费、电费、供气费、供热费、通信费、有线电视费等。物业服务企业接受委托代收上述费用时，可以向委托单位收取服务费，但不得向业主收取手续费等额外费用。

（四）物业的承接查验

物业承接查验是指承接新建物业前，物业服务企业和建设单位按照国家有关规定和前期物业服务合同的约定，共同对物业共用部位、共用设施设备进行检查和验收的活动。建设单位与物业服务企业签订的前期物业服务合同，应当包含物业承接查验的内容。建设单位应当在物业交付使用15日前，与选聘的物业服务企业完成物业共用部位、共用设施设备的承接查验工作。物业承接查验按照下列程序进行：(1) 确定物业承接查验方案；(2) 移交有关图纸资料；(3) 查验共用部位、共用设施设备；(4) 解决查验发现的问题；(5) 确认现场查验结果；(6) 签订物业承接查验协议；(7) 办理物业交接手续。《物业承接查验办法》中明确规定，建设单位不得凭借关联关系滥用股东权利，在物业承接查验中免除自身责任，加重物业服务企业的责任，损害物业买受人的权益；不得以物业交付期限届满为由，要求物业服务企业承接不符合交用条件或者未经查验的物业。同时，该办法也明确规定，物业服务企业擅自承接未经查验的物业，因物业共用部位、共用设施设备缺陷给业主造成损害的，物业服务企业应当承担相应的赔偿责任。如果建设单位与物业服务企业恶意串通、弄虚作假，在物业承接查验活动中共同侵害业主利益的，双方应当共同承担赔偿责任。业主对物业承接查验活动享有知情权和监督权。

第二节　物业管理法律关系主体及其权利和义务

物业管理法律关系是物业服务企业与物业的产权人、使用人之间依法律规定或合同约定而确立的一种权利义务关系。物业管理法律关系的主体主要有物业服务企业、业主和业主委员会。

一、物业服务企业及其权利和义务

物业服务企业，是指具有法人资格，根据合同接受业主或者业主管理委员会的委托，依照有关法律、法规的规定或合同的约定，对特定区域内的物业实行专业化管理以获取相应报酬的经济实体。它与传统意义的房管所有着本质的区别。物业服务企业与业主的关系，是一种服务与被服务的关系。物业服务企业通过合同接受业主或业主委员会的委托，运用经济手段，对业主的物业进行经营管理，提供专项服务和特约服务；同时，也根据合同约定的标准向业主收取相应的服务费，以实现其经营宗旨和目标。

（一）物业服务企业设立的条件和组织机构

从事物业管理活动的企业应当具有法人资格，即有自己的名称、组织机构、住所、财产或者经费，能够独立承担民事责任，此外，企业法人的设立还应符合《市场主体登记管理条例》的有关要求。目前，最常见的物业服务企业的法人形态是物业服务公司。物业服务公司的设立还应遵守《公司法》有关公司设立的相关规定。在我国物业服务公司的资质分为三级，一级资质的注册资本需要在500万元以上，二级资质的注册资本需要在300万元以上，三级资质的注册资本需要在50万元以上。实践中，物业服务公司的注册资本要求会因地区和政策的不同而有所差异。一般来讲，注册资本不应低于50万元人民币；需要有物业管理的专业人员以及工程、管理、经济等相关专业类的技术人员及专职管理人员。其中，具有中级以上职称的人员不少于5人，工程、财务等业务负责人具有相应专业中级以上职称，物业管理专业人员需要按照国家有关规定取得职业资格证书；公司名称中应包含“物业管理”或“物业服务”等字样；经营范围则应包括物业管理及相关服务项目；需要有合适的办公场所，并且在营业执照上需要标记出来。在注册时需要提供产权证和房屋租赁合同等相关证明材料；需要建立一套条理清晰的企业管理制度，包括服务标准、费用等企业管理制度和标准；领取营业执照后，需要到相关部门办理资质认证。有关的具体要求可能会因地区和政策的变化而有所不同。

物业服务公司组织机构的设置，既要适应市场经济的要求，又要符合物业管理的特点和职能，保证企业经营目标的实现。一般来讲，物业服务公司由以下部分组成，即经理室、办公室、房屋管理维修部、能源管理部、综合经营部和保安部等。

物业管理是一种全方位、多功能的管理，同时也是一种平凡而烦琐的服务性工作，尤其是住宅小区的物业管理，管理人员要面对数以百计甚至数以千计的住户，这些住户的经济状况、文化素养、生活品位以及生活习惯，通常存在着很大的差异。这就要求物业服务公司必须拥有一批高素质、高水平的管理队伍和相应的专业人才，包括管理、经济、法律、财务会计以及机电设备等方面的专业人才。

为了提高物业服务人员的素质、规范物业管理行为，原建设部决定从1997年开始对物业服务企业的经理、部门经理和管理人员实行岗位培训持证上岗制度，并要求自1999年1月1日起全部实行持证上岗。我国于1996年发布了《物业管理企业经理、部门经理、管理员岗位培训持证上岗实施办法》（已失效），于1999年1月发布了《全国物业管理从业人员岗位证书管理办法》。这些规范性文件对培训目标、培训内容、培训对象、培训方式、培训工作的组织领导以及岗位证书的颁发与管理都提出了明确的要求。这一举措对于我国物业管理业的发展、物业管理水平的提高，以及物业管理法律制度的完善都有着十分重要的意义。

（二）物业服务企业的监管

2017年以前国家对从事物业管理活动的企业实行资质管理制度。物业服务企业进行物业服务活动，除应依法取得法人资格以外，还应具备相应的资质。企业要获得相应的资质，首先要获得申请资质审批。房地产主管机关收到物业服务企业的经营资质报告及齐全的申请资料后，对于符合经营资质条件的，核发批准文件。申请企业收到主管机关的资质审核批准文件后，才能承接物业管理业务。

2017 年 12 月，住建部印发了《关于做好取消物业服务企业资质核定相关工作的通知》，要求各地落实国务院《关于第三批取消中央指定地方实施行政许可事项的决定》（国发〔2017〕7 号）和国务院《关于取消一批行政许可事项的决定》（国发〔2017〕46 号）。2018 年，住建部废止《物业服务企业资质管理办法》。《关于做好取消物业服务企业资质核定相关工作的通知》明确提出，各地不再受理物业服务企业资质核定申请和资质变更、更换、补证申请，不得以任何方式要求将原核定的物业服务企业资质作为承接物业管理业务的条件。从“取消资质认定”到“废止资质管理办法”，物业服务企业资质的要求被取消了。取消物业管理企业的资质要求后，强化了对物业服务企业指导和社会监督。主要措施如下。

（1）建立健全物业服务标准和服务规范，规范物业服务合同行为，明确物业服务企业责任边界，引导物业服务企业增强服务意识，创新服务理念，提升服务品质。

（2）进一步落实物业承接查验制度，指导监督建设单位、业主和物业服务企业依法做好物业共用部位、共用设施设备的查验和交接工作，厘清各方主体之间的权利义务关系，减少开发建设遗留问题，确保物业服务项目交接的平稳顺利。

（3）加快推进物业服务行业信用体系建设，建立信用信息共享平台，定期向社会公布物业服务企业信用情况，建立守信联合激励和失信联合惩戒机制，构建以信用为核心的物业服务市场监管体制。

（4）加强物业服务行业事中事后监管，制定随机抽查事项清单，建立健全“双随机”抽查机制，合理确定抽查的比例和频次，对发现的违法违规行为，依法依规加大惩处力度。

《关于做好取消物业服务企业资质核定相关工作的通知》要求，要强化物业服务属地管理主体责任，按照业主自我管理与社会化服务相结合的原则，积极推动将物业管理纳入社区治理体系。县级以上房地产主管部门要会同城市管理、民政、公安、价格等有关部门按照各自职责指导监督物业管理工作，充分发挥街道办事处或乡镇人民政府在加强社区党组织建设、指导业主大会和业主委员会、监督物业管理活动等方面的重要作用，建立健全物业管理联席会议制度，维护社区和谐稳定。

（三）物业服务企业的权利和义务

物业服务企业作为物业管理、服务委托关系的受托人，其权利和义务通常是在物业服务合同中明确约定的。依据我国《物业管理条例》及实践中物业服务合同的内容，物业服务企业在合同中享有的权利和义务大体如下。

1. 物业服务企业的权利

（1）根据有关法律、法规结合实际情况制定物业管理具体办法，建立具体的管理制度，如治安公约、卫生公约等。

（2）依照物业管理办法、物业服务合同的约定对物业进行管理活动。

（3）有权制止违反业主公约及侵害业主公共利益的行为。

（4）有权要求业主委员会协助管理公共事务。

（5）有权选聘专业机构承担某项专项服务业务。

（6）有权依照有关法律规定及合同约定收取物业服务报酬。

2. 物业服务企业的主要义务

（1）按照物业服务合同的约定提供相应的服务，未能履行物业服务合同的约定，导致业主人身、财产受到损失的，应当依法承担相应的法律责任。

（2）未经业主大会同意，物业服务企业不得改变物业管理用房的用途。

（3）在接受委托签订物业服务合同后，不得将受托的全部物业管理再转托他人。

（4）对于物业管理区域内违反有关治安、物业装饰装修和使用方面的法律法规的行为应当及时制止并向有关行政主管部门报告。

（5）物业服务企业有义务协助做好物业管理区域内的安全防范工作。当安全事故发生时，物业服务企业应及时采取应急措施并向有关行政主管部门报告，协助做好救助工作。

（6）物业服务企业接受委托代收水、电、气、热等费用时，不得向业主收取手续费等额外费用。

（7）物业服务合同终止时，业主大会选聘了新的物业服务企业的，应协助新受聘的物业服务企业做好交接工作，并及时将物业管理用房及办理承接验收手续的有关资料，交还给业主委员会。

（8）对于专项维修资金必须按规定的用途使用，不得挪作他用。

此外，我国的《物业管理条例》中还明确规定，单位有下列行为之一，由县级以上地方人民政府房地产行政主管部门责令限期改正，给予警告，并依法处以 5 万元以上 20 万元以下的罚款：（1）擅自改变物业管理区域内按照规划建设的公共建筑和共用设施用途的；（2）擅自占用、挖掘物业管理区域内道路、场地，损害业主共同利益的；（3）擅自利用物业共用部位、共用设施设备进行经营的。

二、业主及业主大会的权利和义务

（一）业主的权利和义务

“业主”通常是指物业的主人（自然人、法人），即对物业享有所有权的人。随着我国房地产业的迅速发展和人民生活水平的不断提高，越来越多的人拥有了自己的物业。特别是 1998 年下半年国家取消福利分房制度以后，越来越多的人通过购买房屋成为业主。众多的业主在物业管理中处于什么地位？享有哪些权利？他们应如何行使自己的权利？这些无疑都是重要的法律问题。

关于业主的权利，我国《民法典》明确规定，业主对建筑物内的住宅、经营性用房等专有部分享有所有权，对专有部分以外的共有部分享有共有和共同管理的权利。业主对其建筑物专有部分享有占有、使用、收益和处分的权利。但业主不得违反法律、法规以及管理规约，将住宅改为经营性用房，如确需必要，除遵守法律、法规及规约以外，应当经有利害关系的业主一致同意。对于建筑物内的住宅、经营用房等专有部分比较好理解，但共有部分通常难以认定。根据《民法典》，属于业主共有的部分，主要包括：(1) 建筑区划内的道路（属于城镇公共道路的除外）；(2) 建筑区划内的绿地（属于城镇公共绿地或者明示属于个人的除外）；(3) 建筑区划内的其他公共场所，公用设施专和物业服务用房；(4) 占用业主共有的道路或其他场地作为停车位的。这种停车位应属于业主共有。业主对其共有部分享有权利，承担义务；不得以放弃权利为由拒绝履行义务。业主在转让专有部分时，其对共有部分享有的共有权和管理权应一并转让。

此外，还有建筑区划内规划用于停放汽车的车位和车库的归属问题。现实生活中，车库和停车位的归属比较复杂，有的是开发商在卖房时出售给业主的，有的是作为购房优惠赠与业主的，还有的是出租给业主的。车位的权利归属应按购房时的约定予以确认。

针对实践中普遍存在的共有部分被占用产生收益的归属问题，《民法典》第 282 条明确规定，建设单位、物业服务企业或者其他管理人等利用业主的共有部分产生的收入，在扣除合理成本之后，属于业主共有。同时，《民法典》第 283 条还明确规定，建筑物及其附属设施的费用分摊、收益分配等事项，有约定的，按照约定；没有约定或者约定不明确的，按照业主专有部分面积所占比例确定。

以上是从物权和建筑物区分所有权的角度对业主的权利所作的规定。从物业管理和服务的角度看，业主还享有另一种权利即成员权。成员权的内容，主要表现为业主作为小区建筑物团体组织的成员所享有的权利。根据我国《物业管理条例》，业主作为物业服务合同关系的委托方，在物业管理中所享有的权利主要有以下几个方面：(1) 按照物业服务合同的约定，接受物业服务企业提供的服务；(2) 提议召开业主大会会议，并就物业管理的有关事项提出建议；(3) 提出制定和修改管理规约、业主大会议事规则的建议；(4) 参加业主大会会议，行使投票权；(5) 选举业主委员会成员，并享有被选举权；(6) 监督业主委员会的工作；(7) 监督物业服务企业履行物业服务合同；(8) 对物业共用部位、共用设施设备和相关场地使用情况享有知情权和监督权；(9) 监督物业共用部位、共用设施设备专项维修资金的管理和使用；(10) 法律、法规规定的其他权利。

任何权利和义务都是相对应的，业主作为物业管理委托关系的委托方，在享有上述权利的同时，还应履行以下义务：(1) 遵守管理规约、业主大会议事规则；(2) 遵守物业管理区域内物业共用部位和共用设施设备的使用、公共秩序和环境卫生的维护等方面的规章制度；(3) 执行业主大会的决定和业主大会授权业主委员会作出的决定；(4) 按照国家有关规定交纳专项维修资金；(5) 按时交纳物业服务费用；(6) 法律、法规规定的其他义务。

业主在享有上述权利的同时，也应遵守法律、法规及管理规约，相关行为应当符合节约资源、保护生态环境的要求。对物业服务企业或其他管理人执行政府依法实施的应急处置措施和其他管理措施应当予以配合。业主或其他行为人拒不履行相关义务的，有关当事人可以向有关主管部门报告或者投诉，由有关行政主管部门依法处理。

（二）业主大会的权利和义务

业主大会是由业主自行组成的维护业主整体利益的组织。其具有民主性、自治性、代表性的特征。我国《物业管理条例》中规定，一个物业管理区域成立一个业主大会。同一个物业管理区域内的业主，应当在物业所在地的区、县人民政府房地产行政主管部门或者街道办事处、乡镇人民政府的指导下成立业主大会，并选举产生业主委员会。但是，只有一个业主的，或者业主人数较少且经全体业主一致同意，决定不成立业主大会的，由业主共同履行业主大会、业主委员会职责。根据房地产比较发达和成熟的国家的经验，业主大会应该采取二重机构设置的方式，即由全体业主组成业主大会，作为业主自治机构中的权力机关，行使重大事务的决策权；在业主大会下设立由业主选举产生的业主委员会作为业主大会的常设机构和执行机关，行使日常事务的管理权。[①] 根据《物业管理条例》和《民法典》，下列事项由业主共同决定：（1）制定和修改业主大会议事规则；（2）制定和修改管理规约；（3）选举业主委员会或者更换业主委员会成员；（4）选聘和解聘物业服务企业；（5）筹集和使用专项维修资金；（6）改建、重建建筑物及其附属设施；（7）有关共有和共同管理权利的其他重大事项。

业主大会决定筹集和使用专项维修资金与改建、重建建筑物及其附属设施应当经专有部分占建筑物总面积 2/3 以上的业主且占总人数 2/3 以上的业主同意；决定《物业管理条例》第 11 条规定的其他事项，应当经专有部分占建筑物总面积超过半数的业主且占总人数过半数的业主同意。

业主大会召开的方式可以是集中的方式，也可以是书面征求意见的方式。但是，应当有物业管理区域内专有部分占建筑物总面积过半数的业主且占总人数过半数的业主参加。业主可以委托代理人参加业主大会。业主大会或者业主委员会的决定对业主具有约束力。

业主大会分为定期会议和临时会议两种。定期会议按照业主大会议事规则的规定召开。经 20％以上的业主提议可以召开临时会议。临时会议由业主委员会组织召开。

三、业主委员会的职责

业主委员会是经业主代表大会选举产生的，代表业主利益，实行自治管理，维护业主合法权益的组织。

业主委员会的性质直接涉及其行为后果的归属和法律责任的承担，同时也关系其权利、义务的范围。我国《物业管理条例》中明确规定，业主委员会是业主大会的执行机构。由于《物业管理条例》及有关规定未对业主委员会的性质予以明确界定，实践中人们对业主委员会之性质存在不同意见：一种意见认为，业主委员会是社团法人，完全独立于业主，能够独立行使民事权利，承担民事责任。另一种意见认为，虽然从各地的有关规定看，业主委员会都有稳定的组织机构，并进行了登记备案，但这种备案并不意味着业主委员会主体资格的确定。在民事诉讼中，诉讼权利本身并不归于业主委员会，业主委员会必须得到业主的明确授权，作为委托代理人参加诉讼、行使诉讼权利，其诉讼

① 参见尚晨光主编：《物业管理条例释义》，26 页，北京，中国法制出版社，2004。

活动的结果也直接由全体业主承担。[1] 从《物业管理条例》规定的业主委员会的职责来看，我们认为第二种意见较为准确。

业主委员会是业主大会的执行机构，其应履行的法定职责是：（1）召集业主大会会议，报告物业管理的实施情况；（2）代表业主与业主大会选聘的物业服务企业签订物业服务合同；（3）及时了解业主、物业使用人的意见和建议，监督和协助物业服务企业履行物业服务合同；（4）监督管理规约的实施；（5）业主大会赋予的其他职责。

业主委员会除履行上述法定职责外，还应履行业主大会赋予的其他职责。从目前一些地方制定的规范性文件来看，其主要包括：（1）审议决定无须提交业主大会表决的事项；（2）向业主大会提出有关业主共同利益的建议；（3）向物业管理行政主管部门反映业主的意见和建议；（4）保管物业资料、自治管理规约、会议记录以及物业服务合同等文件；（5）监督物业服务企业的受托服务工作，依法维护业主和物业使用人的合法权益。

业主委员会在履行职责和行使权利时，必须遵守有关法律、法规的规定，并严格执行业主大会议事规则，不得作出与物业管理无关的决定和与物业管理无关的活动，并应配合公安机关，与居民委员会相互协作，接受其指导和监督，共同做好维护物业管理区域内的社会治安等相关工作。

业主大会或者业主委员会对于任意丢弃垃圾、排放污染物或噪声、违反规定饲养动物、违章搭建、侵占通道、拒付物业费等损害他人合法权益的行为，有权依照法律、法规以及管理规约，予以制止。

业主大会或者业主委员会作出的决定侵害业主合法权益的，受侵害的业主可以请求人民法院予以撤销。业主大会、业主委员会作出的决定违反法律、法规的，物业所在地的县、区级房地产行政主管部门或者街道办事处、乡（镇）人民政府，应当责令限期改正或者撤销其决定，并通告全体业主。

总之，业主委员会与物业服务企业的关系是委托代理关系，但不同于一般的民事代理关系，在这种代理关系中，业主委员会处于主导地位，并负有法定职责。其代理权的行使具有很强的独立性：它拥有选择物业服务企业、参加重大物业管理活动、监督物业管理行为、审查管理费用的权利，同时也负有支持物业服务企业正常管理、遵守管理规约、督促业主及时支付物业管理费等的义务。

四、管理规约与物业服务合同

（一）管理规约

管理规约是由业主承诺或订立，对全体业主具有约束力，由全体业主共同遵守的有关物业的使用、维护及管理等方面的行为准则。管理规约是物业管理中的重要文件之一。它是业主自治原则的重要体现，只要不违反国家的强制性规定，不违反公序良俗，便对全体业主具有约束力。

---

① 参见尚晨光主编：《物业管理条例释义》，38页。

管理规约的内容一般包括：（1）物业的基本情况；（2）业主大会召开的条件、方式和程序以及物业区域内管理费用的承担；（3）业主的权利，包括制定规约权、表决权和监督权等；（4）业主的义务，包括对业主行为的限制或禁止的各种规则；（5）违反管理规约应承担的法律责任。

管理规约属于业主大会的特殊决定，适用“多数同意原则”，即必须经物业管理区域内全体业主所持投票权的 2/3 以上通过，方能有效。管理规约的修改也必须经物业管理区域内全体业主所持投票权的 2/3 以上通过，方能有效。

管理规约作为自治性规范，其作用仅限于规范全体业主和非业主使用人对物业的管理、使用行为。其条款和内容应符合自治性规范的要求，并具有明显的区域性。

（二）物业服务合同

物业服务合同，是指物业管理区域内的业主委员会代表全体业主与业主大会选聘的物业服务企业签订的，确立物业服务企业、业主和业主委员会在物业管理活动中的权利、义务关系的协议。我国《物业管理条例》第 34 条第 1 款明确规定，业主委员会应当与业主大会选聘的物业服务企业订立书面的物业服务合同。

物业服务合同的主体应是业主委员会和业主选聘的物业服务企业（公司），但实际上的合同主体是物业管理区域内的全体业主，业主是物业服务合同中权利、义务的享有者和承担者。合同的签署者与合同的实质主体不一致，是物业服务合同的重要特点之一。

物业服务合同主要包括以下内容。

（1）物业管理事项。物业管理事项主要体现为物业服务企业提供物业服务的内容，通常包括物业共用部位及共用设施设备的管理、维修和更新，公共环境卫生服务，安全防卫服务以及物业档案资料保管等。

（2）服务质量。服务质量集中体现为物业服务企业所提供服务的标准和要求。为了便于履行和监督，物业服务质量通常采用客观的、具体的量化标准。

（3）物业管理服务费用。物业管理服务费用是根据不同的服务项目由双方协商确定的，由业主向物业服务企业交纳的款项。物业服务企业收取服务费的方式，目前主要有两种：一种是按物业管理费用的一定比例收取，另一种是以费用包干的形式收取。合同中应明确约定收费的方式、标准及时间期限。

（4）双方的权利和义务。合同双方的权利、义务的具体内容与服务项目的内容密切相关，由双方根据服务项目的性质及内容具体约定。

（5）专项维修资金的管理和使用。专项维修资金，是指专门用于物业的公用部位、公用设施设备保修期满后的大修、更新与改造的资金。专项维修资金一般是业主在入住时交纳的，属于业主所有的专款专用的资金。物业服务合同应对此项资金的管理以及使用的条件、方式、时间、程序以及监管等作出约定。

（6）物业管理用房。物业服务合同应对物业管理用房的具体位置，权利归属，使用期限以及日常维修与管理等问题作出约定。

（7）物业服务合同的期限。由物业服务合同的性质所决定，此种合同的期限一般都比较长。签约时双方应对合同的期限及其起止时间，合同到期后有关事项的处理，合同提前终止及终止后有关事项的处理问题作出明确约定。

（8）违约责任。物业服务合同应对违约方承担违约责任的条件、形式、标准等作出明确的约定，以促使双方当事人严格履行合同，同时，也为未来可能发生的纠纷提供处理的依据。

物业服务合同作为双方当事人自愿协商的结果，只要不违反有关法律、法规的规定，除约定上述内容以外，还可以根据物业管理区域的实际情况和特别需要，作出其他约定。

物业服务合同签订后，物业服务企业应当严格按照合同约定，提供相应的服务。物业服务企业未能履行合同约定，导致业主人身、财产安全受到损害的，应当依法承担相应的法律责任。业主无正当理由拒不履行合同义务或不按约定履行合同义务的，同样也要承担法律责任。

第三节　物业管理的主要内容

物业管理是通过经济手段对物业的使用、保养、维修和经营提供一系列服务，并借此保证物业处于最佳使用状态的一种管理模式。其内容十分广泛。物业管理的内容和方式因物业性质的不同而各异。

一、住宅小区的管理

（一）住宅小区管理的特点

住宅小区是按城市统一规划建设，基础设施配套比较齐全，建筑面积在5万平方米以上，已建成并投入使用、入住率达60%以上的小区。近些年来，我国住宅建设在统一规划、合理布局、综合开发、配套建设的正确方针指导下，发展很快，出现了许多住宅小区。这些住宅小区一般具有以下特点。

（1）规划建设集中，使用功能多样。随着城市建设的发展和人民生活水平的提高，住宅小区的建设通常实行统一规划设计、集中开发建设。所以，目前新建的住宅区绝大多数建有商业、服务、文化教育、卫生、办公用房等，住宅建筑及其配套建筑形成了有机结合、互相协调、功能齐全的多功能住宅小区。

（2）住宅小区内的房屋及其配套设施具有整体性和系统性。房屋的结构通常是相连的，供电供暖、高压水泵和上下水道组成相对独立的系统，通往千家万户，具有很强的系统性和整体性，很难截然分开。

（3）产权管理比较复杂。一个住宅小区或一幢楼房，往往存在不同性质的所有权主体，他们既可以是全民所有制单位，也可以是集体所有制单位或公民个人。这些权利主体之间既有独立的利益，又有共同的利益，情况极为复杂。住宅小区的整体性要求统一管理，产权的多元化自然地形成分散管理，从而导致住宅小区各项管理工作复杂化。

住宅小区管理，是指对住宅区内的房屋建筑及其设备、市政公用设施、绿化、卫生、交通、治安和环境容貌进行修缮、整治和维护。

住宅小区管理要实现的目标主要体现在两个方面：一是延长物业的使用寿命，提高物业的价值；二是调节人际关系、维护安定团结，为居民提供一个安全、舒适、方便、优美的生活空间，最终实现社会效益、经济效益和环境效益的统一。

（二）住宅小区管理的主要内容

住宅小区的管理工作包括行政管理和物业管理两个方面。行政管理是住宅小区所在地的政府各有关职能部门对住宅小区进行的管理，如街道办事处、公安派出所、市场监督管理机关、税务机关及环境卫生、民政事务、房屋产权等方面的管理。此外还有分布在小区内的各工作委员会，如计生、治保、侨务、居委会等组织，在不同的方面对住宅小区进行管理。

物业管理是对分布在小区内的物业，即以房屋为主体的建筑物及其公共配套设施、市政设施、园林绿化设施等进行的管理。住宅小区中的物业管理主要包括以下几个方面。

（1）住宅小区内房屋及设备的维护。对住宅小区内的房屋及设备进行维护和管理是物业管理的主要内容。物业服务企业通过科学的管理手段监督和保证各业主按照设计用途和功能使用建筑物，防止业主拆、改房屋结构，并通过修缮和维护，充分发挥物业的效用，延长房屋及设备的使用寿命，保持房屋外观完好、整洁。

（2）市政公用设施管理。市政公用设施管理，主要是保证供水、供电、通讯、照明设备设施齐全、工作正常，道路通畅，路面平坦，污水排放通畅，交通车辆运行有序。

（3）绿化管理。绿化管理主要是对公用绿地、花木等进行养护，创造并保持优美的环境。

（4）环境卫生管理。小区内环境卫生管理，主要是做到小区内环卫设施完好，实行标准化清扫保洁，垃圾日产日清；房屋的公共楼梯、扶栏、走道、地下室等部位清洁，不随意堆放杂物；居民日常生活、商业网点布置有序，无乱设摊点，无广告牌乱贴、乱画现象。

（5）治安保卫管理。小区内治安保卫管理，主要是实行封闭式管理，保安人员有明显标志，工作规范，作风严谨，对危及住户安全的地方设有明显标志和防范措施，保证小区内无重大火灾、刑事案件和交通事故。

（6）安全保障。针对近年来各地多发的建筑物坠物、高空抛物伤人问题，《民法典》在明确侵权责任的同时，也强化了物业服务企业的责任。其在第1254条明确规定，物业服务企业等建筑物管理人应当采取必要的安全保障措施防止高空抛物、坠物的发生；未采取必要的安全保障措施的，应当依法承担未履行安全保障义务的侵权责任。

（7）社区文化。为保证小区内住户文化生活的需要，物业管理单位要积极配合街道办事处、居委会、派出所开展有益健康的小区文体活动，并使居民做到自觉遵守住宅小区的各项管理规定。

房地产开发企业在出售住宅小区房屋前，应当选聘物业服务企业承担住宅小区的管理并与其签订物业管理合同，并在办理售房手续时在房屋买卖合同中对房屋产权人有承诺遵守小区管理办法的约定。住宅小区内的房地产产权人和使用人应按约定缴纳物业管理费，并有权监督物业小区的管理。

【案例】

2024 年 6 月，某地刘女士在小区内骑三轮车回家时，掉进路中的坑里，摔成压缩性骨折，住院治疗花了 10 万元，随后要求物业管理公司赔偿损失，双方协商不成，遂向法院起诉。法院判决物业公司赔偿刘女士 8 万元，刘女士自己承担 20%的责任。我国《民法典》第 1165 条第 2 款规定，依照法律规定推定行为人有过错，其不能证明自己没有过错的，应当承担侵权责任。住宅小区内的建筑物及道路都属于物业管理的范围，物业服务公司负有保证小区内道路通畅、路面平整的责任。小区内的路面出现足以导致行人摔倒、受伤的坑，物业管理公司未及时填补和放置警示标志，又不能证明自己没有责任，就推定其有过错，应对受伤者承担赔偿责任。刘女士骑车掉进坑里自己也有车速过快、没注意路况的过错，应承担部分损失。

二、经营性物业的管理

（一）经营性物业管理的概念

经营性物业管理，是指以经营性房屋为主要管理对象的物业管理，如写字楼的管理、公共商业楼宇的管理等。经营性物业管理对于人民生活水平的提高、城市的美化以及社会经济的发展起着十分重要的作用。随着市场经济的发展，经营性物业管理已逐渐成为物业管理的重要组成部分。

（二）经营性物业管理的主要特点

经营性物业管理的主要特点是具有良好的建筑和现代化设备，并且功能齐全，设施配套，形成独立的工作生活系统；具有相当数量的面积，人口密度大，办公单位集中，人员流动性大、结构复杂。经营性物业的这些特点，决定了经营性物业管理的特点，即物业服务公司提供的服务是有偿的，其对所提供的各项服务要收取合理的费用，以维持正常的经营活动。物业管理经营的目标是保本微利，量入为出，不得牟取高额利润。

（三）经营性物业管理的主要内容

经营性物业管理主要包括以下几个方面。

（1）制订管理计划。物业服务企业在接受委托管理某宗物业后，首先要制订管理计划。计划应详细说明物业管理所提供服务的内容和方式。

（2）物业的维修。物业服务企业除应租客的要求对物业进行维修以外，还要按时对物业进行定期检查、维修，并将检查结果及时报告给业主。物业服务企业虽然受委托负责物业的维修，但应以不突破维修预算为原则，其对建筑物内主要设备的更新，必须征得业主的同意。

（3）安全保卫。经营性物业管理的安全保卫，主要是制定严格规范的保卫制度和行之有效的安全措施，设置保安人员值班、巡逻，保护物业使用者的人身、财产安全。此外，对于所有固定设施及设备均要保证其达到安全标准，使顾客和职员不受意外伤害。

（4）消防工作。物业服务企业要制定严密的消防措施，管理并维护好消防设备，保证消防通道畅通无阻，在紧急情况下，能及时疏散人群。

（5）车辆管理。物业服务企业对于经营性物业管理，要合理设置车位，包括自行车和汽车，以便顾客来往方便。同时，要设专人指挥，管理、维持良好的交通秩序。

三、公房出售后的管理

公房出售，实行住宅私有化，是我国住宅政策的重要组成部分，也是我国住房制度改革的主要内容。公有住宅出售之后，其管理、维修和服务问题是我国面临的一个重要问题，加强售后公房的管理是物业管理的一项较为艰巨的任务。为了保障公房出售后房屋的质量和购房人的权益，国家相继出台了《公有住宅售后维修养护管理暂行办法》、《住宅共用部位共用设施设备维修基金管理办法》、《关于加强公有住房售后维修养护管理工作的通知》、建设部《关于加强商品房销售、房改售房与物业管理衔接工作的通知》等规范性文件。这些文件要求公房出售后应推行社会化、专业化的管理模式，实行业主自治管理与物业管理企业专业化管理相结合，按照建设部《城市新建住宅小区管理办法》的原则规定实施管理。

（一）业主自治管理

在住房制度改革初期，我国对公有住房出售后的管理，主要采用业主自治管理的管理模式。业主自治管理是以房屋业主管理小组为基础，业主管理委员会为核心，业主代表大会为最高权力机构的组织形式。一般情况下，一幢公有住宅楼出售的建筑面积达到30%以上时，就应组建房管小组。房管小组由3个以上成员组成，房管小组成员的公房业主代表由公房业主委派。一个住宅小区公有住宅出售率达到30%以上的，该住宅区域所在地的区、县房管部门和售房单位及部分业主可以组成业主委员会筹备组，并组织召开第一次业主代表大会，选举产生业主委员会成员，通过业主委员会章程和管理规约。房屋管理规约是对本管理区域内的业主具有约束力的共同遵守的行为准则。

（二）委托管理

当一个住宅组团或住宅小区公有住房出售达到一定比例后，房地产行政主管部门要适时组织指导成立业主委员会。在业主委员会成立前，住宅的维修养护管理由售房单位或售房单位委托的管理单位承担；业主委员会成立后，住宅的管理由业主委员会选聘专业的物业管理企业，按照双方签订的物业管理合同进行管理。

随着社会的发展，上述两种管理模式逐步衔接，除部分老旧社区的部分售后公房因特殊原因仍由原售房单位交物业管理费外，基本上实现了售后公房管理与原售房单位脱钩，实现了社会化、专业化管理模式的运作。其执行的依据是《物业管理条例》和《民法典》的有关规定，具体执行情况可能因地方政策和与原单位的关联性而存在一定差异。有关物业管理和服务的内容参见本书第七章“物业管理法律制度”。

第四节　物业管理服务费

房地产物业的内部和外部以及公共部位的共用设施，都是房屋不可分割的统一体。这些公共设施的适时更新和维修，是实现物业保值、增值的重要条件。而对房地产物业的适时更新和维修，需要一定的资金作保障。作为物业产权人的业主，在委托物业服务企业提供物业管理和服务、要求适时维修和更新这些设备和公用设施时，也有义务承担相应的费用。但由于我国的物业管理尚处于起步阶段，有关的法律制度还不健全，关于物业管理收费问题长时间以来国家没有统一、明确的规定，实践中因物业管理收费问题发生了大量的纠纷。为规范城市住宅小区物业管理服务的收费行为，维护国家利益和物业服务企业以及物业产权人、使用人的合法权益，促进物业管理事业的健康发展，1996年国家制定了《城市住宅小区物业管理服务收费暂行办法》（现已失效），为城市住宅小区的物业管理服务收费提供了基本依据。随着实践的发展，国家发展和改革委员会、建设部又在2003年发布了《物业服务收费管理办法》。该办法的发布实施对于规范物业管理行为，维护业主和物业服务企业的合法权利，以及促进房地产业和物业管理行业的可持续发展，都具有十分重要的意义。

一、物业管理服务费的概念

物业管理服务费是物业服务企业按照物业服务合同的约定，对房屋及配套的设施设备和相关场地进行维修、养护、管理，维护相关区域内的环境卫生和秩序，向业主所收取的费用。普通住宅小区公共性服务收费的费用构成一般包括：（1）管理服务人员的工资和按规定提取的福利费；（2）物业公共部位、共用设施、设备日常运行、维修及保养费；（3）绿化养护费；（4）清洁卫生费；（5）秩序维护费；（6）办公费用；（7）物业服务企业固定资产折旧费；（8）共用部位、共用设施、设备及公众责任保险费；（9）经业主同意的其他费用。物业服务企业收取物业管理服务费，应当遵循合理、公开及与物业产权人、使用人的承受能力相适应的原则。物业服务收费的具体标准，因各地的具体规定而有所不同。为了提高物业管理服务水平，督促物业管理企业提供质价相符的服务，引导业主正确评判物业管理企业服务质量，树立等价有偿的消费观念，促进物业管理规范发展，根据国家发展和改革委员会会同建设部印发的《物业服务收费管理办法》，中国物业管理协会印发了《普通住宅小区物业管理服务等级标准（试行）》，为与开发建设单位或业主大会签订物业服务合同、确定物业服务等级、约定物业服务项目、内容与标准以及测算物业服务价格提供了参考依据。《普通住宅小区物业管理服务等级标准（试行）》的适用范围包括普通商品住房、经济适用住房、房改房、集资建房、廉租住房等普通住宅小区物业服务的试行标准。物业服务收费实行市场调节价的高档商品住宅的物业服务不适用该标准。

二、物业管理服务费的种类

物业管理服务费，是指物业服务企业按照物业服务合同的约定，对房屋及配套的设施设备和相关场地进行维修、养护、管理，维护相关区域内的环境卫生和秩序，向业主所收取的费用。为了加强对城市住宅小区物业管理服务收费的管理，国家根据物业管理单位提供服务的性质和特点，对物业管理服务收费，分别实行不同的定价方式。根据《物业管理条例》和《物业服务收费管理办法》，目前我国的物业管理服务收费，依不同物业的性质和特点分为政府指导价和市场调节价两种。

（一）实行政府指导价的物业管理服务费

实行政府指导价的物业管理服务费，是指有定价权的人民政府价格主管部门会同房地产行政主管部门，根据物业管理服务等级标准等因素，制定物业管理服务费的基准价和浮动幅度。为了贯彻物业服务企业收费合理、公开及与物业产权人、使用人的承受能力相适应的原则，物价部门在制定相应的基准价和浮动幅度时，应充分听取物业服务企业和小区业主委员会或产权人、使用人的意见，既要有利于物业管理服务的价值补偿，也要考虑物业产权人、使用人的经济承受能力，以物业管理所发生的费用为基础，结合物业服务企业的服务内容、服务质量和服务深度来核定。对于核定后的基准价和浮动幅度，物价部门还应根据物业管理服务费用的变化适时地进行调整。只有这样，才能保证物业管理服务收费的公平性与合理性。实行政府指导价的物业管理服务费是物业管理企业与业主，根据政府指导价协商确定的物业管理服务费。

（二）实行市场价的物业管理服务费

实行市场价的物业管理服务费，是由业主与物业服务企业根据市场行情协商确定的收费标准收取的物业管理服务费。市场价物业管理服务费主要适用于：（1）实行政府指导价的物业管理服务费以外的其他物业管理服务费。（2）物业服务企业根据业主的特别委托，提供物业管理服务合同约定以外的服务项目而收取的物业管理服务费。

实质上，两种物业管理服务费都是业主与物业服务企业协商确定的，不同的是前者要受政府指导价的约束，并以其为基本依据来确定。

三、物业管理服务费收取的原则

《物业管理条例》中规定，物业管理服务收费应当遵循合理、公开以及服务水平与费用相适应的原则，区别不同物业的性质和特点，由业主和物业服务企业按照国务院价格主管部门会同国务院建设行政主管部门制定的物业管理服务收费办法，在物业管理服务合同中约定。

物业管理服务费的约定应遵循以下原则。

（1）合理原则。物业管理服务费的收取是否合理，直接关系业主和物业服务企业双方的利益。合理的收费标准是合理收费的前提，而合理收费标准的确定应依物业服务企业服务质量的高低来决定，充分体现优质优价的原则。同时，还要考虑物业服务的成本以及物业服务企业的合理利润。只有对双方都比较合理的收费标准，才能真正体现合理的原则。

（2）公开原则。物业服务企业与业主之间是完全处于平等地位的民事主体之间的法律关系。确定物业管理服务费时，物业服务企业要公开收费项目，并将收费的详细情况向业主和物业的使用人说明，业主和物业使用人有权对收费情况进行询问、检查和监督。

（3）服务费与服务水平相适应的原则。由于不同地区、不同家庭收入水平的业主和物业使用人，对物业服务企业提供的服务有不同的要求，其支付能力也存在较大差异，所以，在确定物业管理服务费标准时，应坚持服务费与服务水平相适应的原则，根据业主和物业使用人要求的服务方式及经济承受能力来确定不同的收费标准。

四、物业管理服务费的收取方式

根据《物业服务收费管理办法》，物业管理企业收取物业管理服务费可以采取两种形式，即包干制和酬金制。

（一）包干制

包干制是指业主向物业服务企业支付固定物业管理服务费用，盈余或者亏损均由物业服务企业享有或者承担的物业服务计费方式。在此种收费形式下，物业管理服务费由物业管理服务成本、法定税费和物业服务企业的利润三部分构成。物业管理服务成本一般包括：（1）管理服务人员的工资、社会保险和按规定提取的福利费等；（2）物业共同部位、共同设施设备的日常运行、维护费用；（3）物业管理区域清洁卫生费用；（4）物业管理区域绿化养护费用；（5）物业管理区域秩序维护费用；（6）办公费用；（7）物业服务企业固定资产折旧；（8）物业共用部位、共用设施设备的日常维修费用及公众责任保险费用；（9）经业主同意的其他费用。

物业共同部位、公用设施设备的大修、中修和更新改造费用，不得计入物业管理服务支出或物业管理服务成本，而应通过专项维修资金予以列支。

（二）酬金制

酬金制是指在预收的物业服务资金中，按约定比例或者约定数额提取酬金支付给物业服务企业，其余全部用于物业管理服务合同约定的支出，结余或者不足由业主享有或者承担的物业管理服务计费方式。在这种计费方式下，预收的物业管理服务支出属于代理性质，为交纳费用的业主所有，物业服务企业不得将其用于物业服务合同约定以外的支出。为了监督物业管理服务资金的使用情况，增加服务资金使用情况的透明度，物业服务企业或者业主大会都可以按照物业管理服务合同的约定，聘请专业机构对物业管理服务资金年度预决算和物业管理服务的收支情况进行审计。物业服务公司每年应向业主大会或全体业主公布物业管理服务资金年度预、决算及其使用情况。物业服务企业对业主或业主大会所提出的质询应当及时答复。

物业管理服务费的缴纳采用何种方式，由业主与物业服务企业在物业服务合同中约定。《物业服务收费管理办法》第 10 条明确规定："建设单位与物业买受人签订的买卖合同，应当约定物业管理服务内容、服务标准、收费标准、计费方式及计费起始时间等内容，涉及物业买受人共同利益的约定应当一致。"物业服务企业根据业主的委托提供物业管理服务合同约定以外的服务，服务费的收取方式及标准也由双方约定。

根据自 2004 年 10 月 1 日起实行的《物业管理服务收费明码标价规定》的要求，物业服务企业向业主提供服务，无论是物业管理服务合同约定的服务，还是受业主委托提供的合同约定以外的服务，均应按照规定实行明码标价，标明服务项目、收费标准等有关情况。明码标价的内容、位置和形式，也应按规定执行。随着物业管理实践的发展和有关法律制度的不断完善，我国的物业管理服务收费行为将逐步趋于规范，并向着公开、透明、合理的方向发展。

五、物业管理服务费交纳的主体

我国《物业管理条例》第 41 条第 1 款明确规定，业主应当根据物业服务合同的约定交纳物业服务费用。业主与物业使用人约定由物业使用人交纳物业服务费用的，从其约定，业主负连带交纳责任。根据合同权利、义务一致的原则，物业服务企业依合同提供了约定的服务，业主就应当按照合同约定的标准、时间和方式交付物业管理服务费。从现行有关规定及实践来看，物业管理服务费的交纳主体主要有以下几种。

（1）业主。一般情况下，物业管理服务费的交纳主体都应为业主。业主在与物业服务企业签订物业管理服务合同后，就应按照合同约定的时间，定额交纳物业管理服务费或者物业管理服务资金。当物业发生产权转移时，业主或者物业使用人应与新业主结清物业管理服务费或物业管理服务资金，由新业主继续履行交费义务。

（2）物业的使用人。物业的使用人通常是物业的承租人，在某些情况下，也可以是其他实际使用物业的非物业所有权人。现实生活中，房屋租赁是一种普遍而大量的法律关系，也是物业的所有权与使用权相分离的主要方式。在房屋出租的情况下，物业的使用人是接受物业服务企业所提供服务的实际受益人。为方便物业管理服务合同的履行，出租人与承租人一般都约定由物业的使用人交付物业管理服务费。在这种情况下，物业的使用人便成为物业管理服务费交纳的主体。但物业管理服务合同的主体是业主本人，而且在物业租赁合同中业主又是受益人，因此，业主对物业管理服务费的交纳应负连带责任。当物业使用人不按合同约定交纳物业管理服务费或物业管理服务资金时，物业服务企业可以要求业主履行交费义务。当然，业主在交纳物业管理服务费后，享有依法向物业使用人追偿的权利。

（3）建设单位（房地产开发公司）。房地产交易是一项比较复杂的经济活动，房屋买卖合同签订与房屋的实际交付以及房屋所有权转移的时间，通常是不一致的。而且已竣工的房屋也未必都能出售出去，建设单位手中常会有一些尾房。在这种情况下，建设单位就会成为物业管理服务费交纳的主体。我国《物业管理条例》第 41 条第 2 款明确规定，“已竣工但尚未出售或者尚未交给物业买受人的物业，物业服务费用由建设单位交纳”。这一规定明确了物业买卖双方在交付物业管理服务费方面的义务，对建设单位出售物业后及时交付物业管理服务费有一定的促进作用。

（4）物业发生产权转移时，业主或者物业使用人应当结清物业服务费或者物业服务资金。

物业管理服务费或物业管理服务资金的交纳主体违反物业管理服务合同约定，逾期不交纳物业管理服务费或服务资金的，业主委员会应督促其限期交纳，逾期仍不交的，物业服务企业可以依法追缴。当然，物业服务企业未按合同约定提供相应的服务或提供的服务达不到约定标准的，另当别论。

六、物业管理服务费的收交

物业服务企业依照物业服务合同的约定提供服务后，有权依法向物业管理的委托人收取物业管理服务费，以开展日常维修、修缮、整治服务及提供其他与居民生活相关的服务活动。

物业服务收费，是指物业管理企业按照物业服务合同的约定，对房屋及配套的设施设备和相关场地进行维修、养护、管理，维护相关区域内的环境卫生和秩序，向业主所收取的费用。依据《物业服务收费管理办法》的规定，物业服务收费应当遵循合理、公开以及费用与服务水平相适应的原则。物业服务收费应当区分不同物业的性质和特点分别实行政府指导价和市场调节价。物业服务收费实行政府指导价的，由有定价权限的人民政府价格主管部门根据物业管理服务等级标准等因素，制定相应的基准价及其浮动幅度，并定期公布。具体收费标准由业主与物业管理企业根据规定的基准价和浮动幅度在物业服务合同中约定。实行市场调节价的物业服务收费，由业主与物业管理企业在物业服务合同中约定。

物业管理企业在依合同约定提供质价相符的服务后，有权向业主收取物业管理服务费，但应当履行以下义务。（1）按照政府价格主管部门的规定实行明码标价，在物业管理区域内的显著位置，将服务内容、服务标准以及收费项目、收费标准等有关情况进行公示。（2）物业管理区域内，供水、供电、供气、供热、通讯、有线电视等单位应当向最终用户收取有关费用。物业管理企业接受委托代收上述费用的，可向委托单位收取手续费，不得向业主收取手续费等额外费用。（3）物业服务企业利用物业共用部位、共用设施设备进行经营的，应当在征得相关业主、业主大会、物业管理企业的同意后，按规定办理有关手续。业主所得收益应当主要用于补充专项维修资金，也可以按照业主大会的决定使用。

物业管理企业违反价格法律、法规和规定，由政府价格主管部门依据《价格法》和《价格违法行为行政处罚规定》予以处罚。

业主在接受约定的服务后，也应当按照物业服务合同的约定按时足额交纳物业服务费用。业主违反物业服务合同约定逾期不交纳服务费用的，业主委员会应当督促其限期交纳；逾期仍不交纳的，物业管理企业可以依法追缴。实践中，房屋租赁关系和借用关系大量存在，在房屋的所有权与使用权分离的情况下，业主与物业使用人约定由物业使用人交纳物业服务费用的，从其约定，但业主负有连带交纳责任。物业发生产权转移时，业主或者物业使用人应当结清物业服务费用。

随着我国住房制度改革的不断深入，住宅建设规模明显加大，个人住房消费不断增加。有关资料显示，目前我国城镇住房自有率在不断提高，已达到70%以上。[①] 这一变化必然对我国物业管理市场带来深刻的影响，形成物业管理市场的巨大需求。但从我国物业管理立法的现状来看，立法滞后的问题并未完全解决。现实中存在的诸多问题表明，有关法律制度仍有待健全和完善。国家应根据物业管理实践发展的需要，不断研究、解决新问题，不断完善物业管理法律制度，保证我国物业管理向着健康、有序的方向发展。

延伸阅读

1. 王占强. 物业管理经典案例与实务操作指引. 北京：中国法制出版社，2019.
2. 杨丽艳. 对小区物业服务安全保障义务的法律思考. 理论月刊，2011 (6).
3. 睢晓鹏. 浅析业主委员会在物业服务合同中的角色定位. 上海房地，2010 (8).
4. 陈佳. 物业服务合同中的物业费请求权研究. 河北法学，2010 (5).
5. 杨宏. 论空置房的物业服务收费. 社科纵横，2010 (12).
6. 黄安心. 物业管理导论. 北京：中国人民大学出版社，2020.

问题与思考

1. 物业管理的概念是什么？
2. 目前我国物业管理服务的主要内容是什么？
3. 我国的物业管理服务费收取方式有几种？
4. 在物业管理中，业主享有哪些权利？
5. 管理规约的概念是什么？
6. 某住宅小区的物业服务公司将地下室二层的公共空间改造成几十个小间出租，长达3年之久，共收取租金28万元。因地下室出租后，进出小区的人员复杂，隐患颇多，带来不安全因素，故业主们要求物业服务公司拆除地下二层的出租房间，追还28万元的租金收益。请问：业主们的要求能否得到支持？

---

① 参见任泽平团队：《中国住房存量测算报告》，见新浪财经，https://finance.sina.com.cn/chanjing/cyxw/2021-06-04/doc.ikqciyzi7613104.shtml。

第八章

房地产征收法律制度

常考知识点

- 财产征收的性质和特征
- 我国土地征收补偿的标准与范围
- 我国房屋征收补偿的方式、标准与范围

第一节　财产征收法律制度概述

财产征收制度是调整财产征收关系的法律规范的总称。它是世界通行的法律制度。土地征收制度之所以成为各国普遍适用的法律制度，主要原因是：大多数国家都实行土地私有制，土地所有权是既定的、受法律保护的，但作为一个国家总是会有一些公共事业需要使用土地，如城市公共设施、公益事业、道路、桥梁、公园、解决低收入者居住问题、城市再开发建设问题等，这些公益性的用地很难通过市场取得。为了满足社会公共、公益事业发展的需要，当今世界各国都建立了财产征收制度，来调整这种特定情况下的社会整体与公民个体之间的利益关系，解决土地所有权与征收权的矛盾冲突，实现资源占有的重新分配。无论各国的政治制度、经济制度有多大的差别，财产征收制度都是其法律制度的重要组成部分。

财产征收制度存在的法律基础是国家利益高于个人利益。它是现代国家为了防止其公权力随意侵犯或剥夺私人财产权而设计的一项制度，从某种意义上讲，它是一项保护财产所有权的制度，同时，也是对财产所有权的一种限制。其对于规范征收权的行使和公民财产权的保护都具有非常重要的意义。

财产征收制度虽然是世界各国通行的一种法律制度，但就征收的概念来讲，不同国家的理解和定义不尽相同。根据《布莱克法律字典》的定义，“征收是指通过权力获取私人财产用于公共用途的活动”。这是征收的基本含义。具体而言，征收就是指国家为公共目的需要，依照法律规定的条件和程序，强制取得公、私财产，并给予补偿的行为。财产征收的实质是国家为了公共利益或公共目的需要而依照法定权力和程序取得财产所有权，并给予公平补偿的行为。它是国家为了公共利益的需要对资源占有状况的调整和重新分配。财产征收的主要特征是不需要财产权人的同意而强制取得其财产，这显然与财产权受法律保护的原则产生矛盾和冲突。为了解决这一冲突，防止征收权的滥用和过度行使，各国法律均规定了财产征收制度，并随社会的发展不断地变化和完善，形成各自的特点。

不论是在实行财产私有制的国家，还是在实行财产公有制的国家，在各种财产征收中，作为被征收对象的财产主要是不动产，尤其是作为不动产之典型的房地产，是最多也是最普遍的被征收的对象。众所周知，在公民的基本权利中，财产权居于核心地位。尊重和保护财产权，是宪法的重要内容。随着社会的发展，现代社会的财产权观念已由私有财产神圣转向财产的社会性使用，各国在沿袭了近代宪法保护财产权的基本精神和合理内核的同时，又扬弃了近代宪法规定的财产权神圣性、绝对性，确认了财产权的内在界限及公共福利与社会政策对财产权的制约作用，从而实现了对近代财产权宪法保障制度的超越。[①] 政府为了公共利益的需要，被赋予可以依照法定程序对私人财产进行征收、征用的权力。征收是宪法授予政府的一项特殊权力，凭借这种权力，无论财产所有者是否愿意出售自己的财产，也不管他们对财产的主观估价如何，政府均可依照法律的规定取得该财产。征收的发生无须经过财产所有权人的同意，其具有明显的强制性。

从国外的有关立法和实践来看，财产征收制度的内容主要涉及公共目的、征收补偿和征收正当程序等问题。

一、财产征收的前提

私有财产征收是社会发展和城市化建设过程中不可避免的现象。世界上大多数国家的经济制度是建立在财产私有制基础上的，土地等不动产也多为私有。用地者获得财产可以有多种途径，但由于不动产尤其是土地具有位置固定且难以移动和替代的特性，在某些情况下，难以通过市场来获得。为了发展公共事业，满足公共利益的需要，避免财产权利人拒绝出售或抬高价格，只能采用征收的方式，来满足公共利益需要或公共目的的用地问题。但为了防止征收权的滥用，各国几乎都在赋予政府征收权的同时，通过宪法或特别法规定了财产征收权行使的前提条件，即征收来的财产只能用于公共目的。公共目的或公共利益的需要是财产征收权行使的前提和决定因素。例如，1947 年《意大利共和国宪法》第 42 条规定：为了公共利益，私有财产在法定情况下得有偿征收之。1947 年生效的《日本宪法》第 29 条规定：私有财产，在正当的补偿下，得为公共利益而使用之。我国 1954 年《宪法》第 13 条规定，国家为了公共利益的需要，可以依照法律规定的条件，对城乡土地和其他生产资料实行征购、征用或者收归国有。1982 年《宪法》第 10 条中规定，国家为了公共利益的需要，可以依照法律规定对土地实行征用。2004 年宪法修正案第 20 条将该规定修改为：国家为了公共利益的需要，可以依照法律规定对土地实行征收或者征用并给予补偿。可见，公共目的需要是财产征收共同的前提条件。

---

① 参见李集合：《土地征收征用法律制度研究》，26 页，北京，中国政法大学出版社，2008。

（一）公共目的需要

关于公共目的，各国立法有不同的理解和解释。公共目的范围也有宽有窄，但财产征收权的行使必须是为了公共目的。公共目的几乎是各个国家财产征收一致的条件。但关于公共目的至今没有一个统一的定义。有的国家将政府的意图都视为公共目的，也有的国家只将公共目的解释为公共的使用和公共利益的用途。公共目的弹性解释及其本身的不确定性，常常导致征收权的滥用。对公共利益的界定，一直是世界各国在财产征收问题上普遍争论的焦点。对其界定过宽，易导致征收权的滥用，对其界定过窄则限制了国家合理取得和使用土地的行为。各国立法主要采取了两种办法来解决此问题：第一种是概述式，即只在法律中概括规定土地征收的目的。在这种立法方式下，政府的自由裁量权较大，对司法、行政机关的要求比较高。如《法国民法典》规定，为了公共利益需要，包括直接的公共工程建设和间接满足公共利益的建设，以及政府进行宏观调控的需要。《俄罗斯联邦土地法典》和《俄罗斯联邦民法典》在有关“土地征收”条款的规定中，将土地征收的“目的限制”扩展（或具体化）为“为了国家或（自治）地方需要”，其没有使用“公共利益”的概念，而是采用“为了国家需要”这一措辞，极具立法特色。[①] 第二种是列举式，即除了在法律中概括规定征收的目的，还具体列举符合“公共利益”的各种公共事业。这种方式将原则性与可操作性较好地结合在一起，为世界上大多数国家所采用，如《德国建设法典》规定，若为以下目的则可征收土地：（1）地区详细规划确定需用的土地或准备使用的土地，如公共设施用地、交通用地、绿地、特殊住宅用地以及公共需用的特殊用地。（2）根据建设法规定需要利用的土地，即使不处在地区详细规划的范围内，但属于与建筑物相连的地区内的无建筑空地或仅有极少数建筑的土地。（3）为征收土地而需补偿的土地。（4）为发展公共事业及保护景观和文物等所需的土地。（5）因强制进行城市建设所需的土地。[②]

从国外的有关立法和实践来看，公共目的的内容尚无统一的标准，且随着社会实践的发展而变化。有的国家在扩大，如法国自 20 世纪以后，社会生活发生了很大变化，政府对经济生活和社会生活的干预逐年增加，公用征收成为行政机关采取经济行动和社会活动的一种手段。公共目的不再受到公产、公共工程和公务观念的限制，而发展成为公共利益的同义词。行政法院认为，只要能够满足公共利益就是达成公共目的。这样扩张的公用观念，反映在很多立法和判例当中。[③] 有的国家在缩小，如 2005 年 6 月 23 日，美国联邦最高法院对凯洛诉新伦敦市案作出最终判决，支持新伦敦市为了发展当地经济而征收并非处于衰败状态的财产，该案判决引发了民众的强烈不满。迫于压力，大多数州为了解决征收权被过滥使用的问题，通过了土地征收法的修正案，缩小了征收目的范围。[④]

---

① 参见王圭宁：《俄罗斯土地征收制度之管窥》，载《法制日报》，2011-09-01。

② 参见李集合：《土地征收征用法律制度研究》，26 页。

③ 参见王名扬：《法国行政法》，292 页，北京，北京大学出版社，2007。

④ 参见邹爱华：《美国土地征收的新发展及对我国的启示》，载《现代法学》，2013（4）。

（二）以必要为限

公共目的需要是征收权行使的决定因素，但征收权的行使要以必要为限，不可超过必要限度。以土地作为征收对象为例，即使是公共目的需要，也要以必要为限，包括征收土地的数量、位置以及土地的用途等。要将征收对象控制在最小、最合理并符合法律规定的范围内，从而最大限度地减少征收对被征收人所造成的损失，保证资源的合理利用。

总之，财产征收权行使的前提，必须是公共利益的需要，并将征收对象控制在该公共事业所必需的最小范围内，才能顺利实现征收目的，提高征收的效率。

二、财产征收补偿制度

征收补偿是财产征收制度中的重要问题，也是核心问题。由于财产征收权的实质是不需要财产所有权人同意而强制性地取得其财产，因而财产征收权的法律规则与土地所有权受法律保护的规则相冲突。解决这一冲突的唯一办法，就是国家在征收财产时对原财产权利人因征收所遭受的损失给予公平、合理的补偿。这是平衡社会公共利益与公民个人利益之间关系最直接、最好的办法。它直接关系到财产征收对被征收人合法权益的保护以及保护的程度，同时也关系到征收目的能否顺利实现。

（一）征收补偿的依据

关于财产征收补偿的理论依据，各国学者各有其说，归纳起来，具有代表性的主要有两种：公平负担说和特别牺牲说。公平负担说认为，国家在任何情况下都应以公平为基础设定公民义务，当一部分人或个别人，因国家行为而承担的义务重于相同情况下的其他人时，国家应设法调整或平衡这种义务不均衡的现象。因为国家行为的受益者是社会全体。其产生的负担应由社会全体成员平均负担，而不应由受害者个人承担。承担的方式是由国家的税收所得对遭受损害的个人或一部分人给予补偿，从而在全体公民与受害者之间重新恢复平衡。特别牺牲说认为，任何财产权的行使都要受到一定的内在限制，这种内在的社会限制使所有公民都平等地承受一定的负担，不需要补偿。只有当国家对财产的征收或限制超出这些内在限制并将这种负担落到某个或某些公民头上时，它就变成了一种特殊的牺牲，必须进行补偿。换句话讲，为了国家或公共利益牺牲个体利益是必要的，但必须给予补偿。① 特别牺牲说基于法的公平、正义的理念，认为国家的合法征收、征用行为对人民的利益所造成的损失，与国家赋予人民的一般负担不同。它是无义务的特定人对国家所做的特别牺牲，这种特别牺牲应当由全体人民共同负担并给予其补偿，才符合公平正义的精神。该学说认为，征收是国家基于公共利益需要凭借法定权力以合法的方式，对具有财产价值的权利予以剥夺，对权利人造成损害；对于受害者而言，这种损害意味着一种特别的牺牲。这种情况下，受益者自然应负担补偿义务。国家是公

① 参见皮纯协等：《比较国家赔偿法》，70～72页，北京，中国法制出版社，1998。

众利益的代表，因而负有补偿责任，只有这样才能实现公平正义之理想，以期法律生活之安定。具体而言，即某特定人在公共利益需要的情况下，遭受特别异常的损失，相当于其为社会公益作出牺牲，基于公平正义的精神，应当由全体人民共同分担，以调节其个人的损失，以求公益和私益之间的协调，达到法律生活之安定。我国土地征收补偿理论也以此说为通说。① 这些理论学说为财产征收补偿制度的建立奠定了理论基础，为多数国家所认可。世界上很多国家除通过宪法为财产征收提供法律依据以外，还制定了专门的财产征收法，如《加拿大联邦征地法》《法国公用征收法典》《日本土地征收法》《印度土地征收法》《韩国土地征用法》《韩国公共用地征得及损失补偿特例法》。有些国家是在财产法或土地管理法等相关法规中对征收问题作出规定，如美国、中国、德国。

（二）征收补偿的原则

财产征收补偿的原则是财产征收补偿制度中一个非常重要的问题。它直接关系到被征收人的合法权益在受到公权力合法侵害时，能得到怎样的补偿以及如何补偿，关系到被征收人的财产损失得到弥补的程度。关于财产征收补偿的原则，世界各国不尽相同，即使在同一国家的不同历史阶段，也会发生变化而前后不同。但总的来看，对土地征收补偿的范围和标准均朝着日益放宽和更加人性化的趋势发展，现代各国更强调对因国家合法行为所遭受的损失，予以更充分、更完全的补偿。因为损失补偿的目的在于实现公平与平等。财产征收是对所有权神圣不可侵犯原则的破坏，为了弥补征收行为对财产权造成的侵害，自然应当给予完全的、公平合理的补偿，只有这样才能符合公平、正义的要求。尽管各国立法对征收补偿原则的规定并不完全一致，但总的来看，财产征收补偿都遵循了以下几项原则。

（1）按市场价格补偿原则。因为市场价格是最客观，也是运用起来成本最低的标准，所以在财产征收时，按市场价格对被征收人予以补偿，是世界通行的做法。所谓市场价格，就是该被征收财产在公开市场上出售能达到的价格，其实质上是双方都能接受的价格。如美国、英国、加拿大、澳大利亚、法国、德国、日本、新加坡、马来西亚和印度尼西亚等，均以市场价格作为确定征收补偿数额的标准。但各国市场价格取定的时间不完全相同，有的是按征收批准日的价格，有的是按征收申请日的价格，有的是按法定特定年份的市场价格，也有国家的市场价格是 10 年前的市场价格，如瑞典。

（2）公平补偿原则。尽管有些国家的财产征收补偿曾经适用过不完全补偿或特殊情况下的相当补偿原则，但“公平补偿”仍然是绝大多数国家在财产征收补偿中所遵循的重要原则。所谓公平补偿，可以理解为，征收财产给予被征收人的补偿能够使其有能力恢复到征收前的财产状况。《美国宪法》第 5 修正案明确规定，联邦政府征用私人财产时必须给予公平补偿。1949 年《德国基本法》第 14 条规定了“公平补偿”原则，补偿之标准乃以“公平”地衡量公共利益及参与人的利益后决定。《日本宪法》也明确规定，“私有财产在公平补偿之下可收归公共所有”，法国、加拿大、韩国等也有类似的规定。但公平补偿还有另一种含义：既要使被征收不动产的所有者及其他权利人的全部损失都

① 参见鹿心社主编：《研究征地问题改革探索之路（一）》，247 页，北京，中国大地出版社，2002。

能得到补偿，也不能超过他们的损失而得到更多的补偿，这对征收双方才是公平的。

（3）事先补偿原则。在财产征收补偿的时限上，很多国家都有明确的规定。所谓事先补偿原则是指在实际占有被征收财产之前，预先支付补偿金（有的国家称赔偿金）给被征收者，否则，不得实际占有所征收的财产。如《法国人权宣言》第17条规定，私人财产神圣不可侵犯。除非当合法认定的公共需要是明显必需时，并在事先公平补偿的条件下，任何人的财产不能被剥夺。《俄罗斯宪法》规定，为国家需要而将财产强制性地划归公有，只有在事先等值补偿的情况下才能进行。在德国，若未公布实施规定且征收人尚未在一个月内支付应交付的补偿款，征地部门可以根据权利人的申请撤销征地决议。韩国、日本的财产征收补偿也实行先行给付原则。

（三）征收补偿的范围和标准

征收补偿是财产征收中的一个重要环节，也是争议大、耗时较多的一个环节。在征收财产时应对什么补偿，按什么标准补偿，这是征收必须要解决的问题。它直接关系到征收双方当事人之间利益的平衡，以及被征收人权益的保护，进而关系到征收目的能否顺利实现。因此，补偿范围和补偿标准问题，历来是财产征收中的核心问题，很多国家都通过立法予以明确规定。还有的国家针对征收补偿问题予以单独立法，如韩国和日本。

综观国外立法，财产征收补偿的范围和标准基本相同，但略有差异。《德国建设法典》第3条第2项明确规定，对实体损失和其他财产损失应给予补偿。当前德国房屋征收补偿的范围包括以下几个方面：（1）土地或其他标的物的损失。其补偿标准为征收机关在裁定征收申请当日的市场价格。（2）营业损失。其补偿标准为在其他土地投资中可获得的同等利益。（3）征收标的物上的一切附带损失。在城市开发区，为了防止利用预期的公共开发事业进行投机活动，德国政府规定凡因预测土地将变为公共用地而引起的价格上涨，都不能计入补偿价格。[①]《美国宪法》第5修正案中规定，对公共使用而征收公民的财产必须进行“公正补偿”。联邦法院通行的做法是，判断“公正补偿”的标准是原财产所有人遭受的损失，而不是后财产所有人所得的利益，在衡量损失的时候，是以财产在被征收时的合理市场价值为标准。[②] 英国征地补偿的范围和标准是：（1）土地（包括建筑物）的补偿。其补偿标准为公开市场价格，并且不得因征收而给予被征收人救济或其他优惠。（2）残余地分割或损耗补偿。其标准为市场的贬值价格。（3）租赁权损失补偿。其补偿标准为契约未到期的价值及因征收引起的损害。（4）迁移费、经营损失等的补偿。（5）其他必要费用支出的补偿（如律师或专家的代理费用、权利维护费用等）。[③] 而在法国，财产征收补偿的范围只包括由于征收产生的全部直接损失、物质损失和已确定的损失，不具备直接的、物质的和确定性的损失不能得到补偿。换言之，间接损失、精神损失和将来可能发生的不确定的损失不属于征收补偿的范围。日本的土地征收法对征收损失赔偿也有明确规定。为了更好地解决征收赔偿的具体问题，1962年时任内阁制

① 参见何琳、周艳媚：《中德房屋征收拆迁补偿制度之比较研究》，载《特区经济》，2011（2），114页。

② 参见樊珺、刘小洪：《私有财产征收补偿范围研究》，载《法制与社会》，2013（12）。

③ 同上注

定了《公共用地取得损失赔偿标准纲要》，进一步明确了土地征收补偿的范围，其包括征地损失赔偿、通损赔偿、少数残存者赔偿、离职者以及事业赔偿。在日本，特别是在城市区域，有些地方的公共事业总支出中用地所占的比例已经超过90%。

由此可见，在确定征收补偿的范围和标准上，各国都遵循了公平补偿的原则，补偿的范围和标准都比较明确。补偿范围的确定，均以与征收有直接因果关系的直接损失或实际损失为限。间接损失、精神损失和可得利益损失，一般不属于征收补偿的范围。多数国家的土地征收补偿范围，除包括被征收土地的补偿以外，都将营业损失、残余地损失及其他因征收引起的各种附带损失列入补偿的范围。财产征收补偿的标准基本上都是参照市场价。这种补偿范围和补偿标准比较充分地体现了公平补偿的原则，既保护了被征收人的合法权益，也使被征收人无法通过征收获得暴利。

三、财产征收的程序

财产征收实质上是在不需要财产所有权人同意的情况下，强制性地取得被征收人的财产并予以补偿的行为。因此，必须要有正当程序来保障其合法性与正当性。财产征收的程序是对被征收人的一种法律程序保障，是财产征收制度中十分重要的内容。

财产征收程序的设置既要在规范和制约行政机关行使财产征收权的同时有效实现财产征收的目的，又要最大限度地保障被征收人的合法权益，维持公共利益与个人利益的平衡。同时，财产征收程序在体现公正的基础上还要追求效率。[①] 正当法律程序本身就是对财产权的实质性保护，同时也是对公权力的程序制约。程序的公正和规范是实现财产征收目的和保护财产所有权人利益的保障。

为了保护财产征收中被征收人的合法权益，各国宪法和相关法律均对财产征收的程序作出明确的规定。

（一）美国的征收程序

美国为了防止政府过度干预私人权益，规定了国家征收的目的、征收程序，并且赋予法院对不动产征收享有广泛的司法审查权。其不动产征收程序主要包括：（1）预先通告；（2）对征收财产进行评估；（3）向被征收方送交评估报告并提出补偿价金的初次要约，被征收方可以提出反要约；（4）召开公开的听证会（Public hearing）说明征收行为的必要性和合理性；（5）协商补偿价格，如果政府和被征收方在补偿数额上无法达成协议，通常由政府方将案件送交法院处理；（6）法庭要求双方分别聘请的独立资产评估师提出评估报告并在法庭当庭交换；（7）双方最后一次进行补偿价金的平等协商，为和解争取最后的努力；（8）如果双方不能达成一致，将由普通公民组成的民事陪审团来确定“合理的补偿”价金数；（9）判决生效后，政府在30天内支付补偿价金并取得被征收的财产。[②]

---

① 参见樊珺、刘小洪：《私有财产征收补偿范围研究》，载《法制与社会》，2013（12）。

② 参见韩旺胜：《财产征收程序研究》，载《科学之友》，2009（12）。

（二）加拿大的征收程序

加拿大财产征收整个过程都公开透明，从预征土地、批准、补偿到进入使用土地都要告知被征地者，一般要经过两次公告。（1）发出征地申请的公告。（2）实地调查。（3）批准机关决定是否批准征收或修改征地计划，向有关各方以书面形式解释作出决定的原因。（4）权利登记。（5）价格评估。若土地所有者不接受评估的赔偿价格，征地机构要提供“法律出价”服务，若仍不能达成协议，双方可以提出诉讼。

征地补偿问题解决后，征地机构便通知土地所有者交付土地的时间，在下达使用土地通知书的至少3个月后可以使用土地，此时可以请法院强制执行保证土地的顺利使用。在征地补偿费未全部付清的情况下征地机构可以放弃征收，将土地归还给被征地者，但要给予相关的赔偿。被征地者也可以要求征地机构保留其征收的土地权利，因而获取完全补偿。若被征收的土地使用不符合原有目的，未经批准机关批准，征地机关不得将土地出售给他人，原土地所有者有优先购买权。①

（三）法国的征收程序

按照法国传统观念，只有普通法院才是私人自由和财产的最可靠的保障主体。经过普通法院审查后才可剥夺私人的财产权。所以在公用征收程序中必须有普通法院参加，否则不能转移私人的财产权利。法国的财产征收分为两个阶段，即行政阶段和司法阶段。

财产征收的行政阶段主要解决两个问题：一是审批财产征收的目的，二是确定可以移转的不动产。行政阶段包括四个程序：（1）事前调查。事前调查的目的在于收集必要的信息，为批准公用目的提供参考依据。没有经过事前调查而批准的财产征收无效。（2）批准公用目的。这是行政阶段最主要的环节，它决定着财产征收能否进行，也是法院裁决所有权移转的依据。（3）具体位置调查。在公用目的被批准之后，由调查专员再做一次调查，确定可以移转的不动产的具体位置，以及应受补偿的所有者和其他权利人，并听取利害关系人的意见。（4）作出可以移转的决定。根据具体位置调查的结果，决定可以移转的不动产的具体位置，但不发生实际转让的效果。所有权的移转由普通法院根据行政机关的上述决定作出裁判。②

（四）德国的征收程序

德国的征收程序主要包括：（1）书面申请。（2）口头协议。（3）征地公告。（4）审核批准。（5）送达征地决议。（6）征地决议的实施。（7）征收决议的撤销。③

综观世界上主要国家的财产征收制度及其征收程序，其具体环节不尽相同，没有统一模式，但有一些基本的内容是共同的。

（1）征收信息公开、程序透明，在征收前都会预先通告或公告，充分尊重财产所有权

---

① 参见鹿心社主编：《研究征地问题改革探索之路（一）》，288～289页。
② 参见王名扬：《法国行政法》，294～302页。
③ 参见鹿心社主编：《研究征地问题改革探索之路（一）》，295～297页。

人的知情权、陈述权和听证权，为被征收人维权提供更多的机会和保障。

(2) 公共目的批准要进行实地调查。在公共目的审查和征收批准前，有关行政机关要派专业人员进行实地调查，有的要做两次调查，并以调查结果为依据作出是否批准征收的决定。

(3) 征收补偿价格由征收双方充分协商后确定。财产征收以评估价为依据，由征收双方当事人充分协商确定补偿数额。在征收方与被征收方不能就征收补偿数额达成一致意见时，由专门的裁决机构或司法机关作出裁决。

(4) 征收决定的实施以征收方交付全部补偿金为前提。征收方未能在约定期限内支付全部补偿金的，征收部门可以根据被征收人的申请，撤销征地决议，退回被征收的土地。

(5) 通过司法程序来保证财产征收合法及公平公正。司法救济是很多国家监督征收权正当行使和保障被征收人权益不受侵害的重要措施，也是财产征收程序的重要环节。

第二节　我国土地征收法律制度

如前所述，财产征收的对象主要是不动产。在我国作为征收对象的也主要是土地及地上建筑物。我国现行制度下，任何房地产开发建设项目的实施首先都要取得土地使用权。随着我国土地使用制度改革的不断深入，国有土地使用权取得方式已由单一的“划拨”变为“出让”与“划拨”并存且以“出让”为主。而国家通过这两种方式向土地使用者提供的土地，有相当的数量是通过征收获得的。现阶段土地征收是我国取得国有土地所有权的主要方式。但由于长期以来，我国对土地和地上建筑物实行分管体制。在部门立法的基础上，房地产征收法规也分为两个相互独立的法规部分。所以，本书也将土地征收和城市房屋征收分为两节分别阐述。

一、土地征收的概念和特征

土地征收，一般来讲是指国家或政府为了公共目的而强制取得土地所有权人的土地，并依法给予补偿的行为。它是在特定条件下，国家取得土地所有权的一种特殊的方式。其实质是国家或政府在特定条件下对土地的强制性购买。其并不属于一般土地交易的范畴。

在我国，土地征收是指国家为了社会公共利益的需要，依照法定程序和批准权限，将集体所有的土地转为国有，并依法给予补偿的行为。由我国土地制度的特殊性所决定，我国的土地征收制度也具有明显的特点。

在过去相当长的时间里，我国宪法、土地管理法及相关规范性文件一直将土地征收称为土地征用。2004 年 3 月 14 日第十届全国人民代表大会第二次会议通过的《中华人民共和国宪法修正案》，将《宪法》第 10 条第 3 款“国家为了公共利益的需要，可以依照法律规定对土地实行征用”修改为“国家为了公共利益的需要，可以依照法律规定对土地实行征收或者征用并给予补偿”。2004 年修正的《土地管理法》第 2 条第 4 款规定：“国家为了公共利益的需要，可以依法对土地实行征收或者征用并给予补偿。”《物权法》第 42 条第 1 款规定："为了公共利益的需要，依照法律规定的权限和程序可以征收集体所有的土地和单位、个人的房屋及其他不动产。"从此，土地征收与土地征用在我国便成为并存的两个体现不同法律关系的概念。

土地征收是指国家为了社会公共利益的需要，依照法定程序和批准权限批准，将特定区域的集体所有的土地经依法补偿后，变为国有的行为。土地征用是指在抢险、救灾的紧急情况下，强制性地先行使用土地，并依法给予补偿的行为。征收与征用的发生都以公共利益需要为前提，都要经依法批准，并给予补偿。但两者也有明显的区别，主要体现在以下几个方面：(1) 征收的法律后果是土地所有权主体的变更，土地一旦被国家征收，便由农民集体所有变为国家所有；而征用的法律后果只是使用权的改变，土地被征用后，只是使用权主体临时性改变，土地所有权不发生变更，土地仍然属于原土地所有者所有。(2) 土地被征收后，其用途通常会发生永久性改变；而土地被征用后，其使用是临时性的，对征用的土地在使用结束后要恢复原状，交还原土地所有权人或者原使用者。(3) 征收土地的补偿标准与征用土地的补偿标准有所不同，征收的补偿依据是法定标准；征用土地的补偿依据主要是土地被占用期间，土地所有者或使用者所受的经济损失，后者比前者低得多。

根据我国现行法律规定和土地管理实践，土地征收法律关系具有以下几个主要特征。

(1) 征收土地法律关系主体双方都是特定的。由于我国实行的是土地公有制，土地所有者只有国家和集体，国家使用国有土地无须征收，因此，在土地征收关系中，征收方和被征收方都是特定的主体。征收方只能是国家，国家以外的任何单位和个人都不享有土地征收权；被征收方只能是集体土地所有者，如农民集体土地的使用者不能成为被征地单位。其他集体性质的企业、事业单位也不能成为土地征收中的被征收单位

(2) 征收土地的对象是集体所有的土地。只有为公共利益需要进行基础设施建设和建筑物建设需要使用集体土地时，征收才会发生。国家对国有土地的使用不存在征收问题。

(3) 征收土地是法律赋予国家的专有权力。该项权力的行使不以被征收方同意为前提，其具有强制性。某集体所有的土地一旦被依法确定为征收的对象，无论被征收方是否同意，征收都会发生，任何单位和个人不得以任何理由进行阻挠。

(4) 征收土地必须依法进行。征收土地实质上是对现实的土地资源占有关系进行调整，对土地资源进行重新分配。它必然会涉及土地所有权的转移，关系被征地单位及其土地使用者的生产、生活，关系土地资源的合理分配和利用。因此，征收土地必须依法进行。征收土地的审批、补偿、拆迁、安置都必须严格遵守有关法律的规定。

二、我国土地征收法律制度的发展

中华人民共和国成立后，国家要进行经济建设和发展各项社会公益事业。这些事业的发展均需要占用土地，当国有土地不能满足各项建设用地的需要时，就不得不通过征收土地的方式从其他土地所有者手中取得土地，来满足各项经济建设和公益事业建设的需要。有了土地征收关系，就要有相应的法律规范确认土地的征收权。规范土地征收行

为，维护被征地者的合法权益，使有关土地征收的立法得以发展。我国的土地征收法律制度从无到有，从不完善到逐步完善，并已成为我国土地管理法律制度的重要组成部分。但在2004年以前，有关法律并未区分征收与征用，而是将二者统称为征用土地。

早在1950年11月21日，政务院公布的《城市郊区土地改革条例》中就提出了土地征用问题，规定“国家为市政建设及其他需要征用私人所有的农业土地时，须给以适当代价，或以相等之国有土地调换之。对耕种该项土地的农民亦应给以适当的安置，并对其在该项土地上的生产投资（如凿井、植树等）及其他损失，予以公平合理的补偿”。随着我国社会主义事业的发展，国家建设用地的数量越来越多。为了更好地调整这类土地关系，满足国民经济建设的需要，政务院于1953年11月5日通过了《国家建设征用土地办法》，随后内务部于1954年4月27日作了《关于执行国家建设征用土地办法中几个问题的综合答复》、1955年11月16日作了《关于对执行国家建设征用土地办法中几个问题的第二次综合答复》。1954年9月22日，政务院又发出《关于变更〈国家建设征用土地办法〉中部分审核批准权限问题的通知》。1958年1月6日，全国人大常委会批准公布了修改后的《国家建设征用土地办法》。这个时期有关立法的目的，主要是适应国家建设需要，妥善处理国家建设征用土地问题。通过这个时期的土地立法，我国确定了国家建设征用土地的基本原则，即节约用地原则和既保证国家建设需要的土地，又照顾当地人民切身利益，对被征地者的生产、生活给予妥善安置的原则；规定了国家建设征用土地的审批程序和权限；明确了对被征地者的补偿、安置办法及补偿标准；同时，还对用地单位使用国有土地提出了“不得转让”的要求。这为当时的建设用地管理提供了法律依据，也为以后的建设用地管理立法奠定了基础。

党的十一届三中全会以后，随着我国经济体制改革的发展，经济建设速度逐渐加快，人民生活水平不断提高，国家建设用地、乡（镇）村企业建设用地和农民建房用地大量增加，耕地面积迅速减少。为了合理利用土地资源，保证国家建设必需的土地，并妥善安置被征地单位群众的生产、生活，1982年，第五届全国人大常委会批准公布了《国家建设征用土地条例》，国务院公布了《村镇建房用地管理条例》。这两个条例的公布实施，在保证国家建设用地，抑制乱占、滥用耕地和制止土地浪费等方面，发挥了重要的作用。为了进一步加强我国的土地法制建设，全面加强土地管理，合理利用土地，切实保护耕地，适应社会主义现代化建设的需要，1986年，全国人大常委会通过了《土地管理法》及其实施条例（1991年国务院颁布）。此后，国家又颁布了《建设用地计划管理暂行办法》《耕地占用税暂行条例》《大中型水利水电工程建设征地补偿和移民安置条例》等配套法规规章。2011年，2001年的《城市房屋拆迁条例》被废除，我国制定了《国有土地上房屋征收与补偿条例》《国有土地上房屋征收评估办法》。2019年，自然资源部发布《关于加快制定征收农用地区片综合地价工作的通知》。2019年修正的《土地管理法》和2021年修订的《土地管理法实施条例》均专章对建设用地作出规定。目前，我国的建设用地法律制度日益完善，已成为我国土地法律制度中重要的组成部分。

三、我国土地征收的原则

根据现行法律规定和土地征收的实际情况，我国的土地征收应遵循以下几项原则。

（1）合理利用土地的原则。该原则由土地数量的有限性所决定。土地征收不仅会使土地的权属发生变更，而且会使土地的用途发生变化，即征收后的土地基本上都由农业生产用地变为建设用地，而这种变化具有不可逆转性。被征收的土地绝大部分是农业生产用地，其中有相当数量为耕地。征收土地的数量直接关系农业生产用地的保护，关系农业生产结构和农产品产量的变化。因此，在征收土地时，必须要坚持合理利用土地的原则。应根据建设项目的性质和规模，合理确定征收土地的位置和数量。凡有荒地可以利用的，尽量不占耕地；凡能利用劣地的，不要占用耕地良田，尽可能少征或不征农业生产用地。在征收土地的时间上，要分轻重缓急，根据建设项目施工的需要确定征收土地的时间，避免早征晚用、多征少用等浪费土地的现象发生。在用地数量上要精打细算，根据建设项目的实际需要节约使用土地。这样才能减少因征收土地带来的负面影响。

（2）兼顾国家、集体和个人三者利益的原则。征收土地实质上是土地资源所有关系的调整，是对土地权益的重新分配。它涉及多方面的利益关系，尤其是直接关系被征地者的生产、生活乃至生存。因此，在征收土地时，应坚持国家、集体和个人三者利益兼顾的原则。被征地者要顾全大局，服从征收土地的需要，维护国家利益；国家也要对被征地者给予合理的补偿，对原土地使用者的生产、生活给予妥善安置，使他们因土地被征收所受的影响减少到最小。

（3）土地征收权由国家统一行使的原则。土地征收是强制性地改变土地的所有权，其必然导致土地所有权的变更并给被征收者带来经济损失。因此，土地征收权必须由国家统一行使，并应限定在公共目的或公共用途范围之内。只有这样才能防止土地征收权的滥用，避免过度行使征收权带来的不良后果。

四、我国土地征收的审批权限和审批程序

（一）征收土地的审批权限

土地征收权的滥用或过度行使，必然会带来严重的社会问题，最终损害国家的利益。为了避免征地权的滥用，合理利用土地资源，加强建设用地管理，节约利用土地资源，我国《土地管理法》对国家建设征收土地的审批权限作了明确的规定。为控制征地总量，防止地方政府滥用征地权，国家于 1998 年修订了《土地管理法》，上收了征收土地的审批权，将以前征收土地的多级限额审批改为由国家和省级人民政府审批。根据现行《土地管理法》的规定，人民政府的征地审批权限划分如下。

1. 国务院的审批权限

（1）永久基本农田。永久基本农田转为建设用地的，由国务院批准。国家实行永久基本农田保护制度。对耕地中根据土地利用总体规划的永久基本农田，实行严格保护。永久基本农田经依法划定后，任何单位和个人不得擅自占用或者改变其用途。国家能源、交通、水利、军事设施等重点建设项目选址确实难以避让永久基本农田，涉及农用地转用或者土地征收的，必须经国务院批准。

（2）永久基本农田以外的耕地超过 35 公顷的。

（3）其他土地超过 70 公顷的。这包括耕地之外的所有土地，同时，也包括耕地 35 公顷以下，其他土地 70 公顷以下及两项之和超过 70 公顷的，只要超过 70 公顷就应由国务院审批。

在土地利用总体规划确定的城市和村庄、集镇建设用地规模范围外，将永久基本农田以外的农用地转为建设用地的，由国务院或者国务院授权的省、自治区、直辖市人民政府批准。

2. 省级政府的审批权

除应由国务院审批的三种情况以外，由省、自治区、直辖市人民政府批准。

在土地利用总体规划确定的城市和村庄、集镇建设用地规模范围内，为实施该规划而将永久基本农田以外的农用地转为建设用地的，按土地利用年度计划分批次按照国务院规定由原批准土地利用总体规划的机关或者其授权的机关批准。

农村集体经济组织使用乡（镇）土地利用总体规划确定的建设用地兴办企业或者与其他单位、个人以土地使用权入股、联营等形式共同举办企业的，应当持有关批准文件，向县级以上地方人民政府自然资源主管部门提出申请，按照省、自治区、直辖市规定的批准权限，由县级以上地方人民政府批准；其中，涉及占用农用地的，依照《土地管理法》第 44 条的规定办理审批手续。

在已批准的农用地转用范围内，具体建设项目用地可以由市、县人民政府批准。

依据《土地管理法》，国家对土地实行用途管制制度。政府在行使征收土地审批权时，涉及农用地转为建设用地的，应当先行办理农用地转用审批手续。其中经国务院批准农用地转为建设用地的，同时办理征地审批手续，不再另行办理征地审批。经省、自治区、直辖市人民政府在征地批准权限内批准农用地转为建设用地的，也同时办理征地审批手续，不再另行办理征地审批。但是，农用地转用审批所涉及的土地面积超过其征地批准权限的，应当另行办理征地审批，即报国务院批准。实行农用地转用审批制度，对于防止土地征收权的滥用，有效控制建设项目占用农用地的数量，保护耕地以及保护农民的利益，都具有十分重要的意义。

（二）征收土地的审批程序

征收土地的审批程序是人民政府依法行使征收土地审批权的程序，也是用地申请者取得国有划拨土地使用权的程序。根据现行《土地管理法》和我国土地征收的实践，征收土地的审批程序大体如下。

（1）用地者提出申请。提交用地申请是征地审批程序的开始。我国《土地管理法》第 53 条明确规定："经批准的建设项目需要使用国有建设用地的，建设单位应当持法律、行政法规规定的有关文件，向有批准权的县级以上人民政府自然资源主管部门提出建设用地申请，经自然资源主管部门审查，报本级人民政府批准。"

（2）自然资源管理机关报批。人民政府自然资源管理部门对建设用地申请进行审查后，应进行选址、核定用地面积，并组织建设单位与被征地单位及有关方面依法商定征收土地的补偿、安置方案。然后，依照法定程序报有审批权的人民政府批准。

（3）建设用地申请，依法定程序批准后，由县级以上地方人民政府予以公告，并组织实施。被征收土地的所有权人、使用权人应当在公告规定的期限内，持土地权属证书到当地人民政府土地管理部门办理征地补偿登记。土地征收公告制度的增设，提高了土地征收工作的透明度。

（4）划拨土地。建设用地申请及土地补偿安置方案，经人民政府依法定审批权限批准后，发给建设用地批准书。土地管理机关根据批准文件和建设进度，一次或分期划拨建设用地，并督促被征地单位和建设单位按时交接土地，尽快落实土地补偿安置方案。国家征收土地必须依法定程序进行，只有这样，才能保证土地征收权行使的合法性与合理性。

根据我国《土地管理法》的规定，建设单位使用国有土地，应当以出让等有偿使用方式取得，只有下列建设用地，经县级以上人民政府依法批准，可以以划拨方式取得：（1）国家机关用地和军事用地；（2）城市基础设施用地和公益事业用地；（3）国家重点扶持的能源、交通、水利等基础设施用地；（4）法律、行政法规规定的其他用地。

（三）征收土地的条件

征收土地的前提条件是公共利益的需要。土地征收是对现行土地利用关系的调整，必然会涉及土地所有者和土地使用者的根本利益和长远利益，因此，土地征收必须限定在法定的范围并符合法定条件。根据土地管理法的规定，有下列情形之一，确需征收农民集体所有的土地的，才可以依法实施征收：（1）军事和外交需要用地的；（2）由政府组织实施的能源、交通、水利、通信、邮政等基础设施建设需要用地的；（3）由政府组织实施的科技、教育、文化、卫生、体育、生态环境和资源保护、防灾减灾、文物保护、社区综合服务、社会福利、市政公用、优抚安置、英烈保护等公共事业需要用地的；（4）由政府组织实施的扶贫搬迁、保障性安居工程建设需要用地的；（5）在土地利用总体规划确定的城镇建设用地范围内，经省级以上人民政府批准由县级以上地方人民政府组织实施的成片开发建设需要用地的；（6）法律规定为公共利益需要可以征收农民集体所有的土地的其他情形。

上述建设活动，应当符合国民经济和社会发展规划、土地利用总体规划、城乡规划和专项规划。第 4 项、第 5 项规定的建设活动，还应当纳入国民经济和社会发展年度计划；第 5 项规定的成片开发并应当符合国务院自然资源主管部门规定的标准。

（四）征地程序

国家征收土地的，依照法定程序批准后，由县级以上地方人民政府予以公告并组织实施。其具体程序大体如下。

（1）公告征地情况。在征地依法报批前，当地自然资源主管部门应将拟征地的用途、位置、征收范围、土地现状、征收目的、补偿标准、安置方式和社会保障等在拟征收土地所在的乡（镇）和村、村民小组范围内公告至少 30 日，听取被征地的农村集体经济组织及其成员、村民委员会和其他利害关系人的意见。

（2）确认征地调查结果。自然资源主管部门会同交通、林业部门，对拟征土地的权属、地类、面积以及地上附着物权属、种类、数量等现状进行调查，调查结果应与被征地农村集体经济组织、农户和地上附着物的所有权人和负责征地拆迁工作的机构共同确认。

(3) 组织征地听证会。在征地依法报批前，自然资源主管部门应告知被征地农村集体经济组织和农户，对拟征土地的补偿标准、安置途径有申请听证的权利。多数被征地的农村集体经济组织成员认为征地补偿安置方案不符合法律、法规规定的，县级以上地方人民政府应当组织召开听证会，并根据法律、法规的规定和听证会情况修改方案。

(4) 签订征地补偿协议。拟征收土地的所有权人、使用权人应当在公告规定期限内，持不动产权属证明材料办理补偿登记。县级以上地方人民政府应当组织有关部门测算并落实有关费用，保证足额到位，并按照征收补偿方案制定的补偿标准与拟征收土地的所有权人、使用权人就补偿、安置等签订协议。然后将该协议作为征地报批材料与其他必要材料一同上报，申请征收土地。

(5) 征地批准。经依法批准征收的土地，除涉及国家保密规定等特殊情况外，省自然资源主管部门通过媒体向社会公示征地批准事项。县（市）自然资源主管部门应按照《征用土地公告办法》的规定，在被征地所在村、组公告征地批准事项。

(6) 支付征地补偿安置费。征地补偿安置方案经市、县政府批准后应按法律规定的时限向被征地农村集体经济组织支付征地补偿安置费用。

修改后的《土地管理法》完善了土地征收程序，将原来的批准后公告改为批准前公告，使被征地农民在整个过程中有更多的参与权、监督权和话语权。

五、征收土地的补偿

土地是农业生产的基本生产资料，被征地单位在利用土地的过程中，向土地投入了大量的资金和劳动，当土地被国家征收时，必然会给被征地者的生产、生活带来很大影响，使他们遭受一定的经济损失甚至失去生活保障。为补偿被征地者因土地被征收而遭受的损失，妥善安置他们的生产、生活，我国《土地管理法》明确规定："征收土地应当给予公平、合理的补偿，保障被征地农民原有生活水平不降低、长远生计有保障。"我国《民法典》也明确规定，因不动产或者动产被征收、征用致使用益物权消灭或者影响用益物权行使的，用益物权人有权依据本法第 243 条、第 245 条的规定获得相应补偿。也就是说，征收集体所有的土地，应当依法及时足额支付土地补偿费、安置补助费以及农村村民住宅、其他地上附着物和青苗等的补偿费用，并安排被征地农民的社会保障费用，保障被征地农民的生活，维护被征地农民的合法权益。征收组织、个人的房屋以及其他不动产，应当依法给予征收补偿，维护被征收人的合法权益；征收个人住宅的，还应当保障被征收人的居住条件。因抢险救灾、疫情防控等紧急需要，依照法律规定的权限和程序可以征用组织、个人的不动产或者动产。被征用的不动产或者动产使用后，应当返还被征用人。组织、个人的不动产或者动产被征用或者征用后毁损、灭失的，应当给予补偿。

（一）征地补偿的范围

征地补偿费是因国家建设征收土地时，为补偿被征地单位所受的损失而向其支付的款项。征地补偿的范围主要包括三项内容，即土地补偿费、安置补助费以及地上附着物和青苗补偿费，常被称为“三费补偿”。

土地补偿费是对被征地单位因征收失去土地所受损失而支付的款项。需要说明的是，我国的土地补偿费实质上是对农民在土地上长期投工、投资的补偿，而非土地的价格。在实行土地私有制的国家，征收土地补偿的基本内容是地价补偿。对于确定补偿数额的依据，各国也不尽相同，一般是按土地的市场价格来计算，也有些国家是按法定标准来确定。我国长期以来是按法定标准对被征地者给予补偿。随着社会主义市场经济的不断发展，资源配置市场化的程度越来越高，土地征收补偿的范围和标准也发生了变化。

安置补助费是为安置因土地征收而失去主要生产资料和生活来源者的生产、生活而支付的补助性款项。就目前来讲，作为安置对象的主要是耕地的使用者或承包经营者：因土地被征收，其土地使用权或承包经营权被终止，他们需要重新就业或自谋出路，所以应得到补偿。

地上附着物补偿费是指对被征收土地上的建筑物和构筑物的补偿，包括房屋、水井、水渠、林木及土地上下之管线等的拆迁和恢复的费用；青苗补偿费是指对被征收土地上处于生长阶段、尚未到收获期的农作物损失而支付的款项。其他附着物的补偿费是指征收土地需要迁移的通信线、广播线等付给的迁移费，以及拆迁农田水利设施及其他配套建筑物、人工鱼塘、养殖场、坟墓、厕所、猪圈等，参照有关标准所付给的迁移费或补偿费。

修改后的《土地管理法》在原来的土地补偿费、安置补偿费、地上附着物补偿费的基础上又增加了被征地农民的社会保障费，这样就从法律上为被征地农民构建了一个更加完善的保障体系。被征地农民社会保障费用的筹集、管理和使用办法，由省、自治区、直辖市人民政府制定。

（二）征地补偿费的标准

长期以来，我国征地补偿费是根据被征收土地的原用途、按照法定标准来确定的。2019 年修正的《土地管理法》对征地补偿标准作出了新的规定，其第 48 条明确规定：“征收农用地的土地补偿费、安置补助费标准由省、自治区、直辖市通过制定公布区片综合地价确定”；“征收农用地以外的其他土地、地上附着物和青苗等的补偿标准，由省、自治区、直辖市制定”。

区片综合地价又称征地区片价，是指在县（市）级行政区土地利用总体规划确定的建设用地范围内，在农用地定级的基础上，按照农用地质量状况、土地区位、人均耕地水平、农村社会经济发展水平等划分征地区片，并在标准耕作制度和一定农田基本设施状况条件下，根据区片农用地条件和社会保障水平等评估确定的某一估价基准日的农用地平均征收价格。区片综合地价是征收农民集体农用地的土地补偿费和安置补助费标准，不包括法律规定用于社会保险缴费补贴的被征地农民社会保障费用、征收农用地涉及的地上附着物和青苗等的补偿费用。

采用区片综合地价是征地补偿“市场化”的起步。用“区片综合地价”代替以前的土地年产值，虽然价格标准仍由地方政府制定，但它是定期调整、可以浮动的。我国

《土地管理法》充分肯定了试点地区关于征地补偿标准的动态调整机制，明确规定："制定区片综合地价应当综合考虑土地原用途、土地资源条件、土地产值、土地区位、土地供求关系、人口以及经济社会发展水平等因素，并至少每三年调整或者重新公布一次"。用区片综合地价作为基准，能较好地解决原征地补偿标准存在的诸多问题。2019 年年末，自然资源部办公厅发布了《关于加快制定征收农用地区片综合地价工作的通知》，要求各地要立足现有工作基础，对照新的规定要求，改进技术方法，加快推进区片综合地价制定工作。目前实行征地统一年产值标准的地方，要按照制定区片综合地价的要求调整方法、重新测算；已经公布区片综合地价的地方，凡符合 2019 年修正后的《土地管理法》规定的，可以继续执行，不符合 2019 年修正后的《土地管理法》规定的，要按照 2019 年修正后的《土地管理法》规定的区片综合地价内涵调整完善，并重新公布后继续执行。区片综合地价制定过程中，要做好前后政策衔接，实现征地补偿标准平稳有序过渡。

（三）征地补偿费的分配和使用

关于征地补偿费的分配，我国《土地管理法实施条例》第 32 条规定，地上附着物及青苗补偿费归地上附着物及青苗的所有者所有。最高人民法院《关于审理涉及农村土地承包纠纷案件适用法律问题的解释》（2020 年修正）第 20 条也明确规定，承包地被依法征收，承包方请求发包方给付已经收到的地上附着物和青苗的补偿费的，应予支持。承包方已将土地经营权以出租、入股或者其他方式流转给第三人的，除当事人另有约定外，青苗补偿费归实际投入人所有，地上附着物补偿费归附着物所有人所有。第 21 条规定，承包地被依法征收，放弃统一安置的家庭承包方，请求发包方给付已经收到的安置补助费的，应予支持。可见，在我国现阶段，有关征地补偿费的分配是比较明确的。

（1）土地补偿费归土地所有权人——集体经济组织所有，因为其在征收中失去了土地所有权。村集体经济组织或者村民委员会、村民小组，可以依照法律规定的民主议定程序，决定在本集体经济组织内部分配已经收到的土地补偿费。征地补偿安置方案确定时已经具有本集体经济组织成员资格的人，可以请求支付相应份额。

（2）安置补助费归以家庭承包土地的承包方所有，其因为土地征收失去了生产生活条件，有权获得统一安置，得到重新就业的机会；放弃统一安置，自谋出路的家庭承包方有权请求发包方给付安置补助费。

（3）地上建筑物、附着物及青苗补偿费归地上建筑物、附着物及青苗的所有者所有。在土地承包经营权流转的情况下，承包方已将土地承包经营权以转包、出租等方式流转给第三人的，除当事人另有约定外，青苗补偿费归实际投入人所有，地上附着物补偿费归附着物所有人所有。但已报全国人大常委会、国务院备案的地方性法规、自治条例和单行条例、地方政府规章对土地补偿费在农村集体经济组织内部的分配办法另有规定的除外。

土地补偿费和安置补助费属于专用款项，主要应该用来解决因土地被征收而致失业者的生产、生活问题，应由农村集体经济组织统一管理和使用。其主要用于农村集体经济组织和农民兴办企业及其他项目的开发经营。为保证这笔专用款项真正有效地用于解决被征地农民的生产、生活问题，保护他们的长远利益，我国《土地管理法》明确规定，征收土地应当依法及时足额支付土地补偿费、安置补助费以及农村村民住宅、其他地上附着物和青苗等的补偿费用，并安排被征地农民的社会保障费用。县级以上地方人民政府应当将被征地农民纳入相应的养老等社会保障体系。被征地农民的社会保障费用主要用于符合条件的被征地农民的养老保险等社会保险缴费补贴。

对于征收土地的安置补助费的使用，《土地管理法》第 49 条第 1 款明确规定："被征地的农村集体经济组织应当将征收土地的补偿费用的收支状况向本集体经济组织的成员公布，接受监督"。征收土地的安置补助费必须专款专用，不得挪作他用。但是，由于征收土地适用的范围过大，征地数量过多，加之征地补偿费的发放环节过多、监管不力，实践中存在侵占、挪用及拖欠征地补偿费的现象。这些问题严重地侵犯了被征地者的合法权益，在一定程度上影响了当地人民群众正常的生产、生活秩序。为了适应市场经济条件下征地补偿的要求，实现公平补偿，更好地维护被征地者的合法权益，实行征地统一年产值标准和区片综合地价后，自然资源管理部门应根据征地补偿主要用于被征地农民的原则，按照确定的征地补偿安置方案，及时足额支付补偿安置费用；为了防止和及时纠正截留、挪用征地补偿安置费的问题，应支付给被征地农民的，由当地实施征地的部门直接支付给农民个人，不再通过乡、村等环节支付。

（四）关于征收集体土地上房屋的补偿安置

长期以来，我国土地征收的对象主要是集体的土地，包括农业生产用地和建设用地。土地征收的法律依据主要是现行的《土地管理法》，而《土地管理法》关于土地征收补偿的规定是在建设用地管理中，征地补偿的标准主要是针对耕地来定的，对于农村的建设用地，如农村的企业用地、住宅用地及公共设施、公益事业用地的征收与补偿问题，没有专门规定，而是作为土地征收的地上物予以补偿，并授权各地方根据本地区的情况，确定补偿标准。目前很多地方都有自己的相关规定，且相互间在补偿标准上存在较大差异。我国《土地管理法》第 62 条第 1 款规定，农村村民一户只能拥有一处宅基地，其宅基地的面积不得超过省、自治区、直辖市规定的标准。长期以来，我国对征收集体土地时的农民住宅的补偿，基本上是按"拆一建一"的原则予以补偿，即在土地征收过程中拆一处住房，就在另一地方为被拆迁房屋的村民重新安排一处宅基地建房。随着社会的发展和城市化进程的加快，对征地中拆迁农民住房的补偿的规定也有了新的变化。《土地管理法》中明确规定："对其中的农村村民住宅，应当按照先补偿后搬迁、居住条件有改善的原则，尊重农村村民意愿，采取重新安排宅基地建房、提供安置房或者货币补偿等方式给予公平、合理的补偿，并对因征收造成的搬迁、临时安置等费用予以补偿，保障农村村民居住的权利和合法的住房财产权益。"在征地中对农村村民住宅的安置方式多元化，更有利于对被征地上房屋所有权人合法权益的保护。

第三节　城市房屋征收补偿法律制度

一、房屋征收立法及其发展

房屋征收属于财产征收的一种。在我国，房屋征收是国家因公共利益需要收回国有土地使用权时，对国有土地上的房屋实行的一种特殊处理措施。长期以来，我们称其为“房屋拆迁”。然而，房屋拆迁与房屋征收是两个不同的概念。房屋征收是房屋拆迁的原因，房屋拆迁是房屋征收的必然结果。与房屋拆迁相比，房屋征收更能准确地反映事物的本质，更容易规范、更有利于对房屋所有权人权益的保护。在社会主义土地公有制条件下，随着各项公共事业的发展和城市化进程的加快，房屋征收已成为土地使用过程中经常发生并普遍存在的一种社会关系。

为了调整房屋征收过程中所产生的这类重要的社会关系，规范房屋征收行为，加强对城市房屋征收的管理，维护征收当事人的合法权益，保障城市建设的顺利进行，我国于1991年公布实施了《城市房屋拆迁管理条例》（现已失效），这是我国有关城市房屋征收管理的重要的行政法规。自该条例实施以来，我国的城市房屋征收管理制度在实践中不断发展、完善。可以说，该条例的出台使城市房屋征收工作走上了法制化的轨道。我国城市房屋征收管理法律制度，对于规范城市房屋征收行为，保障城市建设发展，以及维护征收当事人双方的合法权益发挥了重要的作用。但是，随着社会主义市场经济的逐步建立，我国的经济体制环境和法律制度环境都发生了很大的变化，许多新的问题难以依法得到妥善的解决。尤其是征收中的实物安置方式，在新的形势下，具有很大的局限性，存在诸多问题。

（一）征收人的负担过重

20世纪90年代，我国城市住房拥挤的状况十分普遍，住房困难户很多。当时的安置办法是在进行房屋安置时，将被拆除房屋的面积与使用人有正式户口的人数、年龄、构成等因素结合起来考虑的，这样，安置用房的面积必然大大增加。这无疑加大了征收人的负担。同时，被征收人的情况千差万别，在安置用房时要求各异，当征收人提供的房屋不能满足其要求时，双方就很难达成征收安置协议，征收安置的难度很大，耗费了大量的时间和精力，甚至要通过诉讼来解决问题。

（二）被征收人选择的余地很少

在实物安置的情况下，用于安置被拆除房屋使用人的房屋是由征收人提供的，即使被征收人可以提出要求与征收人协商，但在既定的条件下，也没有多少选择的余地。有些征收人为了降低开发成本，故意以户型、质量、位置较差的房屋作为安置用房，或者千方百计减少安置房屋的面积，损害被征收人的利益。

（三）征收管理难度较大

在实物安置的情况下，征收人与被征收人在房屋安置上存在直接的利益冲突，矛盾很大，双方发生争议的概率较高，容易出现集体性质的、大规模的纠纷。房屋征收主管部门裁决的工作量大且难，如果问题不能及时得到解决，就会影响征收的进度，并在一定范围内影响正常的社会秩序。由于存在上述问题，实践中开始探索一种新的征收安置形式，即货币安置。所谓货币安置，就是征收人依法将应安置的住房面积折合为货币支付给被征收人，由其自行选购住房的安置方式。这种安置方式的出现是市场经济条件下城市建设和经济发展的客观需要，也是对我国现行房屋征收管理法律制度的改革和完善，它以明显的优势在实践中得到了发展。天津市于1994年年底开始在红桥区的房屋征收中对货币安置方式进行试点并取得较好效果，后已在各区推行。1996年12月，上海市在长宁区苏家角西南块的房屋征收中也采取了货币补偿方式。1998年，北京市在总结实践经验的基础上于10月15日公布了新的《北京市城市房屋拆迁管理办法》，明确规定，“拆迁补偿方式，由拆迁人与被拆迁人协商确定，可以货币补偿，也可以房屋补偿”。北京市在西直门立交桥及周围的房屋征收中试行了这一新的征收管理办法，取得了较好的效果。各试点地区的实践证明，货币补偿方式充分体现了自愿、公平、合理的原则，通过价格尺度使征收补偿的内容更加明晰。被征收人在征收中以所得的补偿款原则上能购买到实物安置方式下所得到的安置房屋，并可根据自己的愿望和实际情况对所需要的房屋进行选择。这就从根本上化解了征收人与被征收人之间的矛盾，降低了征收的难度，大大缩短了完成房屋征收任务的时间，加快了城市建设的步伐；同时，也使被征收人的权益得到了更充分的保障。

随着实践的发展，为了解决实践中普遍存在的问题，加强对城市房屋征收的管理，维护征收当事人的合法权益，保障建设项目顺利进行，国务院于2001年6月对1991年公布的《城市房屋拆迁管理条例》作了较大修改，在征收补偿安置方式、补偿安置对象等原则性问题上，进行了重大调整。《城市房屋拆迁管理条例》于2001年11月1日开始实施。该条例经过近十年的实施，逐渐暴露出很多问题，尤其是强制拆迁制度导致极端事件频发，引起了社会各界的普遍关注。2011年1月19日，国务院第141次常务会议通过了《国有土地上房屋征收与补偿条例》，同时废止了自2001年11月起实施的《城市房屋拆迁管理条例》。从“房屋拆迁”到“房屋征收”，这一概念的变化，标志着我国的财产征收制度进一步走向成熟和完善。

二、房屋征收的法律特征

房屋征收是国家在收回国有土地使用权的过程中发生的一种社会现象，它与土地征收有着相同的性质和密切的联系。在我国，城市的土地属于国家所有，城市中的绝大多数房屋所占用的土地都是国有土地，房屋所有权人对其房屋所占用的土地只享有使用权。当国家为了保障国家安全、促进国民经济和社会发展等公共利益，需要使用现城市房屋所占用的土地时，便产生了房屋征收的问题。从某种意义上讲，房屋征收是收回国有土地使用权所不可避免的结果，是不得已而为之的。如同土地征收一样，房屋征收作为一种强制性的法律行为，同样不以被征收人是否同意为条件。为了保障公共利益的需要，维护被征收者的合法权益，国家就要通过立法，对房屋征收补偿行为进行规范，对征收过程中发生的各种利益关系进行调整和协调，保障被征收者得到公平合理的补偿，从而形成房屋征收补偿法律制度。房屋征收补偿法律制度是房地产管理法律制度的重要组成部分。

房屋征收是指国家因公共利益的需要，而使用城市规划区内已建有房屋及地上建筑的土地时，经人民政府批准，由具有征收资格的征收人对现有房屋及其他地上建筑物强制性收买，并对房屋所有权人因此所受的损失给予经济补偿的行为。房屋征收实际上包括两种情况：一种是对城市国有土地上房屋及其他建筑物的征收，另一种是在征收集体土地的过程中发生的对农村居民住宅的征收。因后者属于土地征收过程中发生的社会关系，《土地管理法》已作了相应规定，这里的房屋征收仅指城市规划区内国有土地上的房屋征收。房屋征收作为特定条件下国家行使财产征收权的形式，主要具有以下几个特征。

1. 房屋征收具有强制性

因为征收行为发生的前提是公共利益的需要、城市建设发展的需要、城市规划实施的要求，它体现的是社会公共利益、国家整体利益和人民长远利益的要求，作为土地使用者的被征收人为此作出牺牲是必要的。他们既是现实财产利益的牺牲者，也是城市建设未来的受益者。在城市发展的过程中，这种利益冲突和调整是不可避免的。因此，征收行为的发生，不以被征收人同意为前提，具有明显的强制性。否则，城市建设和发展就难以进行，城市人民的生产生活条件就难以得到普遍改善。从整体利益和长远利益出发，被批准列入征收范围的房屋的所有者和使用者必须服从公共利益的需要。

2. 房屋征收必须经过人民政府依法批准或决定

房屋征收实质上是对土地资源占有使用关系的重新调整，是资源使用利益的重新分配。它直接关系被征收人的切身利益和对他们的财产权利的保护。所以，这种具有强制性的行为不能是任意的，从征收主体的确定到征收行为的实施都必须严格依法进行。现行《国有土地上房屋征收与补偿条例》规定，为了保障国家安全、促进国民经济和社会发展等公共利益的需要，确需征收房屋的，由市、县级人民政府作出房屋征收决定，由市、县级人民政府负责本行政区域的房屋征收与补偿工作，由市、县级人民政府确定的房屋征收部门组织实施。房屋征收部门可以委托房屋征收实施单位承担房屋征收与补偿的具体工作，房屋征收部门对房屋征收实施单位在委托范围内实施的房屋征收与补偿行为负责监督，并对其行为后果承担法律责任。未经人民政府依法批准或决定，未经房屋征收部门委托，任何单位和个人都不得进行房屋征收。

3. 房屋征收的条件是对被征收人给予公平、合理的补偿

尽管房屋征收的目的是满足公共利益的需要，是社会公共利益和长远利益的要求，但房屋征收的直接后果是被征收人丧失房屋的所有权或使用权，并需搬迁他处。这意味着被征收人财产的损失和居住条件的改变。因此，他们在服从需要的同时，应该获得公平、合理的补偿。有关补偿的范围、标准和方式，《国有土地上房屋征收与补偿条例》都作了明确的规定。征收人在进行房屋征收时，必须依法对被征收人所受的损失先行给予公平补偿，使他们的生产、生活能够正常进行，这是房屋征收得以实现的基本前提和条件。

三、房屋征收的条件和程序

（一）房屋征收的条件

从世界各国的财产征收情况来看，财产征收权行使的前提一般都是公共目的或公共利益的需要，但对于公共利益的定义及其范围，各国不尽相同。根据我国《国有土地上房屋征收与补偿条例》的规定，为了满足保障国家安全、促进国民经济和社会发展等公共利益的需要，有下列情形之一，确需征收房屋的，由市、县级人民政府作出房屋征收决定：（1）国防和外交的需要；（2）由政府组织实施的能源、交通、水利等基础设施建设的需要；（3）由政府组织实施的科技、教育、文化、卫生、体育、环境和资源保护、防灾减灾、文物保护、社会福利、市政公用等公共事业的需要；（4）由政府组织实施的保障性安居工程建设的需要；（5）由政府依照城乡规划法有关规定组织实施的对危房集中、基础设施落后等地段进行旧城区改建的需要；（6）法律、行政法规规定的其他公共利益的需要。在符合上述规定的同时，征收房屋要进行的各项建设活动，还应当符合国民经济和社会发展规划、土地利用总体规划、城乡规划和专项规划的要求。属于保障性安居工程建设、旧城区改建的建设活动，还应当纳入市、县级国民经济和社会发展年度计划。

（二）房屋征收的程序

房屋征收涉及公共利益的发展，也关系被征收人的切身利益，因此，为了维护公共利益，保障被征收房屋所有权人的合法权益，房屋征收必须由有权限的人民政府作出决定，并严格按法定程序进行。

（1）征收决定的作出。根据《国有土地上房屋征收与补偿条例》的规定，在为了公共利益确实需征收房屋时，由市、县级人民政府作出房屋征收决定。其他任何单位和个人无权作出征收房屋的决定。只有市、县级人民政府才享有房屋征收的决定权。市、县级人民政府作出房屋征收决定前，应当按照有关规定进行社会稳定风险评估；房屋征收决定涉及被征收人数量较多的，应当经政府常务会议讨论决定。

（2）拟定征收补偿方案。房屋征收决定作出后，由房屋征收部门拟定征收补偿方案，报市、县级人民政府。市、县级人民政府应组织有关部门对征收补偿方案进行论证并予以公布，征求公众意见。征求意见期限不得少于30日。值得注意的是，在房屋征收过程中，被征收人的意见表达是前置的，主要体现在征收补偿方案制订过程中的公开征求意见及听证阶段，一旦补偿方案确定，每户的具体补偿方案就已经确定。对于补偿方案已经明确的补偿标准，征收双方谁都无权变动，应严格按照补偿方案签约。

（3）修改征收方案。市、县级人民政府应将征求意见情况和根据公众意见修改的情况及时公布。因旧城区改建需要征收房屋的，如果多数被征收人认为征收补偿方案不符合《国有土地上房屋征收与补偿条例》规定的，市、县级人民政府应当组织由被征收人和公众代表参加的听证会，并根据听证会情况修改方案。

（4）公告。市、县级人民政府作出房屋征收决定后应当及时公告。公告应当载明征收补偿方案和行政复议、行政诉讼权利等事项。

（5）调查登记。房屋征收部门应当对房屋征收范围内房屋的权属、区位、用途、建筑面积等情况进行调查、登记，并将调查结果在房屋征收范围内向被征收人公布。

（6）签订补偿协议。此即房屋征收部门与被征收人应依照《国有土地上房屋征收与补偿条例》的规定，就补偿方式、补偿金额和支付期限、用于产权调换房屋的地点和面积、搬迁费、临时安置费或者周转用房、停产停业损失、搬迁期限、过渡方式和过渡期限等事项，订立补偿协议。补偿协议订立后，一方当事人不履行补偿协议约定的义务的，另一方当事人可以依法提起诉讼。

（7）支付补偿费。《国有土地上房屋征收与补偿条例》明确规定，实施房屋征收应当先补偿、后搬迁。这一原则的确定，对于被征收人合法权益的保护具有重要意义。为了避免拖欠补偿费的现象出现，该条例明确规定，在作出房屋征收决定前，征收补偿费用应当足额到位、专户存储、专款专用。这就在更大程度上保证了补偿费的足额、及时支付。

（8）搬迁。作出房屋征收决定的市、县级人民政府对被征收人给予补偿后，被征收人应当在补偿协议约定或者补偿决定确定的搬迁期限内完成搬迁。房屋被依法征收后，国有土地使用权同时被国家收回。

四、房屋征收补偿

房屋征收补偿关系是征收人与被征收人之间的法律关系。在房屋征收补偿法律关系中，被征收人是被征收房屋的所有权人，包括单位和个人；征收人是国家；负有补偿义务的人是作出房屋征收决定的市、县级人民政府。

（一）补偿的范围

征收补偿的范围是指被征收房屋的所有权人因房屋被征收依法应得到的补偿的内容。根据我国《国有土地上房屋征收与补偿条例》第 17 条的规定，征收人对被征收人给予的补偿包括以下内容。

（1）被征收房屋价值的补偿。被征收房屋的价值，由具有相应资质的房地产价格评估机构按照房屋征收评估办法评估确定。对被征收房屋价值的补偿，不得低于房屋征收决定公告之日被征收房屋类似房地产的市场价格。被征收方对评估确定的被征收房屋价值有异议的，可以向房地产价格评估机构申请复核评估。对复核结果有异议的，可以向房地产价格评估专家委员会申请鉴定。

（2）因征收房屋造成的搬迁、临时安置的补偿。因征收房屋造成搬迁的，房屋征收部门应当向被征收人支付搬迁费；选择房屋产权调换的，产权调换房屋交付前，房屋征收部门应当向被征收人支付临时安置费或者提供周转用房。

（3）因征收房屋造成的停产停业损失的补偿。如果被征收的房屋属于生产经营用房，被征收人所受的损失除房屋本身的价值外，还会遭受停产停业所带来的损失，而这部分损失直接与房屋征收有关，因此应给予补偿。对因征收房屋造成停产停业损失的补偿，应根据房屋被征收前的效益、停产停业期限等因素确定。具体办法由省、自治区、直辖市制定。例如，北京市制定的《北京市国有土地上房屋征收停产停业损失补偿暂行办法》第 5 条规定，非住宅房屋停产停业损失补偿评估的计算公式为：

$$\text{停产停业损失补偿费}=\left(\text{用于生产经营的非住宅房屋的月租金}+\text{月净利润}\times\text{修正系数}+\text{员工月生活补助}\right)\times\text{停产停业补偿期限}$$

该办法第8条规定，从事生产经营活动的住宅房屋停产停业损失补偿标准为按照实际经营面积每平方米给予800元至3 000元一次性停产停业损失补偿费，具体标准由各区县房屋征收部门结合本地区实际情况确定。被征收人对一次性停产停业损失补偿费有异议的，可以在规定期限内申请参照该办法的有关规定评估确定。

被征收房屋的生产经营者为承租人的，依照其与被征收人的约定分配停产停业损失补偿费；没有约定或不能协商确定的，由被征收人参照上述停产停业损失补偿标准对生产经营者给予适当补偿。

根据《国有土地上房屋征收与补偿条例》的规定，不属于补偿范围的房屋包括：(1) 房屋征收范围确定后，违反国家禁止性规定，在房屋征收范围内新建、扩建、改建的房屋；(2) 为了增加补偿费用而改变用途的房屋；(3) 被认定为违法建筑的房屋；(4) 超过批准期限的临时建筑。上述房屋依法不属于征收补偿的范围，在房屋征收中将不予补偿。

【案例】

被征收房屋情况：宁波市海曙区三市路某室房屋登记所有人为被征收人陈某等四人，各占25%的份额。其登记建筑面积为52.42平方米，房屋用途为住宅。该房屋系砖混二等结构成套私房，房屋地段等级为三级。该房屋东边另有若干间1995年后搭建的自搭建筑，其中部分占用了公用车棚位置，均无产权依据和相关部门的批准资料，由被征收人出租给他人开店使用，该地址的经营未领取营业执照。经测绘，自搭建筑的使用面积合计54平方米，建筑面积为63.51平方米。该处有户口本一本，常住人口一人，为陈某。另外两位共有人他处另有住房。经评估，被征收房屋的评估价值为741 264元（不包括住宅装修价值）。

补偿安置方案：(1) 选择货币补偿：可按照被征收房屋评估金额741 264元再增加25%的补偿资金185 316元，并给予6个月的临时安置补偿费9 900元、住宅用房一次性搬迁补偿费15 726元，合计可得被征收房屋货币补偿资金952 206元。住宅装修评估后，按规定予以补偿安置。(2) 选择房屋产权调换的：由房屋征收部门提供位于海曙区三类地段气象路安置地块建筑面积约90平方米的高层期房1套，双方按规定结算房屋差价。自行过渡，临时安置补偿费按每月1 650元另行计发（如遇临时安置补偿费政策调整，则根据政策规定进行调整）。另被征收人可得住宅用房一次性搬迁补偿费15 726元。住宅装修评估后，按规定折算成安置房的建筑面积给予安置。

被征收人要求安置4套住房，开店的自搭建筑按照店面用房进行补偿。因未能在签约期限内签订征收补偿协议，海曙区人民政府依法作出了征收补偿决定，并对该被征收房屋实际执行了强制搬迁。其结果是增加了政府的行政成本，被征收人也损失了7万多元的提前搬迁奖励费。被征收人的补偿安置要求过高，远远超出了被征收房屋的法定补偿标准，其提出开店的自搭建筑按照店面用房进行补偿的要求没有法律依据，自然无法达到预期目的。[①]

① 《宁波日报》，2014-12-04。

（二）补偿方式

根据《国有土地上房屋征收与补偿条例》，我国房屋征收补偿的方式主要有两种，即产权调换和货币补偿。产权调换是指对被征收人的补偿采取实物的形式，即征收人以异地或者再建的房屋对被征收人进行补偿。这种补偿形式实质上是以房换房。对被征收人来讲只是房屋的调换，是以被征收的房屋换取另一处房屋（面积相当）。这种补偿方式的适用在某些条件下会受到限制，如在市政工程建设征收的情况下，采用产权调换的方式客观上就不具备条件。货币补偿即以货币形式支付补偿费用。

在房屋征收补偿中，被征收人享有选择权，其可以选择货币补偿，也可以选择房屋产权调换。被征收人选择房屋产权调换的，市、县级人民政府应当提供用于产权调换的房屋，并与被征收人计算、结清被征收房屋价值与用于产权调换房屋价值的差价。因旧城区改建征收个人住宅，被征收人选择在改建地段进行房屋产权调换的，作出房屋征收决定的市、县级人民政府应当提供改建地段或者就近地段的房屋。这就是大家习惯所称的“回迁”。无论选择何种补偿方式，征收人与被征收人都应将双方在征收补偿中的权利、义务，以书面形式确定下来。房屋征收部门与被征收人，在征收补偿方案确定的签约期限内达不成补偿协议，或者被征收房屋所有权人不明确的，由房屋征收部门报请作出房屋征收决定的市、县级人民政府依照本条例的规定，按照征收补偿方案作出补偿决定，并在房屋征收范围内予以公告。被征收人对补偿决定不服的，可以依法申请行政复议，也可以依法提起行政诉讼。

（三）补偿标准

城市房屋征收的补偿标准，是房屋征收补偿制度的重要内容，其直接关系到被征收人合法权益的保护及房屋被征收后能否得到公平补偿。我国《民法典》第 243 条中规定：征收集体所有的土地，应当依法及时足额支付土地补偿费、安置补助费以及农村村民住宅、其他地上附着物和青苗等的补偿费用，并安排被征地农民的社会保障费用，保障被征地农民的生活，维护被征地农民的合法权益。征收组织、个人的房屋以及其他不动产，应当依法给予征收补偿，维护被征收人的合法权益；征收个人住宅的，还应当保障被征收人的居住条件。我国《国有土地上房屋征收与补偿条例》第 19 条规定，对被征收房屋价值的补偿，不得低于房屋征收决定公告之日被征收房屋类似房地产的市场价格。被征收房屋的价值，由具有相应资质的房地产价格评估机构按照房屋征收评估办法评估确定。第 20 条规定，房地产价格评估机构由被征收人协商选定；协商不成的，通过多数决定、随机选定等方式确定，具体办法由省、自治区、直辖市制定。可见，对城市被征收房屋价值补偿的标准或依据是被征收房屋类似房地产的市场价格。按市场价格对被征收房屋给予补偿，能在更大程度上体现公平补偿的原则，更有利于对被征收人合法权益的保护。

【案例】

2016 年 4 月 6 日，某县人民政府作出《×××片区实施房屋征收的决定》（以下简称《决定》），其征收补偿方案规定：选择货币补偿的，被征收主房按照该地块多层产权调换安置房的优惠价格补偿；选择产权调换的，安置房超出主房补偿面积的部分由被征收人出资，超出 10 平方米以内的按优惠价结算房价，超出 10 平方米以外的部分按市场价格结算房价；被征收主房面积大于安置房面积的部分，按照安置房优惠价增加 300 元/平方米标准给予货币补偿。原告孔某某的房屋在被征收范围内，其不服该《决定》，提起行政诉讼。

市中级人民法院经审理认为：根据《国有土地上房屋征收与补偿条例》第 2 条、第 19 条，征收国有土地上单位、个人的房屋，应当对被征收房屋所有权人给予公平补偿。对被征收房屋价值的补偿，不得低于房屋征收决定公告之日被征收房屋类似房地产的市场价格。根据立法精神，对被征收房屋的补偿，应参照就近区位新建商品房的价格，以被征收人在房屋被征收后居住条件、生活质量不降低为宜。本案中，优惠价格显然低于市场价格，对被征收房屋的补偿价格也明显低于被征收人的出资购买价格。该征收补偿方案的规定对被征收人显失公平，违反了《国有土地上房屋征收与补偿条例》的相关规定。故判决撤销被告县人民政府作出的《决定》。宣判后，各方当事人均未提起上诉。

本案的典型意义在于：《国有土地上房屋征收与补偿条例》第 2 条规定的对被征收人给予公平补偿原则，应贯穿于房屋征收与补偿全过程。无论有关征收决定还是补偿决定的诉讼，人民法院都要坚持程序审查与实体审查相结合，一旦发现补偿方案确定的补偿标准明显低于法定的“类似房地产的市场价格”，即便对于影响面大、涉及人数众多的征收决定，该确认违法的要坚决确认违法，该撤销的要坚决撤销，以有力地维护人民群众的根本权益。[①]

五、房屋征收双方的权利与义务

房屋征收关系实质上是征收方与被征收方之间的权利义务关系，根据《国有土地上房屋征收与补偿条例》，市、县级人民政府负责本行政区域的房屋征收与补偿工作。市、县级人民政府确定的房屋征收部门组织实施本行政区域的房屋征收与补偿工作。房屋征收部门可以委托房屋征收实施单位，承担房屋征收与补偿的具体工作。房屋征收实施单位不得以营利为目的。《国有土地上房屋征收与补偿条例》第 5 条第 2 款明确规定：“房屋征收部门对房屋征收实施单位在委托范围内实施的房屋征收与补偿行为负责监督，并对其行为后果承担法律责任。”该规定表明，国有土地上房屋的征收人是人民政府确定的房屋征收部门。被征收人是被征收房屋的所有权人，包括在国有土地上拥有房屋的单位和个人。

（一）房屋征收人的权利和义务

在房屋征收关系中，征收人一旦被确定，其便享有代表人民政府组织实施本行政区

① 参见《最高人民法院公布全国法院征收拆迁十大典型案例》，见中国法院网，http://www.chinacourt.org/article/detail/2014/08/id/1429378.shtm，最后访问时间：2016－03－20。

域的房屋征收与补偿工作的权利，同时，也负有以下义务。

（1）房屋征收部门应当对房屋征收范围内房屋的权属、区位、用途、建筑面积等情况组织调查登记，并将调查结果向被征收人公布，并告知被征收人不得在征收范围内实施新建、扩建、改建房屋和改变房屋用途等不当增加补偿费用的行为，同时书面通知有关部门暂停办理相关手续。暂停办理相关手续的书面通知应当载明暂停期限。暂停期限最长不得超过 1 年。

（2）市、县级人民政府及其有关部门应当依法加强对建设活动的监督管理，对违反城乡规划进行建设的，依法予以处理。

（3）市、县级人民政府作出房屋征收决定前，应当组织有关部门依法对征收范围内未经登记的建筑进行调查、认定和处理。

（4）不得采取暴力、威胁或者违反规定中断供水、供热、供气、供电和道路通行等非法方式迫使被征收人搬迁。违反规定采取暴力、威胁或者违反规定中断供水、供热、供气、供电和道路通行等非法方式迫使被征收人搬迁，造成损失的，依法承担赔偿责任；对直接负责的主管人员和其他直接责任人员，构成犯罪的，依法追究刑事责任；尚不构成犯罪的，依法给予处分；构成违反治安管理行为的，依法给予治安管理处罚。

（5）房屋征收部门应当依法建立房屋征收补偿档案，并将分户补偿情况在房屋征收范围内向被征收人公布。

（6）市、县级人民政府应当制定补助和奖励办法，对被征收人给予补助和奖励。

市、县级人民政府及房屋征收部门的工作人员在房屋征收与补偿工作中不履行《国有土地上房屋征收与补偿条例》规定的职责，或者滥用职权、玩忽职守、徇私舞弊的，由上级人民政府或者本级人民政府责令改正，通报批评；造成损失的，依法承担赔偿责任；对直接负责的主管人员和其他直接责任人员，依法给予处分；构成犯罪的，依法追究刑事责任。

（二）房屋被征收人的权利和义务

房屋所有权人在房屋征收法律关系中所享有的权利主要体现在以下几个方面。

1. 被征收人有权获得公平补偿

房屋征收中能否得到公平补偿，是被征收人最为关注的，也是最容易产生矛盾和纠纷的问题。它直接关系到人民群众的切身利益。为了能使被征收方获得公平合理的补偿，《国有土地上房屋征收与补偿条例》第 19 条明确规定，对被征收房屋价值的补偿，不得低于房屋征收决定公告之日被征收房屋类似房地产的市场价格。被征收房屋的价值，由具有相应资质的房地产价格评估机构按照房屋征收评估办法评估确定。对评估确定的被征收房屋价值有异议的，可以向房地产价格评估机构申请复核评估。对复核结果有异议的，可以向房地产价格评估专家委员会申请鉴定。以市场价格作为补偿标准确定补偿数额，就使被征收人的基本利益得到保障。实践中，这种补偿不仅包括对房屋的补偿，也包括对土地使用权的补偿。这就大体上可以确保被征收人的居住条件能得到改善、生活水平不降低。

2. 被征收人有权参与选择评估机构

为了确保房屋征收补偿的客观公平、公正性，《国有土地上房屋征收与补偿条例》第20条规定，房地产价格评估机构由被征收人协商选定；协商不成的，通过多数决定、随机选定等方式确定，具体办法由省、自治区、直辖市制定。同时，要求房地产价格评估机构应当独立、客观、公正地开展房屋征收评估工作，任何单位和个人不得干预。在评估机构的选定上，被征收人享有协商选定权，这就能够在更大程度上保证评估工作的独立性，避免其他单位和个人的干预，保证评估结果的客观、公平。

3. 被征收人有权提起行政复议和诉讼

为了保护房屋征收中被征收人的合法权益，《国有土地上房屋征收与补偿条例》明确规定了房屋被征收人的维权途径。（1）被征收人对市、县级人民政府作出的房屋征收决定不服的，可以依法申请行政复议，也可以依法提起行政诉讼。（2）在补偿方案确定的期限内，双方不能就补偿问题达成协议，由政府作出补偿决定的情况下，被征收人对补偿决定不服的，可以依法申请行政复议，也可以依法提起行政诉讼。（3）补偿协议订立后，征收人不履行补偿协议约定的义务的，被征收人可以依法提起诉讼。房屋被征收方在上述三种情况下，均可以通过申请行政复议或提起行政诉讼，来维护自己的合法权益。

【案例】

姜某在××县城拥有平房一处，2022年1月因高速公路建设项目用地需要，县人民政府发布房屋征收公告，姜某的房屋及其占用范围的土地被纳入征收范围。姜某对征收补偿的标准和补偿数额有异议，经多次协商未果。县人民政府为不影响高速公路建设项目开工，于2022年6月15日作出《××县政府征地补偿安置决定》，决定对姜某的房屋及其占用范围内的宅基地予以征收。姜某不服征收决定，委托律师针对县政府的征收决定，向市人民政府提起行政复议。市政府受理此案后，认为××县政府未在法定期内提供据以作出征地补偿安置决定的评估报告，认定涉案补偿安置决定中关于补偿标准的认定存在事实不清、证据不足的情况，最终决定，撤销《××县政府征地补偿安置的决定》。由此可见，在遇到公共利益需要时，土地使用者应该服从国家和公共利益需要，但土地征收也必须依法进行，符合规定的程序要求，保护被征收人的合法权益。我国《国有土地上房屋征收与补偿条例》第19条明确规定，被征收房屋的价值，由具有相应资质的房地产价格评估机构按照房屋征收评估办法评估确定；同时其第26条规定，被征收人对补偿决定不服的，可以依法申请行政复议，也可以依法提起行政诉讼。我国的有关法律对被征收人的合法权益给予充分保障。

房屋所有权人在房屋征收法律关系中所负有的义务主要有以下几项。

（1）按期完成搬迁。作出房屋征收决定的市、县级人民政府对被征收人给予补偿后，被征收人应当在补偿协议约定或者补偿决定确定的搬迁期限内完成搬迁。采取暴力、威胁等方法阻碍依法进行的房屋征收与补偿工作，构成犯罪的，依法追究刑事责任；构成违反治安管理行为的，依法给予治安管理处罚。

（2）不得再改变或新建建筑物。房屋征收范围确定后，房屋所有权人不得以增加补偿费为目的，在房屋征收范围内实施新建、扩建、改建房屋和改变房屋用途等行为。

被征收人在法定期限内不申请行政复议或者不提起行政诉讼，在补偿决定规定的期限内又不搬迁的，作出房屋征收决定的市、县级人民政府可依法申请人民法院强制执行。

六、强制拆迁的限制

被拆迁人或者房屋承租人在裁决规定的搬迁期限内未搬迁的，由市、县人民政府责成有关部门强制拆迁，或者由房屋拆迁管理部门依法申请人民法院强制拆迁。但应严格按法定程序进行，确保拆迁公开、公正、公平。拆迁人未按裁决意见向被拆迁人提供拆迁补偿资金或者符合国家质量安全标准的安置用房、周转用房的，不得实施强制拆迁。2010年国务院办公厅《关于进一步严格征地拆迁管理工作切实维护群众合法权益的紧急通知》明确要求：要严格控制行政强制拆迁的数量，实施行政强制拆迁要严格执行相关程序，并报请上一级人民政府备案。程序不合法、补偿不到位、被拆迁人居住条件未得到保障以及未制定应急预案的，一律不得实施强制拆迁。

房屋拆迁管理部门申请行政强制拆迁前，应当邀请有关管理部门、拆迁当事人代表以及具有社会公信力的代表等，对行政强制拆迁的依据、程序、补偿安置标准的测算依据等内容，进行听证。房屋拆迁管理部门申请行政强制拆迁，必须经领导班子集体讨论决定后，方可向政府提出行政强制拆迁申请。未经行政裁决，不得实施行政强制拆迁。

房屋拆迁管理部门申请行政强制拆迁，应当提交下列资料：（1）行政强制拆迁申请书；（2）裁决调解记录和裁决书；（3）被拆迁人不同意拆迁的理由；（4）被拆迁房屋的证据保全公证书；（5）为被拆迁人提供安置用房、周转用房权属证明或者补偿资金的证明；（6）被拆迁人拒绝接收补偿资金的，应当提交补偿资金的提存证明；（7）市、县人民政府房屋拆迁管理部门规定的其他材料。

依据强制拆迁决定实施行政强制拆迁，房屋拆迁管理部门应当提前15日通知被拆迁人，并认真做好宣传解释工作，动员被拆迁人自行搬迁。此外，实施强制拆迁时，应当组织街道办事处（居委会）、被拆迁人单位代表到现场作为强制拆迁证明人，并由公证部门对被拆迁房屋及其房屋内物品进行证据保全。①

房屋征收补偿的数额，是专业评估机构依照规范性法律文件的规定，采用科学的方法，独立评估确定的，正常情况下都是比较客观、公正的。如果被征收人想借房屋征收之机，索要更高的补偿、追求更多的利益，也并非易事。

特别要说明的是，《国有土地上房屋征收与补偿条例》（国务院令第590号）实施后，《城市房屋拆迁管理条例》（国务院令第305号）已被废止。《城市房屋拆迁行政裁决工作规程》是依据国务院令第305号制定的，也应当随之废止。但已取得拆迁许可证的项目仍沿用《城市房屋拆迁管理条例》（国务院令第305号）执行，所以已取得拆迁许可证的项目中的裁决工作，依然按照建设部《城市房屋拆迁行政裁决工作规程》执行。此外，

① 参见李延荣：《房地产管理法》，3版，54～56页，北京，中国人民大学出版社，2011。

拆迁纠纷的解决还可以通过行政复议和诉讼方式等来解决，因本书在第九章对行政复议和诉讼的有关内容有专门论述，此处不再赘述。

延伸阅读

1.［美］理查德·A. 艾珀斯坦. 征收：私人财产和征用权. 李昊，刘刚，翟小波，译. 北京：中国人民大学出版社，2011.

2. 李集合. 土地征收征用法律制度研究. 北京：中国政法大学出版社，2008.

3. 谭喜祥，欧阳斌. 我国划拨土地使用权转让制度的完善. 前沿，2009（2）.

4. 杨应军. 房屋征收补偿实战策略. 北京：法律出版社，2020.

5. 纪召兵. 征地拆迁焦点问题实务指引及案例解析. 北京：中国法制出版社，2019.

6. 刘连泰. 征收补偿中的主观价值. 法学家，2020（2）.

问题与思考

1. 财产征收的特征是什么？
2. 简述财产征收的条件。
3. 简述我国土地征收与土地征用的区别。
4. 如何确定土地征收补偿的范围？
5. 简述土地征收补偿标准的变化。
6. 如何确定房屋征收的补偿范围？
7. 简述房屋征收补偿的方式。
8. 城市房屋的被征收人如何确定？
9. 房屋被征收人的权利和义务有哪些？

第九章
房地产纠纷的处理

常考知识点

- 房地产纠纷的种类
- 房地产纠纷的行政调处
- 房地产纠纷的仲裁
- 房地产纠纷的民事诉讼程序

第一节　房地产纠纷概述

一、房地产纠纷的概念和特征

房地产纠纷，是指公民之间、法人（其他组织）之间、公民和法人（其他组织）相互之间以及他们与房地产管理机关之间有关土地和房屋权利、义务的争议。这里的公民和法人包括涉外房地产关系中的外国公民、外国法人、外国组织和我国港澳台地区当事人。这种纠纷主要涉及房地产的所有权、使用权、经营权、管理权，以及由买卖、租赁等引起的经济权益。

房屋和土地是社会生活中人们的基本生产和生活资料，涉及当事人重大的物质经济利益，房地产关系又是一种复杂的综合社会经济关系，因而发生各种矛盾和纠纷在所难免。近年来，我国房地产制度改革步伐加快，随着住房商品化政策的推行和土地有偿使用的实践，我国房地产市场逐渐兴旺，前景广阔。房地产业在经济领域里起着日益重要的作用，人们对房地产的商品意识和权属观念随之增强，房地产纠纷案件也不断增多。

房地产纠纷具有争议标的价值大、种类多、历史遗留问题多、纠纷原因复杂等特点，具体表现如下。

（一）房地产纠纷的争议标的价值大

土地是最重要的生产资料。在我国，土地是国家和集体的重要资产，在城市，特别是大城市，寸土寸金，地产收益是国家重要的财政来源。对城市居民来说，商品化的住房往往是他们最高价值的财产。在农村，房屋也往往意味着农民毕生的心血。房地产纠纷的处理不仅事关公民的重大财产利益，也往往直接关系到公民的基本生存利益这一宪法保护的基本权利。对于企事业单位来说，房地产是其从事生产经营和各项事业的基本物质基础，而对于以房地产为经营范围的企业来说，房地产更是企业生存和发展生死攸关的利益所在，特别是大多数房地产建设项目投资都含有大量的银行贷款甚至单位职工的个人集资，房地产纠纷的合理解决不仅事关当事人的个别利益，而且经常事关经济全局的稳定和整个社会的安定。房地产标的无论从绝对值还是从相对值来看都是巨大的，这对房地产案件的审理提出了很高的要求。

（二）房地产纠纷涉及面广、法律关系复杂

房地产纠纷往往涉及诸多与房地产建设、管理有关的部门，如城建、规划、土地管理、房产管理等部门，这些部门有时以第三者的身份对房地产纠纷进行调处，有时则是房地产纠纷中的一方当事人。一方面，一宗房地产纠纷案件往往同时存在两个以上相互牵连的民事法律关系，例如，房屋产权、房屋继承往往与析产交织在一起，房屋买卖与租赁、赠与和代管常常牵连在一起，房屋典当与房屋抵押混同，以及房地产开发经营与土地使用权纠纷混同等。另一方面，一宗房地产纠纷案件也往往同时存在两个以上相互牵连的不同的法律关系，如房屋产权争议与城市规划行政争议的混合，房屋产权争议与单位内部劳动关系争议的混合等。此外，房地产纠纷还往往涉及许多历史遗留问题。由于年代久远，不少房屋的自然状况和管理、使用、权属更迭情况变化很大，房地产的不少书证资料已经流失、损毁，查证工作难度较大，加之房地产纠纷中当事人关系也很复杂，许多是家庭内部成员等亲属关系，这更增加了房地产纠纷案件处理的难度。

（三）房地产纠纷政策性强

房地产利益具有社会性，各国对房地产关系调整的社会规范都不同程度地含有政策性规范。例如，国外特别是西方国家政党竞选纲领中往往将住房政策和房地产业政策作为重要的内容，这些政策往往对房地产立法和房地产案件的审理产生深刻影响。如 20 世纪以来，西方国家在处理住房租赁争议时，法律对承租人的特别保护主要源于社会党的住房政策。我国目前对房地产纠纷的处理仍保留了大量的政策调整空间，例如，对历史遗留房地产问题争议的处理，对华侨房地产、宗教房地产等特殊房地产争议的处理，在大多数情况下均以政策规范的适用为主。我国不同时期的政策规范及其与法律规范的界限均有很大的发展变化，在审理有关房地产纠纷的案件时，必须正确地适用这些政策规范。

二、房地产纠纷的种类

依不同的标准，对房地产纠纷可作如下分类。

（一）按纠纷涉及的标的不同，可分为土地纠纷和房屋纠纷

（1）土地纠纷，是指当事人之间因土地的权属、交易或其他法律问题而发生的纠纷。

这类纠纷按其内容又可分为土地权属纠纷、土地交易纠纷和土地侵权纠纷。

1）土地权属纠纷，是指因特定范围的土地的所有权或使用权而引起的纠纷，包括土地所有权归属的纠纷、土地使用权的纠纷、宅基地使用权纠纷等。土地所有权纠纷如农民集体组织之间的土地权属争议。土地使用权纠纷则可能存在于各种民事法律关系主体之间。

2）土地交易纠纷，通常表现为因土地使用权出让和转让而发生的合同纠纷。

3）土地侵权纠纷，是指因侵害他人土地的所有权或使用权而引起的争议。土地侵权纠纷的处理结果往往直接影响土地权属关系，因而与土地权属纠纷可以合并。

（2）房屋纠纷，是指当事人基于房屋的权利、义务所发生的纠纷，具体包括以下内容。

1）房屋物权纠纷，是指侵犯他人房屋所有权的纠纷。主要包括因确权、改造、没收、入股、接管、代管而引起的物权纠纷，因产权人死亡、离婚和共有房产分割而产生的产权纠纷，因损坏他人房屋而产生的侵权纠纷，因非法占有、使用他人房屋而产生的侵权纠纷等。

2）房屋转让纠纷，是指因公民之间、法人之间及公民和法人相互之间因房屋买卖、抵押、典当、赠与、继承等基于所有权变更而发生的纠纷。

3）房屋租赁纠纷，是指房屋出租人和承租人之间因房屋租赁过程中的权利、义务而发生的纠纷。按照房屋所有权性质的不同又可分为公房租赁纠纷和私房租赁纠纷。

（二）按纠纷的法律性质不同，可分为房地产行政纠纷、房地产民事纠纷和房地产消费者权益纠纷

（1）房地产行政纠纷，是指房地产行政管理机关在行使管理权过程中与管理对象发生的纠纷。这类纠纷又可分为两种情况：一是因房地产管理机关行使管理权而引起的争议，主要是对房地产管理机关对被管理者进行行政处罚引起的争议，例如，行政机关认为被处罚人违反批准程序等管理规定，非法占用、使用、处分土地，而依法给予处罚，被处罚人不服处罚而引起的争议；二是因房地产管理机关不作为而引起的争议，例如，当事人因房地产管理机关拒绝发给土地使用权证、拒绝对房屋产权登记或过户、对用地申请不予答复、对房地产权属纠纷或侵权行为不作处理等而引起的争议。

（2）房地产民事纠纷，是指平等主体的公民之间、法人、其他组织之间以及公民与法人、其他组织之间的有关房地产权利、义务的纠纷。在所有房地产纠纷中，凡以财产权争议为主的纠纷主要属于民事纠纷，但处理房地产民事纠纷的途径则不限于民事诉讼，也包括行政调处和仲裁。

（3）房地产消费者权益纠纷，是指房地产经营者与房地产消费者之间的纠纷。房地产消费者保护案件是房地产民事纠纷的特殊类型，主要发生在公民买卖住宅商品房、商品房质量和售后服务、物业管理、房屋装修、经营性房屋租赁等房地产消费关系中。笔者认为，处理这类纠纷应当首先适用《消费者权益保护法》的有关规定，体现对房地产消费者权益的特殊保护原则。

【案例】

2003 年最高人民法院法释〔2003〕7 号中规定，在“一房两卖”等 5 种情况下可适

用不超过已付购房款1倍的惩罚性赔偿，2020年的修订中相关内容被删除。2016年，作为二审的黑龙江省高级人民法院认定北亚公司在商品房销售过程中蓄意隐瞒涉案房屋已经出售给他人的事实，在涉案房屋已经出售给案外人的情况下仍和购房人李某签订商品房买卖合同，存在“一房两卖”的情形。而在长达4年多的时间中，购房人李某既未得到房屋，北亚公司也未返还购房款。综合考虑李某的实际损失客观存在，法院判决双方原先签订的商品房买卖合同解除，北亚公司应当返还李某购房款本金人民币约500万元，银行贷款利息人民币约110万元，并承担0.8倍的赔偿责任，即北亚公司另赔偿李某约400万元。①

（三）按纠纷所涉及的民事权利的性质，可分为房地产物权纠纷和房地产债权纠纷

（1）房地产物权纠纷，是指当事人对房地产的所有权及相关财产权发生的纠纷。我国的房地产物权纠纷主要包括土地使用权纠纷、房屋所有权纠纷、房地产他项权利纠纷、房地产相邻关系纠纷、建筑物区分所有权纠纷等。

（2）房地产债权纠纷，是指公民、法人因对房地产及其有关权益进行交换协作而发生的纠纷，如土地使用权出让合同纠纷、房屋买卖合同纠纷、房屋租赁合同纠纷等。

（四）按发生纠纷的法律关系是否具有涉外因素，可分为国内房地产纠纷和涉外房地产纠纷

（1）国内房地产纠纷，是指发生纠纷的法律关系不具有涉外因素，这种法律关系的主体、内容和客体不直接涉及外国或我国港澳台地区，争议的处理完全适用我国的法律。

（2）涉外房地产纠纷，是指纠纷所涉及的法律关系诸因素中至少有一个因素涉及外国或我国港澳台地区，适用的法律主要为不动产所在地法律，也可包括国际惯例。

（五）按纠纷发生的时间，可分为历史遗留房地产纠纷和当前房地产纠纷

主要划分界线为20世纪70年代末80年代初落实房地产政策前后。对历史遗留房地产纠纷的处理应以有关的政策为依据，特别是历史遗留房地产的确权问题应主要由房地产权属管理部门依有关的规定处理；当前房地产纠纷则完全按照现行的法律规定处理。

三、处理房地产纠纷的原则

处理房地产纠纷的原则可分为两个方面：一方面是我国法律规定的处理民事、行政和经济纠纷案件所必须遵守的各项法律原则，主要是诉讼法的各项原则。这方面的法律

① 参见李某与七台河市北亚房屋建设综合开发有限责任公司商品房买卖合同纠纷案［（2016）黑民终290号民事判决书］，裁判日期：2016-07-30，见 https://wenshu.court.gov.cn/website/wenshu/181107ANFZ0BXSK4/index.html?docId=AmRp3IYia0de/n+1ps012vZSmfREWub5V6Njc/MWseBlV1cMbLyUqJO3qNaLMqsJiHT59xMlpus3eG0GTxAj0FN3EfQUKiGgP7O5lV6ctiRfPLIRFvfZXX2yK/u24YEL，最后访问时间：2024-07-10。

原则主要有：以事实为依据、以法律为准绳的原则，调解与审判相结合的原则，当事人在适用法律上一律平等的原则等。另一方面是与房地产法相关的原则，也就是基于我国房地产法的本质要求，在处理房地产纠纷时所必须遵循的特殊的原则。这方面的法律原则主要有以下几项。

（一）公民住宅利益优先原则

我国公民住宅利益不仅受房地产法保护，而且其所体现的公民居住权和房屋所有权还直接受宪法保护，具有比其他一般财产权更重要的法律地位。公民的住宅利益所体现的不仅是每个公民的个体利益，而且是包括每个公民在内的社会利益，因而受到法律优先的保护。房地产纠纷的处理如果造成公民被剥夺居住权而成为无家可归者的局面，这无论如何也不是一种好的社会效果。在房地产开发建设中，国家优先发展居民的住宅建设，国家安居工程建设项目比其他一般建设项目受到法律更严格地保护。居民住宅利益也包括住宅环境利益，这种利益受宪法和环境法的严格保护。

（二）消费者保护原则

在住房商品化条件下，公民住宅利益往往表现为消费者利益，因而直接受消费者权益保护法的保护。根据消费者权益保护法的原则，在消费者与经营者的利益关系中，法律的保护向消费者倾斜，公民作为住宅消费者，享有消费者权益保护法规定的各项权利，包括选择权、知情权、安全权、求偿权、监督权等；而作为经营者的房地产商则必须承担消费者权益保护法规定的各项义务，包括对房屋商品和服务的质量保证义务、公平交易义务、损害赔偿义务、接受监督义务等。

（三）利益协调和兼顾原则

与一般民事法律关系不同的是，房地产法律关系至少涉及三方当事人的利益，即国家作为土地所有者的利益、房地产经营者的商业利益和公民作为房地产消费者的利益。当这三者利益发生冲突、产生纠纷时，法律在基于保护弱者而对消费者权益优先保护的前提下，也要兼顾各方当事人的利益，充分发挥法律协调利益的功能，实现法律的公平正义宗旨。只有这样，才能保证房地产业持续、健康地发展。与此同时，这一原则的贯彻也是房地产业特殊发展规律的客观要求。房地产业既是高盈利的产业，也是风险程度较高的产业，其高盈利性要求法律在实施的过程中更严格地限制对资源的过度利用，限制投机利益的过度膨胀，使房地产业经济利益在全社会范围内合理地分配；其高风险性则要求在法律的实施过程中，把这种高风险所造成或可能带来的损失降低到最低的程度。总之，房地产利益协调和兼顾的原则在解决房地产纠纷中的适用，就是要保证房地产业发展中的实质公平，防止房地产业发展中的大起大落，以保证房地产业持续、健康地发展。

第二节　房地产纠纷的行政处理

房地产纠纷的行政处理形式多为两种：一是行政调处，二是行政处罚。前者用于解决平等主体之间的纠纷，后者则是对行政相对人的违法行为进行行政处理。这两种形式可以独立适用，也可以在处理一件争议中同时适用。

一、行政调处

（一）行政调处概述

行政调处，是指行政机关对平等主体之间房地产民事纠纷的调解和处理。这里的行政机关主要是指土地管理部门、房产管理部门以及市场监督管理部门等。

行政调处是我国目前解决房地产纠纷的主要途径之一。这是因为：第一，房地产行政管理机关对房地产使用、经营和开发建设拥有管理权，处理房地产纠纷是其职责之一；第二，房地产纠纷往往涉及产权归属问题，房地产行政管理机关可以凭借产籍资料及时有效地解决纠纷；第三，房地产纠纷往往涉及大量的专门技术问题，同时，还可能涉及不同行政机关所作的决定，通过房地产行政主管机关处理纠纷，可以比较好地解决有关技术问题，也可协调有关行政机关的意见；第四，房地产行政主管机关处理纠纷，其程序比较简单，具有简便易行的优点。

通过行政调处解决房地产纠纷，在许多法律、法规中有明确规定，例如，《土地管理法》中规定："土地所有权和使用权争议，由当事人协商解决；协商不成的，由人民政府处理"。通过行政机关处理的房地产纠纷主要有两大类：一是房地产产权归属纠纷，如土地所有权、使用权或房屋所有权纠纷；二是需由房地产行政主管机关作出决定的纠纷，如土地征收补偿纠纷、房屋征收补偿纠纷等。

（二）行政调处的程序

（1）申请与受理。当事人双方均可向当地的房屋、土地管理部门申请调处，这些机关对按规定可以由其先行调处的案件，应予以受理，并立案调查。

（2）查清事实。受案行政部门不仅要向当事人双方了解争议事实，还要实地考察房屋、土地情况，向知情人调查，查清核实有关的证据资料。

（3）调解处理。受案行政部门及承办人员在当事人自愿的情况下，应尽可能促使当事人自愿达成和解协议。

二、行政处罚

（一）行政处罚的概念和原则

房地产行政处罚，是指房地产行政管理机关在其职权范围内，对违反有关行政法律法规的行政相对人所作出的行政处罚。处罚的对象既包括个人，也包括单位。

房地产行政管理机关根据其职权对房地产活动中的违法行为作出行政处罚往往是根据行政管理机关一方的意志即可作出，而无须当事人的申请。但房地产纠纷往往是因当事人的违法行为而产生，在这种情况下，房地产行政管理机关不应仅对当事人的争议作出处理，还应同时对案件中涉及的违法行为作出行政处罚。

房地产行政处罚必须遵循以下原则。

（1）依法行政原则。要求行政处罚的主体、客体、内容、依据、权限、程序等各方面符合法律要求，在无法律授权或法律依据的情况下，任何行政机关均不得越权作出行政处罚。

（2）适当原则。要求根据违法行为的性质、情节、社会危害程度来决定行政处罚的轻重，做到不枉不纵，执法公正。

（3）法律救济原则。要求明确告知被处罚人有权在一定期限内向有关行政机关申请行政复议或者向有管辖权的人民法院提起诉讼。

（二）行政处罚的程序

2021 年修订的《行政处罚法》对行政处罚规定了简易程序和普通程序。简易程序适用于违法事实确凿并有法定依据，对公民处以 200 元以下、对法人或者其他组织处以 3 000 元以下罚款或者警告的行政处罚的情况。此种情况下，可以适用简易程序当场作出行政处罚决定。除可以当场作出行政处罚以外的，依法应给予行政处罚的行为，适用普通程序。

行政处罚应当依照以下程序进行。

（1）立案。对符合立案标准的，行政机关应当及时立案。行政机关或有权组织决定立案的，先应填写立案单，然后报处罚单位法定代表人，批准成立行政处罚案件，并确定承办人员。

（2）查证。这是指对房地产违法行为进行的调查或检查。

（3）审查。审查即由行政机关负责人对调查结果进行审查，根据不同情况，分别作出处罚不予处罚、移送司法机关的决定。

（4）处罚。行政机关依法决定给予处罚的，要在立案后 90 日内作出处罚决定，并制作行政处罚决定书，送达当事人。

（5）执行。行政处罚决定书送达后，被处罚人不服的，应在法定期限内申请行政复议或提起行政诉讼，但行政处罚不停止执行，法律另有规定的除外。

三、行政复议

（一）行政复议概述

房地产纠纷案件的行政复议，是指不服房地产行政机关的具体行政行为，依法向法律规定的行政复议机关提出重新处理，复议机关依法重新对房地产纠纷案件进行复查、复审、复核、复验等活动。根据复议的情况，复议机关可以作出维持、变更或撤销、部分撤销原行政处罚或行政处理决定。行政复议是一种行政监督和补救性质的活动，是督促行政机关合法地行使职权并矫正违法或不当的行政行为的措施。

房地产行政复议具有以下特点。

（1）行政复议的被申请人是房地产行政管理机关，申请人是公民、法人或其他组织。

（2）客体是房地产行政管理中发生的行政行为。

（3）房地产行政复议是依法履行行政复议权职责的行政机关依据相对人的请求，复查行政行为的一种行政措施。

（二）房地产行政复议的受案范围

根据我国《行政复议法》第 11～13 条的规定，行政相对人对房地产行政管理机关下列具体行政行为不服时，可以向复议机关申请复议：

（1）向房地产行政管理机关申请许可，房地产行政管理机关拒绝或者在法定期限内不予答复，或者对房地产行政管理机关作出的有关行政许可的其他决定不服；

（2）对行政机关作出的关于确认土地、水流、森林、山岭、草原、荒地、滩涂等自然资源的所有权或者使用权的决定不服的；

（3）对房地产行政管理机关作出罚款、责令停产停业、暂扣或者吊销许可证等行政处罚决定不服的；

（4）认为行政机关在政府信息公开工作中侵犯其合法权益的；

（5）认为房地产行政管理机关的其他行政行为侵犯其合法权益的。

（三）行政复议的程序

（1）提出申请。公民、法人或其他组织认为自己的合法权益受到具体行政行为的侵害，应当自知道该行政行为之日起 60 日内，向有管辖权的房地产复议机关申请复议，递交复议申请书。但是法律规定的申请期限超过 60 日的，按照法律的规定处理。

申请期限的起算。因不可抗力或者其他正当理由耽误法定申请期限的，申请期限自障碍消除之日起继续计算。申请期限应从申请人知道该具体行政行为之日起算。所谓“知道之日”，是指了解具体行为内容之时。申请人申请行政复议，可以书面申请，书面申请有困难的，也可以口头申请。因不动产提出的行政复议申请自行政行为作出之日起超过 20 年的，行政复议机关不予受理。

公民、法人或者其他组织认为行政机关的行政行为所依据的下列规范性文件不合法，在对行政行为申请行政复议时，可以一并向行政复议机关提出对该规范性文件的附带审查申请：一是国务院部门的规范性文件，二是县级以上地方各级人民政府及其工作部门的规范性文件，三是乡、镇人民政府的规范性文件，四是法律、法规、规章授权的组织的规范性文件。前述所列规范性文件不含规章。规章的审查依照法律、行政法规办理。

（2）复议申请的处理。房地产行政复议机关应当自收到复议申请之日起 5 日内，作出作出受理/不予受理/补正申请材料的决定。对不符合《行政复议法》规定的行政复议申请，应不予受理，行政复议机关应当在审查期限内决定不予受理并说明理由；不属于本机关管辖的，还应当在不予受理决定中告知申请人有管辖权的行政复议机关。行政复议申请的审查期限届满，行政复议机关未作出不予受理决定的，审查期限届满之日起视为受理，且不得收取任何费用。

复议机关在受理复议案件后 7 日内应将复议申请书副本发送被申请人。被申请人应当在收到复议申请书副本 10 日内，向复议机关提交作出具体行政行为的有关材料或证据，并提出答辩状。

(3) 复议案件的审理。行政复议机构应当当面或者通过互联网、电话等方式听取当事人的意见，并将听取的意见记录在案。因当事人原因不能听取意见的，可以书面审理。复议决定应在收到复议申请之日起 60 日内作出，但是法律规定行政复议期限少于 60 日的除外，案情复杂的，经行政复议机关的负责人批准，可以适当延长，并书面告知当事人，但是延长的期限最多不超过 30 日。复议期间具体行政行为不停止执行；但是有下列情形之一的，应当停止执行：1）被申请人认为需要停止执行；2）行政复议机关认为需要停止执行；3）申请人、第三人申请停止执行，行政复议机关认为其要求合理，决定停止执行；4）法律、法规、规章规定停止执行的其他情形。

(4) 行政复议的决定。房地产行政复议机关可以根据案件情况，分别作出不同的复议决定，如对原具体行政行为决定维持，确认原具体行政行为违法，决定被申请人履行职责，对原具体行政行为决定撤销、决定变更，责令重新作出或自己直接作出具体行政行为。作出行政复议决定应当制作行政复议决定书，并加盖印章。行政复议决定书，一经送达，即发生法律效力。

(5) 复议申请人对复议决定不服的，可以在收到房地产行政复议决定书之日起 15 日内，向人民法院提起行政诉讼。逾期不起诉，又不履行复议决定，可以由最初作出具体行政行为的房地产行政管理机关依法强制执行，或者申请人民法院强制执行；属于改变原具体行政行为的，由复议机关依法强制执行或者申请人民法院强制执行；被申请人不履行或无正当理由拖延履行行政复议决定的，复议机关应当责令其限期履行。

(四) 行政赔偿

被申请人作出的具体行政行为侵犯申请人的合法权益造成损害，申请人请求赔偿的，复议机关在决定撤销、变更具体行政行为或者确认具体行政行为违法时，应当同时决定被申请人依法给予赔偿。

第三节　房地产纠纷的仲裁

一、房地产纠纷的仲裁概述

仲裁是由仲裁机构对当事人自愿提交的民事权益争议居中作出裁决的纠纷解决方式。房地产纠纷亦可通过仲裁程序解决。房地产纠纷仲裁，是指当事人（包括公民、法人、其他组织）之间在房地产所有权、使用权、买卖、租赁和拆迁等方面发生纠纷，经过协商不能解决时，请求房地产仲裁机构依照国家法律、法规和房地产行业规则作出裁决，以解决纠纷的一种方式。它是一种准司法性质的专业化仲裁，虽非司法行为，但有部分司法行为的效力；既区别于房地产行政管理机关的管理活动，又区别于人民法院对房地产纠纷的审判活动。

房地产纠纷的仲裁应遵循以下原则。

（1）自愿原则。当事人采用仲裁方式解决纠纷，应当双方自愿，仲裁案件的受理应以双方自愿签订的仲裁协议为前提。

（2）或裁或审、一裁终局原则。当事人选择仲裁方式，实际上就放弃了向人民法院诉讼的权利，而且无论哪一个仲裁机构作出的仲裁，都是终局性仲裁，一经作出即发生法律效力。

（3）当事人协议管辖原则。仲裁不实行级别管辖或地域管辖，仲裁机构由当事人协议选定。

（4）诉讼法原则。仲裁既然是一种准司法活动，就应遵循诉讼法所规定的一些原则，主要有当事人权利平等原则、仲裁人员依法回避原则等。

与解决房地产纠纷的其他方式相比，仲裁具有较大的灵活性、便利性、保密性。当事人有权选择仲裁员，有权协议约定仲裁机构，加之仲裁员多为精通房地产专业的人士组成，所以，仲裁庭及仲裁结果更能得到当事人的信任和信服。而且，仲裁裁决具有强制性，如果当事人不主动执行仲裁裁决，则另一方当事人可以申请法院强制执行，这就保证了仲裁裁决的执行力。由于仲裁具有很大的优越性，实践中当事人越来越多地选择通过仲裁来解决房地产纠纷。

二、房地产纠纷的仲裁机构

根据《仲裁法》的规定，我国的仲裁机构为各级仲裁委员会，仲裁委员会又可以分为两类：一类是在一些地方设立的仲裁委员会，受理我国平等主体之间发生的属于仲裁范围的纠纷；另一类是中国国际商会设立的中国国际经济贸易仲裁委员会，只对涉外民事纠纷进行仲裁。

仲裁委员会设主任 1 人，副主任 2～4 人，委员 7～11 人。仲裁委员会独立于行政机关，与行政机关无隶属关系。仲裁委员会之间也无隶属关系。

仲裁委员会办理房地产纠纷案件，除简单的可以由当事人共同选定或者共同委托仲裁委员会主任指定一名仲裁员进行仲裁外，通常应由仲裁员两人和一名首席仲裁员组成仲裁庭进行仲裁。仲裁庭内实行少数服从多数的原则，对疑难案件的处理，可以提交仲裁委员会讨论决定。仲裁庭或者独任仲裁员确定后，仲裁委员会应当将仲裁庭的组成情况书面通知当事人，告知当事人申请回避的权利。

三、房地产纠纷的仲裁程序

（一）申请和受理

当事人申请仲裁应当符合一定的条件：（1）有仲裁协议；（2）有具体的仲裁请求和事实、理由；（3）必须属于仲裁委员会的受理范围。当事人申请仲裁，应当向仲裁委员会递交仲裁协议和仲裁申请书，并按照被诉人数提交申请书副本。

仲裁委员会在收到申请书之日起 5 日内，根据受理条件决定受理或不受理。受理仲裁申请后，仲裁委员会应当将仲裁规则和仲裁员名册送达申请人，并将申请书副本和仲裁规则、仲裁员名册送达被申请人。被申请人收到申请书副本后，应当向仲裁委员会提交答辩书，仲裁委员会将答辩书副本送达申请人。被申请人未提交答辩书的，不影响仲裁程序的进行。

需说明的是，当事人达成仲裁协议，一方向人民法院起诉未声明有仲裁协议，人民法院受理后，另一方在首次开庭前提交仲裁协议的，人民法院应当驳回起诉，但仲裁协议无效的除外。另一方在首次开庭前未对人民法院受理该案提出异议的，视为放弃仲裁协议，人民法院应当继续审理。

（二）准备与调查

审核有关材料，是仲裁前准备的一个重要环节，也是仲裁机构调查取证的基础。仲裁机构有权查阅有关单位保管的与争议有关的档案、资料和原始凭证，有权组织现场勘察或物证技术鉴定。

（三）保全措施

（1）证据保全。在证据可能灭失或者以后难以取得的情况下，当事人可以申请证据保全。仲裁委员会应将当事人的申请提交证据所在地的基层人民法院，由人民法院采取必要的保全措施。

（2）财产保全。仲裁委员会在处理房地产纠纷时，可以根据当事人提出的申请，以及保证裁决生效后的执行和防止造成更大财产损失的需要，对当事人申请仲裁范围内的有关房地产提请有管辖权的人民法院依照有关法律作出停用、停建、停止拆除、停止办理变更登记手续等保全措施的裁定。

（四）开庭和裁决

仲裁委员会应当在仲裁规则规定的期限内将开庭日期通知双方当事人。当事人有正当理由的，可以在仲裁规则规定的期限内请求延期开庭。是否延期，由仲裁庭决定。

仲裁庭可以由 3 名仲裁员或者 1 名仲裁员组成。由 3 名仲裁员组成的，设首席仲裁员。当事人应当各自选定或者各自委托仲裁委员会主任指定 1 名仲裁员，第 3 名仲裁员由当事人共同选定或者共同委托仲裁委员会主任指定，第 3 名仲裁员为首席仲裁员。当事人约定由 1 名仲裁员成立仲裁庭的，应当由当事人共同选定或者共同委托仲裁委员会主任指定。当事人没有在仲裁规则规定的期限内约定仲裁庭的组成方式或者选定仲裁员的，由仲裁委员会主任指定。

仲裁应当开庭进行，一般不公开进行。当事人协议不开庭的，仲裁庭可以根据仲裁申请书、答辩书以及其他材料作出裁决。当事人协议公开的，可以公开进行，但涉及国家秘密的除外。当事人申请仲裁后，可以自行和解。达成和解协议的，可以请求仲裁庭根据和解协议作出裁决书，也可以撤回仲裁申请。当事人达成和解协议，撤回仲裁申请后反悔的，可以根据仲裁协议重新申请仲裁。仲裁庭在作出裁决前，可以先行调解。当事人自愿调解的仲裁庭应当调解。调解不成的，应当及时作出裁决。

开庭时，仲裁员应认真听取当事人的陈述和辩论，出示有关证据，依次询问当事人，并征询其最后意见，在此基础上经过评议并按照多数仲裁员的意见作出裁决，少数仲裁员的不同意见可以记入笔录。仲裁庭不能形成多数意见时，裁决应当按照首席仲裁员的意见作出。裁决书应当写明仲裁请求、争议事实、裁决理由、裁决结果仲裁费用的负担和裁决日期，并由仲裁员签名后加盖仲裁委员会印章。当事人协议不愿写明争议事实和裁决理由的，可以不写。裁决书自作出之日起发生法律效力。

（五）撤销裁决和执行

当事人提出证据证明裁决有《仲裁法》规定的下列情形之一的，应当自收到裁决书之日起 6 个月内向仲裁委员会所在地的中级人民法院提出申请撤销裁决：(1) 没有仲裁协议的；(2) 裁决的事项不属于仲裁协议的范围或者仲裁委员会无权仲裁的；(3) 仲裁庭的组成或者仲裁的程序违反法定程序的；(4) 裁决所根据的证据是伪造的；(5) 对方当事人隐瞒了足以影响公正裁决的证据的；(6) 仲裁员在仲裁该案件时有索贿受贿，徇私舞弊，枉法裁决行为的。

人民法院应在受理之日起两个月内作出撤销裁决或者驳回申请的裁定。人民法院认为可以重新仲裁的，通知仲裁委员会重新仲裁，并裁定中止撤销程序。

一方当事人逾期不履行裁决的，另一方当事人可以向人民法院申请执行。一方当事人申请执行裁决，另一方当事人申请撤销裁决的，人民法院应当裁定中止执行；撤销裁决的申请被裁定驳回的，人民法院应当裁定恢复执行。

第四节　房地产纠纷的诉讼

房地产纠纷的诉讼，是指人民法院在房地产纠纷当事人和其他诉讼参与人的参加下，通过诉讼程序，解决房地产纠纷的一种方式。房地产纠纷的诉讼分为两大类：一类是房地产纠纷的民事诉讼，另一类是房地产纠纷的行政诉讼。

一、房地产纠纷的民事诉讼

（一）房地产纠纷的民事诉讼概述

房地产纠纷的民事诉讼，是指人民法院在双方当事人及其他诉讼参与人的共同参加下，为审理和解决有关房地产纠纷所进行的司法活动，以及由这些司法活动所产生的法律关系的总和。

房地产纠纷的民事诉讼与其他解决途径相比有显著特点：首先，人民法院通过诉讼途径来解决房地产纠纷是以审判权为根据的；其次，人民法院处理房地产纠纷是最终的、具有强制执行力的纠纷解决途径，对于房地产行政管理机关或仲裁机构作出的已发生效力的调解书、决定书或裁决书，当事人一方不执行的，应当由另一方当事人向人民法院申请强制执行。

鉴于房地产民事案件审理的复杂性，最高人民法院在不同时期针对房地产民事案件审理中存在的普遍性问题，及时发布了一些专门性的司法解释，例如，2010 年发布的最高人民法院《关于审理房屋登记案件若干问题的规定》、2003 年发布的《关于审理商品房买卖合同纠纷案件适用法律若干问题的解释》（2020 年修正），对商品房买卖合同从签订、登记到履行，直至审理过程经常发生的一些疑难问题提出了具体的司法审理要求，2023 年最高人民法院发布的《关于商品房消费者权利保护问题的批复》就审理房地产开发企业因商品房已售逾期难交付引发的相关纠纷案件中涉及的商品房消费者权利保护问题作出批复，以处理当前部分房企交房困难的问题。这些都是审理房地产民事案件的重要依据。

（二）房地产纠纷民事诉讼的基本程序

对房地产纠纷案件的审理要依据《民事诉讼法》规定的程序进行，其基本程序如下。

1. 起诉和受理

起诉必须符合我国《民事诉讼法》的规定：原告是与本案有直接利害关系的公民、法人和其他组织；有明确的被告；有具体的诉讼请求和事实、理由；属于人民法院受理民事诉讼的范围和受诉人民法院管辖。

起诉的方式有口头起诉和书面起诉两种，书面起诉应递交起诉状，并按被告人数提交副本；当事人有权委托一至二人作为诉讼代理人。

起诉必须向有管辖权的人民法院提起。因房地产民事纠纷提起诉讼的，如诉讼标的为不动产，应适用《民事诉讼法》之规定，由不动产所在地人民法院专属管辖。诉讼标的非不动产的，由被告住所地人民法院管辖。因房地产合同纠纷提起的诉讼，由被告住所地或合同履行地人民法院管辖，房地产合同的双方当事人也可以在书面合同中协议选择被告住所地、合同履行地、合同签订地、原告住所地、标的物所在地人民法院管辖，但不得违反《民事诉讼法》对级别管辖和专属管辖的规定。

人民法院接到起诉后应当审查是否符合起诉条件。符合起诉条件的，应当在 7 日内立案受理并通知当事人。不符合起诉条件的，应当在 7 日内裁定不予受理。当事人对于裁定不服的，可以向上一级人民法院上诉。

2. 审理前的准备

人民法院应在立案受理之日起 5 日内，将起诉状副本或口头起诉笔录抄件发送被告，被告应在 15 日内提交答辩状，人民法院应当在收到答辩状之日起 5 日内将答辩状副本发送原告。被告不提交答辩状的，不影响人民法院审理。人民法院应当在受理案件通知书和应诉通知书中告知当事人有关的诉讼权利和义务。

除简易程序或特别程序实行独任制以外，人民法院审理第一审民事案件应组成合议庭，人数必须是单数，合议庭组成后应在 3 日内告知当事人。人民法院有权向有关单位和个人调查取证，有关单位和个人不得拒绝。

3. 开庭审理

开庭审理包括法庭调查、辩论、调解、合议庭评议、裁决和宣读判决等内容。人民法院审理民事案件，除涉及国家秘密、个人隐私或者法律另有规定的以外，应当公开进行。开庭审理前，书记员应当查明当事人和其他诉讼参与人是否到庭，宣布法庭纪律。开庭审理时，由审判长或独任审判员核对当事人，宣布案由，宣布审判人员、法官助理、书记员等的名单，告知当事人有关的诉讼权利义务，询问当事人是否提出回避申请。

法庭调查应当按照下列顺序进行：(1) 当事人陈述；(2) 告知证人的权利义务，证人作证，宣读未到庭的证人证言；(3) 出示书证、物证、视听资料和电子数据；(4) 宣读鉴定意见；(5) 宣读勘验笔录。

法庭辩论按照下列顺序进行：(1) 原告及其诉讼代理人发言；(2) 被告及其诉讼代理人答辩；(3) 第三人及其诉讼代理人发言或者答辩；(4) 互相辩论。

法庭辩论终结，法院应当依法作出判决。判决前能够调解的，还可以进行调解；调解不成的，应当及时判决。当事人和其他诉讼参与人认为对自己的陈述记录有遗漏或者差错的，有权申请补正。法庭笔录由当事人和其他诉讼参与人签名或者盖章。拒绝签名盖章的，记明情况附卷。

4. 一审裁决

人民法院对公开审理或者不公开审理的案件，一律公开宣告判决。当庭宣判的，应当在 10 日内发送判决书；定期宣判的，宣判后立即发送判决书。宣告判决时，必须告知当事人上诉权利、上诉期限和上诉的法院。一审人民法院适用普通程序审理房地产纠纷的案件，应当在立案之日起 6 个月内审结。有特殊情况需要延长的，由本院院长批准，可以延长 6 个月；还需要延长的，报请上级人民法院批准。

判决书应当写明：(1) 案由、诉讼请求、争议的事实和理由；(2) 判决认定的事实和理由、适用的法律和理由；(3) 判决结果和诉讼费用的负担；(4) 上诉期间和上诉的法院。判决书由审判人员、书记员署名，加盖人民法院印章。在人民法院作出裁判前，应当进行调解。调解必须自愿、合法，调解协议内容不得违反法律的规定。无法达成调解协议的，人民法院应当及时作出裁判。

5. 第二审程序和审判监督程序

第二审程序是指上级人民法院根据当事人的上诉，对下一级人民法院未发生法律效力的判决和裁定进行审理和裁判的程序。当事人不服地方人民法院第一审判决的，有权在判决书送达之日起 15 日内向上一级人民法院提起上诉；不服裁定的上诉期限为 10 日。

第二审人民法院审理上诉案件可以进行调解，如能够达成调解协议，则制作调解书，送达当事人后原审法院的判决即视为撤销。

依据《民事诉讼法》第 177 条，二审法院对上诉案件，经过审理，按照下列情形，分别处理：(1) 原判决、裁定认定事实清楚，适用法律正确的，以判决、裁定方式驳回上诉，维持原判决、裁定；(2) 原判决、裁定认定事实错误或者适用法律错误的，以判决、裁定方式依法改判、撤销或者变更；(3) 原判决认定基本事实不清的，裁定撤销原判决，发回原审人民法院重审，或者查清事实后改判；(4) 原判决遗漏当事人或者违法缺席判决等严重违反法定程序的，裁定撤销原判决，发回原审人民法院重审。

原审人民法院对发回重审的案件作出判决后，当事人提起上诉的，第二审人民法院不得再次发回重审。

第二审法院的判决和裁定是终审的判决和裁定。人民法院审理对判决的上诉案件，应当在第二审立案之日起3个月内审结；审理对裁定的上诉案件，应当在30日内作出终审裁定。

审判监督程序是指案件审理终结后，发现已经发生法律效力的判决、裁定确有错误时进行重新审理的法定程序。《民事诉讼法》第211条规定，当事人的申请符合下列情形之一的，人民法院应当再审：（1）有新的证据，足以推翻原判决、裁定的；（2）原判决、裁定认定的基本事实缺乏证据证明的；（3）原判决、裁定认定事实的主要证据是伪造的；（4）原判决、裁定认定事实的主要证据未经质证的；（5）对审理案件需要的主要证据，当事人因客观原因不能自行收集，书面申请人民法院调查收集，人民法院未调查收集的；（6）原判决、裁定适用法律确有错误的；（7）审判组织的组成不合法或者依法应当回避的审判人员没有回避的；（8）无诉讼行为能力人未经法定代理人代为诉讼或者应当参加诉讼的当事人，因不能归责于本人或者其诉讼代理人的事由，未参加诉讼的；（9）违反法律规定，剥夺当事人辩论权利的；（10）未经传票传唤，缺席判决的；（11）原判决、裁定遗漏或者超出诉讼请求的；（12）据以作出原判决、裁定的法律文书被撤销或者变更的；（13）审判人员审理该案件时有贪污受贿，徇私舞弊，枉法裁判行为的。当事人申请再审，应当在判决、裁定发生法律效力后6个月内提出。人民法院审理再审案件，应当另行组成合议庭。按照审判监督程序决定再审的案件，裁定中止原判决、裁定、调解书的执行，但法律另有规定的除外。

6. 执行程序

（1）执行的分类。

执行程序是保证人民法院的裁判能够顺利执行，保证当事人合法权益实现的法律程序。执行分为申请执行和移送执行两种。

申请执行，是指当事人一方不履行生效的法律文书所确定的义务，对方当事人可以向有管辖权的人民法院提出申请，请求人民法院开始执行，以实现自己的合法权益。依据《民事诉讼法》第250条的规定，申请执行的期间为2年。申请执行时效的中止、中断，适用法律有关诉讼时效中止、中断的规定。

移送执行，是指人民法院的判决、裁定和调解书发生效力之后，由审理该案的审判人员将案件直接交付执行人员执行。

（2）执行措施。

执行措施是由法律明文规定的强制执行的方式，包括：冻结、划拨存款；扣留、提取收入；查封、扣押、拍卖、变卖财产；强制被执行人交付生效法律文书指定的财产或权证；强制迁出房屋；强制退出土地等。

（3）中止执行与执行终结。

中止执行是指在执行过程中，由于某种特殊情况的发生而停止执行程序，待该情况消除后再恢复执行程序的制度。其发生的具体情形为：申请人表示可以延期执行的；案外人对执行标的提出确有理由的异议的；作为一方当事人的公民死亡，需要等待继承人继承权利或承担义务的；作为一方当事人的法人或其他组织终止，尚未确定权利义务承受人的；人民法院认为应当中止执行的其他情形。

执行终结是指执行过程中，由于发生某些特殊情况，执行程序不可能或没有必要继续执行，从而结束执行程序的制度。其发生的具体情形为：申请人撤销执行申请的；据以执行的法律文书被撤销的；作为被申请执行人的公民死亡，无遗产可供执行，又无义务承担人的；追索赡养费、扶养费、抚养费案件的权利人死亡的；作为被申请执行人的公民因生活困难无力偿还借款，无收入来源，又丧失劳动能力的；人民法院认为应当终结执行的其他情形。执行终结的裁定，当事人不能提起上诉，也不能申请复议。

（三）涉外房地产民事诉讼

涉外房地产民事诉讼，是指人民法院在受理、审理、执行具有涉及我国境外因素的房地产民事案件中所适用的一种诉讼程序。人民法院在处理涉外房地产纠纷时，依照我国《民事诉讼法》第四编对涉外民事诉讼程序的特别规定进行。没有特别规定的，适用《民事诉讼法》的一般规定。

二、房地产纠纷的行政诉讼

（一）房地产纠纷的行政诉讼概述

房地产纠纷的行政诉讼，是指公民、法人或者其他组织对房地产行政管理机关作出的行政行为不服而提出的行政诉讼。房地产行政管理机关主要是指城市规划的行政主管机关，房屋、土地的行政主管机关和城市建设行政主管机关。行政行为包括暂扣、吊销或拒发房屋建设、施工和土地使用、规划等许可证和执照，对房地产建设使用、交易中的违法行为进行罚款、没收、拆除、查封等。

因房地产纠纷提起的行政诉讼，由房地产所在地的人民法院管辖。我国《行政诉讼法》是审理房地产行政诉讼案件的基本程序法律依据和诉讼活动准则。

房地产纠纷的行政诉讼与行政复议、民事诉讼虽然联系密切，但它们之间存在很大的区别。房地产纠纷的行政诉讼须遵循以下特有的原则：（1）充分保障公民、法人和其他组织的诉讼权，作出行政行为的行政机关无权提起行政诉讼；（2）被告负有举证证明其所作的行政行为合法的责任；（3）诉讼期间原行政行为不停止执行；（4）不适用调解；（5）人民法院审理行政案件，对行政行为是否合法进行审查。

（二）房地产纠纷行政诉讼的受理条件与范围

提起行政诉讼应当符合下列条件：（1）原告是认为行政行为侵犯其合法权益以及其他与行政行为有利害关系的公民、法人和其他组织。（2）有明确的被告。（3）有具体的诉讼请求和事实根据。（4）属于人民法院受案范围和受诉人民法院管辖。

人民法院接到起诉状，经审查应当在 7 日内立案或者作出裁定不予受理。对裁定不服的，可以提起上诉。提起行政诉讼必须采用书面形式。

受案范围是指哪些行政案件由人民法院受理并负责解决。依据我国《行政诉讼法》，房地产行政诉讼的受案范围包括：（1）对罚款、吊销许可证和执照、责令停产停业、没收房地产等行政处罚不服的；（2）认为房地产行政管理机关侵犯法律规定的房地产企业经营自主权的；（3）认为符合条件申请房地产行政管理机关颁发的产权证、许可证和执照，行政机关拒绝颁发或不予答复的；（4）申请房地产行政管理机关履行保护人身权、财产权的法定职责，房地产行政管理机关拒绝履行或不予答复的；（5）认为房地产行政管理机关违法要求履行义务的。

【案例】

2019 年，某市政府将 40 529.35 平方米国有建设用地使用权出让给某某活性炭有限责任公司。2019 年 11 月 5 日，当地自然资源和规划局代表市人民政府与该活性炭有限责任公司签订了“国有建设用地使用权出让合同”，某某活性炭有限责任公司随后陆续缴纳土地竞拍保证金、土地出让金等税费。2023 年 11 月 8 日，自然资源和规划局向某某活性炭有限责任公司送达了《自然资源和规划局关于解除国有建设用地使用权出让合同的通知》，通知原告解除 2019 年 11 月 5 日与其签订的“国有建设用地使用权出让合同”，收回该宗地国有建设用地使用权；某某活性炭有限责任公司于 2023 年 11 月 8 日收到上述通知，表示同意解除“国有建设用地使用权出让合同”，但就《自然资源和规划局关于解除国有建设用地使用权出让合同的通知》中承诺支付土地出让金、契税、印花税、保证金、占补平衡指标款、土地补偿款的利息计算标准不予认可，故于 2023 年 11 月 13 日向法院提起诉讼。①

分析本案，首先应当判定本案是属于民事诉讼还是行政诉讼。在土地出让合同中，土地管理行政部门的角色是双重的，一方面代表国家行使土地管理的行政权力，另一方面代表国家在出让合同中享有民事权利、承担民事义务。在本案中，如果原告是对土地管理部门就土地使用权证的许可、颁发、管理等具体行政行为不服提出诉讼，则本案属于行政诉讼的范畴。但若原告是就出让合同范围内的双方民事权利义务的瑕疵履行，如因土地出让金的调整、退还等问题发生的纠纷，则本案应属于民事诉讼的范畴。自 2005 年 8 月 1 日起施行、2020 年 12 月修正的最高人民法院《关于审理涉及国有土地使用权合同纠纷案件适用法律问题的解释》第 5 条规定：受让方经出让方和市、县人民政府城市规划行政主管部门同意，改变土地使用权出让合同约定的土地用途，当事人请求按照起诉时同种用途的土地出让金标准调整土地出让金的，应予支持。这显然并非行政诉讼，本案应属民事诉讼。

（三）房地产纠纷的行政诉讼程序

1. 第一审程序

当事人向人民法院对行政行为提出行政诉讼，必须在行政诉讼时效内提起，提起行

① 参见平泉市人民政府、平某与承德某公司建设用地使用权出让合同纠纷案［（2024）冀 08 民终 455 号民事判决书］，裁判日期：2024－02－29，见 https://wenshu.court.gov.cn/website/wenshu/181107ANFZ0BXSK4/index.html?docId=OOqpMK6es41EPP7tTDVepgjzLAUEaedLsZC2+lLphZVd5Pv1ZGQXK5O3qNaLMqsJiHT59xMlpus3eG0GTxAj0FN3EfQUKiGgP7O5lV6ctiQtR8UPqc7coJSfSsdCnfrE，最后访问时间：2024－07－16。

政诉讼要采用书面方式。人民法院接到起诉状后，经过审查，对符合起诉条件的，应在7日内立案；对不符合条件的，应在7日内作出裁定，通知原告不予受理，原告对此裁定可以向上一级人民法院上诉。人民法院在立案之日起5日内，向被告送达起诉状，被告应在收到起诉状副本15日内提交房地产具体行政管理行为的有关材料及答辩状，人民法院在收到答辩状之日起5日内将答辩状副本发送原告，被告不提出答辩的，不影响审理。

在诉讼期间一般不停止行政行为的执行。房地产纠纷行政诉讼案件一般以公开审理为原则，经过开庭准备、法庭调查、法庭辩论、合议庭评议四个程序后，可以当庭判决，也可以定期宣判。人民法院应当在立案之日起6个月内作出第一审判决。

人民法院对行政案件宣告判决或者裁定前，原告申请撤诉的，或者被告改变其所作的行政行为，原告同意并申请撤诉的，是否准许，由人民法院裁定。原告仅对其因房地产行政主管机关行政行为受到的损害负有举证责任，被告行政机关负有证明其行政行为合法的举证责任。此外，在诉讼过程中，被告不得自行向原告和证人收集证据。

人民法院经过审理，根据不同情况可分别作出以下判决。

（1）行政行为证据确凿，适用法律、法规正确，符合法定程序的，或者原告申请被告履行法定职责或者给付义务理由不成立后，人民法院判决驳回原告的诉讼请求。

（2）行政行为有下列情形之一的，人民法院判决撤销或者部分撤销，并可以判决被告重新作出行政行为：主要证据不足的；适用法律、法规错误的；违反法定程序的；超越职权的；滥用职权的；明显不当的。

（3）被告不履行法定职责的，人民法院判决其在一定期限内履行。

（4）行政处罚明显不当，或者其他行政行为涉及对款额的确定、认定确有错误的，人民法院可以判决变更。

人民法院判决被告重新作出行政行为的，被告不得以同一事实和理由作出与原行政行为基本相同的行政行为。

2. 第二审程序

房地产行政诉讼当事人对第一审判决和裁定不服的，可以在上诉期限内向上一级人民法院提起上诉。上诉经受理的，由原审人民法院在5日内将上诉状副本送达对方当事人，对方当事人在收到上诉状副本后15日内提出答辩状。

人民法院根据全面审查的原则审理房地产行政诉讼上诉案件，其方式有开庭审理和书面审理两种。开庭审理程序与一审程序相同，而书面审理则在事实清楚的情况下，对当事人所提交的上诉状、答辩状、其他书面材料和证据进行书面审查和判决。人民法院审理上诉案件的期限为两个月，即从收到上诉状之日起3个月内作出终审判决。

3. 审判监督程序

人民法院和人民检察院等具有审判监督权的机关，对已经发生法律效力的房地产行政诉讼判决和裁定，发现违反有关法律法规规定的，应通过审判监督程序由指定的人民法院对有关的行政诉讼案件进行再次审理。

4. 判决和执行

人民法院对受理的房地产行政案件经过审理后可以根据不同情况作出不同判决，包括：判决维持、撤销、部分撤销或者重新作出行政行为；判决履行法定职责；判决变更行政处罚等。

公民、法人或其他组织对行政行为既不提起诉讼又不履行的，房地产管理机关可以申请人民法院强制执行。房地产管理机关拒不履行人民法院已生效的判决和裁定的，人民法院可以采取强制措施予以执行。这些措施包括从被执行人账户内划拨罚款或赔偿金、处以罚款、向上级部门提出司法建议或追究直接责任人员的刑事责任等。

延伸阅读

1. 王景琪. 房地产诉讼. 北京：法律出版社，2003.
2. 梅新和，赵睿. 房地产纠纷实务问答与案例精析. 北京：法律出版社，2008.
3. 何欣荣. 房地之争：房地产纠纷典型案例评析. 北京：法律出版社，2006.
4. 张坚. 房地产法研究与司法实务. 北京：人民法院出版社，2018.
5. 张玲悦. 房地产纠纷中的法律风险及其防范分析. 法制与社会，2020（24）.
6. 张玲悦. 房地产纠纷仲裁中的相关问题探析. 法制与社会，2020（25）.

问题与思考

1. 试述房地产纠纷行政调处的程序。
2. 试述房地产行政处罚的特点和程序。
3. 试述房地产纠纷案件的行政复议的受案范围。
4. 试比较房地产纠纷行政处理与行政诉讼的不同。
5. 农民甲与本集体经济组织因土地承包经营发生纠纷，如何解决？（　　）

A. 可以协商解决　　B. 可以请求乡政府调解解决

C. 可以向农村土地仲裁机构申请仲裁　　D. 可以向人民法院提起诉讼

6. 某村民承包了一块国有荒山脚下的土地，与一建筑商建造了五栋别墅，作为商品房销售，该村民获利 60 万元。其所在村委会认为，该荒山有一半不属于国有而属于集体所有，要求该村民将获利的 50%交村委会。该村民以土地使用权纠纷为由直接向人民法院起诉。结合本章内容思考：（1）人民法院能否受理此案？（2）本案应首先由谁负责处理？

图书在版编目（CIP）数据

房地产法/李延荣，周珂，于鲁平著. -- 7版.
北京：中国人民大学出版社，2025.6. --（新编21世纪法学系列教材/曾宪义，王利明总主编）. -- ISBN 978-7-300-34006-7

Ⅰ. D922.181

中国国家版本馆CIP数据核字第2025ZZ3089号

新编21世纪法学系列教材
总主编　曾宪义　王利明
房地产法（第七版）
李延荣　周　珂　于鲁平　著
Fangdichan Fa

出版发行	中国人民大学出版社		
社　　址	北京中关村大街31号	**邮政编码**	100080
电　　话	010－62511242（总编室）		010－62511770（质管部）
	010－82501766（邮购部）		010－62514148（门市部）
	010－62511173（发行公司）		010－62515275（盗版举报）
网　　址	http://www.crup.com.cn		
经　　销	新华书店		
印　　刷	天津中印联印务有限公司	**版　　次**	2000年3月第1版
开　　本	787 mm×1092 mm　1/16		2025年6月第7版
印　　张	17.5 插页1	**印　　次**	2025年6月第1次印刷
字　　数	396 000	**定　　价**	55.00元

《　　　　　　　》※任课教师调查问卷

为了能更好地为您提供优秀的教材及良好的服务，也为了进一步提高我社法学教材出版的质量，希望您能协助我们完成本次小问卷，完成后您可以在我社网站中选择与您教学相关的1本教材作为今后的备选教材，我们会及时为您邮寄送达！如果您不方便邮寄，也可以申请加入我社的**法学教师QQ群：436438859（申请时请注明法学教师）**，然后下载本问卷填写，并发往我们指定的邮箱（cruplaw@163.com）。

邮寄地址：北京市海淀区中关村大街59号文化大厦中国人民大学出版社1202室收

邮　　编：100872

再次感谢您在百忙中抽出时间为我们填写这份调查问卷，您的举手之劳，将使我们获益匪浅！

基本信息及联系方式：※

姓名：__________ 性别：__________ 课程：________________

任教学校：____________________ 院系（所）：______________

邮寄地址：____________________ 邮编：______________

电话（办公）：__________ 手机：__________ 电子邮件：__________

调查问卷：※

1. 您认为图书的哪类特性对您选用教材最有影响力？（　　）（可多选，按重要性排序）
   A. 各级规划教材、获奖教材　　B. 知名作者教材
   C. 完善的配套资源　　D. 自编教材
   E. 行政命令
2. 在教材配套资源中，您最需要哪些？（　　）（可多选，按重要性排序）
   A. 电子教案　　B. 教学案例
   C. 教学视频　　D. 配套习题、模拟试卷
3. 您对于本书的评价如何？（　　）
   A. 该书目前仍符合教学要求，表现不错将继续采用
   B. 该书的配套资源需要改进，才会继续使用
   C. 该书需要在内容或实例更新再版后才能满足我的教学，才会继续使用
   D. 该书与同类教材差距很大，不准备继续采用了
4. 从您的教学出发，谈谈对本书的改进建议：____________________

____

____

选题征集：如果您有好的选题或出版需求，欢迎您联系我们：

联系人：黄　强　联系电话：010-62515955

索取样书：书名：________________________

书号：____________________________

备注：※ 为必填项。